北京口述历史

北京口述历史

『文物人』与『人文物』

常人春、常寿春兄弟口述

定宜庄　苏柏玉　著

北京出版集团
北京出版社

图书在版编目（CIP）数据

“文物人”与“人文物”：常人春、常寿春兄弟口述 / 定宜庄，苏柏玉著. — 北京 ：北京出版社，2020.8
（北京口述历史）
ISBN 978-7-200-13716-3

Ⅰ. ①文… Ⅱ. ①定… ②苏… Ⅲ. ①北京—地方史—史料 Ⅳ. ① K291

中国版本图书馆CIP数据核字（2017）第323801号

丛书策划：安 东 吕克农 高立志
丛书统筹：司徒剑萍
责任编辑：侯天保
责任校对：张玉侠
责任印制：陈冬梅
封面设计：田晗

北京口述历史
“文物人”与“人文物”
——常人春、常寿春兄弟口述
“WENWU REN” YU “REN WENWU”
定宜庄 苏柏玉 著
出 版 北京出版集团
北京出版社
地 址 北京北三环中路6号
邮政编码 100120
网 址 www.bph.com.cn
发 行 北京出版集团
经 销 新华书店经销
印 刷 北京华联印刷有限公司
版 次 2020年8月第1版
印 次 2020年8月第1次印刷
开 本 787毫米 × 1092毫米 1/16
印 张 28
图 片 57幅
字 数 360千字
书 号 ISBN 978-7-200-13716-3
定 价 98.00元
如有印装质量问题，由本社负责调换
质量监督电话：010-58572393

主编的话

这套“北京口述历史”是2013年由北京出版集团与我一同策划的，当时计划是5年之内出版20部。如今（2018）5年过去，这套丛书已于2014年、2017年分两批、每批5部出版，现在即将出版的是第三批共4部。显然，原来的计划并没有完成。

没能完成的原因多种多样，最关键的则只有一个，那就是我们对这套口述史著作的出版所提出的要求，具体地说，就是我们希望这套书的每一部作品，都严格地按照学术的规范来做，达到主题清晰明确、叙述完整、内容严谨，并且或能填补某些学术研究空白，或在某些方面有所创新的要求。事实上，在我们已经出版的10部口述史作品中，这些要求基本上达到了。

然而，虽然作为一部学术著作，这样的要求都是最基本的，但在口述史尚未被学术界和社会上普遍视为“货真价实”的“学术”时，这样的要求就未免有些过高。换句话说，尽管口述史是一个现代意义上的、具有严格定义和规范的专门学科，这已经为如今从事口述史作业的学者所公认，但这种学术规范如何体现，却是口述史学界迄今争议不断的焦点之一。对这套口述史中每部作品都要达到的这一要求，是我们从一开始就明确规定了的。在前面两批出版的著作前言中并未特别提及的原因：一是当时并未估计达到这一标准的难度；二是也没想到目前出版的大多数口述史作品不这样做，并不认为有必要这样做。所以，在这套丛书的第三批出版之前，有必要将我们这套口述史的标准再说明一下，因为这也正是这套丛书的特点：

第一，每部作品都必须是访谈者亲自去现场进行访谈之后完成的。

第二，在每篇访谈稿之前，访谈者都要将做访谈的时间、地点以及被访者的状况，以“访谈者按”的方式一一做出说明。

第三，文字稿必须是根据现场访谈录音（或录像）转写而成的，访谈者一方不得凭空添加任何增补、编造和自己的想象，即便有任何评论，也要以“访谈者按”亦即第三方的形式另行撰写。

第四，对转成文字的口述访谈材料中涉及的事件、人物和专有名词等，必要时须查找出处并添加注释。对被访者所处的时代、社会背景也须有大致的了解与说明。

第五，对访谈采集而来的材料进行反复的核实整理，包括再次或多次进行回访、寻找并访谈与之相关的其他人，以及与各种文献史料进行核实等，尽可能地鉴别受访者所述材料的真伪，并在注释与“访谈者按”以及附录中说明。这些我们统称为“后期整理”的工作与现场采访相比，所耗时间精力要多过几倍、十几倍，这已经不是对一般从事口述史者的要求，而是对一个研究者的要求了。这样的要求，使作者必须具备两个条件：一是受过严格的、专业的学术训练；二是有大量的精力和时间。尤其是作为口述史学的专著，这样做是否有必要、是否符合口述史的宗旨，在学术界仍然是存在激烈争论的悬案。而我们坚持这样做的原因，也是希望通过这样的尝试，为学术界提供一种方式、一种经验，毕竟口述史的做法并无一定之规。至于成败，就只能由众人去评说了。至于这套原计划在2018年出版20部的口述史系列，目前还未能足数出版，我要感谢出版社相关领导与编辑们的宽容，也请读者和相关的各方人士理解和原谅。

这套丛书的编撰出版虽然历经各种艰难曲折，遭到过诸多怀疑、冷遇和否定，但也收获了远比我们此前所期待的更多热情鼓励和关注，这是支持我们一直前行的动力。

谢谢大家！

目　录

图片目录

……将数十年兴亡看饱……

序　言

为常人春先生做口述，是在2006年，由于各种原因，一直没有发表。2015年秋，我应北京出版集团之邀，准备编撰出版“北京口述历史”系列丛书时，曾拟将这篇口述收入其中的《八旗子弟的世界》并置于开篇，作为北京内城形形色色的八旗后裔中的一例，常先生的这篇口述也确实颇为该书添彩。然而就在此时，北京出版集团的资深编辑杨良志先生又为我推荐了常人春的弟弟常寿春。我初次拜访常寿春先生时，只是想为常人春的口述核实、订正和补充一些材料，并没想到常寿春的讲述会如此丰富多彩，不仅超出原有的预期，在篇幅和叙事的详尽上也超过了常人春所讲的内容。由于兄弟二人的口述已经超出20万字，我不得不将其抽出来独立成书，这便是本书的由来。

我为常氏兄弟做口述的初衷，与为其他旗人后裔所做的并无不同，是想通过他们的讲述了解不同的旗人家庭在清朝覆亡后的命运、家庭中各个成员的不同经历，以及他们历尽劫波，回首家庭往事时的感受。做一个城市中的个人生命史口述，这样的故事当然越多越好。处于一个同样的时代背景之下，每个家庭、每个人物都有自己的独特命运，正是这些形形色色、林林总总的，不同经历、不同感受的人，才组合成了这样的一个城市，这样的一个北京。但随着访谈的深入，常氏兄弟的口述慢慢展现出了它的新鲜独特之处。常人春和常寿春兄弟所讲述的，主要还是自己的人生，但让我看到的，却不仅仅是他们兄弟，抑或他们这个家庭三代人百年来的命运与经历，更透露出一个时代荣辱兴衰过程中不为人知的诸多具体场景。

"人文物"或者"文物人"，这是常人春自己为这篇口述的命题。所谓"文物"，指的是已经成为历史的、再不能重新创造的文化遗迹，而将人指代为文物，这一比喻颇具寓意。我最初为常人春做口述时，只是简单地将其理解为，由他所亲见、所传承并且由他所记录下来的京城各种宗教和民间习俗，终会因他的离去而消逝，他也因此而成为不可替代的"活文物"。但在为他的弟弟常寿春做口述之后，我们才发现，"文物人"不仅仅是那些传承消逝之物的人，他们的存在本身就是一种"文物"，是特定的土壤和气候才能孕育出来的特殊的果子。这样的土壤和气候条件，只存在于京城的那个"旧社会"之中，这个"旧社会"的样貌，以及人们如何穿行并活动于其中，便成为我们做访谈时颇为好奇也很想探知的内容。因为这个"旧社会"距今虽然尚不及百年，却在1949年之后的历次运动中被彻底瓦解和改造，与其后建立的"新社会"，早就成为截然不同的两个世界。如今70年几代人过去，它留给我们的样子，已经越来越支离破碎、模糊难辨，难得有常氏兄弟，能够从自己家庭的角度，对它有如此真切的回忆和描述。

对于已经流逝的过去，随着岁月的淘洗，能够留在后来者眼中的事件和人物，总是会越来越少，在这越来越少的人物中，最受关注的总是位于社会上层的统治者、精英和名人。近年随着社会史的兴起，社会底层的百姓也逐渐进入史家的视野，却往往会形成又一个误区，"向下看"的结果，使人们的注意力更容易集中在底层的贫民、流人、乞丐、黑帮身上。而事实上，在社会中生活的更多人，却都是如常氏兄弟那样的既非大富大贵也非贫困无告的"不上不下"的人，如果忽略了他们的生活方式、习俗信仰与相互结成的关系网，以及他们的人生观、价值观，就无法看到作为一个整体的社会的存在，对于那个时代中人们的活动，也就越发无法找到依据。这是我们对常氏兄弟口述尤感兴趣并将他们视为"文物人"的原因。

在这篇口述中，堪称"文物人"的主要有两位，第一位是常家兄弟的祖父——常晓茹。他在常家兄弟心中口中都是一个传奇。他对自己的出身秘而不宣，行为举止中处处充满矛盾，他的社会关系包括了京城中方方面面的人物，在与各色人等打交道的时候，他扮演各种不同的角色，而且在各种角色之间转换自如，他正是凭借种种关系而生存的。当年的京城，是一个聚集了大量社会财富的“消费型”城市，众多混混游手从四处而来，如蚁附膻地群聚于富贵权势之家周围，在常氏兄弟的口中，有“耍人儿的”王二、“光杆司令”徐天民、在别人家“住闲”的八奶奶，还有城郊的“菜把式”、卖冰核儿的穷孩子、耍“文场”的黑社会中人，恰如一场大戏中先后出场的各种人物，鲜活而生动，所透露出的历史信息之丰富，令我们叹为观止。在这些形形色色的出场人物中，最重要的一个就是据称是因为常晓茹“行善”而救出的、后来成为他的义子及其一家的经历，这段故事虽然真假难辨，但这家人在常氏家庭中却扮演了不可或缺的重要角色。

常氏兄弟讲述的祖父的故事，大多数并非亲历，而主要是从家人的叙说得来，其中不免掺杂诸多自己的想象，在很多细节上当不得真，兄弟二人的讲述中多有歧异，则是二人因想象不同、角度不同导致的结果。然而，只要我们能够知道，旧日京城中曾存在着、生活着这样的一类人，对于我们了解那时候的京城就已经是一种收获。常寿春在无意间提到的他祖父的“在理”，则不仅让我们对常晓茹种种不可理喻的行为寻找到某种解释，更将“理门”这个尘封已久的世界撬开了一个小小的缝隙，让我们得以一窥它的奥秘。尽管里面的一切还隐隐约约模糊不清，却是一个重要的提醒，它告诉我们，对于民国那个斑驳复杂的社会，特别是从那个社会走过来的形形色色的人，我们的认识还太空泛、太概念化和一般化了。我认为，这正是常氏兄弟口述的特别意义。

第二位是常氏兄弟中的哥哥——常人春。常晓茹的亲子与义子二人，在这篇口述中都只是过渡性人物。虽然义子的形象更生动些，尤其是常家败落之后他的行迹，显现出他过人的应变与生存能力，恰与常氏兄弟娇生惯养的亲生父亲形成鲜明对比，也是1949年之后这类跌落底层的“不好不坏”的人物生存状况的真实写照。但这部口述史的真正主角，还是被访的常人春、常寿春兄弟二人。

常人春亲眼见过也亲身经历过民国时期的人生百态，对这个家门“其兴也勃，其亡也忽”之迹的感受刻骨铭心。家庭大起大落的影响、本人聪明张扬的性格和超人的记忆力，以及对复杂险恶的政治运动的无知懵懂，各种因素合在一起，导致了他一生的凄苦经历，也是他日后终成为一个民俗专家的原因。将他称为“文物人”，不仅是因为保存在他记忆中的那些旧京的宗教与民间习俗已几成绝响，同时也由于他在访谈中对旧日生活的眷恋和对现实生活的不合时宜又不识时务的深重暮气，这恰恰与他的自称合拍，因此也成为本书的主题。

常人春的弟弟常寿春，严格来说既不是“人文物”，也不是“文物人”。兄弟二人八岁的年龄差距，使他未曾享受过如兄长一般的公子哥儿生活，也就不会有兄长那样对往昔生活的深深眷恋。他的成长过程和经受的坎坷磨难，与1949年之后的一代年轻人同步，因此既能努力适应这个社会，也能极力为自己争取权益，对于家人尤其哥哥的遭遇，他也有自己的评判和见解。

将这兄弟二人的口述进行对照饶有趣味。我们关注的不仅是他们各自的人生命运，以及同一家庭出生的兄弟二人何以具有迥异的性格和人生态度，我们还尤其关注对于同样的事件、同样的人，兄弟二人的叙述有何等的相同与不同，并以此来相互补充参照，以使本篇口述的内容更丰满，也更接近事实本身。总之，作为最后一代亲眼见证了这个大嬗变时代的人，他们为我们保留了殊为可贵的民众记忆。无论是人，还是他们所讲述的事情，都已成为历史陈迹，不可再得。从这个角度来说，保存他们的记忆与声音，是本书的最大价值所在。

当然，本书也采用我们一贯的做法，尽量将口述与相关文献档案提供的线索进行互证，这些考证，都在本书的“访谈者按”或者注释中。此外，为便于读者参考，书中附有兄弟二人撰写的部分文字作品，我们还制作了“常氏家庭大事记”附于书后。

对常人春先生的访谈，最初是由佟鸿举先生向我建议的，他还积极为我牵线联系，并陪我一同做了访谈。由于时间太久，佟先生的工作单位和生活地址多次变动，我与他曾一度失去联系，直到本书定稿时，才在诸多友人的热心帮助下找到他。佟先生在通读全稿之后，提出了诸多重要的修改和补充建议，并且提供了不少图片，这是我们首先要郑重感激和道谢的。

对常人春先生所做访谈在搁置多年之后，以北京出版集团规划出版这套“北京口述历史”为契机，我有幸得获该出版集团资深编辑杨良志先生的多方帮助与指点，常人春先生的弟弟常寿春就是经由他提供线索并推荐，才得以取得联系的，在此特向杨先生致谢。

熟谙北京民俗文化和各种故事的张龙翔先生认真读了这部书稿，热心直率地纠正了我书中若干因对北京旧日生活不熟悉而造成的谬误。对于被访者的某些讲述，他也提出了自己的疑问和不同说解，令我对这部口述的部分内容从另一个角度有了理解，在这里也对张先生致以特别的感谢。

再者，对常寿春先生的访谈，是我与苏柏玉博士共同完成的。对常寿春先生的第一、第二次访谈，是我俩共同努力的结果。而此后的所有回访，则由她独自完成。她还去北京市档案馆查阅了大量相关文献史料，并且承担了大部分的整理和注释工作。本书中的序言与“访谈者按”，有相当多的内容或由她撰写，或听取了她的建议和意见。柏玉对常氏兄弟讲述的那个社会的强烈好奇和热心探索，给予我诸多启发，也提醒我注意到原来未曾注意的许多内容。这是我在本书最后要特别说明的一点。

本书从立项到最后完成历时数年，历经几位编辑之手，在此代表我和柏玉，向几位编辑致意，谢谢他们为这部书稿付出的心血。

定宜庄

2018年5月18日

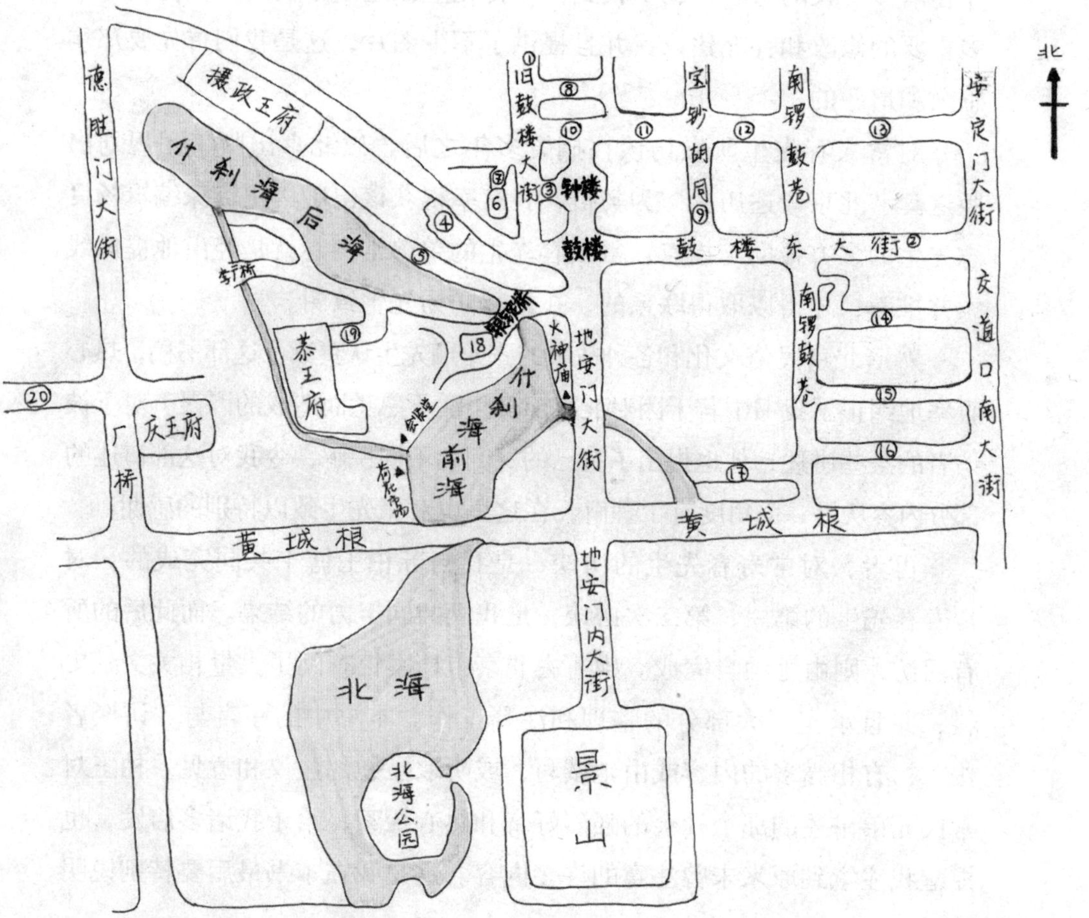

常人春、常寿春口述手绘地图[①]

① 本图据常人春、常寿春口述，结合民国三十六年（1947）北平市地图（侯仁之主编：《北京历史地图集 政区城市卷》，文津出版社2013年版，第136—139页），由苏柏玉手绘而成。为查看便利，做了一定变形、简化处理，特此说明。

1. 旧鼓楼大街117号，常人春、常寿春的家庭住址（1929—1948）。

2. 鼓楼东大街81—84号，常家曾短暂在此居住（1948—1950）。

3. 铃铛胡同，热河省政府主席汤玉麟来给常家贺喜时，他的马队曾从此处一直拴到旧鼓楼大街南口。

4. 广化寺，现北京市佛教协会所在地；1946年，常人春之父常子光在此小住消夏。

5. 后海北河沿，此处与广化寺相隔的地界坐落着汤玉麟的家庙。

6. 清虚观，“敬惜字纸”之地，1949年以前是中国共产党隐蔽的活动地区。

7. 大黑虎胡同，美国大使馆一等秘书朗德威住址所在地，还有和尚在此倒卖大烟土。

8. 张旺胡同，常家文玩的一个趸货地。

9. 宝钞胡同，那王府、北平市警察局十三段所在地。

10. 娘娘庙胡同，清末大太监刘素云的退养之所——宏恩观坐落于此。

11. 豆腐池胡同，常人春四姑家住址所在地。

12. 法通寺胡同。

13. 分司厅胡同，常寿春母校所在地。

10、11、12、13为常寿春上学路。

14. 菊儿胡同，在常家“住闲”的八奶奶在此有所房子。

15. 秦老胡同，“八大宅门”之一——清朝内务府总管大臣增崇家所在地。

16. 棉花胡同，常家大舅常荫泉被逐出家门后曾于此居住。

17. 福祥寺，“八大宅门”之一——金王家，亦即八奶奶的娘家所在地。

18. 金丝套胡同，常人春曾被羁押于此处的派出所。

19. 大翔凤胡同，从常子光手中接办钟楼电影院的苏姓湖北人居住于此。

20. 麻花胡同，“八大宅门”之一——清朝内务府总管大臣继禄家所在地。

上篇　常人春口述

时　间：2006年11月26、27日

地　点：北京呼家楼西里某居民楼

访谈者：定宜庄、佟鸿举

【定宜庄记】2006年初冬，我在吉祥满族网站组织的一个活动中初次与常人春先生见面，我的朋友佟鸿举先生遂提出建议，说不妨采访采访他，并主动提出帮我联系且陪同前去。而我早就知道常先生是北京史的著名专家，号称民俗大师，也粗略读过他写的《红白喜事——旧京婚丧礼俗》《老北京的民俗行业》[①]等书，对找他并不太热心，原因是对这些名人一直心存警惕，觉得该说的他们早在自己的著作中说了，又还有多少东西可谈？但见小佟热心，不好推辞，心想无非去一趟搭上半天时间，有东西更好，没东西也无所谓，便决定走上一遭。

那天又阴又冷，早晨风很大。常先生与另一家合住在一个单元中。他当时73岁，没结过婚，当然也无子女，房间中虽然摆满各种奖状，仍给人很落寞的感觉。不大的房间内竟然被一个糊好了的烧活儿占满了，那烧活儿色彩夺目，做工精细，他说是想做个样子给人们看的，实际比例要缩小了很多。我第一次看到这东西，感觉一是新鲜，一是觉得，他还真不嫌忌讳。

那天的谈话，收获比预期大得多。他很健谈，太健谈了，从上午讲到中午，中间我请他出去吃了一顿饭，回来后没做任何休息，接着谈，一直到下午3点半，我怕他太累，几次阻止，才答应明天再谈。据小佟说，1996年他研究生毕业后到东岳庙实习过一段时间，那时就与常人春先生有过接触，也多次听过他的报告与讲课，但常先生这次讲的那

① 常人春：《红白喜事——旧京婚丧礼俗》，北京燕山出版社1993年版；常人春：《老北京的民俗行业》，学苑出版社2002年版。

些，过去他还真没听过，原因是：从来也没有人这么问过。他说有些人急功近利，只问常先生那些他们马上就要用到的东西，问完恨不能抬脚就走，没闲心听他那些陈谷子烂芝麻，他却讲起来就没完，招人烦，而且一讲就走板儿。我说我不是不想听民俗，但我更关心的，是他为什么会对这些民俗感兴趣？又是怎样知道了这么多民俗？这当然不是人人都关心的事。

我对他讲的他祖父一生的传奇不仅倍感兴趣，而且感叹唏嘘，故事本身已经一波三折，他又讲得特别活灵活现。下午则讲他与道教、佛教的关系。第一天只讲了一半，就是关于他家解放前的荣华富贵以及败落的经过。我还想听他讲他解放后的坎坷经历，虽然他不太愿意，但还是同意我第二天再来，再谈。我觉得如果没有他后来的经历，这个口述就不完整，也不动人。小佟当然同意，他说他已经跟我做了那么多人的口述，当然了解，那天他开车送我回家，一路感慨。他说，听了这些人的经历，再体味曹雪芹为什么写《红楼梦》就觉得也只能写到80回，再往下没法写啦！他怎么写呢？这些大家族出来的人，到了“举家食粥酒常赊”的时候，是什么心境呢？

第二天我们趁热打铁，继续采访常人春。对于他自己的故事，第一天他有些避而不谈的样子，第二天却讲得相当详细。解放以后他曾被判刑劳改，在黑龙江劳改农场度过了24年，那是他从20多岁到50岁人生最好的20多年。我没有想到他的一生竟然这样辛酸，辛酸得令我和小佟到后来都有些不忍，觉得我俩把这些东西挖出来，对他未免残酷。他说这些经历他从来未与人讲过，我回家之后在网上查阅了有关他的几千条材料，发现的确是这样。人们只是向他讨教那些民俗是什么样子，却无人关心他为什么懂得这么多民俗，这些民俗在他的人生中占据了什么样的位置，是职业使然？还是纯粹兴趣？或者是为追求名利？知道了他的经历以后，我终于明白，在黑龙江劳改的漫长寒冷的20多年中，回首当年恐怕是他唯一的精神慰藉了。他应该是靠对这些东西的回忆度过那段岁月的，所以在黑龙江的时候，他就开始着手写第一本讲老北京的书。

常先生说，像他这种人可以叫作“人文物”或者“文物人”，现在人们重视的都是死文物，比如园林和古董，对“人文物”太不重视了。我对这个说法很赞同，所以就将“文物人”的经历，作为本书的主题。

——记于2006年

【定宜庄再记】我为常先生所做的口述，一直未能公开发表，时间却转眼就过去9年，直到有一天，我听到了这个消息：2015年3月27日，常人春先生因心力衰竭，在北京市朝阳区第二医院去世，终年81岁。

翌日的《法制晚报》报道了这一消息，称他为“北京民俗研究领域泰斗级人物”：

> 常老的传奇人生虽然结束，但留下大量关于北京民俗的著作。后辈准备遵照常老遗愿，将这些著作、手稿捐献出来，留给后人研究。
>
> 因生活经历坎坷，常人春一生未曾婚育。2001年，北京民俗学会秘书长高巍将常老接到家中照顾，两人朝夕相处，合著有《北京民俗史话》《旧都百行》。
>
> 今天上午，记者来到朝阳区呼家楼附近的常老先生生前住所时，开门的是他的朋友高巍。
>
> 几本著作、两支蜡烛、两盘点心、一张遗照……常先生的卧室布置成了一个简易的灵堂，不时有关注老北京的民俗学者前来祭拜。

记得当年我去常先生家的时候，说过他是与另一家合住在一个单元里的，那是不是高巍先生呢？于是我将这篇搁置了近9年的口述整理出来，以作为我对常人春这位传奇的“文物人”的祭奠。

——补记于2015年

【网上对常人春的介绍】常人春，1933年10月生，北京人，满族，民俗作家，民间自由撰稿人。出版有《老北京的风俗》（荣获第二届中国北方文学奖一等奖）、《红白喜事——旧京婚丧礼俗》（荣获1993年度北京文教类优秀图书奖三等奖）、《老北京的穿戴》，另有大型文献著作《近世名人大出殡》，短篇文集《老北京风情记趣》等。现为世界文化艺术研究中心研究员，香港中国国际交流出版社特约顾问、编委，世界华人交流协会理事，中国民俗学会会员，北京民俗学会会长，北京民间文艺家协会民俗委员会副主任，北京市文物保护协会会员，北京民俗博物馆特约顾问。他的传略已被收入《世界名人录·第五卷》《国魂——跨世纪中华兴国精英大典》《二十一世纪人才库》等多种典籍。

在常人春家中（左：常人春，右：定宜庄，佟鸿举摄于访谈时）

定宜庄（以下简称“定”）：您知道王锺翰先生吗？我是他的学生。说起来已经是30年前的事了，我跟他读书，后来我一直做满族史。

常人春（以下简称“常”）：一直做什么？

定：满族史。

常：哦。

定：满族史研究当然不是局限在北京，但是我现在比较关注北京的东西。因为现在一提到满族，大家的注意力就都在东北，可是在清朝的时候，满族最多是集中在北京。我现在承担着一个我们中国社科院的重点项目，就是研究老北京人，特别是旗人这百年来的社会与生活。现在一说老北京，大家就知道“宣南文化”[①]，但我觉得实际旗人在内城的生活才是当时最重要的。

常：对。

定：可是我找不着人支持我这种想法［笑］，大家都认为“宣南文化”是北京的精华。我选这个题目来做，和别人的想法不一样。我不是只想听北京的风俗，而是更关心北京的人，一个一个一个的人。这个人的祖上是什么样的？他自己是怎么生活过来的？好比说您，您家里当年是什么情况，您后来有过什么样的经历，您怎么成为这样一位民俗学的大师，我想听听这个过程。当然我也愿意听您讲民俗，可是我今天来的重点不是这个，我想听您讲讲您个人的生活和经历。我为很多人做了口述，全是听这些人讲自己的经历，全是这么做的。我听他们讲这百年来的家庭变迁，讲他们怎么看待自己家族这百年来的生活，您听明白了吗？

常：我听明白了，是。

定：当然在这里面，旗人，就是满族人的内容非常重要，我不知道您同意不同意我的想法。

---

① 这篇访谈做于2006年，“宣南文化”之说当年曾受到一些政府官员和学者的大力宣扬；但随着宣武区一些领导干部调职退休，话题热度降低。我的想法也与当时有所不同，开始认为北京内外城应当是一个有机的整体，并没有孰轻孰重之分。这一思想变化具体可见《宣武区消失之前——黄宗汉口述》（北京出版社2014年版）中的部分章节，以及“北京口述历史”丛书五卷本（北京出版社2017年版）的总序。

一、我的家庭

1. 家庭出身

定：今天咱们从头儿聊起好吗？

常：从头儿聊？

定：嗯，就是从您家里讲起。我最感兴趣的是您怎么知道这么多事啊？怎么别人就都不知道啊？所以您从您家里讲起好吗？

常：我先说一说我家里原来的出身。

定：对，对。你们家原来姓什么呀？老姓？

常：老姓啊？原来我们姓常来说，就是爱新觉罗。

定：是吗？

常：对。你看那个常瀛生，叫爱新觉罗·瀛生。你看那个首都图书馆的馆长叫常林，那是爱新觉罗·常林，没有这个“常”，大概就是那个“林”，他现在不知道为什么加上那个“常”，那是不对的，爱新觉罗一个点。①

定：那你们家也是爱新觉罗的？爱新觉罗下来是哪支儿的呀？不是宗室吗？

常：哦，这个……我还没有太注意研究这个东西。

定：您没查过？

常：我没有听我祖父讲过这个东西。

---

① 常先生认为常瀛生和常林的汉姓都是常，所以姓常的就是爱新觉罗，是对清代皇室姓氏来源不了解所致。事实上，常瀛生姓爱新觉罗，名瀛生，常瀛生是他的笔名。旗人命名，通常是称名不举姓，后来仿效汉俗，往往以名为姓，但爱新觉罗皇室与“常”姓并无任何关系。常林为何姓常，原因不详，但有可能就是上一辈名字的第一个字。又，瀛生（1922—2013），名文蓬，字瀛生，笔名常瀛生、安吉，是清朝铁帽子王——顺承郡王的后人。其父为奉恩将军长福，清亡之后曾在当时北洋政府驻日领事馆工作。瀛生1945年毕业于北京大学农学院，后任人民教育出版社编辑、高等教育出版社农学编辑室主任等职，20世纪80年代被北京满文书院聘为顾问，1986年被聘为北京市文史研究馆馆员，有《速成自学满语基础讲义》（1988）、《北京土话中的满语》（1993）、《满语杂识》（2004）等著作问世。常林为首都图书馆馆长。

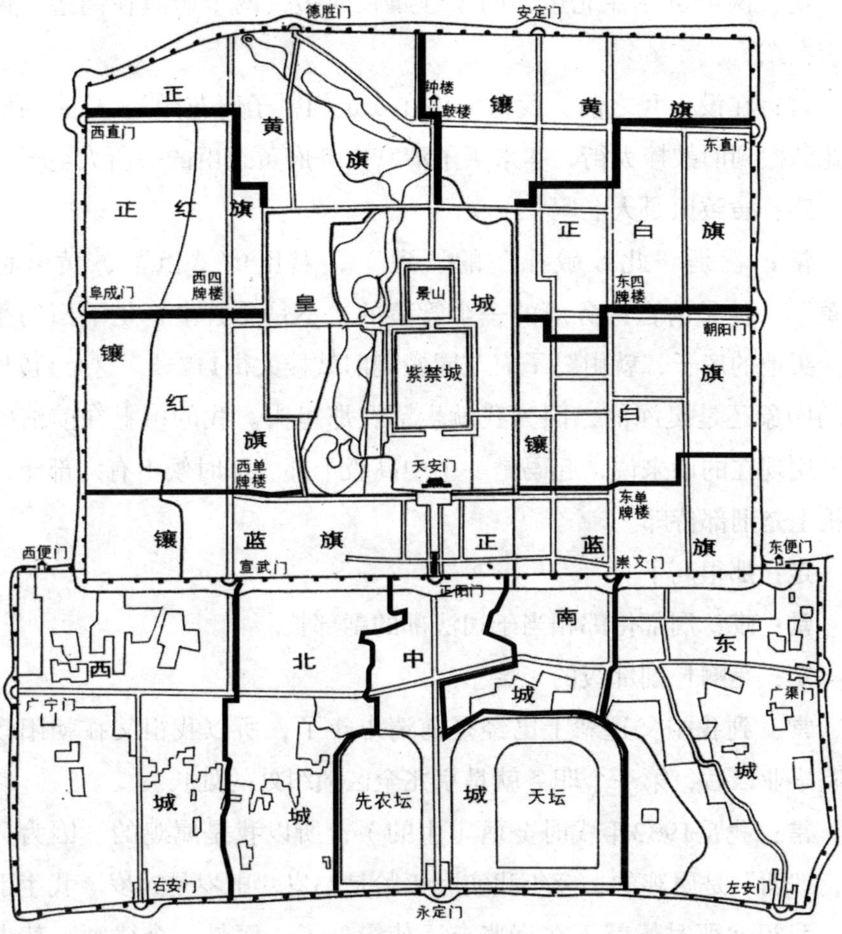

乾隆十五年（1750）北京八旗方位图

……

常：我就知道自己是哪一旗的。

定：哪个旗的？

常：哎，镶黄旗！我奶奶的娘家，是很有钱的户，镶黄蒙。后来民国以后改姓马，名字叫马秀琴，典型的旗人老太太。我祖父是镶黄满。

定：那时候你们家住在什么地方？

常：我一生下来的时候，我所知道的就是旧鼓楼大街。旧鼓楼大街那时候大概属于镶黄旗，因为安定门和德胜门这一带……这是镶黄的地方。

定：两个黄旗在北边，两个红旗在西边，两个蓝旗在南边，两个白旗在东边。

常：在没生我之前，我祖父住在安定门鞑子府花园①。后来由鞑子府花园搬到旧鼓楼大街，本来买了清宫内务府黄致臣的一所大宅子。

定：黄致臣是人名吗？

常：就是“此致敬礼”的“致”，君臣的“臣”，黄颜色的“黄”。他是清宫内务府的一个管事的，不是总管事，是下面的小管事。买他的房子，就由鞑子府花园搬到旧鼓楼大街117号，这个117号给我的印象还是挺深的，因为我就生活在那里头。我的祖上在前清的时候，用现在的话来说，起码是一个中高级干部。那时候不有六部嘛，我的祖上是刑部侍郎。

定：那很高了。

常：哎！刑部侍郎相当于司法部的副部长。

定：是啊！副部级的［笑］。

常：到我祖父这辈上已经是前清末年了，所以我祖父在朝阳政法学院毕业以后，第一个职务就是京兆全区侦缉处的处长。②

常：我是1933年戌时癸酉（生的），所以我是属鸡的。因为癸酉嘛，“酉”是属鸡的。今年我实际年龄是73岁，虚岁是74岁。我生下之后，我祖父那时候就不在京兆全区侦缉处了，而是一个律师。替人家打官司告状，搞这玩意儿。他按他那行……用那时候的话来说不太“悟账”③，就干什么呢？——做买卖。但是不搞一般的小买卖，就搞大的

---

① 这里说的坐落在安定门内的鞑子府，应该就是达尔罕亲王在北京最早的王府，当时北京人就称该府的花园为“达子府花园”。位于安定门大街路西，北边是安定门西墙根儿。

② 据常寿春（常人春之弟）在2016年8月4日回访时所谈，常晓茹卸任京兆全区侦缉处处长后从事了古玩行，然后在朝阳大学进修法律，才当了律师。与常人春所说存在出入。常人春所说之朝阳政法学院，应当是朝阳大学。该校成立于1912年，由法学界著名人士汪子建、江翎云、黄群、蹇念益等创办，是一所以法律、政治、经济等系为主的著名的法科大学。1930年12月，高等学校体制改革中，该校因只有一个法科而改称朝阳学院，但一直沿用朝阳大学印信。

③ 据常寿春解释，“悟账”是“懂得经营”之意。不“悟账”，即不擅经营之道。

古玩，专门买卖古玩，在北海里头开的古玩铺叫“阅古斋”[1]。

定：阅古斋？

常：就是一进倚晴楼，长廊子往左一拐，那儿有一个三间门脸，写着“阅古斋”，门口搭着天棚，在天棚里挂着字画，摆着东西招外国人买。再一方面，包北海的船。北海的大船，还有那小划子，我们承包。我小时候说我们长住在北海里头，所以我把北海当作自己的家，我大了以后也说：“这是我的别墅。”[2]［笑］

佟鸿举（以下简称“佟”）：您祖父的名讳是什么？

常：嗯？

定：您还记得您祖父叫什么名字吗？

常：我祖父叫常旭升，号晓茹。天刚一亮，拂晓那“晓”，一个“日”字，这边一个尧舜的“尧”——晓茹。因为号和名字，两个得结合。

定：那他还有满族的名字吗？

常：这个他没有和我们讲过，有时候我问这个，他不大愿意说。同时，我祖父有很多的忌讳，我没有听他谈过他的父母是什么样。

定：为什么还忌讳这个？

常：他没有谈过他父辈跟祖辈的一些遗闻逸事，都没有谈过。但他自个儿的遗闻逸事，他瞒不了我们，对不对？［笑］所以我们家有很多传奇的事。

---

① 北海琼华岛西北侧有一“阅古楼”，阅古楼恰与常人春所描述的方位相仿，“阅古斋”古玩铺可能正因此得名，但具体地址及存废情况不详。

② 据常寿春说，阅古斋并非常家开的，但是“我爷爷曾跟他们合作过，那个地儿毕竟是好卖东西。掌柜的叫程泽臣，外号‘麻程子’，脸上有几个麻子，解放后古玩铺关了，就变成阅古斋茶社，茶社后来又关了，现在那儿封了，没有了。位置在现在仿膳漪澜堂那个廊子东头附近。我们那阵儿经常跟爷爷去——‘走，上北海啦！’一进门：‘哟，您来啦！请进请进！’也不用打票，我爷爷一摘帽子一点头，就进去了”。

2. 祖父传奇

常：我祖父在做京兆全区侦缉处处长的时候发生了一件事。他在家，晚上刚要睡觉的时候，人家外面叫门，说："常处长在家吗？"告诉说有一个紧急事，就把我爷爷找出去了。那人原来是他们单位里的一个侦查员，他说："有一件事要跟您核对一下，我们现在逮着一个吴佩孚的逃兵。"

定：吴佩孚的逃兵？

常：嗯。"他说他叫常博航，是您的儿子，您有没有这么一个儿子？您承认不承认这件事？假如确实是您的儿子的话，那您自己带回去管教，我们也不处理这件事。如果他是冒充的话，那应该就地正法，因为他'拐械潜逃'。①第二个，他又冒充您的儿子，这两罪并罚。"我爷爷说："明天我把他提出来，看看是不是。"（那人）说："您看一看，您审一审到底怎么回事。"我爷爷回去跟我奶奶一说，我奶奶说："这个事咱们得承认下来，要不的话，这个小孩非拉出去枪毙不可。"

定：哦，那么好心眼儿啊！

常：嗯，说咱们做一件功德事。我爷爷考虑了半天："这玩意儿怎么办？这东西……"［大笑］最后决定要救这小孩，承认这件事。第二天，我爷爷把这个小孩提出来审讯，这个小孩见着我爷爷之后，大概也是心有灵犀一点通，也可以说是福至心灵［笑］，哎！一看见（我爷爷）他就跪下了，说："您是我的再生父母，所以我说您是我的父亲。"我祖父说："你这个小孩够聪明的，你跟我要说实话，你究竟姓什么、叫什么，怎么回事？"又说："我告诉你一句话。不管任何审讯员问，都要一口咬定，不要变供，不要翻供。要翻供的话，连你带我要一起抓起来。你就是枪毙，因为你是吴佩孚的逃兵，'拐械潜逃'你知道是什么罪吗？就地正法！"所以（我爷爷）就把这个事认下来了，跟侦查员说："这个事赖我管教不严，都是我家丑不可外扬。这个事寒碜，你说我做司

---

① 2015年秋，常寿春看过这篇访谈后，指出常博航并非"拐械潜逃"，应只是冒充军人。具体细节还有很多不同，论述详见本书下篇。

法工作，自个儿家还出这个逆事，出这逆子，这叫什么事这叫！这个小孩你们替我管教管教，该怎么处理怎么处理，不能饶他。”人家晚上拿车给送家去了，说：“这个事您自个儿管教，我们不好处理。”

定：真生动啊，太有意思了！

常：我爷爷问他：“你到底姓什么？”他说：“我姓阎，我叫阎博航，我家住在瓦窑。”就是现在的丰台，有一个大灰厂。

定：丰台的瓦窑？哦，哦。

常：那时候属于房山县，现在大概属于良乡[①]。

定：他姓哪个阎啊？

常：就是阎王爷那“阎”，五道阎君那“阎”。他父亲是个教书的先生，是乡下教师。（我爷爷）说：“你啊，给你父亲赶快写一封信，让你父亲把你领回去，这就算完了。你不能不通知你家里头啊！对不对？”他就给他父亲写了一封信，他父亲一接这封信，吓了一跳：“我儿子出这事了！但是还不错，遇救了。可就是一样，假如人家跟我要钱的话，这钱不能是小数，怎么办？”那时候说：“你把你儿子赎回去吧！5000块！”这事常有。救人的目的是什么？——就是要钱。

可是我爷爷没有这种想法，他就是为了救人，一分钱都不要。我奶奶跟我爷爷说：“咱们一分钱都不能要，咱们就是做一件善事。”那小孩的父亲背着个捎马子[②]，假装到北京来赶集，在门口转了大半天。传达室的门房儿看见了，就通知我爷爷，说：“老爷，门口有一个老头儿，转了半天，来回来去在这儿转，不知道什么事，也不说，也不言语。”我爷爷说：“我正找他呢！把他给我让进来。”人家门房儿就跟他说：“老先生，您是不是有事啊？我瞅您在这儿转了一上午，您找谁呀？”他说：“嗨！我是乡下瓦窑的，我们这街坊丢了一个小孩，听说好像遇救了，是让咱们本家老家儿给收容起来了，您看是有这么个事没

① 实际属于丰台区。

② 捎马子，可搭于肩头或驴、马背上的长形厚布袋，中间开口，两端皆可盛物。

有？到时您给回个话。”这门房儿这么一听，说：“正等你了，本家老爷正等你了，您请进吧。”让他在传达室坐了坐，然后告诉老爷说：“这个老头儿正是找这小孩的。”我爷爷说：“那行了。”就把他给让到客厅里去了。一叙谈，他说：“我有一个街坊姓阎，他托我到北京来打听打听他儿子的下落。”我爷爷说：“那您跟他什么关系？”他说：“我跟他没有关系。”这个老头儿是想留一个退身步，“你要是要钱的话，我一分没有，我也不是当事人，你跟我要不着，对不对？”［笑］

佟：嗯。

常：后来我爷爷说：“您在这儿住下吧。”他在这儿住了七天，从各方面观察。我爷爷通知他去各地方游览，通知他去洗澡、到饭庄子去吃饭，他一看不像是这个……

定：要钱的？

常：对，不是讹人的主儿。所以到末了（liǎo）儿，跟我爷爷说：“得！我跟您说实话，我是他的父亲。”我爷爷说：“我早就看出来了。您这是干吗呀？我今天跟您交老底，我就是为了救人，就是为了做善事、做好事，我不能跟您要任何报酬。如果我接受您一分钱的话，那这就不算善事了，整个就把这意义降低了，就完了。”这老头儿跪地下磕仨头，告诉：“您可真是功德无量。”又住了几天，把这小孩领回去了。他一看这个家，这个情况，回家之后就跟他的老伴儿研究，说：“把咱们这个小姑娘许配给他那少爷吧！”

佟：嗯？

常：“咱们要做这门亲的话，就什么全有了，对不对？要做了这门亲的话，房子、地、吃、喝、穿、戴……这所有的，她这一生都不用发愁了。”

定：这家人也够能讹的。

常：他一看这家比府门头儿的势派还大。哎！那真正一个王府也没有那么好、那么大的势派。他说：“要和这家结上亲的话，那就行了，咱们就抖起来了。”［笑］哎！他就把这小孩的妹妹，也姓阎，叫阎宝贞，就带到这儿来了。表面说是到这儿来看望您，来串门儿，实际在背后跟我爷爷说："我们有这么一个想法，不知道您意下如何……"就是提亲的事。我爷爷说："这样，今天咱们不能一言为定，对吧？我得跟我的老伴儿研究研究，也跟我的少爷研究研究。最后咱们还得拿到命馆去，去合它一下，如果能合上上等婚的话，那我就承领盛情。如果不能合上的话，那也没有办法。"过去都搞这一套，拿到命馆合去了，人家说："上等婚，子与丑合。乾兆、坤兆是命相相对。"［笑］

定：还挺神。［笑］

常：我爷爷说这无可无不可的，虽然说门不当户不太对，但也可以说是"千里姻缘一线牵"。这老头儿是教书的，也不是一般的农民。同时这老头儿做过什么呢？——做过房山县县长的秘书。

佟：师爷。

常：哎！那时候叫师爷，不叫秘书，就是秘书兼参谋。

定：怪不得那么奸呢！心眼儿多。

常：我爷爷一看这个小女孩也不错，是乡师范毕业的。我爷爷给她调到北京来，到了通州师范。后来她就跟我父亲结婚了。

定：就是您母亲了？

常：哎！我母亲是汉人，我爷爷救的那小孩也是汉人，都是民国以后的事，民国以前一般来说不能通婚。

定：对。

常：不是法令有没有的问题，是在风俗习惯上来说，不扯这套，对吧？（我母亲）跟我父亲结婚，这里面有几个问题。第一个，就是我爷爷救的这小孩既然认我爷爷是他的义父，所以我们管他叫大爷，不叫舅父，就叫大爷。

佟：成一家儿了。

常：这位大爷娶了两个太太，你知道嘛。这人能……这个东西他能造！吃喝嫖赌是没有一样不好的！在北京市里头，因为他有我爷爷这么个靠山，到哪儿去随便瞎说，打着我爷爷的名号满处去交往。所有这个，所谓前清的“遗老遗少”，几乎他全都交遍了。当然，通过他也认识不少人。

佟：太有意思了！

常：嗯，过去北京有“八大宅门”[①]，你知道吗？麻花胡同继家。

定：“八大宅门”指的是哪八大呀？您给说说哪“八大宅门”。

常：我这脑子不太好，不过我能多少记着一些东西。比如说麻花胡同继家，继续的“继”。麻花胡同继家是什么呢？就是清宫内务府继禄大人的宅子。中央人民广播电台的发射台知道吧？那就是过去的麻花胡同继家。[②]

定：我知道这家人。

常：那时候继禄大人已经不在了，他那个四侄子叫王荣魁，不叫继荣魁，但大伙儿都称他继四爷。但实际上他户口本上写着姓王，民国以后变了姓了。这个继四爷跟他的一些家属都和我这大爷拜把子。

定：还有呢？您不是说八家呢吗？

常：八家跟我没有关系呀！所以那个我就记不清。你比如辘轳把岐家、辘轳把曾家[③]、秦老胡同增家[④]。

---

① 常寿春在此处补记：“八大宅门”有麻花胡同继家、后马厂钟杨家（河道总督）、帽儿胡同义董家（大学士）、秦老胡同增崇家（内务府大臣）、福祥寺金王家等。

② 继禄为清末内务府总管大臣，宅第位于西城麻花胡同（西城区西什库大街，北大医院南侧），民国时期的北京广播无线电台设立于此，1949年后为中央人民广播电台台址。

③ 辘轳把，指辘轳把胡同，位于北京西城区，东起太平桥大街，西至锦什坊街，因走向形状得名。岐家指岐元家，岐元曾任盛京将军［光绪四年（1878）五月署，光绪五年（1879）十一月实授］、成都将军［光绪七年（1881）六月召，七月调，闰七月命］，光绪十七年（1891）十一月解职。参见章伯锋编：《清代各地将军都统大臣等年表（1796—1911）》，中华书局1965年版，第45—49页。冯其利所著《寻访京城清王府》（文化艺术出版社2006年版）中，“西城辘轳把的固尔玛浑宅”一节讲到了岐家的故事。曾家待考。

④ 秦老胡同位于北京东城区，东起交道口南大街，西至南锣鼓巷，与井儿胡同相接。增家位于该胡同西头。增家在清朝曾三代任内务府总管大臣，这三代是明善、子文锡、孙增崇。史称：“三世为内务府大臣者，道咸以后只此一家。”（王锺翰：《内务府世家考》，见《王锺翰学术论著自选集》，中央民族大学出版社1999年版，第500页）并参见《老北京人的口述历史》（定宜庄著，中国社会科学出版社2009年版，第229—255页）中对增崇后人的访谈。

定：辘轳把岐家是谁？是干吗的？

常：我这脑子不好，我爷爷跟我讲过这个东西，辘轳把岐家是怎么回事，秦老胡同增家……后来……后来说有没有这个旧鼓楼大街常家（指常人春自己家）？我也说没有，没有，没有。［大笑］

定：比那"八大宅门"，您家还没到那么大。

常：对，还没有到那个程度。

定：有没有金鱼胡同那家呀？有吗？

常：……这个，后来不就是什么嘛。

定：那么个大舅，您家可真有意思。

常：他在外面吃喝嫖赌，没少捅娄子。比如说在大旅社那儿赌博，把我爷爷的房契偷出来押在人那儿了，（结果）输给人家了，这所宅子输给人家了。后来我爷爷发现这个问题，拿钱又把这房契赎回来了。我爷爷说："没钱你说话，你可以满处那什么，往外倒腾东西可不行。"

定：哎哟！怎么找了这么一家，这真是啊！

常：嗯，抽大烟。这是我这一生最忌讳的东西，也是我爷爷最忌讳的东西。[①]你要知道，只要你染上这个，什么都不想干，什么都干不了，就成了废人，一天就是吃喝嫖赌，吃喝玩乐。就这玩意儿，唉……抽！过去，"吃喝嫖赌你别抽，坑蒙拐骗你别偷"，你知道吗？他是专门的抽。

定：那得糟蹋多少钱啊！

常：他不管是赌博也好，嫖窑子也好，抽大烟也好，那都是我爷爷的钱。我爷爷是供俩人搞这个，我父亲也是这个呀。

定：是吗？

常：也是呀！吃、喝、嫖、赌、抽，不务正业。我爷爷说："我真是，我这做好事就是为了积点德修点好，没想到我养活这么个儿子，跟我所遇见的这个人，都拆我的台，掣我的肘。"（我们家）本来是很

① 常人春在访谈中没有讲到他祖父为什么最忌讳抽大烟，我们在访谈中一度也忽略了这个细节。后来回访常寿春时，才注意到常家祖父曾为"在理教"成员，"在理教"区别于其他社会组织的特点就是倡导禁烟。对于这一细节，我们在下篇常寿春访谈中有更深入的追问和分析。

好的一个家庭，在我小时候确实是锦衣玉食的。你瞅那院子里摆的花草树木什么的，不是一般家庭所摆的东西。街上所有的富户都到这儿来，像逛花园一样，人家都羡慕。正院里摆的那紫砂大缸，那20盆金鱼、20盆莲花……

定：嚯！那气派！

常：那无花果、梅花棍、霸王鞭、鳝鱼泉、万年青、果子石榴……摆得满都是，都是一些名花。那屋里头摆的多宝盆，摆着各种陶瓷、汉瓦、玉器，都是相当讲究的。继四爷到我们那儿也告诉说："我们这王府过去都没有你们那么讲究，干什么你讲究到这种程度？"哎，所以我姥爷，也就是我说救的那小孩他父亲，常到这儿来"住闲"。

定：哦。

常：我爷爷说："您别在这儿'住闲'了，我给您找个职业。"就给他介绍到湖北督军张广建[①]家里。张广建做过湖北督军，后来主要是甘肃督军。我爷爷告诉说："不怕您过意，到那儿去可要注意。您那脾气可不成，您太认真。他小孩不听话也好，不念书也好，您婉言相劝；不听的话，任其自流，咱们没有任何责任。您千万可别什么打手板又是打小鞭子，那可不行。您到那儿教书，就注意我说的这一个问题，别的事问题不大。"嗨！这老头儿不听话！到那儿去教书，人家张广建还是挺欢迎的，常晓茹给介绍的嘛，这还能有错吗！但他到那儿去了，俩孩子念书调皮，他拿教鞭就抽。

定：嚯！

常：嗯，抽得脑袋上一个血印子一个血印子的，都肿起来了，青一块紫一块。正好张广建回家过年，那孩子跟他爷爷说："爷爷，老师

① 张广建（1864—1938），字勋伯，安徽省合肥人。光绪年间入淮军聂士成部为军佐，积功保举知县，分发山东，为时任山东巡抚的袁世凯赏识，逐渐成为袁世凯的心腹，累升至布政使。辛亥革命期间，代理山东巡抚。北洋政府时期，任甘肃督军、甘肃巡抚，衔陆军上将；还曾被调为顺天府府尹（相当于今北京市市长），在任期间建立了北京第一所女子中学——顺天女一中。常人春曾提到张广建娶儿媳妇时，采用的是新式婚礼，花车乐队那一套，请常晓茹做证婚人，常人春做拉纱的男童，可见两家之间的密切关系。

打我。”［模仿小孩哭着学舌］——“他为什么打你了？”——“不念书，净贪玩，背不下书来。”贪玩不能说是调皮的事，对不对？张广建不愿意了。过年的时候摆了一桌席，就把我姥爷请了去，告诉说：“老先生，我跟您说点儿事。我这孩子太不听话，不好管。我不在家的话，这孩子任性得厉害，他妈也没法管，常跟我说这孩子没有办法。这事也让您多费心了，您尽心了。我们也没的说，没办法，我们也不能给您添乱，不能给您添心乱……”

定：把他给辞了。

常：哎！“您还是另选高就吧！我们没法把您留在这儿，这个差事不好干，我们是非常清楚的。我们现在决定让他上市立小学，不叫他念私塾，不叫他念家馆，就不用您费心了。”后来我姥爷把这个事和我爷爷说，我爷爷说：“那咱们赶快主动卷铺盖回来。”回来又给他介绍一家——汤玉麟[①]，您知道吧？

定：知道。

常：就是热河省主席。哎，让他上汤玉麟家教书去。

定：那您爷爷可真有势力啊。

常：他认识的人多啊！（结果）还是以同样的错误让人休回来了。哎，打人小孩！虽然说没打坏，但是他经常给那孩子气受，虐待人家那个孩子。那不行，对不对？汤玉麟不干，说：“您这位老先生我们供养不起，用不起。”这就回来了，之后还到那个良乡县政府当秘书去。

---

① 汤玉麟（1871—1949），字阁臣，辽宁义县人。曾落草为寇，称霸辽西，因救张作霖一命，结为生死之交，成为张作霖成立奉系的起家勋臣之一。1917年与张作霖反目，率部入京，拥护张勋复辟，后率部北逃蒙古。1918年经人调解，与张作霖言和。1920年，直皖战争期间，以奉军侦探队队长的身份入京侦察。1924年，参与两次直奉战争。1928年，汤玉麟率先响应国民政府号召，通电宣布热河省易帜，服从国民政府、奉行三民主义；后被国民政府任为热河省政府主席、国民党热河省党部常委兼第三十六师师长，驻节省会承德。1933年2月下旬，日军进攻热河，汤玉麟率部逃到滦平。后被宋哲元收编，委任为第二十九军总参议。1934年5月，任北平军分会高级顾问，半年后解职，到天津寓居。常人春曾回忆说：“热河省主席汤玉麟娶儿媳妇，在北京饭店办事。用3乘轿，120对牛角灯，3堂汉执事，光那执事就走了3里地长。那一回是请我祖母当娶亲太太（相当于今天的婚礼主持人）。”常人春则摊上给新娘子提溜盖头的差事。

定：当师爷去。

常：哎！我爷爷说："您到县政府，不管大小是个官，对吧？比当教师强，比当家馆塾师强。同时呢，在外面说着名誉也好听，挣得也多。"日本人一来，坏了！你知道吗？他让八路军俘虏过一回。

定：哦？

常：他回来说："人家八路军太好了，人家怎么怎么……这个兵壮马肥呀！留我在那儿待了三天，让我参加革命。（但）我本来没有这个思想基础。"（八路军）遣他回来之后，日本人盯上他了，说："这个是八路。"

定：然后呢？

常：就把我姥爷逮捕起来了，问他："你什么时候参加的八路？"他说："我没有参加八路，我是被俘，被俘之后在那儿待了三天，他们让我参加他们的工作，但我能参加他们的工作吗？我是普通老百姓，所以我就跑回来了。"日本人不相信，三鼓秋两鼓秋，我这姥爷就上吊了。唉，就这么一档子事，这个传奇故事就到这儿。①

定：够传奇的，简直太生动了。

3. 家庭败落

常：唉，我那个家后来为什么破落了呢？——吃我们的人太多，"住闲"的得有七八个人。舅爷爷、舅奶奶、姑奶奶、姑爷爷，还有什么四大妈、三大妈、二大妈……全都上这儿来"住闲"。我姥爷跟我姥姥也经常在那儿住着，还有一个继家的八太太常年在这儿住着。

定：为什么呀？

常：她没有生活出路啊！你知道吗？

定：继家不是有钱吗？

常：继家不要她，把她轰出来了，她没有地方去。我爷爷给她代理几个案子，就是为她争产权。麻花胡同继家让广播电台占了之后，算

① 关于这段传奇，常寿春有不同的回忆，详见下篇。

是买了她那房，我爷爷和继四爷说："得给继八太太一份儿。"要按照现在的钱，一份都是几百万，你想想，是不是？

定：什么地方？

常：后门大街集贤楼。那时候有200间楼房让日本人占了。我爷爷请的日本律师井上三枝雄，打官司赢了，（赔款）给继八太太一份，是75条黄金。一条黄金10两，一共750两。

定：她那么有钱还在你们家住着？

常：有钱啊！她是阔太太。不用说以前称（chèn）[①]的，就是我爷爷给她打（官司）这钱，她也有点子了，对不对？她是花不了、吃不了的。但她也是抽大烟、招野汉子，胡来，满胡来。

定：您父亲哥儿几个？就他一个吗？

常：就一个，所以我父亲跟我那个大爷不和。为什么不和呢？——"我就是哥儿一个，将来我这继承权不用费事，如果你要上面再安一个哥哥的话，明儿我们这官司怎么打？"但是也好，这个官司不用打，等到我祖父死的时候，房产是一点也没有了，零点一都没有了。1948年就开始卖，卖家具，卖硬木架几案、硬木八仙桌、硬木太师椅、大广钟、金钱柜、金钱桌、螺钿的琴桌和条桌，卖这些硬木家具，卖古玩。卖来卖去，我一瞅，把祠堂的供器跟那钱粮盆——就是焚钱粮用的铁盆——卖了，我就知道玩儿完了。这个就是不好的征兆，什么呢？——断了香火了。

定：哎哟！怎么就会到这个地步呢？谁卖的？

常：那还不是他这两个少爷闹的。我父亲一个，他救的那小孩，我管他叫大爷的那一个。

定：那时候您祖父还在吗？

常：在呀！这个人就是优柔寡断，心慈面软。我母亲常常说："我要是你爷爷的话，把这俩人叫到一块，'你们俩人怎么办吧？你们

---

① 称，北京土话，意指"拥有许多钱财"。

说说。有病上医院，没病给我戒烟。嫖窑子不成，瞎胡闹、外面乱搞不行，如果我发现这个，马上叫警察。我是搞司法的，马上送你们到感化院去！’”对不对？我爷爷没这套。

定：怎么着都行？

常：唉！国民党禁烟的时候也是非常严重的，你知道吧？

定：对。

常：比如说，种的、运的、卖的，逮着的话，一律枪决。吸的，判十年以上。

佟：嗯。

常：所以我爷爷就从法院带回来那布告——“按特种刑事法判处烟毒贩”。把这布告贴哪儿？——贴在我们家的门上［大笑］。这是给谁看？——给我那大爷跟我父亲看。而且就在我父亲住的小院儿门口，还贴了一副对子，上联写“一盏孤灯照进曾祖事业”，下联写“尺半竹竿打倒好汉英雄”，横批写“留神枪毙”。正中间的门上贴着那张布告，那布告上写着“唯布告示，查京畿禁处……”[①]。

定：什么查什么处？

佟：查京畿禁处。

常：“居然有不法之徒，公然贩卖鸦片毒品，钧在明令如下：第一，种的、运的、卖的，一经查明，就地正法。吸毒者限十日内交出烟具，悔过自新。如若悔过自新，自首以后假如再吸，十年以上徒刑。本布告令到之日，令遵勿违，至干那变，切切此令。”这俩人看了之后，不敢和我爷爷说，就跟我奶奶说：“妈，您看这个，是公家给咱们贴的，还是咱们自个儿贴的？”我奶奶说：“要是公家贴的话，早把你们俩逮起来了。”［大笑］

到了1948年夏天，（我们家）就把我住的这房卖了。卖的时候，

① 1945年12月，蒋介石下令“北平与天津应严禁毒品”，北平市政府开始进行善后禁烟计划。参见黄仪、方立霏：《从民国档案看北平的禁烟禁毒》，载《北京档案史料》2000年第1期，第261页。

我和我爷爷说："这个房咱们不应该卖，假如生活有困难的话，可以租出去。"我爷爷不表态，后来急了，就说："我这一生净挣大钱，等我再挣了大钱，咱们买比这更好的房！"1948年，买什么更好的房？对不对？但是这房椽有的地方都烂了，咱们修也修不起。房就卖给一个东北的大军官，姓李。但是他没有写他自己的名字，他写他女人的名字，叫吴雅娟，卖给这个吴雅娟了。在一家饭店[1]里写的字，我们都参加了。

卖了这房以后，我们就在鼓楼东大街买了五间铺面房。我听我奶奶说："咱们卖房子，什么原因？就是打算做个买卖，开个商店。"我说："开什么商店？"她说："你爷爷过去开古玩铺，咱们现在货底子还多着呢，不用进货就可以开张了。"哦，打算开古玩铺。当时我虽然年岁不大，但有一个想法——"不合时宜"。正是三年内战时期，兵荒马乱的，谁没事买古玩呀！吃喝还顾不上呢，还能搞收藏？还能搞欣赏吗？

定：对。

常：这个道理很简单。这个行业不像油盐店也不像米粮店，你必须得吃，必须得买，对不对？这是被淘汰的行业。当然了，从被淘汰的行业来说，还有比起古玩铺再以下的，就是这行（指"糊烧活儿"），但这不是太绝对的。中国人在那种战乱的情况之下，还有搞这个的，还是有糊一套阴宅，糊一套四瓦房儿的。"一楼二库"这个东西比较普遍。最起码来说，穷人家死了人，糊一纸片车，糊一驴，再糊一纸箱子，这常有。再穷的话，起码来说，得糊一个幡儿；死一老太太，糊一牛就完了，好喝脏水去。[2]但是古玩铺可不行，古玩铺一个小碗你都卖不出去，因为那都是高级品。一个小碗，现在的钱就值3000、5000，谁买啊！那不行。

---

① 常寿春补充：这家饭店为合义斋。

② 常人春在其著作《红白喜事——旧京婚丧礼俗》中有这样的记载："旧传妇女一生糟蹋水较多，如果到阴间被阎王爷罚喝脏水时，可以让牛代喝。因此，凡是妇女死亡，尤其是月子病（难产）死亡的妇女都要加糊黄牛一头。有在牛前头加糊一水盆的。如是家贫，糊不起较多的纸活，就可以将驾辕拉车的驴，改糊为牛，这样就一打两用了。"（第264页）

常人春糊制的“一楼二库”（佟鸿举提供）

我们搬到鼓楼东大街，买了五个门牌的铺面房——80号、81号、82号、83号、84号。81号、82号、83号原来是广发祥木器商行。80号是一个穷和尚在那儿住，那个穷和尚买不起房子，也租不起房子，搬不了家，那怎么办呢？我爷爷说：“您也不用搬，我只当做一个好事，我这屋送给您了。”

定：好！又送人。

常：“我这房白送给你了。”这还不提，我们搬到那儿去之后，这个穷和尚过不下去，见天没饭吃，柴米断炊，那怎么办？我爷爷说：“不要紧，给他拿过去点米、面，拿过去点副食。”就跟他说：“你以后断炊的话，言语一声，我给你想办法。”所以他多前儿[1]见着我爷爷都

① 多前儿，北京土话，意指“不管什么时候”。

跪地磕头，说：“您是大施主，大功德主。”

定：那后来呢？

常：通过这个事也可以知道，我爷爷不会理财。人家那个算卦的先生也说他：“您这是有财无库。”他那个院里头正房挂的大匾，就是他施舍，人家酬谢他，给他挂的。九门提督江朝宗[①]给他挂的匾——“见义勇为”，那匾比这门还大，哎！汤玉麟给他挂的匾——“乐善好施”，颜玉泰[②]给他挂的匾——“慈善为怀”。

江朝宗像

定：真逗乐。

常：那时候他自个儿破产了，把大宅子卖了，买了这么五间还给了穷和尚一间。唉，到哪儿去他也开不了业呀！古玩铺干不了，不是包不下来，能包得下来，但是不挣钱，所以也开不了业。坐吃山空，在那儿卖过去的，吃过去的老底。他买这五所房的时候，还登报写置产声明。亲戚朋友还给他温居贺喜，说：“常晓茹发大财了，人家都破产，他买五所房。”其实不知道啊，他买的这五所房，都是些个破砖头、碎瓦块儿拼的，有名无实的玩意儿。一年以后，还是不行，他又把这五间

① 江朝宗（1861—1943），民国时期的著名政客，北洋军阀重要人物。这里所说的“九门提督”正式官衔为“提督九门步军巡捕五营统领”，是负责北京内城防卫的武官。常人春曾撰《大吹“三定京师”，难掩投敌罪恶》评论江朝宗。文章名称源于1943年江朝宗死时，伪《新民报》吹捧他“三定京师，遗惠在民”。所谓“三定京师”，“一定”为1912年袁世凯制造“十三镇兵变”时，江朝宗任步军统领，负责北京治安；“二定”为1917年张勋复辟，段祺瑞率兵进京讨逆，江朝宗仍在步军统领任上，维持社会秩序；“三定”为1937年“卢沟桥事变”后，江朝宗出面组织“地方维持会”，做了沦陷时期北平第一任市长。种种史料都表明江朝宗在北京地区有着极大的社会影响力。在常人春的回忆中，江朝宗1943年因病而亡后，葬礼相当阔气。发丧时，光是执事就走了东西长安街整整三里路长。但据老北京人传说，江朝宗极乐意为人家写匾，哪怕是给一家小干货铺子，他也有求必应。他存有一方印“六日秉国”，即代理过几日内阁总理，每写匾便盖上此印来吹一吹。单凭题匾，很难推断常家与江朝宗的交情深浅。

② 颜玉泰是清末民初著名书法家，清末曾为朝廷内务府官员，民国年间为国务总理代笔。京城诸多著名匾额皆为他亲笔，留传至今。

房卖了四间，穷和尚那房没卖，他就白给人家了。我们搬家时，那穷和尚跪在门口哭："您这一走，我这生活没有依靠怎么办？"现在连我们自个儿都顾不过来了，还能顾得过他吗？没法考虑这么多，我们就搬到阜成门南顺城街去了。

为什么搬到阜成门南顺城街？这时候我爷爷给一个老寡妇代理诉讼，那老寡妇买的这房，拿的契纸是假的。有一个韩国人叫成柏润，他是南顺城街那个房的主人，临回国之前，他耍了个花招，弄了一份假契纸，卖了这家卖那家，卖了好几家。他用同样的手法骗了好几家。

定：跟现在开发商似的。

常：这个寡妇呢，叫刘贵庭。她拿着一份伪造的北京地方法院拍卖书。法院卖出去的房，你能不承认吗？我爷爷说："这个好办，你把这拍卖书给我，这个官司我给你打。"我爷爷就当了她的代理人。人家法院说了："这是敌伪时期卖的，这个东西的真假没法鉴定。"让交1000块钱保证金。

定：你爷爷就交了？

常：你要没保证金的话，官司当时就输了，旧社会官司就是这样。可是（这个寡妇）保证金拿不出来，我爷爷说："我给你垫出来，没关系，咱不怕那个。这样，你写一个借据，跟我借1000块钱，再让法院给盖一个公章证明一下。"这法院还真给办这手续了，这就有意思了，对吧？当事人拿不出钱，律师给拿出来了。这官司后来打来打去，输了。输了之后，我爷爷说："不要紧，我不怕，向市政府请愿。"因为我爷爷有名望，所以何思源亲自把这个房批回来了。

官司打胜了，但是这1000块钱的保证金，那寡妇还不起，律师费也还不起，哈哈！律师得有律师费呀，法院还要诉讼费呀，对吧？对方是国民党的一个大军官，叫曾荫槐[①]，解放后跑到台湾去了，他把产

---

① 曾荫槐（1910—1981），江西于都人，1930年5月南京中央军校第八期学员，后任台湾陆军装甲兵司令部少将副司令。

权放弃了，所以法院也不再追究，我们也不再追究，那个老寡妇刘贵庭也不再追究。那老寡妇说："得了，常先生，您去住这个房吧。"我们也不拿房租，等于我们自个儿的房一样，就搬到阜成门南顺城街去了。

佟：花了1000块。

常：我们搬到那儿去之后，就是派出所怀疑的重点。为什么？搬去的那天，派出所一看，我们拉了七大车古玩。

定：那时候是不是都已经解放了？

常：对啊！1949年、1950年搬到那儿去，拉去七大车古玩，还有各种残余的硬木家具。

定：好，还有剩的。［笑］

常：实际上那时候已经是瘦死的骆驼，虽然比马大，但也是瘦死了。残余的那些个什么紫砂大缸啊，20盆莲花、荷叶，硬木的佛龛、佛像……城门子底下的人①哪儿看见过这个呀！所以大家相互看看，说："这家儿在过去是个做官事的，要没有势力的话，他不可能有这么厚的家底儿。"那淘粪的工人②，每次淘完粪了之后，往那屋里头这么一看［讲山东话］："他奶奶的，称老咧。"［笑］我就乐他这句话，我心里话："称什么老了，比起你那屋是称老了，要比起我原来那屋，这将近穷死了。"我爷爷一看不行，咱们别在这儿招摇，就把这些个卖不出去的古玩底子，雇了几辆车，给它拉到后海北河沿13号汤玉麟的佛堂，知道吗？

定：存那儿了？

常：哎！那时候汤玉麟已经死在天津了，正月初六死的，正好天津那年解放。汤玉麟死的问题咱们不谈，就谈佛堂这个问题。那是他妹

---

① 旧日城墙根儿的房价是最便宜的，所以是贫民聚集的地方，"城门子底下的人"特指穷人。

② 下篇常寿春口述中也提到了这位工人，他的名字叫李瑞雨，常氏两兄弟对他的印象都很深刻。

妹的一个佛堂，好几间大院子，满是果木林，各种果子、各种花草，那真漂亮。她还收了两个徒弟，一个姓阎，一个姓黄，所以大家叫这二人“炎黄二帝”。这“炎黄二帝”听我爷爷说要把东西存在那儿，知道实际上就是不要了，反正卖也卖不出去。弄了好几车，各种的瓦马、瓦骆驼、歌伎人、樟木俑，各种的八仙人、二十四孝人，各种陶瓷，官窑、钧窑、哥窑……全拉那儿去了。哎！再往后说，“文化大革命”的时候，“炎黄二帝”把它们都埋到地下了，到现在我们也没往外起。

定：还会在地里头吗？

埋藏常家古玩的汤玉麟佛堂侧门[①]（苏柏玉摄于2015年）

---

① 据常寿春说，该佛堂现被卫生部占用，改革开放后一度被改为大华卫宾馆。常寿春亲自带我们前去指认了地方，该照片即摄于此次走访。但此说未必准确。该佛堂应该是清代醇亲王府北府的建筑，北府如今被分为四部分，即宋庆龄故居（原明珠花园）、国家宗教事务局（原醇亲王府）、北京市第二聋人学校（原摄政王府马号）以及北海幼儿园（原小祠堂）。

常：嗯，还在那儿搁着。解放的时候我参加工作了，人民法院的问我："常旭升是你祖父吗？"我说："是我祖父。"他们说："常旭升存的那些古物你不能动。"我说："我都存在他们的佛堂那儿了，我祖父给中央人民政府文化部写过多少次信，说是捐献给国家，不要一分钱。文化部不要，还给我爷爷写了两封信。"他们说："这个信你有吗？"我说："有，明天我给你拿来，你看看。"后来我把这两封信拿来给他们一看，文化部鉴定这些东西都是仿的［大笑］。人家说："非常感谢您对我们的捐赠，您先保存，等我们用的时候再去拉。"法院一听这个，就和我说："这个决定撤销了。您回去之后，爱怎么处理怎么处理。您爱在那儿存着也好，您爱卖了也好，我们不过问，这算您的私产。"还闹了这么一个笑话［笑］。

佟：您祖父哪年去世的？

常：1952年去世的。[①]

定：去世的时候多大岁数？

常：实岁年龄69岁[②]，我们家的遗传基因比较好，我祖父这是比较年轻的，你知道嘛。

佟：您祖母呢？

常：71岁。

定：哪年呀？

常：1960年吧。[③]

4. 父亲和大爷

定：您父亲叫常子光是吗？

常：哎。

定：他念书了吗？

---

① 常寿春补充具体时间为1952年8月19日（农历六月二十九）。

② 常寿春补充祖父的出生时间为1883年农历二月二十八。

③ 常寿春补充祖母的去世时间为1960年1月6日。

常：我父亲是外国语专科学校的毕业生，他的日语相当好。要不怎么“文化大革命”时，别人给扣上帽子，说他是日本特务、日本翻译。其实他一点儿也没有当过日本的翻译，也没有做过日本的事。他什么也不是，就是公子哥儿，在家吃喝玩乐，这个不能提到法律上，对不对？

定：对。

常：你别管他过去怎么挥霍，解放以后不能追究那个，对吧？就是在政治上来说，他没有多大问题。1947年的时候，中华民国三十六年，他被保里头选举，当上一回保长。[①]但是他很不愿意干，他不愿意干不是在政治上，他并没有那个看法。他的看法是什么呢？——“我有的是钱，我吃喝玩乐，我给你费这脑子？我得四面八方做群众工作，我得给你维持，又敛兵役捐，又什么开会……”这事麻烦，所以他不愿意干。但是内五区前任区长跟我祖父认识，说：“您让您这少爷，别一天到晚……给他找点活儿干。”所以当了几天这个内五区第八保的保长。

定：内五区的？

常：哎。表面上是保民选举，实际上是上边的指定。还有一个人是大合堂也不知是大德堂的一个中药店经理，假装跟我父亲竞选，走了这么一个过程。那个人倒是希望他自个儿当保长，但是保民不选举他，他的票太少，尽是一些废票。他叫杨正堃，那“堃”是两个“方”字底下一个“土”字儿，人家都不会写这个字，都写一个“曰”字底下一个“比”字儿的那个“昆”，所以都是废票，他就落选了。还选出一个副保长来，叫王化隆。我们家里头成为一个保办公处，旧鼓楼大街117号门口挂这么一个牌子。

过去呢，我们家给我、给我弟弟妹妹们办满月，有一些军阀来

---

① 保甲是南京国民政府时期在县以下实行的行政组织。1932年8月，蒋介石颁布《剿匪区内各县编查保甲户口条例》，先后扩大到各省及北平（今北京）、南京市。1937年2月，行政院公布修正《保甲条例》，推行全国。保甲编组以户为单位，设户长；十户为甲，设甲长；十甲为保，设保长。保甲组织的基本工作是实施“管、教、养、卫”，如清查户口、查验枪支、实行连坐切结等。1949年3月，北平市政府提出《关于废除伪保甲制度建立街乡政府初步草案》，强调保甲为敌伪统治压榨广大人民的基层组织，必须彻底废除。

了，带着这个卫队什么的，给老街旧坊留下印象说“这家有势力”。现在门口又挂上第八保办公处，别人说：“这家始终是跟地面上有联系。”所以解放后他落这么一个污点。但是共产党在这个问题上也比较实事求是，七保保长盛春荣判了七年，八保保长常子光免于刑事处分，没有追究。

为什么没有被追究？因为他跟五区新任区长杨敬政见不和，这个“政见”指什么的呢？有很多的具体事，比如开“路条”[①]问题，那个区长常指责我父亲，说：“您不能随便逮着谁都给开，不了解的情况不要瞎开。上次人家给转回来了，抓着一个共产党，是不是？人还没出城，就被抓了，拿出那证明是你给开的。你这叫失职，对吧？”我父亲说：“嗨！我根本就不了解情况，老街旧坊的，低头不见抬头见，人家求咱们。再说又没看见人家有什么具体行动，咱们不能随便乱指。”区长说：“你这玩意儿不行。今后再这样干，你自个儿要犯错误。”他们老是为这些个具体事在一起拌嘴。我父亲把这个新区长杨敬给得罪了，后来杨敬给他加了一个罪名，说他“隐匿共匪”，在档案那儿搁着。解放以后人家一瞅，不要追究他了，给他开脱了。九保的保长是地安门大街的，叫杨振东，立即枪毙。

定：哦！那他干了什么事了枪毙？

常：嗯，不太清楚。横征暴敛这是第一个；第二个呢，在“清匪锄奸自救运动”[②]的时候，向北平市公安局呈报地安门大街商户里“隐匿共匪”的具体情况，因为这个抓起来了七八十人，所以他罪恶昭彰，解放以后把他枪毙了。这就是说七、八、九保三个保长的处理情况不一

① “路条”即“通行证”。

② 该运动是在“华北剿匪总司令部”的指示下，于1948年10月开展起来的。委员会由北平警备司令部设计委员会改组而成，直接领导北平市各基层单位，要求所有机关、学校、团体、工厂、保甲等基层单位都设立“清匪锄奸自救小组”，执行反共任务，监视群众活动。运动实行“联保连坐”，对共产党案件可以采取“人民公审”的方式就地处决，不必经过正常的司法程序。参考万永光：《北平警备司令部设计委员会侧记》，见中国人民政治协商会议北京市委员会文史资料研究委员会编：《文史资料选编》第二十三辑，北京出版社1984年版，第181—182页。

样。其他保长我也知道一些个，不过没有太多的了解，比如说十保保长也被抓起来了，但是没有判重刑。

定： 差不多保长都没有好下场，就让您父亲逃出来了。[1]

佟： 后海北河沿那院子，后来归谁了？

常： 后来这个院子[2]，修地铁的时候拆了。那时候我们都没在北京，我在东北，我弟弟妹妹在内蒙古，“上山下乡”嘛。我父亲在清河茶淀农场[3]当瓦工。家里就是老太太……

定： 您父亲怎么到那儿当瓦工去了？［笑］

常： 解放以后不规矩，还是抽啊！一边抽一边卖。

佟： 给劳改了。

常： 没有生活出路，他不干那个干什么？可不就干那个嘛！连抽带卖，抓起来判了二年刑。但是不管判一年也好，判半年也好，十年也好，出来之后必须得在那儿就业，这是一个政策。这个政策始自北京市公安局的副局长。[4]哎，那副局长（的名字）就在我嘴边上，你看我这……

定： 没关系，不说他，没事，接着说。

常： 他制定的政策就是把北京市所有这些个被改造过的、被判过刑的人都搁到农场去，免得北京有风吹草动的时候，这群人兴风作浪。

---

① 常子光为何免于刑事处分，常寿春提供了更为完整的解释，详见下篇。

② 常人春这里指的院子是常家后来居住的南顺城街住宅，并非佟鸿举询问的汤玉麟佛堂。

③ 北京清河农场，位置在天津旁边的茶淀。虽然农场在河北省境内，但隶属北京市，是北京市公安局在北京市境外最大的劳改场所，比同样归其所属的黑龙江兴凯湖农场、吉林白城子农场大得多，解放初便是关押犯人的所在。20世纪70年代末，清河农场劳改队各种设施臻于完备，成为名副其实的犯人收容场。

④ 常寿春补充：这项政策的制定者应为冯基平、邢相生。据《北京志·政务卷·人事志》第87—94页记载，冯基平于1953年8月—1965年1月任北京市公安局局长，其间兼任北京市副市长（任期1955年2月—1964年9月）。邢相生于1965年1月—1966年5月任北京市公安局局长。此二人在1950年曾分任北京市公安局副局长及政治保卫处处长，共同组建“500”专案组（据郭德宏、陈登才、钟世虎：《毛泽东历险脱难纪实》，红旗出版社2015年版，第163页）。“文化大革命”期间，两人均卷入北京市公安局“反革命特务集团案”，被捕入狱。

哪怕就是判半年，出来之后也得在那儿就业。还有（的人）根本没被判过，但在地方不安分，比如说流氓、小偷这些个够不上刑事处分的，劳动教养完了之后也得在那儿就业。所以过去是“三类人员”。什么是“三类人员”？第一个是大劳改，在那儿服刑的；第二个就是劳动教养；第三个，刑满就业分子。这么都给抓在农场了。哎，就是这么一种情况。

定：您那个大爷呢？也在那儿吗？

常：我那大爷，那会儿也是贩毒分子，“三毒分子”，连运带卖带抽。运毒、贩毒、吸毒，就叫“三毒分子”。可是这个人手眼通天，他就比我父亲有一套。他一瞅这事不好，洗手不干了，不敢干了。再干得抓起来，是吧？哎，上茶馆去说书去！他脑子好，后来在护国寺庙会、白塔寺庙会、隆福寺庙会还有茶馆[①]里头说书，艺名叫常荫泉，专门说《三侠剑》[②]。这个北京市是有名的。

定：他跟哪儿学的呀？

常：他年轻的时候，就和我一样看热闹看来的，“听菜”听来的。[③]

---

① 常寿春补充：德胜轩茶馆。

② 介绍老北京庙会及茶馆的文章多会提到常荫泉和他说的《三侠剑》。《三侠剑》是评书的传统书目，由艺人张杰鑫在20世纪20年代创作演出。按《中国曲艺志·北京卷》（中国ISBN中心1999年版，第92—93页）介绍，《三侠剑》讲述的是清康熙年间的“三侠”（“神镖将”胜英、“震三山”萧杰、“九头狮子”孟凯）、“三剑”（艾莲池、红衣女、夏侯商元）与武门败类、山寨强人间的矛盾冲突故事。书中高人强手层出不穷，斗争手段变化莫测，故事情节惊险奇异，有很大的吸引力。20世纪30年代，《三侠剑》在北京书坛上久演不衰，很多评书艺人纷纷改说《三侠剑》，一些初学评书者也常以《三侠剑》作为首演书目。《三侠剑》还曾在《新天津报》连载，之后被编辑成册出版。1958年，政府要求曲艺人“整顿旧书目”，该评书遂被禁演。

③ 常寿春认为当时不拜师是说不成书的，常荫泉不可能是“听菜”听来的。在访谈中，他提到常荫泉曾拜李姓艺人为师。据查，民国时期，李万兴（艺名李坪兴）说《三侠剑》很有特色，往往连说带打，堪称一绝。后来李鑫荃向李万兴学了《三侠剑》，主以说功取胜。常荫泉所拜的师父，可能是这二位其中之一。另据刘荫柏对20世纪50年代的回忆，常荫泉也是白塔寺庙会前殿说书冯姓、“阔”字辈的老艺人的门徒。参见刘荫柏：《京都琐忆》，吉狄马加、张同吾主编：《百年烟雨图——中国当代作家、诗人及知名学者回首自己在二十世纪最难忘的经历》卷二，中国文联出版社1999年版，第795页。

佟：“听菜”。［笑］

常：你说我这个学单弦也好，学大鼓也好，也都是听来的，也没有师父，也没有……现在不行，现在耳朵听不见，伴奏都跟不上。

定：您那个大爷解放后就一直说书呀？

常：嗨！“文化大革命”给轰到哪儿去了？——轰到乡下[①]种地。他能种地吗？当成“五保户”[②]了。后来改革开放，“五保户”也撤销了，又回到北京，瞎转悠来了，买卖粮票……就干这个。后来也死在瓦窑了，什么也不是，死了什么也不是。

定：唉，那么显赫的一大家，最后弄这么俩儿子。

常：反正火葬一烧之后就算拉倒了。

定：您母亲和您父亲怎么样？您母亲还挺好的？

常：嗯，我母亲1997年死的。[③]

佟：老太太一直跟着他（指常人春）呢。

定：她后来一直在家是吗？

常：对，那时候除了我那个大弟弟没在家以外，都在家呢。（现在）都回来了，所有“上山下乡”的都回来了。

定：那您弟弟比您小好多吧，还“上山下乡”？

常：我那个大弟弟比我小7岁，今年66岁，他1933年（出生）。我二弟弟可能是比我小十几岁，四几年的。[④]

定：您母亲和您奶奶能处好吗？一个旗人老太太。

常：唉，反正婆媳之间呢，我觉得基本上还是处得不错。[⑤]因为我小时候呢，大宅子分着院儿，根本就不接触，没有利害关系，各自有各

---

① 常寿春补充：延庆县三司。

② “五保”供养制度始建于20世纪50年代。根据1956年《高级农业生产合作社示范章程》规定，对生活没有依靠的老、弱、孤、寡、残疾社员，给予保吃、保穿、保住、保医，保证年幼的受到教育（保教）、年老的死后安葬（保葬），简称“五保”。享受“五保”的农户便统称“五保户”。

③ 常寿春指出二人的母亲应是1996年去世。

④ 大弟弟即常寿春，实际上是1941年出生的，二弟弟为1951年出生的（常寿春更正）。

⑤ 对于家人之间关系的回忆，常氏兄弟二人的印象有很大不同，此处可与下篇对比阅读。

自的生活方式。我们这些孩子主要是我爷爷跟我奶奶来关心，因为我母亲经济不独立，她关心也不行。我父亲根本就不过问，也不在家。

定：所以您跟您爷爷、奶奶的关系挺好的，也比较近是吧？

常：哎。打扮这几个孩子，买衣裳、买鞋、买帽子，这都是我爷爷跟我奶奶的事，我父亲跟我母亲伸不上手。我母亲是没钱，我父亲有钱也不给我们，还不够他那什么的呢……

定：您父亲什么时候去世的？

常：我父亲1990年去世的。78岁，但是死的时候牙没掉，头发不白，眼不花，耳朵不聋。我有一个妹夫，他家来了一个妇女，跟我妹夫什么关系我还不太清楚。她信天主，信基督教，来这儿进门先问我："北京有基督教堂吗？"我说："有啊，什么事？"她说："我是基督教徒，明天礼拜，我想做个礼拜，您能给我办这件事吗？"我说："太能办了，明天我同您去。"因为我心里没底，我小时候上的是私立的崇实小学①，那时候认识一个校长叫邵凤元，我在政协学习的时候又碰见他，假如人家不叫进去，我就说我找邵凤元，这瞎话就编好了。基督教和佛道两教不一样，它（有）专门找（人）信基督教的信使。我刚奔那儿，坐在旮旯了，有一个老太太过来了，说："您二位新来的吧？"我说："对了，今天我们头一次来。"她说："我热烈欢迎二位，您是我们的贵宾，请您到前排坐。"［笑］我一看，好，前排是包厢，就跟戏院的包厢一样。好嘛，人家可欢迎了。

（那天回到家）我一看这倒划着门，说："那不行，把这玻璃砸了。"砸完这里面没有反应，我就知道（我父亲）出问题了，把门一打开，一看，没有气儿了。我说："送医院检查检查。"

---

① 常人春曾撰《我的母校——崇实小学》一文，回忆他原在分司厅小学上学，因与位于旧鼓楼大街的家距离太远，1945年暑假之后，转学至后海鸦儿胡同小学，8月15日日本投降后，国民政府将学校发还鼓楼西中华基督教会，该校改回原名"崇实小学"。这里提到的校长邵凤元为牧师，其子继承父业，后为前门外珠市口西南角基督教堂的牧师。见金子成主编：《北京西城往事　西城追忆集粹》第三部，中国文史出版社2009年版，第131、133页。

佟：这说谁呢？

定：他父亲。

常：到医院一检查，做心电图。人家说："早停止呼吸了。"就那么样……安安静静的。头一天晚上还说："打牌不打？"睡了一宿觉，第二天死了。我这妹夫来吊唁的时候还说："得了，老头儿挺仁义！这样死了也没给后人找事，也没花医药费，也没找人陪床，挺好，他自己也没受罪，不错。"

定：折腾了一辈子。

佟：您母亲，就是阎宝贞，她哪年去世的？①

常：我的母亲是85岁，那就惨啦。一方面家道中落，再一方面，大的环境也不行了。

定：您大爷有几个孩子？

常：嗨，他这又是一个故事。他那个大太太老不生孩子，所以着急。天天到我们这儿来串门儿，把我接到家去之后，她说："这就是我的儿子，你就是我的儿子。"对我非常疼爱。无论买吃的也好，做衣裳也好，买鞋也好，带我外头逛去也好，都是我大妈。她后来听别的街坊说："你瞅哪儿出殡的话，摔完了盆子，那块砖你把它捡回家来，压在炕底下，你就有孩子了。"②这又是民俗，哎！

---

① 常寿春补充：阎宝贞去世的时间为1996年11月22日（农历十月十二）。

② 常人春在《红白喜事——旧京婚丧礼俗》中对该民俗讲得甚为详细："一些客居北京的外乡人有的摔大花盆、花绿盆，还有的摔个治丧期间用来烧纸的大砂锅，有的仅摔一块儿瓦，意义亦各有说法。……一说阴间有位王妈妈，要强迫死者喝一碗迷魂汤，使其神志昏迷，以致不能超生。儿子准备这一有孔的瓦盆，可使这迷魂汤漏掉，并打碎瓦盆，以免死者误饮。一说人生不免要浪费一些水，如果阎王爷罚他喝脏水时，用这个带孔的瓦盆去舀，可使脏水漏掉。……对于摔盆用的那块砖说法更多。当年，老人说此砖能够辟邪镇宅，把它捡回来，放在大门影壁前，任何邪魔外祟不敢侵入，一避祟，二避妖，三避煞，谓之'门前三挡砖'。如果是老喜丧的砖，谓之'借寿砖'。意为借用死者的福寿，垫在水葱花盆底下，谓之'水砖长寿'，家宅当获福、禄、寿三星的庇护，因此说拾此砖放于门前为'吉星高照'。还有的说，用这块砖给小男孩压书，孩子将来……可望'三元及第'。给小女孩压活当必心灵手巧，如果给女孩当座位，可保女孩一生富贵、子孙满堂。如无后嗣者，将这块儿砖压在炕席底下，就能有'获麟'之喜。因此，有的瞧出殡的老太太往往要捡回这块儿摔盆的砖。"（第418—419页）

（有个）房东老太太的老头子摔死在外头，是在家办的事。出殡的时候我也看见了，事办得不是挺大，但是基本上走了这么个形式。到末了儿和摔盆的时候，我大妈让一个街坊老太太把那砖给捡来了，之后就压在炕底下了，告诉我大爷说这回有希望了。后来果不其然，怀了孕了。有钱呀！去那最大最好的医院——协和，这医院还能错吗？那时候林巧稚院长没在，大概是上美国学习去了。检查了半天，检查得不对，没检查出有子宫瘤。

定：哦？

常：结果难产，动手术之后把孩子取出来了。因为时间过长，大人死了，给我大爷一个打击，家里落这么个丧事！本来打算给小孩大办满月，由我爷爷给出钱，给请人，这回这满月甭办了，办白事了。（他们）就在三座桥[①]那儿住嘛，就这么一个女孩，她妈死了之后，俩人没有任何依靠。

定：也到你们家住着来了？

常：唉，由我爷爷来救济吧！我们家那么多孩子，爷爷奶奶照顾不过来，就是我这个大妈来照顾我，这回我失去了一个支柱。我再到我大爷他们家，他还有一个二太太，那对我就不行了，没有这么热情。

定：那孩子呢？后来也长大了？

常：这孩子长大了以后呢，跟她爸爸划清界限。她说："我爸爸是坏分子。"所以也不进行赡养，让她爸爸告到东城区法院，东城区法院判我这个表妹常瑛月月给他拿多少钱。她在南磨房小学教书，当音乐教师，这是我所知道的情况。

---

① 三座桥胡同位于北京市西城区，北起前海西街，南至地安门西大街。三座桥胡同北侧与毡子胡同南口之间曾有座单孔石桥，大名"三座桥"，别名"海印桥""月桥""海子桥"等。

二、老北京的婚丧礼俗

1. 几个研究重点

常： 过去我研究这方面的东西有几个重点。第一个是所谓“人生礼俗”。人生礼俗就是由生到死，比如生下来的时候小孩怎么洗三、怎么办弥月、怎么抓周，大了以后怎么命名、怎么找工作……然后到了结婚年龄，男婚女嫁之后，他创了业，有了儿孙，给他办生日、办寿，岁数大了之后就死了，怎么发送，还有葬后祭。什么叫葬后祭呢？就是死了以后，埋了以后，对他的祭奠、对他的纪念，比如办一周年、办三周年、办十周年、办冥寿，这是第一部分。

第二部分是“岁时节令”，什么叫岁时节令呢？就是怎么样过节过年。比如春节什么样？咱们所说的过大年，这年休是什么样？怎么样祭祖、怎么样贴神、怎么样顺星、怎么样逛庙、怎么样拜年、怎么样逛灯……这是过年这套。然后过节这套，比如“二月二龙抬头”、三月清明、五月初五的端阳节，然后六月六铺晒节，下边七月十五中元节。中元节各大寺院搞盂兰盆会，道教搞中元法会。再下面是什么呢？这里还落下一个七夕，对了，七夕完了才是中元。

定： 其实好多我都不懂。

常： 然后是中秋节，最后是重阳节，重阳节完了之后，“十月一送寒衣”，之后就到冬至。在过去，冬至也是一个大节日，旗人有在冬至祭祖的。

定： 冬至祭祖？

常： 嗯。去年冬至的时候，我做了一次模拟表演，在饭庄子里头搞的。请咱们民俗文化界的去参观，搞了一次旗人祭祖。就在苏州街那个白家大院[1]，吃馄饨。这两个重点了。

定：第三个部分呢？

常：第三个重点是咱们的宗教信仰，民间俗信。不是专门的佛教、道教，洋教也不列入，不牵扯到洋教的问题，因为那个没法跟咱们传统文化结合。但我对洋教非常了解，因为我是洋教学校毕业的学生，对基督教是了如指掌。我要做一个牧师绝不怯勺[2]，但我对这玩意儿不感兴趣。我也参加它的活动，12月25日圣诞节，人家也请我参加，而且请我上台背《圣经》，还演节目。但是我不信这个，当玩意儿看。我还有我的老谱，原来我们家传统老旗人的那套，对吧？

佟：嗯。

常：传统文化和西方的这种文化不好结合。都是宗教单位搞庙会，教堂怎么不搞庙会？你听它这个词儿，挺有意思，它和中国传统文化结合不起来。

定：那第四个重点呢？

常：第四个是行业。百姓的各行各业，有很多牵扯到满族，尤其是“民俗行业”。这是我给起的名，原来人家研究的没有这个词儿。什么叫民俗行业？与刚才我说的三项有联系。举个例子——香蜡铺，过年过节牵扯到信仰问题，香蜡铺并不是佛道两教的东西，都是民间俗信的东西，不管他卖的香、蜡、纸马也好，钱粮也好。黄钱、钱粮、元宝、蜡这些全都是民间俗信的东西。什么大金锭、小金锭、百子锭，什么福寿高香，都是民间玩意儿。有一些东西牵扯到道教，在佛教来说都很少。我要到香蜡铺买一个释迦牟尼佛像，人家说：“没有。”人家让你上大佛寺，佛像镏金铺买去，“我们不卖这个，我们这儿是灶王爷、财

---

① 白家大院位于北京市海淀区苏州街15号，原是清朝礼亲王代善后人杰书世袭王爵后，于康熙年间建造的“礼亲王花园”。民国初年转给同仁堂乐家，更名为“乐家花园”。解放后由八一学校使用，现为主营官府菜和粤菜的饭馆，称为“白家大院”，据电视剧《大宅门》中的白家老药铺取名。

② 怯勺，北京土话，指不懂、不知、不会。

神爷、门神爷”。它也有佛道两教的神马，年三十儿夜里接的“天地三界十八佛”诸神，叫作“全神马”，大黄面。

定：大黄什么？

常：大黄面，面子的“面”，意思是一个整张的黄表纸[1]彩印的佛道两教诸神。上面是释迦牟尼佛，这边是消灾延寿药师佛，下面是阿弥陀佛，这边是文殊，这边是普贤，这边是观世音……下面就是道教的玉皇大帝，再下面就是碧霞元君、九天娘娘、眼光娘娘、天花娘娘、催生娘娘、送子娘娘都排上，再下面……

定：我看过您的《红白喜事——旧京婚丧礼俗》，可是您这些关于宗教的东西写成过书吗？

佟：有，《老北京的民俗行业》。

《红白喜事——旧京婚丧礼俗》书影

① 黄表纸是用来敬神或祭祀死者的黄纸，在宗教仪式活动中代表黄金。

常：关于《红白喜事——旧京婚丧礼俗》，跟它连带的还有一个《近世名人大出殡》[①]。

佟：嗯，对，也挺有意思，我也看过。

常：《近世名人大出殡》下的功夫不小。

2. 贫民丧事

常：我老说，会死的，1949年以前死。1949年以后死，那就什么也不是了，也就是一个排（pǎi）子车拉出去而已。你知道吗？那解放以前，你不管穷到什么程度，住大杂院也好，只要不是流浪街头的，都得有点举动，没举动的话别人也不干。比如说吧，这个大杂院有一个苦老头子，生前呢什么也不是，没儿没女，啪，死了，那怎么办呢？——街坊就得发送了。为什么给发送？——怕在这儿闹鬼。

定：哦。

常：周围有小孩，这一闹鬼，要是吓着小孩就不行。天津话讲"迎三送路"，北京话讲"接三"。不接三不送魂，让他在这里头闹不行。穷的怎么办呢？大家给拿俩钱，找一个要饭的小孩扮成孝子，系上孝带子，戴上孝帽子，没有孝袍子不要紧，有这么一个装饰就成。房东老太太找个比较熟的棺材铺，到那儿就告诉："大哥！您办点好事吧！这小孩的父亲故去了，但我这儿没办法呀，咱不能瞅着他臭在炕上啊！咱们得做点好事吧，对不对？我这在街坊当中给他敛了俩钱，现在一共敛了78块钱，得了！都给您吧！您给料理料理这个事。"那个小孩跪地下，老太太（对小孩）说："给这个掌柜的磕仨头！"掌柜的说："哎哎哎，干什么，这是干什么，起来起来。我说老太太，您这个慈悲为怀做善事，咱们当仁不让。再说这个小孩他父亲，生前我们是一块发小儿长大的，我这个买卖还不是靠老街旧坊成全起来的，对不对？我之所以

---

① 《近世名人大出殡》，北京燕山出版社1997年版。该书整理了自清末至20世纪50年代初的名人葬礼，多操办于北京地区。

有今天，应当感谢咱们老街旧坊，有什么困难的，该伸手就得伸手。不过现在这话又说回来，年成不好，我这买卖现在不行。要我这买卖好的话，这个发送归我了。那怎么着呢？我这些棺材，您看哪个好，您挑一个去。我要是要一分钱，我不地道。”

定：那时候的人还挺有人情味儿的。

常：那老太太能挑好的吗？就找一个最次的薄皮子材。

佟：“狗碰头”。

常：用我的话来说是“狗碰头”，哎。

定：［对佟］你怎么知道？

常：比大火匣子稍微强点。那个掌柜的说了：“老太太，我不能收您一分钱，但您得给那工人两块钱饭钱，好把这棺材给您拉家去啊！”老太太就拿出俩钱给这掌柜的。掌柜的给出主意，告诉老太太：“您回去之后，到当街庙那儿请五个和尚，到冥衣铺那儿糊一个驴，再让他糊一个捎马子驮在那驴背上，捎马子上写着‘西方正路’，里头搁点烧纸，搁点纸钱。待要‘送三’，就送到十字口那块儿，把驴烧了就拉倒。”到晚半晌儿，那老太太出一个八仙桌，摆几个凳子，五个和尚一入座，让这懒汉子当了孝子，说：“得了，咱们各位大师父，您多慈悲，本家没人，我这出面给做这么一件善事，有什么周到不周到的，您多担待吧！”（和尚）说：“好！”合念《大悲咒》。［唱《大悲咒》］房东老太太再跟装孝子的那小孩说：“给你父亲打着这挑纸钱。”哎，又找一小孩：“你拿那驴，回来给你五毛钱买糖吃。”见着第一个十字路口那儿，驴头冲西，冲西表示“西方正路”，应该冲坟地方向，但他没有坟地。和尚说：“您没有别的事吧？”那老太太说：“引魂幡给写一下。”那很简单，就写什么什么府君施恩引魂幡，上面是“金童引路”“玉女扶车”，完了，就叫“送三”了。［念经］这叫打七星板。走得挺快的，怕人看见，寒碜！这叫什么玩意儿这叫，这个接三不像话。

佟：但是，这是不是北京最贫民的丧事了？

常：啊，刚才我说了，是最穷的，没法再穷了。晚上也不放焰口，这是“光头三”。第二天早晨起来出殡，大家街坊来，七手八脚把棺材搁到排子车上，扮孝子的那孩子找一块半头砖，买这么一个阴阳盆，也不描不画的，一脚给踩了。他不能跪在那儿摔，因为他不是亲儿子，不能摔盆，得拿脚踩。[1]他这儿一踩盆，那儿“啪”地扬一把纸钱，就给拉走了。也许房东老太太想起她自个儿的爷们儿来，在那儿哭一鼻子［模仿老太太哭丧］，所有的街坊就都出来说：“我说老太太您这是干什么？这么大热的天，您扯那嗓子！快回去，快回去。”给架回去了，这就出殡完了，这是最惨的了。解放以后不是这样，解放以后哪儿有这事？说你们这叫搞封建迷信活动！

定：那也没见解放以后满世界都是鬼魂啊！

常：解放以后，这个拉倒呗。没有火葬场之前，弄一薄皮子材拿车拉，当时就拉走了，什么事没有。不用说没钱的，有钱的也不敢办，为什么呢？办的话，怕将来让买公债，“你不是有钱嘛！”［大笑］我在鼓楼东大街住的时候，我们租房给一家冥衣铺，还有一家成衣铺。成衣铺那掌柜老太太死的时候，在他家里办事，求冥衣铺那边糊一个接三车。我上那儿看热闹去了，听见冥衣铺掌柜的问成衣铺掌柜的：“筹备好了？”成衣铺掌柜的告诉：“别提了！街道上找我两次：‘哎！你搞的什么名堂！你注意影响！现在移风易俗你不知道吗？你有钱的话，应该支援国家建设，支援抗美援朝，你搞什么名堂！又搭棚子又糊烧活儿，搞的什么玩意儿！’”成衣铺掌柜的还说：“养活儿子干吗？养活

---

① 常人春在《红白喜事——旧京婚丧礼俗》中对摔盆儿和踩盆儿有详细叙述：“摔盆儿有摔盆儿和踩盆儿的区别。通常在摔盆起杠时，由长子将盆摔碎。父死用左手摔；母死用右手摔，摔不碎时忌摔二回。无长子的，例由承重孙摔盆儿。如死者无子孙，其妻若不再嫁，可由她摔盆儿；亦可在非直系亲属中找一晚辈（如弟、侄等）给摔盆儿。但是，必须是死者的财产继承人。旧时，民间有个约定俗成的规矩，孝属继承死者的遗产，打幡、摔盆儿是先决条件。有时丧家孝属在继承权上有争议，甚至打架闹丧，无法决定由谁摔盆儿，干脆就叫抬杠的将盆儿一脚踩碎，将幡放在棺盖上就算了。至于继承权问题，留待日后再议。有的死者年纪轻，没有儿孙、侄子，只有个很小的弟弟，当然也无财产继承的问题。这种情况，也就只能由他小弟弟在起杠时，一脚把盆踩碎（死的哥哥用左脚；死的姐姐用右脚）。总之，凡属与死者平辈，不存在继承遗产问题的情况下，一律不以手摔盆儿，而是以脚踩盆儿。”（第419—420页）

儿子就是干这个的。儿子不干这个的话，谁将来还……”

定：谁还养活儿子。

常：对，谁还生儿育女，谁还扯这个淡，对不对？虽然说咱们知道这是为活人的，但是也得表示表示态度，对不对？因为现在没有别的东西可以表示态度，开追悼会咱们开不起来，家里一共就三个半人，咱们能开追悼会吗？那个不切合实际，咱们还是按照老办法办。不管街道他怎么说，咱没犯法，这是中国人的传统习惯，这个不是政治活动，对不对？冥衣铺掌柜的说：“嗨！真正政府不见得干出这事，小脚老太太自个儿冒充积极。”

定：后来您祖父去世的时候就没办，是吗？

常：什么也没有，嗯，这给我的打击不小。[①]要我的意见来说呢，咱们在南顺城街不要招摇，住院之后拉到嘉兴寺[②]去，嘉兴寺是殡仪馆，专门应白事，就是现在平安大道的北海旅馆。

佟：停灵的。

常：而且应的都是大的，比如齐白石、梅兰芳、摄政王载沣。解放以后，任弼时也在那儿办的事。我学徒就是在那儿学的。

3. 关于高阔亭

定：您还学过徒？

---

① 1949年5月30日，北平市政府通告限令所有城区寺庙寄存的灵柩，于6月底之前由寄存户自行移出埋葬或火化（《当代北京大事记（一九四九—二〇〇三年）》，第13页）。常人春希望为祖父办一场传统葬礼的想法，不只限于自家的经济条件无法实现，当时的社会环境也是不允许的。

② 常人春在接受《北京晨报》采访时提到嘉兴寺的特点：“为什么解放前嘉兴寺的白事影响很大？因为它不问信仰，比如故宫博物院老院长沈兼士信基督教，去世后就是在嘉兴寺发送的，现场也按洋教规矩办，要在别的庙这可不行。”又提到后来的情况：“解放后，嘉兴寺、夕照寺、三圣庵、法源寺等5家寺庙改成殡仪馆，最多只能停灵7天，有了‘官价’，业务大幅滑坡。那时，大的白事没人敢搞了，最多请几个和尚念个经，晚上烧点纸，所谓‘八个人一杆尺，五个和尚一堆纸’，当时富人都跑了，北京城消费得起的人也不多了。老北京民俗不敢搞了，杠房、纸活、棚匠、吹鼓手、轿房等行业也渐渐消失。后来嘉兴寺成了塑料纽扣厂，古建被拆后，嘉兴寺从此消失。”参见《北京民俗最后的泰斗》，载《北京晨报》2009年12月8日。

常：我就这么说啊［笑］，那个管事的叫高阔亭。高阔亭专门主持这个丧礼，都是大丧礼，搁七七四十九天的那种。七天一“送库”[①]，送库就烧30张桌子。接待吊客，摆他百八十桌的宴席，都是这样的事，你想想。我就是看热闹的时候跟着他。我每逢寒暑假到那儿去看热闹，就认识了他。他说：“这小孩，你老到这儿来干什么？有什么事吗？你哪儿的人？”我说：“我旧鼓楼大街117号姓常。”他说：“什么？旧鼓楼大街117号姓常？常晓茹是你什么人？”我说：“常晓茹是我爷爷。”他说：“哟！你来来来。”他把我叫到客堂里去了，把那老当家的崇辉老方丈给找出来。他说：“这个人你认识吗？”我说：“不认识。”他说：“这个是咱们庙的住持，给这师父磕头。”

后来我回家一查礼账，过去给我办满月、给我妹妹办满月，崇辉亲自出份子。崇辉老方丈交际很广，解放以后是北京市人民代表。崇辉就跟高阔亭说：“赶明儿他来的时候，不要让他回去，就在这儿吃饭。”这高阔亭很会办事，就跟那知宾[②]说了：“到时候您让座的时候，给这小孩留个位置啊！”按人家总知宾的话说：“敢情人家是高阔亭的孩子啊！”就问：“高先生，这是您的少爷？”高阔亭也不言语。每回吃饭让座的时候，坐席的时候，总知宾就说：“来，来！”所以我到哪儿，不管是谁家办事，都是白吃一顿。还有的就是我爷爷带着我出份子。我是专门干这个，要不怎么学了这么一套玩意儿？我就净看那大的（白事），没法再大了，比如吴佩孚的国葬、公葬我都参加了。所以我这学的东西不少。

定：您怎么会对这种东西感兴趣呀？

常：因为我小时候接触的就是这些东西。我在那儿看完以后，回

① 送库是指给亡人祈建的道场圆满时，由丧属捧着给佛的黄表（《荐亡文疏》）到指定的广场去焚化事先用彩纸糊的楼库及其他纸活冥器，这时请和尚诵经是必不可少的（“禅经诵库”）。

② 知宾：也称知客，即知客人。在红白喜事中，主人把当天的一切事项都交给知宾掌管，大知宾（或总知宾）就是办事人家的总指挥。

去还要模仿，比如说老道怎么念经、和尚怎么念经、怎么送疏①、冥衣铺糊的纸盒都什么样……到家我也糊他一套［大笑］。写的那玩意儿，所有的文书，我都能跟您背。比如说讣闻怎么写——“寒门不幸”，对不对？

佟：对，对。

常：什么“祸延先考，不孝某某某……”

定：您就对丧礼这一套特别熟是吗？

常：特别熟。

定：您小时候的志愿是不是就当那总提调？

常：我小时候就想干这个。

定：哦，真的？

常：我想跟高阔亭学这个玩意儿。所以那时候，学校一放暑假，或者每到礼拜日，我的心都扑在这个上，就学这个。你要知道，民俗行业的从业人员，他只是懂得他自个儿的那一摊儿。比如说彩子局，他就知道怎么样挂彩子、怎么样搭牌子、怎么样做灵榇，懂得这套。但是你要问纸活儿，那个他不太懂；你要问僧道，那他也不太懂，对吧？我这不是因为是总提调，那全都得懂。不管是棚帐也好，彩子局也好，冥衣铺也好，和尚、喇嘛、老道、姑子、吹鼓手……这你都得懂。还有杠房的这套，怎么叫“四十八杠”、怎么叫“六十四杠”、怎么弄黄杠、皇家用杠怎么用……比如说，皇帝跟妃子怎么分、皇帝跟皇后怎么分、亲王怎么用、郡王怎么用、贝勒怎么用、贝勒有郡王衔儿的怎么分，下面的话，“公侯伯子男”这个怎么分、怎么用，比如有“入八分”的、有“不入八分”的②，这个怎么分、怎么用。

---

① 疏，系指“疏文”，也叫“文疏”，是以文字形成的章表文函，是沟通仙凡之间的桥梁，不论个人所求还是国家大事都可为之。从疏文类型可分为两个大的部分，即阳事与阴事道场。疏文的书写格式、文字编排都有严格的规范，其内容语言也比较严谨，更须注意写清神仙的官阙与圣号，必须相称。一般在神仙的圣诞日都要祝寿庆贺，上章拜表，或黄道吉庆日为善信做祈福等斋醮活动。送疏文是道教很重要的一个仪式。

② 清朝所列“显爵”有五，即亲王、郡王、贝勒、贝子、公，公爵有镇国公、辅国公之分，辅国公又有入八分、不入八分之别，均为爵的品级。

定：那您这些是从书上看的，还是跟高阔亭学的？

常：《大清会典》里的东西。

定：您是看书看的？

常：我既跟高阔亭学，又跟他们那个从业的大杠房学。比如说，像日升杠房孟瞎子，那过去给孙中山出殡。还有地安门有一个杠房，叫信成杠房[①]，它那个少掌柜的狄恒业现在死了也就两三年，没事就和他聊。

定：是不是还有个价钱的问题？

常：对，有个条件问题，就是口头合同。举个例子来说，人家必须要问："您有什么条件？"本家必然说了："我这个早上鼓。"就是上午9点钟开始，你在门口给我摆上大鼓锣架，开始奏乐。有的时候问："您是要花吹，还是官吹？"

定：花吹、官吹？

常：官吹就是吹吊唁固定的曲子，就是一对号子，四面堂鼓，一个大鼓，有一个跟锣——"咣"，一吹——"呜！呜……"这个先响，然后"咣！"，这个叫官吹官打。花吹就是吹各种曲子，什么都可以吹，不规矩的话，随便吹点淫词浪语都可以。

佟：民间的。

常：规矩的话，得吹一些传统戏曲，你比如说吹河北梆子《双吊孝》，当然我要学的话，就得唱［唱《双吊孝》］。花吹这随便瞎吹——《三娘教子》。

定：还有《百鸟朝凤》。

常：［演唱《百鸟朝凤》］

定：您也会。

常：比如唱《珍珠汗衫》，是评戏的玩意儿［演唱］。但不能吹

---

① 常人春在《近世名人大出殡》一书中提到了信成杠房，称："北京地安门外西黄城根路南，有个信成杠房（兼桅厂），专应旗、汉两门大丧事的杠罩、仪仗。老经理狄琴荪是北京婚丧用品同业公会董事会的首任董事长。他的交际很广，社会上许多头面人物与他都有往来，所以，他在北京城里也小有声望。"（第49—50页）

本家忌讳的东西。我跟您说实在的，红白喜事是最低的行业，都让人看不起，民俗行业没有让人看得起的东西。比如说搭棚子、挂彩子、当吹手、当茶房、糊烧活儿的，到哪儿去，逢人就是爷，就我是孙子。当然了，我不能去糊烧活儿，起码要像高阔亭似的，指挥丧礼，当总提调。所谓总提调，就相当于建筑的施工员。

佟：嗯，导演。

定：您说高阔亭那种总提调，他在社会上的地位高不高？

常：提调要比这各行业高上一头，但是比作家、学者，那他是零分。你明白我这意思吧？拿我来说，人家说我是作家、学者，是恭维；假如说我是总提调，什么也不是。但是提调比糊烧活儿、吹鼓手、和尚、喇嘛、老道高一筹，所有的民俗行业见了面都得：“哟！高大爷，您多照应，您多照应，咱没的说。”不然的话，发一道话。比如上了鼓了，摆架大鼓挑来了，摆上了，门口要奏乐，要上祭了，他那儿：“哎，把你们头儿找来。”那头儿：“哟！高大爷，您有什么吩咐？”他说：“这不行！这叫什么呀？把它挑回去！告诉你要新的嘛，要是人家本家不答应的话，扣咱们钱，扣谁的钱？扣你的扣我的？”那人说：“您多担待，多担待。”马上告诉他底下的人：“快啊！快啊！把这挑回去。”比如送烧活儿的来了，必然要问：“这个东西搁哪儿？”他说：“您搁这儿，把当间儿落上啊！不落上可不行，我告诉你，落好之后，我让本家来验收。”本家就听他一句话。他这个总提调，每一次下来之后能买一所房子。

定：哎哟！

常：嗯，他应一档子停灵暂厝[①]的买卖，庙里头拿70%，他拿30%。他怎么挣那么些钱呢？举个例子，和尚给吴佩孚念那个经，

---

① 常人春在一篇采访中说：“老北京办白事，是暴利行业。早年间遇到白事，尸体都要放庙里，这叫‘停灵暂厝’，一般情况下‘停单不停双’，至少7天，最多49天。庙里收费惊人，比如我大舅的原配生孩子时死在协和医院，在庙里放了15天，管我爷爷要了1万5，在当时能买3所房。”“到1949年，高阔亭已经置了7所房，都是14间带院的，当年他才40多岁。”参见《北京民俗最后的泰斗》，载《北京晨报》2009年12月8日。

七七四十九天，做一个水陆道场，给他倒拿一笔钱，知道吧？这个买卖不白应。比如拿现在的钱来说，25万块钱应的水陆法会，人家庙里给他5万，吹鼓手给他5万，糊烧活儿的给他15万，公墓那儿给他24万，账房给他15万，都加一块，可不能买一所房嘛！

我就是没赶上那个时代，要赶上那个时代，我早就从事那个行业了。现在房地产这么值钱，假如说要是还在那个社会，我现在早称好几座别墅，称好几辆汽车。高阔亭跟我说："小伙子，你跟我学，没有亏吃。"后来我跟别人一打听，这高阔亭称7所房子。哎哟！我说："这多大房？"他说："你甭问多大，反正每一所房子也得值个四五条金条，一条值10两，四条值40两，你要是能把这个拿下来……"

佟：就相当于现在的礼仪公司。

常：不解放的话，他还得继续那什么。解放以后他当了殡仪馆的馆长，但是就有一样，殡仪馆的馆长不挣钱。现在一个月给他三五百，［大笑］这不是他妈逗闷子嘛！所以这不行。

定：高阔亭最后应的是任弼时的葬礼，是吗？

常：那是解放后，当了殡仪馆的馆长以后。他当了殡仪馆馆长办的第一个事情是清代摄政王载沣的葬礼，而且是请示了周总理，特别照顾，搁了21天。

定：那是用的什么？旧礼儿还是新的？

常：旧礼儿。

定：任弼时呢？用的旧礼儿还是新礼儿？

常：新礼儿。他什么也没有，但是出殡的时候也是六十四杠。

定：任弼时？

常：嗯，六十四杠。那谁，齐白石，知道吧？梅兰芳，知道吧？

定：都是六十四杠？

常：都是解放以后在那儿。

定：都是旧的？

常：新的，嗯，半新半旧的。

定：您见过最大的丧事是哪个人的？

原北宁铁路局局长陈觉生葬礼路祭棚（1938）[①]

大型葬礼的游行队列[②]

① 傅公钺编：《北京旧影》，人民美术出版社1989年版，第203张。陈觉生的葬礼可作为民国时期丧葬行业的暴利佐证，它名义上是由家族操办，但实际上是北宁铁路局出面筹措的公葬，倍极优隆。陈觉生葬礼结束后，结余礼金等钱财成为觉生救济财团的基础本金，仅用本金的存款利息即可开设粥厂，施行社会救济。觉生救济财团理事人为前文提到的江朝宗，他在沦陷时期曾依托该财团向伪政权谋求资金，攫取社会资本。参考北京市档案馆藏，档号J2-6-161。

② 《北京旧影》，第202张。

常：吴佩孚[①]的。吴佩孚在家搁了52天，但说是49天，而且末了儿在拈花寺盖了个吴圣祠[②]，在那儿暂时停灵。因为他在北京没有茔地，他是山东蓬莱人。国民党来了以后呢，说他没有投降日本，没有做伪事，是让日本给害了，所以他是“为国殒殁，正气长存”，为他公葬，蒋介石亲自给他写的匾——“正气长存”。

定：这个您写过啊。

佟：有。还有照片。

常：还有万民旗、万民伞，那东西都摆满了，那门口搭的五座牌楼。

定：那时候的丧礼在老北京也是挺独特的一道景观，是吗？

佟：有好多记者。

常：雍和宫的喇嘛、白云观的老道、拈花寺的和尚、北平华北居士林[③]的居士，全都参加这个。

---

① 吴佩孚（1874—1939），字子玉，山东蓬莱人，清末秀才，直系军阀首领。清光绪二十四年（1898）投天津武卫前军当兵，光绪二十八年（1902）入保定陆军速成学堂测绘科学习。历任北洋军第三镇参谋、营管带、炮兵第三标标统等职。1917年7月，任讨逆军西路先锋，参加讨伐张勋复辟。1919年12月冯国璋病死，曹锟、吴佩孚继承了直系军阀首领的地位。1939年，吴佩孚患牙病高烧不退，12月4日，日本牙医受命于土肥原谋杀吴佩孚，吴佩孚当场身亡，时年65岁。

② 拈花寺建于清康熙四十一年（1702），主要建筑为弥勒殿、关帝殿、大悲阁及御书楼。1926—1945年，寺内佛堂曾开办学校。吴佩孚去世后，停灵在拈花寺的东莱园内，并新建灵房。1949年前，寺内有房舍57间，院落5处。1950年后，殿宇、厢房、院落均被占用，佛像相继拆移。1978年，原殿宇、厢房全部拆除。

③ 即现北京佛教居士林的前身。居士林主要是在家佛教信徒从事宗教活动的团体，居士佛教在民国初年大为兴盛。华北居士林始建于1926年，一说由当时社会名流、佛教界耆宿胡瑞霖（字子笏）居士偕同北京在家佛教信众集资，购置西安门大街129号房产，作为固定林址，开展林务活动，并立石碣为证；一说由崔、丁两位居士发起创办了北平毓春园居士林，事务所设于西安门外11号。1929年，该林更名为北平华北居士林，1930年正式得到行政备案。全面抗战前夕，胡瑞霖移居五台山潜修佛法。1938年7月，居士林循例召开年度林众大会，选出周叔迦为理事长，并通过修订的《华北居士林章程》，仍规定“本林以佛法救济众生为宗旨”。“二战”开始后，中国各地的居士林虽先后停办，但华北居士林仍在不断发展。1945年秋，更名为北平居士林。1958年，林产被改为街道纸盒厂，后为国管局机关宿舍大杂院，居士林活动移至广济寺进行。“文革”开始后，居士林停止活动。1979年5月，在该林名誉理事长赵朴初、导师正果法师的支持下，假借广济寺恢复活动，理事长为吕香光。1994年开始渐次收回林产，2001年8月8日举行修复竣工暨佛像开光双庆盛典。参考《北京佛教居士林历史与沿革》，北京佛教居士林2010年版。

佟：僧道番尼四大家。

常：都参加送殡。

定：您也看见了？

常：嗯，那何思源亲自去，所有国民党的高级将领都参加了，末了儿就公葬。

佟：我再问您一个问题，就这烧活儿，如果现在有人请您给糊，能糊吗？有请您给糊的吗？

常：这分糊什么。要糊简单的可以，要糊复杂的，咱们糊不了。过去那个糊烧活儿，文房四宝、古玩陈设，那都是细活儿。像过去焦菊隐当人民艺术剧院总导演的时候，所有的道具都是糊的。那个咱们干不了，那得内行。要是简单的，比如说糊一对灵花儿，糊个幡儿，糊个接三车，糊一个四合院儿都可以。

佟：都能？

常：哎，糊一个房子，糊一套阴宅，糊箱子，糊点什么普通的摆设那都可以。

4. 婚礼及其他

佟：有一年您在北海给崔家主持过婚礼，我看过录像。

常：哦，他还有那个呀。［笑］那叫"赞礼"。

佟：古装的，在北海公园里头。

常：崔什么涛，举行传统婚礼，我当主持人。

佟：对，对。

常：嘿嘿，那是2005年1月9日，西城区旅游局、西城区政协都表示支持。我还怕他们干涉呢！因为咱们这个影响交通，要是说搞的这个叫典型的封建迷信活动，那是不允许的。所以事先我和崔家说了，这个东西要先和区政府说，咱们不要捅出娄子来。结果那旅游局局长不但不制止，而且还说："太好了，您给我们增加旅游项目了。"北海公园的那个主任来后，也伸出大拇指说："太好了，我们这儿冬天是一个淡季，您要有这么一档子事，给我们招买卖，我们太欢迎了。”连《人民日报》都登出来表示欢迎，您没瞅嘛，就是《北京晚报》……

佟：没敢登。

定：《北京晚报》提出质疑。

佟：我还想听听过去茶房的事。

定：什么叫茶房？

常：茶房这个事啊，你可以录录音，这个挺好。茶房在饭馆子里头叫“喊堂”，不叫“喝礼”。什么叫“喊堂”呢？你比如来人了：“两位您嘞！楼上请吧您哪！楼上雅座！”哎，这个叫“喊堂”。人家点几个菜，他向那灶上喊这个，好比说熘鱼片、炒肉丝儿、干炸小丸子，“哟！马上您哪！”就是要快。算账的时候，两块三、七块二、七块八毛五、九块六，您一共十块五，他得会这个，这叫“喊堂”。红白事的叫“喝礼”，什么叫“喝礼”？就是“赞礼”，司仪叫“赞礼”，他叫“喝礼”。

佟：单弦的岔曲是满族的吗？

常：啊！典型的满族曲。满族曲有这么几种：第一个是单弦。单弦包括岔曲，包括牌子曲，知道吧？牌子曲那个曲头就是岔曲曲头，中间的杂牌子是按照故事情节加进去的。第二个是什么呢？是梅花调，梅花大鼓[①]。

佟：对，金万昌[②]。

常：第三就是莲花落，就是今天我给你们唱的那个。再一个，太平歌词，这都是满曲。汉曲就比较多了，比如京韵大鼓、乐亭调、西河调，过

---

① 梅花大鼓，脱胎于清代中叶产生于北京的清口大鼓，流行于华北各地。解放前是老北京旗人子弟喜演擅唱的曲调，艺人演唱则多见于拆唱节目中，专演此曲种者很少。唱词为七字句和十字句，有慢板、二六板、上板三个基本板式与以这三个板式的名称命名的三个基本唱腔。2014年入选第四批国家级非物质文化遗产代表性项目名录。

② 金万昌（1870—1942），梅花大鼓演员，代表作有《探晴雯》《宝玉探病》《黛玉悲秋》《摔镜架》《鸿雁捎书》等。在其后，梅花大鼓分成了“北板”“南板”两个流派。

去一般的艺人都会唱，都是很简单的东西，不用弹弦儿。找一大正琴[1]随便扒拉扒拉，我也能给你唱一段。只要是过门儿过好了，底下不管你怎么唱，那个伴奏也是这玩意儿。这个东西随便唱，［唱曲］就这玩意儿。

三、佛与道

1. 我与道教

常：咱们先说说与道教的关系，然后再说与佛教的关系。基督教的不谈，那个没什么可说的。我小的时候，地安门外火神庙有一个叫田子久的住持[2]，他是华北道教总会的副会长，说是副会长，实际上来说呢，比总会会长的权力还大。

佟：就在你们家门口？

常：为什么呢？在日伪的时候，"兴亚院"[3]授意要组织华北道教协会和华北佛教协会，让那个下野的国务总理靳云鹏[4]当道教协会的会

---

① 大正琴又称"凤凰琴"，相传是日本名古屋人森田伍郎于大正年间创制的乐器。20世纪20年代，大正琴传入我国，因流行地区的不同，在我国又有"大众琴""和平琴""娱乐琴""中山琴""胜利琴"之称。大正琴构造简单，容易演奏，音色清脆、明亮，可用于独奏、合奏或为歌舞伴奏，尤其适于一般民间娱乐和弹唱使用。

② 关于地安门外的火神庙和田子久，常人春有《地安门外火神庙》一文，我们摘录了部分相关内容附于访谈后。

③ "兴亚院"是日本内阁设立的专门负责处理侵华事宜的机构，1938年12月成立，由当时的首相近卫文麿任总裁，副总裁四人，由外相、陆相、海相及藏相（财政部部长）四大臣担任，1942年11月废。

④ 靳云鹏（1877—1951），字翼青，生于山东省邹县。在北洋军阀统治时期，他两次出任国务总理，掌握军政大权，是段祺瑞手下"四大金刚"（其余三人为徐树铮、吴光新、傅良佐）之一。论资望，靳云鹏在北洋军阀中仅次于王士珍、段祺瑞、冯国璋等人，与皖系、直系、奉系等派系要人都有较深刻的关系。靳云鹏在辛亥革命、袁世凯窃国、抗日战争等历史事件中都发挥了一定的作用。他也拥有丰富的实业和资产，是民国年间政界、商界的一名风云人物。靳云鹏晚年加入居士林，并劝导另一军阀孙传芳皈依了佛门。1951年1月3日，在天津逝世，享年74岁。

长，但还得走一个选举的过程，好欺骗舆论。但是靳云鹏不愿意接受这个任务，不愿意往里面掺和，因为靳云鹏是佛教徒，不愿意脚踩两只船，这是第一。第二来说，不愿意当日本的走狗。第三来说，他知道道教界不团结，尔虞我诈，都在争权夺利，所以不要介入这个旋涡。他在选举那天没有出席，称病，就说在天津住院了。在选举那天就选了田子久，就是地安门外火神庙的住持，为道教协会会长，名义上是副会长，但是代理会长，就是一身两任。

我小时候因为身体不好，经常有病，我祖父常带我到火神庙去看中医。每到礼拜一，袁寿臣在火神庙里头坐堂。这个中医大夫袁寿臣不是他的道士。星期二跟星期三呢，是崔绍晋大夫。礼拜四、礼拜五、礼拜六呢，是杨振东。就是每天各有一个人坐堂，所以我常上那儿去看病，时间长了，就跟田子久认识了。①

定：去了多少年？

常：最少也去了七八年。

定：怪不得。

常：我爷爷常带我到田子久方丈室里头去串门儿。田子久便问："这是您什么人啊？"——"这是我小孙子。"——"什么病啊？"——"没什么真正病，就是身体不好。"田子久说："那许个愿吧！在神前许个愿吧！我给加持一下。"我爷爷就说："给师父磕头。"

佟：就认了师父？

常：哎，就预先让我给这个田子久磕了头，让田子久收我为记名弟子，不是真正的出家道士。什么叫记名弟子呢？过去咱们民间管他叫

---

① 常人春在《地安门外火神庙》一文中写道："火神庙从不搞巫医活动，无所谓'圣水''炉药'之说。但有正当的施医舍药之举，从田子久住持时开始，即将二院东配殿客堂开辟为施诊室，特请郭荫蕉、张友松、崔绍晋、袁寿臣、杨振东等中医大夫来此轮流坐堂施诊，并负责介绍到地安门外大街同生堂、济安堂中药店去抓药，按原价70%收费。大夫的车马费由火神庙负担，药费的30%则由平易银号经理徐子才负担。"

"跳墙老道"，知道吧？佛教管他叫"跳墙和尚"。[1]这么样，我们就找了一个好日子，在神前上了一堂供，请他这庙里的和尚念了半天的经，然后摆了几桌素席，田子久就成了我的师父。但是我不必上那儿去住庙，因为我不是正式的出家人，只是到了节日的时候，到那儿去"随喜"，不叫"上庙烧香"，这叫"随喜"。比如说二月十五太上老君诞辰，夏至灵宝天尊诞辰，冬至元始天尊诞辰，这些主要的日子你必须得去，不是这些主要的日子你可以不去，在家待着，爱干什么干什么，上你的学，这就是"跳墙老道"。但是"跳墙老道""随喜"的时候也得穿上道装，打扮得跟《西游记》里五庄观那道童似的，就是这么一个情况。

到我上小学三年级的时候，人家翊教寺通知我爷爷了，说："让孩子还俗吧！"就是"跳墙"。弄一条板凳，上面搁一块红布，表示寺院的红墙，让徒弟迈过这个板凳，表示还俗了，回家之后就可以不再来了，就这么个情况。这个东西不入法。

① 旧时儿童如果没有大病，只是体弱，但经算命的占卜，认为"不好养活"或者"克父母"等，大人便会把孩子送到庙里，当"跳墙和尚"或"跳墙道士"，据说也有极个别的"跳墙喇嘛"，以达到为孩子消灾去病、祈祥解厄的目的。这些"跳墙和尚""跳墙道士""跳墙喇嘛"均不是正式出家修行者，也不受戒，只是在庙里挂个名，所以"跳墙和尚""跳墙道士"又叫"记名和尚""记名道士"。这种风俗多流行在20世纪40年代以前，通常是先让孩子到庙观里认一位和尚或道士为师父，成为记名弟子。隔若干年，再举行一个"跳墙"仪式还俗。孩子认师父后，成了记名弟子，虽然意味着皈依了佛、法、僧三宝，但未必真到庙里修行，也不必到庙里去过与僧人一样的宗教生活。只是每逢初一、十五，或节日和盛大法会时，跟着家长来庙里进香、"随喜"就行了。至于什么时候"跳墙"还俗，并无具体规定。但凡"记名和尚"，都必须在结婚前三天举行"跳墙"仪式，表示还俗。

火神庙东牌楼（1901）

火神庙正门（苏柏玉摄于2016年）

2. 我与佛教

常：底下咱们再简单说两句佛教的事。

定：好嘞！行。

常：潭柘寺有一个老方丈叫茂林①，是华北佛教协会的会长。沟沿儿翊教寺②，就是现在赵登禹路，现在叫育教胡同，过去叫翊教寺街，这翊教寺是潭柘寺的下院，这个下院的住持是谁呢？是德福，他俗家姓王。（十一届）三中全会以后，他恢复他的俗姓叫王德福。德福就住持这个翊教寺，应当是香山八大处香界寺的住持。这个老方丈每年到我家来串门儿，就跟我爷爷说："告诉您这个小孙子，让他认个师父，这样的话，保佑他没灾没病健康成长，这不是好事吗，您做这么一件善事吧！"其实他就是为了让我爷爷在庙里头给他捐点钱，家里挂的那大匾——"福缘善庆"。

定：怎么谁跟您爷爷要钱，您爷爷都给啊？

常："见义勇为""乐善好施""慈善为怀"，全是这个。这一瞅，这家是为善最热的家，嗯。我爷爷那时候无所谓，花俩钱就跟咱们现在花五毛钱似的，无所谓。当时他一说，我爷爷说："好吧！"他也不能说他小孙子已经在地安门火神庙认过师父了，对不对？佛道本来是一家，民间俗信不分佛道，你知道吧？

佛道分家就是解放以后。我跟白云观说，北京办白事，番道禅尼四棚经③伴送库，白云观所有的道众都说："你记错了。"我说："为什么？"他说："这个和尚跟老道念不到一块。"我说："对，念不到一块，它是分着念，各自念各自的。"他说："那也不行，老道是东方

---

① 茂林是潭柘寺的第二十代住持，1950年该寺被北京市园林局接管时，他还在寺内修行，直到"文化大革命"时才搬到城里的广济寺。

② 沟沿儿，指的是西城区北沟沿，1946年改为赵登禹路。翊教寺相传最早建于宋代，明代万历五年（1577）重修，今已不存，所在胡同于1965年改为育教胡同，现已拆除，并入平安里西大街，与赵登禹路相交。常人春曾在其著作《老北京的风俗》《红白喜事——旧京婚丧礼俗》中记载了翊教寺承办停灵暂厝业务的旧事。

③ 四棚经，指的是番（喇嘛）、道（老道）、僧（和尚）、尼（尼姑），也就是常先生这里所说的番道禅尼，四棚经轮换着念，为的是超度亡灵。

接引，和尚是西方接引，这是不同的两个方向，神佛也不一样，这样道场就乱了。”我说：“你要知道，北京过去来讲，佛道不分。拿你全真派的丘祖来说，也是佛道原来是一家，都有这词儿，对不对？你自个儿好好看看这经典，有没有这词儿？我不会记错，我看了不是一回了，这个事你可以问问刘之维[①]，刘之维是老人。”他问了刘之维，刘之维告诉说：“老常没有记错，是这么回事，是这么回事。”

定：我看您写的书里讲那个梵道什么一块念经的那段，是您写的吗？

常：嗯，念的什么都有。和尚念什么，老道念什么，对不对？

定：喇嘛念什么。

常：对，喇嘛念什么。

定：尼姑念什么。

常：嗯，尼姑应该念什么，居士应该念什么。

定：佛经您跟哪儿学的？

常：你甭管是这个往生普佛[②]也好，是咱们正式的念一个《白条

---

① 刘之维，俗名刘纯璋，1914年（一说1919）生于北京的一个道教世家，属正一清微派。自幼随父刘佑昌在前门关帝庙受箓入道，其父去世后，继任前门关帝庙住持，主要从事庙务工作。解放后，北京市民政局开办佛道教学习班，并建立了寺庙管理小组，由刘之维任组长，主持寺庙管理组工作。1957年中国道教协会成立，刘之维当选为中国道协常务理事。由于天安门广场扩建，前门关帝庙拆去，刘之维道长移居白云观中，具体负责白云观的修复工作。1979年中国道教协会恢复工作，刘之维道长成为白云观监院，重新住持观务。他还曾任北京市政协第一、二、三、四、六届委员，1984年和1986年两次当选为北京市西城区人大代表。1989年1月8日，因病在北京仙逝，享年75岁。

② 普佛，就是打坐念经。所谓“普佛”，源于隋代信行禅师所创立的三阶教。三阶教将佛法分为普法和别法。所谓普法，即于法不分大小，于人不辨圣凡，普信普敬，不尊此法而斥他法，所以名为“普”。所谓别法，是分别大小乘法和圣贤凡夫，所以名为“别”。信徒认为在佛灭后初500年的“正法”时期，众生的器只能学一乘法；第二个500年的“像法”时期，唯学三乘法，所学各别，所以称为“别法”，全称为“别真别正法”；在佛灭后1000年的“末法”时期，众生由于根机较钝，具有空有偏见故，如果偏学大乘或小乘，就会爱此憎彼，必然造成谤法之罪，所以第三阶相应的佛法，名为“普法”，全称为“普真普正佛法”。随着佛教忏法的流行及仪轨制度的完善，尤其是明清以来，佛教寺院的法事仪轨基本定型，“普佛”也成为一种祝愿、荐亡回向的仪轨，又分为“延生普佛”和“往生普佛”。

经》也好，都可以拿得下来。所有参加白事来说，都是念的佛教经，都是和尚经，所以听听，耳朵里都有耳韵了。怎么张嘴，仪式什么样，你会不会念，这个问题小。你得会穿，穿上他那衣服会行礼。人家都跪着行礼，你站着不行。动作得一样，他那个行礼你得会。还有一个就是什么问题呢？法器打不出点儿来不行，你打得乱七八糟，打乱了不行。那个板点怎么打？那东西很有关系。要怎么打，上次那道教协会会长来的时候，他说："这个七星板点您会打吗？"我说："过去办白事，比如说送疏，这个本家大爷拿茶盘端着这个黄表，后面跟着13个和尚，这13个和尚得打扮，得宣着圣号出去。"［念经］这叫接赞，这个就非常隆重。那好！这本家大爷往那儿一跪，头上摆着那钱粮盆，铺柜把黄表接过来之后，搁在这盆里头一烧，就开始。你比如说什么呢！［念经］这一鸣号回去了，赶紧到那灵前头转兕，念一遍《心经》《大悲咒》，有的时候"交功"，什么叫"交功"呢？就是交代一下今天到场都做了些什么功德，为谁做的功德，谁请的这堂佛事，斋主儿是谁，就是全体孝主儿的名字。［念经］

定：您可真行，您都能记下来，真棒啊！

常：就叫《荐亡文疏》，"交功"的时候念这个。把那死人的生辰八字儿都得念出来，什么时候生的，什么时候死的，现在多大岁数，是哪儿的人。这叫《荐亡文疏》，必须得念这个。佛教不管它叫《荐亡文疏》，叫《三宝式》，三宝是佛、法、僧[①]，也叫《三宝证盟》。

定：是这个"交功"吗？

常：对！这个字在古文当中跟"冥"字是通的。

定：证盟？

常：共产主义联盟，南斯拉夫共产主义者联盟，对不对？这个同盟，攻守同盟都是这个"盟"字。但是在佛教界用"明"字，说："你

① 佛，是指已经成就圆满佛道的一切佛。法，即诸佛的教法。僧，即依诸佛教法如实修行的出家沙门。三宝是佛教的教法和证法的核心。

给开一张证明。”证明就是证盟。

定：就是《三宝证盟》。

常：这是佛教用语，《三宝式》。道教也是这样。那个楼库原来也得写一个《三宝式》的证盟，也得写。［念经］这个《文殊宗教盛传》，也是民俗性的。底下拿这红笔“啪”画一钩。

佟：有一点，不多。我当时见过这样的东西。

常：这叫《三宝式》。喇嘛念的跟和尚念的是一样，但是它念的那东西是按照葬礼念的，它那个都是横的，藏文不是横写的嘛，是不是？它举行的全盘的道场仪式跟佛教不太一样，念的时候不吹不打，吹打的时候不念，这佛教是一边吹打一边念。你比如拿佛教来说［念经］，打一串儿完了之后再念，念完了之后再吹。但是有的时候，它那个笙管笛箫是给托腔伴奏，就跟咱们曲艺唱歌似的，得有人给伴奏。喇嘛不是，喇嘛吹的时候是吹，打的时候是打，那完全不同，不一样。念的时候咱们谁也不知道念的是什么，因为咱们不懂这藏文。［念藏经］就好像咯痰一样，这末了儿一拉长声，铺柜马上“啪”这么一立。［念经］

佟：吹那个大号。

常：就这玩意儿。但是有时候还加上唢呐，和吹鼓手吹的那个不一样。［念经］喇嘛，这叫《西梵乐》，其他的录音带我都有，就是没有《西梵乐》的。为什么？我买不着。我上雍和宫门口那个新式的香蜡铺，他说：“您要什么？”我说：“我要这《西梵乐》的音带。”他说：“什么叫《西梵乐》？”

定：哦，都不懂。

常：我说：“就是你对过儿那喇嘛庙雍和宫吹的那个。”他说：“哎哟！那可没有，我倒有这个佛教的音乐。”我说：“佛教什么音乐？”他说：“您可以听听吧！”他往那儿一放。［念经］我说：“你别放了，你这什么啊这是？你这是广播音乐，这曲子叫《平湖秋月》，你这不是逗嘛！”［大笑］但是还加了木鱼和引磬。我说：“这才是佛教的音乐呢！你那个不行。”

佛教（乐曲）分各种牌子，比如说《望江南》，它都有牌子的。比如说《曹溪水》，比如说《灵前歌》，吹得惨着呢。道教吹得没有那么惨，佛教吹得惨着呢！那个《万世通》换了六盘录音带的样口，我这儿有一份。法源寺放这个录音，有一个老太太，一边听一边在那儿哭，那个和尚就问她："哎哟！老太太您这是干吗？哭什么啊？"她说："我妈死的时候就是吹的这个。"［模仿老太太哭］哭得更厉害了，她说："我妈死的时候吹的就是这个，我一听就想哭。"哦！我这么一听，我说："她说的是实话，是这么回事，我小时候听的就是这玩意儿。"

定：您说特别惨的那个？

常：嗯，老道吹的那个不行，那没有这么惨。佛教的《叹骷髅》能把人给吹哭了，道教的《叹骷髅》就当作一种唱歌来听。《西江月》对吧？［念经］还拍一下镇坛木，然后就开始吹［念经］，就这个玩意儿。

定：唱得跟歌似的。

常：［念经］这是道教的，佛教没有这个。

定：佛教特惨的那个您能哼哼吗？

常：它主要吹的《灵前歌》，那都是比较惨的东西，但有的时候也是佛道两教混用的，你比如说上和寺有一个怯和尚，他吹得那就不惨。[①]还念个《二十四孝》，就和唱曲一样，不太惨，但是非常严肃，比如说，［念经］这个不算太那什么，就是吹的《灵前歌》。［念经］佛教，你必须得五音配好了才能好听，咱们学的是一音，人家是五音。它有高低音的配合，就像咱们唱歌似的，有高低音。

定：和声似的？

常：嗯。［念经］我说："你这个是滑天下之大稽，我们北京人听了之后啊，会笑话你，笑掉大牙。北京地方音跟你那词是一样。"你

① 常寿春补充："当时车道沟的和尚应佛事时，就是'怯吹'，还吃荤。其吹奏的乐曲多是市面上流行的各种小曲，不怎么规矩。"

比如那儿开坛了，［念经］它一板一眼都体现了。［念经］参礼佛、法、僧三宝，你知道吧？

佟：上香设拜。

常：所谓“瑜伽焰口”就是澄心观想。就是正座的法师，戴了佛冠之后他就代表神、代表佛，就可以号令鬼神。通过他脑子的澄心观想，就把九幽十八狱的众孤魂，什么屈死鬼、吊死鬼、冤魂怨鬼全拘了来，给他们灭罪，灭罪之后给他们施食，让他们各得饱满，然后皈依佛、法、僧三宝。“皈依佛——不入地狱，皈依法——不坠饿鬼，皈依僧——不坠畜生”，这叫“不坠三途之苦”，让他们各得其所，该托生的托生，该转世的转世，该升天的升天。请这堂斋主儿的这个人，给他增福延寿，他得善利的70%，其他众鬼魂得30%。做了这么一件功德事，就把亡人生前所做的罪恶一笔勾销了，所谓“为亡人免罪”就指这个说的。但是咱们一般都说“免罪”，讲道理讲不出来，要讲“瑜伽焰口”这个东西能讲两个小时，不是刚才我这几句话就能说清楚的。这也是一门学科，现在没人讲这个，因为这个都是封建迷信的事。道教不叫澄心观想，道教叫“存神”，实际上说了半天，都是脑子里头想象的。

定：您脑子已经非常好了。我特别惊讶您怎么能记那么多的事。

常：［笑］凡是我经过的事，我都有点印象。不会有多大错差。我从东北回来之后，到北京居士林去了一个时期。因为那儿有我一个同学，是现在的北京佛教居士林的林长，姓夏，原来叫夏佛念，现在叫夏法圣[①]，是我一个小学的同学。夏法圣的姑父，就是夏莲居[②]。夏莲居

---

① 夏法圣于1984年3月担任北京佛教居士林副理事长，2000年起担任林长。

② 夏莲居居士，本名夏继泉，字溥斋，号渠园，山东郓城人，清朝云南提督夏辛酉之长子，1884年4月20日生于新疆于阗，1965年12月14日于北京仙逝，享年82岁。清末曾任直隶知州、江苏知府、山东团练副大臣等职。民国后曾被聘为山东都督府最高顾问兼秘书长、参谋长等，此后又历任多种军政职务，1921年辞职。以后主要投身于文化、宗教事业，在京大宏净宗。佛法界曾有“南梅（梅光羲）北夏”之号，可见其影响力之大。一生著有诗抄、文集20余种。擅长金石书画、文物考古，且收藏宏富、鉴定颇精，在文物界颇具影响。1949年北平解放后，故交李济深、梁漱溟、陈铭枢、章士钊、邵力子等人先后规劝其参加社会活动，但被他婉言谢绝。后为表达爱国之心，他将所收藏的300余件珍贵历史文物分别捐献给故宫博物院、山东博物馆和郓城县。夏莲居是夏法圣的祖父，而不是姑父，常人春这里所述可能比较随意。但常人春生于1933年，夏法圣生于1934年，很有可能是小学同学。

原来是创建居士林的五个发起人之一，有这么个因缘，所以我在道教、佛教也好，用一句糙话来讲就是什么呢？——是结过缘的。用咱们俗家的话来讲，我是在佛道界“走平道的”。

定：走什么？

佟：“走平道”，就是认识很多人。

常：所以居士林的居士也好，佛教界的佛教徒也好，跟我是有来往的，道教界更不要讲了。关于我这个宗教的历史就讲到这儿。

【定宜庄记】常人春先生在口述中提到，他曾拜地安门外火神庙的住持田子久为师父，常家与田子久之间的关系也维持了多年。常人春后来撰写的多篇文章都谈到了这个人物和与他相关的故事，如《地安门外火神庙》《白云观活烧老道案始末》《地安门琐记》等等。从中可以看到，田子久这样一位道士身上，竟然存在诸多与民国年间北京重要人物和重要事件相关的线索。把这些碎片连缀到一起，就会使隐藏于当年京城社会，但如今已经鲜为人知的历史一角浮现出来。现节选部分内容，供读者参详。

《地安门外火神庙》（节选）

地安门外火神庙，全称为火德真君庙，它是天师正一派的道观，封建时代，是正一派大宗师张天师由江西龙虎山入京觐见的驻跸之所。据《帝京景物略》等古籍对火神庙的历史沿革均有所记载。认为该庙始建于唐贞观六年（632），距今已有1370余年的历史。但北京文物管理局编《北京名胜古迹辞典》之说是“传为元建”，不知其根据为何，待考。

元末至正六年（1346），火神庙进行了大规模修缮……清代，火神庙虽被挤占了不小的面积，其建筑、神像尚称完整，有在此长住的道士十数人，俨然还保持着当年古观的体制，清规（太上家法），循例有法事活动。每年旧历六月二十二日火德真君诞辰之日均有盛大法会。清代沿袭明制，命钦差大臣前往致祭，并进献各种法物。从清内务府的档案中可以看到，雍正年间命养心殿造办处给火神庙特制了铜质镀金掐丝珐琅五供和填漆钱金供桌等供器供物。清末，慈禧太后曾多次到此进香，并于每年旧历七月十五日中元节，在庙内祈祷“资度道场”，在庙的山门外焚化巨型法船，此是当年京城的一大盛事。

民国期间，火神庙的法事活动，仅是向民间“十方善信人士”撒帖、张榜。今人朱家溍先生在《燕都》撰文《什刹海梦忆录》说：“我记得当时每年六月二十二日，我家照例接到火神庙主的请帖。据说这一天是火德真君的诞日，我家并不迷信，但习惯上所谓‘有以举之，莫敢废之’，所以也照例应酬。”

民国期间，火神庙方丈为田子久，法名田存续。据说，他是钟楼豆腐池胡同田家的后人，田家是清代官宦之家，官至阅海。田子久本人极喜交际，上至政府要员，前清遗少，八大宅门，下至绅商各界，均有程度不同的往来，因此，在北京很有名气，他与二郎庙住持、长春堂药店东家张子余等，统称“北京四子”。

田子久与北京各界知名人士结成“金兰之好”的盟兄弟有二十二人，其中主要有：

徐子才，系地安门外大街平易银号经理，他与什刹海河池、冰窖东家白焕亭是田子久进行道务活动在经济上的坚强后盾。

张子余，系永定门外二郎庙住持，绰号张老道。早年以经营长春堂中药店卖避瘟散起家，后相继办起长春东号等木厂、亿兆百货商店等大商号。致富后，办理道教事业，收容、组织贫苦青少年参玄学道、学经，有所建树。

笔者祖父常旭升，曾在京兆全区侦缉处任职，后任东北军阀张作霖督战队司令副官长，后为古玩商，号称“常四爷”。因信奉道教，故与田子久是莫逆之交，经常用自己的社会关系支持田子久的道务活动。据说曾与张、徐等盟兄弟共同上书南京政府，恳请立道教为国教。

鲍镜如，大豪绅。系河南省省长胡玉昆的老丈人，他的儿子鲍振武亦在胡玉昆的手下任职。

魏子丹，北京西单元昌厚茶庄经理，日伪时为北京茶叶同业公会会长。

高寿峰，系北京内一区首席署员，职务不大，但结交甚广。

郭子玉，人称“郭七爷”。在北京开设有七个大饭庄子。

傅俊山，系北京电车公司总交涉员。此外，还有关路天、金俊恒、朱绍武等多人。

田子久有四个徒弟：大徒弟赵心明、二徒弟刘心亮、三徒弟张心知、四徒弟李心坤，均是精明强干的青年道士。除大徒弟赵心明是解放前被一斋主索去还俗外，余者都是解放后还俗的。

田子久是华北沦陷期间道教界的风云人物。日伪时，日寇企图利用道教为其侵略、统治服务，于民国三十年（1941）由“兴亚院”下令，成立华北道教总会，日寇请出下野的官僚陆宗舆做会长。鉴于田子久在北京道教界及社会各界久孚众望，请他当副会长。这本来是由“兴亚院”授意，经伪华北政务委员会委员长王揖唐批准的，但为了欺骗舆论，还要走“选举”的过场。据说，选举是在伪内务总署监选下进行的。开会那天，陆宗舆因病住院，未能到会，所以，只好临时改选天津佛教居士林林长、前国务总理靳云鹏为华北道教总会会长，田子久为副会长。但靳云鹏推而不就，只是挂名而已，实权仍落在田子久的手里。

田子久本是正一派的道士。其不知北京正一派的势力根本无法与自元朝以来就广泛传播的全真派抗衡，况且两派在历史上积怨颇深，让一个正一派的道士当华北道教总会的副会长，而且有着实权，当然做“十方丛林”全真派的白云观新任住持安世霖不会服气，于是对一百多名常住白云观的道士下令，谁也不准加入道教总会，否则立即予以“启单”（驱逐出庙）。与此同时，安世霖还千方百计地拉拢张子余等，企图从中打开豁口，破坏二十二盟兄弟的关系。另外，他将白云观大批古物盗出，送给曾为日伪维持会会长的江朝宗，以为靠山。

对此，田子久毅然采取了对策，借口白云观是华北道教祖庭，经呈请华北政务委员会委员长王揖唐批准，以白云观为道教总会会址，规定日期由道教总会接管，并下达公事，让警察局局长余晋和命令西郊警察署派人去弹压。不料，事先有人向安世霖泄露消息，安马上哭求江朝宗给做主，江大为震怒，说："有我江老头在北京一天，任何人休想动白云观一指头！"当即找来余晋和，强令不准配合道教总会接收白云观的行动，余被迫收回成命。及至接收人员田子久、孟广慧（鼓楼前烟袋斜街广福观住持）、张修华（天津天后宫住持）等人去白云观接收时，安世霖、白全一声称没有见到公示，根本不予接待。事后得知此次变故乃江朝宗从中作梗，王揖唐又研他不过，对田子久显属爱莫能助。田子久急气交加，回到火神庙就病倒了。

田子久羽化于民国三十三年（1944）秋天，当时北京市民盛传田子久到南京开会，见到了伪南京政府主席汪精卫，见田子久仪表、谈吐不凡，谓"可惜出了家，不然真够个省长的资格"。田子久一动心，从此坐了病，以致一命赴"南宫"，"朝礼无上虚皇尊"去了。当然这仅是传言，权且姑妄听之。

田子久发丧举动可谓大矣！长春堂老道张子余有自办的材厂，主动送来了柏木棺材。东岳庙、和平门内半壁街吕祖阁与本庙联合起来，以三十七位道士为他办了"无上资度升天道场"，借用俗礼，举行了隆重的送库仪式。发引时，用的是西黄城根信成杠房的四十八人大杠，灵盒（柩）上扣着青云白鹤的大罩。观者如潮，万人空巷。当时成为北京城内的一件大事。

据当时火神庙派出所的民警王应生（20世纪80年代为新街口派出所所长）回忆说："从1950年起，道士们即开始陆续离庙还俗，到1956年庙产公有时已为数不多。记得有个在斋堂做饭的道士（辽宁人）老郑头被送到清河镇社会救济院养老去了。"随后，公安局交通大队也搬了进去。

据笔者了解，还有一个火神庙经班的老道士张元寿，80年代还在白云观烧锅炉。1993年羽化。

田子久结交极为广泛，涉及京城众多重要人物。而他的出身，也是一个被人注意的问题。田子久在沦陷时期曾出任（伪）华北道教总会会长，并与白云观结怨。很多人都认为1947年发生的白云观火烧老道（前文中提到的安世霖被焚）一案与田子久有关。针对这些问题，有张雪松所撰《北京火神庙住持田子久（存续）小考》[1]一文可资参考，内容除了提到白云观火烧老道事件与田子久有关之外，还怀疑常人春在《地安门外火神庙》中列举的所谓“北京四子”，应该就是“太监四子”，即徐子才、张子余、田子久和魏子丹。[2]他经过考证推断，与白云观住持安世霖积怨颇深的田子久，幼年时应为太监，晚清民国之交时出宫，在火神庙出家为道，为正一派道士。由于其太监身份，应与全真龙门岔派霍山派有一定的关系。在此附上这些非常有趣的线索，意在提醒读者注意常家在民国时期社会交际的复杂性。

四、我的人生经历

【定宜庄记】常先生在解放后的经历，按他自己所述大致如下：

1952年从师范学校毕业，在小学教书，以后到中学当音乐教师。1960年被劳改，到黑龙江兴凯湖农场；1985年回到北京。回京后找工作不容易，最后在东岳庙当“特别顾问”，每月1200元。共写了13本北京民俗方面的书。2009年时，退休金每月800元左右。

定：咱们今天还接着昨天的开始好吗？

常：还接着昨天谈？

定：嗯，就是我昨天跟您说的，从您打小儿的事开始谈。

常：行，把我小时候的事都谈谈，咱们从头儿说起。我们家，虽然

---

① 载《弘道》（香港）2009年第1期。

② 据常寿春回忆，徐子才并非太监，这种说法存疑。似应为“北京五子”：田子久、张子余、徐子才、魏子丹、厉子加，共五人。

我父亲跟我大舅都不是“闯业”的人，但我自个儿给我自个儿评价——我是一个“闯业型”的人，探索、开拓、进取、拼搏、奋斗一辈子！

佟： 不容易。

常： 这不是给自个儿戴一个高帽儿夸自己。正是因为这样，所以在某种程度上来说才不合时宜，我常说：“这是我的事业。”人家说：“你说得不对，这不是你的事业，这是党的事业。”我一听，人家这语音高。我这还当正面话来说，“当作自个儿的事情来干，当作自个儿的事业来干。”人家说：“错了，这是人民的事业，这是党的事业，你这观点就不对。”

定： 得！［大笑］

常： 所以我净往里头掉。咱们先别说这个，还是拣小时候说起。我生在这个家庭里头，我就看不惯我父亲跟我大舅搞的那套。你们一天躺在炕上，蜷腿带弓腰，大虾米炒鸡爪似的，在那儿抽大烟，完了之后打八圈，一打就是半宿，干什么你是！对不对？关键是这个也不要紧，你得做个买卖，做个事业呀！那明儿指什么活着啊？咱们不用把话说得更高，就是你自个儿怎么给自个儿找生活出路啊？没有这个认识。唉，我祖父是什么呢？养不教。《三字经》不是“养不教，父之过”嘛，他这就是。

定： 养不教。

常： 养活孩子，不懂得教育；有了钱，不懂得计划开支，不懂得储蓄，不懂得积攒。

1. 童年

常： 哎！咱们不能净说这个，还得说我自个儿这点臭事。我这个小孩啊，跟别的小孩不一样，有一种癖好。过去古人说“无癖者而不利”，你知道吗？癖好是对某种事物的过分追求和爱好，“癖”在某种程度上应当说是病态，但是学者不承认这个。我从小就有癖好，要是在市面上看见什么了，回去我准模仿这个东西。比如说我今儿听唱大鼓了，回去之后，没事弄一个板儿或者弄一个什么玩意儿，在这屋里就学上了，也没人指点。

我第一个学的是北京的地方莲花落，那时候才多大岁数？六七岁。我们那管事的姓李，叫李连柯，抱着我上鼓楼后头那个小市场，那是鼓楼第一社会教育区民众教育馆[①]布设的。抱着我上那儿去看玩意儿，听大鼓，听一些个曲艺什么的。有一个叫白玉山的，在那儿拉个场面，唱地方莲花落。现在没有会唱这个的，这个是“古调虽自爱，今人多不弹”。我还是喜欢这个玩意儿，但是没地方看去了，我唱一段，也没人听我这个，这叫什么玩意儿？

定：您现在还会唱吗？

常：怎么不会唱啊？这个东西都得有那个节奏板儿，也叫“什不闲”[②]。就像咱们数快板儿，没有那个不行，这样一拉［口技］，就像拉锣、鼓、镲三件一样，它打的那点跟咱们现在一般给戏剧伴奏的点不一样［口技］。它打那鼓是闷着打，按着打，不让它响，［口技］不是这样的，是这样［口技］。一般都是唱的比较多，连唱带曲艺，对吧？

---

① 鼓楼与钟楼原为古都北京的报时中心，民国时期逐渐失去了报时功能。1924年，钟鼓楼改称“明耻楼”，陈列八国联军入侵北京后屠杀中国人民、抢劫财物的图片和实物。1925年，鼓楼成立了京兆通俗教育馆，市民免费参观，是北京最早设立的群众文化专门机构之一。1945年抗战胜利后，鼓楼被粉刷一新，楼圈南门两旁写着“社会为学校，教育即生活”的标语，重新办起了教育馆，称为北平市第一社会教育区民众教育馆。恢复了原有的陈列室、阅览室、问事代书处，并增设了儿童读书会、邮亭。1949年3月，北平市军事管制委员会所属文化接管委员会接管该馆，更名为北平市第一人民教育馆，俗称鼓楼文化馆。同年4月，接收了北海公园先蚕坛国货陈列馆的部分展品，在陈列室合并展出。1950年5月，撤销了五个固定性的陈列室，改为不定期的展览室；同年10月，改称北京市第一文化馆。

② 由莲花落发展而成。莲花落流行于京、津、冀等地。最早为僧侣募化时所唱的宣传佛教教义的警世歌曲。清乾隆以后，出现了职业艺人，八旗子弟中也有不少爱好者，遂与民间流行的另一艺术形式“什不闲”合流，成为民间花会形式之一——“天平会”，曲种名为“什不闲莲花落”，又称“什不闲”或“莲花落”。内容多为写景抒情和演述民间故事的俗曲。演出时，先由全体人员敲击“什不闲”的打击乐器，做舞蹈动作，唱【四喜】、【八掌】、【架子曲】等曲调，作为序曲，然后演唱莲花落。演出形式有单曲、彩唱两种。单曲只由一人演唱故事，唱词采用叙述体；彩唱是由歌者二三人，分饰旦、丑两种角色，分包赶角，略如戏曲，重插科打诨，以资笑乐。

比如，［口技］就是这个玩意儿，那一般唱大段的，单唱的，一个人唱的话，比如《王二姐思夫》（又名《摔镜架》）。［演唱］这头一段。

现在没有唱莲花落的，没有唱那个《十里亭饯别》的，这都是名段，我都能随便唱两句，现在你唱两句没人听那个，现在青年谁听那个？旧的流行歌曲吧，你唱一段现在都没人听，对吧？现在的流行歌曲只有节奏感，强烈的节奏感，没有优美的旋律，没有很好的耐人寻味的歌词。

过去那流行歌曲，刚才我说都是三者俱备的，一个是歌词，一个是旋律，再一个是节奏。所谓歌词得结合现实的生活，那也有相当好的了。几十首甚至上百首流行歌曲我都能唱，而且弹着琴给你唱。我在上中学的时候有那音乐老师请假不来的时候，学校里指定学生会的人到那儿去，不叫代课，叫辅导大家温习旧课。有一个小四门[①]的课，老师不在的话，我就给辅导去。时间长了，学生都说："不让正式老师，还是让常老师来教我们。"学校说："哪儿来这么一个常老师？"说："学生会那个。""那个不行，那个不合法，人家教育局不承认这个，学生教学生那不成。"我能摸透学生的心理，知道他们爱听什么，爱学什么。

您看过去，我不但听，就是听了什么，回来日久天长，都能自个儿唱一段。不是说就学这旧的，也学时髦的东西。比如上次我到吃饭的饭店卡拉OK，一翻本子，有《五月的风》[②]。我说："我唱一段，你们听着。"我刚这么一唱，所有的服务员都跑到这个单间来了，说："我们以为是哪个女的来唱了，怎么是一老头儿啊！"［大笑］我拿它当口技来学，我给你唱一个《疯狂世界》你听听。［唱歌］

定：这是40年代的歌啊？

常：40年代的歌。《夫妻相骂》[③]《三轮车上的小姐》[④]，还早一

① 小四门是学校里相对于主课而言的课程，在小学有音乐、体育、美术和常识等。

② 《五月的风》，陈歌辛作词，黎锦光作曲。

③ 《夫妻相骂》，李隽青作词，姚敏作曲，姚敏、逸敏、吴莺音合唱，上海百代唱片公司出品。

④ 《三轮车上的小姐》，裘子野作词，林牧（陈歌辛）作曲，由当时的红歌星屈云云首唱，上海百代唱片公司出品。

些的，《可爱的早晨》《讨厌的早晨》[1]。我这人什么都学。

定：您后来上小学跟哪儿上的？

常：我慢慢说，关于小时候，这不是到处逮什么学什么嘛。比如糊烧活儿也是这样，我看完接三、送库的，回来就糊这么一盒，但是没有像现在这个这么细。气得我母亲说："你要再糊这个的话，我给你送北边冥衣铺学徒去，你也不用上学了。"我那阵儿还不懂事，还无所谓闯业不闯业，没有什么政治追求，我觉得你送我到冥衣铺更好，我还愿意去呢，实际上她说这话是气话，她不可能送我上冥衣铺学徒，对吧？

那时候已经呈现出这个行业不行了。时代在进步，人民脑筋在开化，这个东西是落后的玩意儿，早晚被时代淘汰，买卖一天比一天萧条，不行了。我写的"民俗行业"你们可以好好看看，对冥衣铺描写得很细致。真正从业人员他也写不了，他写不了那个，他文化程度不行。这个你还得有写作能力，还得有记忆，还得对这行了解得特别通才行，才能写这个玩意儿。

我在家不好好上学，因为我学龄前准备工作做得好。那时候也不兴念蒙学，但是我们家住着一些"住闲的"。我说："八奶奶，我要上学的话先学什么呀？"她说："先学《百家姓》《三字经》。"我说："那省得明儿我挨打、罚站，您教我《百家姓》《三字经》。"她说："那行。"她给我找出一本，我天天背这个玩意儿。人家三十儿晚半晌儿熬夜，打牌的、放炮的、点灯笼的，我坐屋里就是赵钱孙李、周吴郑王、冯陈褚卫、蒋沈韩杨……背这个玩意儿，写字。我毛笔字写得相当漂亮，但是就有一样，漂亮可是漂亮，按照书法来说不够条件，为什么？因为书法是艺术品，咱们这是实用品，你说要是开会写一个动员大会，我给您写这个，挂在那儿保准漂亮，30分钟完成了，这我有特殊的方法，所以过去"文化大革命"所有开会的那些玩意儿全是我的玩意

① 《可爱的早晨》《讨厌的早晨》，电影《鸾凤和鸣》插曲，李隽青作词，陈歌辛作曲，由主演周璇演唱。

儿。但是我不敢说我是从冥衣铺学出来的，不敢说那个。什么动员大会，什么斗争大会都可以，不用拿毛笔写，就拿粉笔在咱们破报纸上画上，然后拿大头针别在那黄纸上一剪，30分钟就齐了。

定：这我也会。

常：这是我的特殊玩意儿。你比如过年糊点灯笼什么的，这都是我的事。我小时候就弄这玩意儿，到我上五年级的时候，不干这个了。家里很看不起我，家里说："你一天到晚不好好学习，不务正业，糊这个弄那个，一天到晚弄这套玩意儿。要不你就唱大鼓，你学的这玩意儿能要饭去！这回要饭甭发愁了，能找到门儿了，饿不死了。"

定：您父母他们不愿意您学这个是吗？

常：那当然是了，那叫什么！

定：哦！那您到五年级的时候，您就知道这些东西都是下九流的，就不爱了？

常：对，我就有这个想法了，学这个不行，学这个没有用。不能说一点用没有，但是这个东西叫人瞧不起。别说大的，当一个小学教师也比它强，当一个小事务员也比它强，虽然说挣钱挣得少。小学教师不会一个月挣一所房子，对不对？但是他可以跟别人说的，讲的。人问："干什么的？""我教书的，我教育界。"这是句整话，对不对？这是句整话。

定：嗯。

常：所以我认识是一方面，另一方面更有实际情况。到了五年级，上高小了，学校里有学生会。我这个人有一个缺点：个人英雄主义比较强，好出风头。这个学生会表面上也是选举的，实际上是学校方面指定的。因为我当时在学生当中比较活跃，有一些课程别人没有学到的，我比他们学的东西多。你比如说唐诗宋词，那阵儿小学的学生会这个的很少。

北京一光复[①]，学校老师说："你们谁会背《国父遗嘱》[②]？我听听。"除了我没有一个人敢举手。我说："我背给您听听。［背］余致力国民革命，凡四十年，其目的在求中国之自由平等，积四十年之经验，深知欲达到此目的，必须唤起民众，及联合世界上以平等待我之民族共同奋斗，现在革命尚未成功……"背完那老师就说："看见没？你们都应该向常人春学习，中国人不会背《国父遗嘱》不行。"这就给我种下一个因，所以学生选举的时候把我弄到学生会了，当学习干事。那时叫学术组，不叫学习组。出墙报，组织一些关于学术方面的活动，就是干这个。所以我兴趣就转移了，我说："我得争取当这个学生会主席。"［大笑］这野心多大，你知道吧？没当学生会主席之前，我自己有我自个儿的玩法儿，自个儿组织了一个社团，这个社团叫"国花社"。为什么叫"国花"呢？国家之花，用现在的话说，祖国的花朵，还写了一份章程，这份章程第一个宗旨是什么呢？——"严于行乐，鼓励学业"。你听这个词儿。

佟：严于行乐？

常：那个旗人老师一看就乐了。旗人老师把这东西拿给校长一看，告诉："我们班里出了这么一个人。"校长说："好啊！"当时就奖给我100张白报纸，这么1令白报纸，说："你拿着这个去画，去写吧，给咱们学校出墙报。"

定：那是什么小学？

---

① 指1945年日军投降，抗战胜利。

② 中国国民党总理孙中山的遗嘱，原称《总理遗嘱》。1925年，孙中山病笃，子孙科与汪精卫、戴季陶等国民党要员唯恐总理未留遗嘱即辞世，遂商议为总理代拟遗嘱，由汪精卫于2月24日写下，一说起草者为戴季陶。遗嘱共分两部分，第一部分总结40年来革命成果，并为后来革命指明重要的方向；第二部分为交代身后家事。一般提到《总理遗嘱》时所指的多半是第一部分。1940年4月1日，孙中山正式被尊为民国的国父，因此《总理遗嘱》又称为《国父遗嘱》。在国民党专政期间，"恭读《总理遗嘱》"或"恭读《国父遗嘱》"成为许多集会、会议与典礼开始时的制式程序之一。常人春在此把开头一段一字不差地背诵了下来。

常：郎家胡同小学。后来迁到琉璃寺去了，就叫琉璃寺小学[①]。那阵儿它不叫这名，按照保来说，内五区第十三、十四保国民学校，是这么个词儿。

定：郎家胡同不就是那满蒙高等学校，就是后来的一中[②]，安定门那个吗？

常：所以我这兴趣就完全都集中在这地方了。第一个，搞歌咏晚会，给学校排节目。排什么呢？就排黎锦晖的《月明之夜》[③]。［大笑］赶那起，再不糊烧活儿。哪儿顾得上糊那玩意儿？提也不提那个。按说家里应当懂得这个，这不是我埋怨我们家的父母，他们不鼓励这个，让你上学没让你去当官。我去就是当官，什么和尚念经也好，什么什么一概不看，就是搞自己的社团。你在我这个学校，在我这班里头，你必须得加入我这个社团，你是我的人。那就等于是党派一样，你不入我这个党，你是在野的，那不行，那不受到我的庇护。所以那阵儿学生不管哪一班，都向我们这儿靠拢。所以我很快就成了学生会主席，而且自称是"国花社"的社长，别人给我起的名字叫"国花少主"。现在我出的一本诗集就写着《国花少主诗词》[④]。

还搞各种展览，比方说书法绘画展览、标本模型展览。用现代的

---

① 常人春原在私立崇实小学读书，据他自述，"由于家里迷信名牌市立学校的教学质量，当我上高小时，强行令我报考了郎家胡同的第五区十三、十四保国民学校（1947年9月迁至琉璃寺胡同）"。见北京市西城区档案馆编：《北京西城往事　西城追忆集粹》第三部，第134页。

② 北京一中前身为宗室觉罗八旗中学堂，创建于清朝顺治元年（1644），专收皇族子弟。光绪二十八年（1902）宗室觉罗八旗中学堂改为学校，1904年扩充为高等学堂，1912年8月改名为京师公立第一中学。

③ 黎锦晖（1891—1967），生于湖南湘潭，中国流行音乐的奠基人。1927年创办"中华歌舞学校"，后又组建"中华歌舞团"。1929年组织"明月歌舞社"并到全国各地巡回演出。1949年后在上海电影制片厂担任作曲，1967年逝世于上海。儿童歌舞剧《月明之夜》是他的早期创作，音乐语言简练、明快，富有民族风格，通俗易唱，当时很快在大中城市流传开来。

④ 2016年回访常寿春时，他为我们提供了这本诗集，上面还就常人春记"国花社"的诗做了一些旁批。据载，该社创立于1947年春，当年农历五月初五举办了"第一届标本模型公展"，参观者颇多。"二展"以彩纸布置会场，展品有昆虫、介贝、矿石标本等，当晚阎福坤以巨石砸门，并纠集一些未被吸纳入社的儿童在门外起哄。该社曾一度解散。1948年中秋节，常人春在鼓楼东大街举办"故会团圆节"，秋天在方家胡同5号黄家举办"五展"，参加者寥寥。

话来说，叫“走入正道”了，研究自然科学，不搞封建迷信活动，再不搞过去的那套玩意儿。唱大鼓，这个不行。唱单弦，不唱这玩意儿，只唱学校里规定的那些比较进步的歌曲。但是家里不鼓励我，老说我不好好学正经功课，没事一天到晚搞这些活动那些活动。“你这当什么去了？当官去了？”还有这个话：“我可告诉你，在学校里可不准说共产党好，也不准说国民党好，因为咱们是老百姓，不要介入政治。”他说这些话说得太早了，我根本就不懂。什么叫共产党？什么叫国民党？我根本不懂。我就懂得我今天要搞歌咏晚会，我今天要演一个话剧，我要出第二期墙报，反映附近学校的情况，就这些玩意儿。我那个时候搞的还是非常狭隘的。但是呢，随着年龄大了之后，多少有一点开化了，知道什么叫共产党，什么叫国民党了，但还是不介入这个，不谈这个。那阵儿学校里也举行所谓“清匪锄奸自救运动”，知道吗？

定：知道，能不知道嘛。

常：那都不行了。也教一些政治性的歌曲，你比如像《保卫东北》《还乡曲》，这都是反对共产党的东西。

定：哦，反动歌曲。

常：对，这是国民党的政治教育。但是它的政治教育比起共产党来说弱得很，音乐老师到那儿去，写上今天教什么呢？教《还乡曲》，说这是张荫梧①的作品。大家问：“什么叫‘猪崽茅房’呢？”他说：

---

① 张荫梧（1891—1949），字桐轩，河北博野人，国民党陆军上将。曾任晋军师长、军长、北平警备司令、北平市市长等职。抗战初期，任河北民军总指挥，自奉甚俭，烟酒不沾，常穿布衣布鞋，与士兵同甘共苦，每日坚持体格锻炼，还要写大字1000，且“从无间断”（王成斌等主编：《民国高级将领列传六》，解放军出版社1999年版，第503页）。曾多次与八路军发生摩擦，被毛泽东称为“磨擦专家”［见《和中央社、扫荡报、新民报三记者的谈话》（1939年9月16日），《毛泽东选集》第二卷，人民出版社1991年版，第590页］，与傅作义不睦。抗战后期，任冀察战区总参议兼战地党政委员会副主任；国共内战期间，任京汉路北段护路司令、华北“剿总”上将参议。张荫梧还曾任北平市私立四存中学校长至1948年，当年年底，北平被围困，张荫梧成立“华北民众自救会”，召集人马，企图继续周旋。1949年2月，北平市公安局破获重大反革命组织“华北敌后游击策动委员会”的阴谋暴乱案，张荫梧与其他14人被捕，后保外就医，于5月27日病逝。见《当代北京大事记（一九四九—二〇〇三年）》，第5页。

“就是毛泽东和朱德。”[①]把这就写在黑板上，有的学生就举起手来了，他问：“你有什么事？”那学生告诉老师：“您把这给擦了吧！”所以当时给我很大的启发，哦！我说可能这里面有共产党。小学里就有共产党，不是他本身是共产党，是他们家里有，或者他爸爸，或者他爷爷，或者他哥哥或者他姐姐。我说：“这个复杂得很。”学校里禁止唱流行歌曲，比如《夫妻相骂》《三轮车上的小姐》……

佟：《渔光曲》[②]。

常：抓得很紧，比如就我们搞歌咏晚会，虽然不审查，但是假如牵扯到市面上的流行歌曲就不行。我到小学之后才发现原来教育局有密令：“北平市教育局密令，违密令示：查本市各中小学，居然有不法之徒在学生中公开教唱《三轮车上的小姐》《夫妻相骂》，殊为不法，饬令该校校长严加举提，以绝乱源，令到之日，令遵勿违，治安未变，切切此令。”

定：您还能背。［大笑］

常：“局长王记高，中华民国三十六年七月。”你看我这脑子。

定：行，您这脑子真行。

佟：太棒了。

---

① 常寿春在2015年10月15日的访谈中对此段历史做了补充，兹摘录于下：“《还乡曲》是河北‘剿匪’总司令张荫梧编的词。这里头说的‘猪崽’就是朱德，‘茅房’指的是毛泽东，它这为什么叫作《还乡曲》呢？因为当时解放战争初期是流血斗争、白骨斗争，把地主全部打死，土地全都没收，所以很多人的确有流浪的现象，有点像苏联当时的土地改革，后来纠正了。针对这种情况，国民党组织了‘还乡团’，反攻倒算。那‘还乡团’非常厉害，抓到共产党的干部就枪毙、活埋，也是报仇性质的。所以张荫梧写道：‘可爱的家乡，可恨的奸党，我们的祖坟不能祭扫，我们的父母不能教养’，这就是它开头的词，骂了半天，后来是‘谁为后台？猪崽茅房’，但这里头一句没有指名。”

② 《渔光曲》是中国电影在20世纪30年代的代表作品之一，首映于1934年6月14日。它是中国第一部在国际电影节上获奖的故事影片，以该片为代表的中国早期左翼电影关注社会底层，将他们凄惨的生活艺术化地展现在世人面前。作为中国最早的有声影片之一，《渔光曲》上映后颇受欢迎，曾经创造了连续放映84天的纪录，该片同名主题曲也成为大街小巷传唱的流行歌曲。但《渔光曲》在思想与艺术上都与常先生这里列举的当年的流行歌曲不可同日而语，插话者在这里提出《渔光曲》，显然是不合适的，是不懂这首歌曲与其他歌曲区别的缘故。

2.“儿童教育馆”

常：那时我才知道，原来我搞歌咏晚会，搞什么周会表演什么的，校长为什么特别嘱咐不要唱市面上的流行歌曲，这我才印证上。还不说歌曲问题，就说我的思想发展，后来有的比我稍微高一级、大一点的孩子呢，看着我搞这个活动也说："您搞这个'国花社'，不如干脆就自个儿建立一个'儿童教育馆'。"鼓楼就是北平市第一人民教育馆，我经常到那儿去串，也学了不少东西。比如它搞各种展览，搞陈列室啊，搞图书馆哪，搞一些个演出呀，搞一些群众问事代理处，现在叫咨询，那时候叫问事处，搞什么儿童读书会啊……那搞得也挺花哨，我们常常上那儿去。

所以后来呢，我们也打算仿照那个人民教育馆的形式，搞一个"儿童教育馆"。但是这个想法非常幼稚，你有钱吗？你有这个设备吗？当局是不是干？第一，你没有那个设备；第二，就是有那个设备，这不是你小孩在那儿随便玩儿的，你管不了，对吧？比如说搞"国花社"也好，搞一个歌咏晚会也好，这是玩儿，这与你没关系，与你学校也没关系，这是我们个人的玩意儿，既是给学校搞，又是我们自个儿玩儿。那时候学校的管理也没有像现在那么严格，你爱搞什么搞什么。但是你要说是搞共产党，当然是不行的，这个要找你家长。你只要不搞政治上的东西，没有关系，你爱说什么说什么，所以我是越搞越大。

简单说吧，我们家把旧鼓楼大街的房子卖了，卖了这个活动就完了，为什么？因为那个净是套院，有的是空房，在我们家就搞起来了，不用在学校里搞。有的能在学校搞，学校不说什么，有的就不能在学校搞。比如说今天礼拜日休息了，你在学校搞的话，人家工友就不干，妨碍人家休息。或者人家放学下班了，你不回家，你在学校鼓捣起来了，一直到晚上，那哪儿行啊？那不行，所以就在自个儿家里搞。这把房子一卖呢，院子也没有了，空房也没那么多了，这就不行了，你再想搞展览，你搞不起来，你再想搞什么歌咏晚会也好，又演这个演那个不行了。

正好是1948年，卖了房子之后，下半年我就到中学去了。那当然人家对我是不了解的，我什么也不是，是个白丁儿了。可还有一样，白丁儿是白丁儿，原来那群小学的学生虽然散了，但是还常常到我家来一块聚会。又找一个同学家里，门口就直接挂上牌子写着“儿童教育馆”。这个挺有意思的，哎！

这个“儿童教育馆”没少捅娄子。搞了几次集会，都是抄袭来的东西，比如“清匪锄奸自救运动”，这是什么问题？当然了，当时搞这个没有人管，而且学校还说好，派出所也说好。派出所还有好几个人背着枪到这儿来，不知道怎么回事，一瞧：“哟，这群小孩不错，还懂得‘清匪锄奸’，不错！不错！”还要表彰这件事。解放以后可麻烦了，这个事要调查，这个“儿童教育馆”是干吗的？什么人成立的？都搞了一些什么活动？这个“清匪锄奸自救运动”谁组织的？

定：后来呢？

常：嘿，好，凡是“儿童教育馆”的成员，那麻烦大了。那个组织也非常健全的：馆长、副馆长……哪个科都有名目的，谁管什么的，都有名目，而且还有证书、聘书啊，聘书也有草签、公章什么的，都有。所以解放以后找我。

定：您是那教育馆的什么职务啊？

常：馆长。［大笑］解放以后呢，北平市第一人民教育馆就在鼓楼，就是那个儿童图书馆，他们对我了解，因为都还是旧人，说：“您到这儿来吧！”忽然间（我）认得了一个姓黄的，叫黄为勤，也是一个失学的儿童。他说：“您搞这个（指人民教育馆）是一方面。再一方面，咱们这个‘儿童教育馆’不能放弃，我想参加您这个‘儿童教育馆’的工作。”我听了挺高兴，时间长了，我对他也多少有点了解，他会画，我就利用他这点，给我画点东西。他就跟我要了一份聘书，这聘书也没有写什么，就是：“兹聘请黄为勤同志为某某儿童教育馆馆员。馆长某某，公元1950年4月28日。”[①]就那么个玩意儿。

---

① 常人春在此隐匿了一些信息，详见下篇常寿春对“儿童教育馆”一事的评价。

唉，他也不知是怎的，拿着这聘书上别处去诈骗去了，实际上就是募捐去了。没钱啊！没有钱能办事吗？他拿这个募捐去了，结果让刑事警察队第四中队抓着了："你拿这个来满处敛钱，那不行。"问他这个聘书哪儿来的，就把这个事全都供出来了。本来那阵儿我有学校、有家庭，应该找家庭或者找学校，可这是怎么档子事？把我直接找去了。我在那第一人民教育馆，就是那"儿童教育馆"阅览室上班，刚走到那银锭桥，把我叫住了，弄到小金丝套[①]胡同的派出所，就问我这是怎么回事。我跟他这么一说，他说："那不行！你跟主管部门立案了吗？你私刻印信，滥发文件！"［大笑］

佟：罪过还挺大。

定：把我送到刘海胡同内五分局，内五分局没怎么审，刑警队就把我弄到第四中队去了，第四中队那会儿的中队长跟我爷爷是朋友，我爷爷过去不是搞这个的嘛。他说："呀，你这什么事啊？"我一跟他说这情况，他说："你这个小孩又可爱又可怜，你认识我吗？"我说："不认识。"他说："常旭升是你什么人呢？"我说："是我爷爷。"他说："回去之后想着问你爷爷好，你这个事没有什么了不起，我跟你说白了，这叫猫肏狗的事。"［大笑］

定：什么？

常：你听着，猫肏狗的事。他说："这没有什么了不起，我这是没有办法，谁给饭吃我管谁叫妈，这不共产党来了吗？咱们没有辙呀！人家要愿意留这么句话，咱们只好给人家服务，是不是？这是跟你说实在的，这话可不能跟任何人讲，咱们的关系也不跟任何人讲。"说完了之后他就叫："来人！"来了四个，说："你知道这是哪儿吗？这是侦缉队！嗯，到这儿来要老实点，我们的首长今天审讯你，你知道吗？"那个中队长说："你们都出去。"就走了这么一过程。其实审讯什么

---

① 金丝套指的是前海北沿和后海南沿的夹角地带，其得名源于这一地区的大、小金丝胡同。明代曾在这里设立织染所，故有金、银丝绦胡同之名，民国时称为大、小金丝套胡同，1965年改为大、小金丝胡同，共有18条街巷。

啊？什么也没问就完了。

在那儿待了好几天，就转到鹞儿胡同指导大队去了，到了鹞儿胡同大队，那大队长更有意思，说："我像你这么大的时候还抓着土栏杆子撒尿和泥呢，你比我强，不错！你们小孩在一块玩儿这个没什么问题，你就是不应该刻这么一个公章，还弄这么一个聘书，你这是私刻印信，这个不对。小孩在一块聚会，玩儿，这都没有什么了不起的，这个我们也了解了，学校我们也去了，你家里我们也去了，关你的派出所我们也去了，你这个情况大家都知道，没有什么，你走个手续吧！留保打个保，你就回家吧，回学校也成。"等我回学校，学校当然不能不要我，可是我回到第一人民教育馆，第一人民教育馆可不要我了，认为我受刑事处分了，不能要了。但是我本身有这种意愿，将来搞一个"儿童教育馆"，用解放以后的话来说是"少年之家"，北海那个就叫"少年之家"，对不对？

定：对，对。

常：那就是我们那个教育馆的性质。不是我发牢骚，他们就是不会看人，不会用人，不知道谁有什么长处。因为搞这个，他有他的正面思想，对不对？他首先没有搞政治活动，你要是（把他）拉过来之后，完全是你的有生力量，这不挺好的事吗？哪有这样的少年啊？这样的青少年是很少的，对吧？（别人）都是在那儿混的。哎，这是我这儿说实在的，不是我自个儿表扬我自己，这样的青少年来说是很少的，对吧？你不能只看着小时候搞封建迷信活动。［大笑］

定：您真够热闹的。［大笑］

常：当然咱们也说咱们自个儿的缺点——没有正确的人生观。说我这是为了革命，没有这个意思。这完全是我自个儿的事业，就是文教事业，对吧？搞社会教育，搞青少年教育，严格说起来没有多大问题，这有什么呀？这有什么毛病呀，对不对？

佟：嗯。

北平市第一社会教育区民众教育馆（鼓楼）[①]

北京市少年宫（苏柏玉摄于2017年）

---

① 据常寿春回忆，这张照片应该摄于1945年后。

3. 任小学教师

常：（后来）我就上了师范学校。

佟：什么学校？

常：北京师范学校，在恭王府夹道。[①]这个师范学校有劳动实习，指着学生在外面搞一点零活儿什么的。实际上就是给学校挣钱。过去旧社会就是那样，学校不能白养活我们啊。因为学校也不收学费，也不收膳宿费，还是继承过去通州师范、女子师范那套。1951年的这个春天，大概是4月底，我被调到沈阳的新华印刷厂，在装订车间干活儿，告诉说是实习。我到那儿不好好干活儿，一天跟工会里瞎泡，工会不是搞这套的吗？——搞文教、搞搞车间宣传。我想当个车间宣传员，又想当车间统计。到年底，人家不干了，人家说叫你到那儿直接参加劳动，你不好好在那儿劳动，你一天到晚往工会跑，老搞这个，你不是尽扯淡嘛！人家跟学校指名，说谁谁谁表现不好。但是（名义上）不叫开除，反正就是不要了，解雇了或者怎么着。但是学校对我比较了解，回去之后并没有怎么责备。说你不是愿意干这个吗？这回好了，你不是回来了吗？利用你这积极的一面，你当我们师范学校学生会的总主席，先是当副主席，半年以后是正的。

定：那还上学吗？

常：就是在师范学校继续上学，刚才那是两三个月的义务劳动，给师范学校挣俩钱，就这么回事，我在那儿不好好干，人家那工厂不要了，给退回去了。学校不能说什么，学校也了解我的情况，也知道我过去的那点臭事，学校也说："你当学生会主席是当学生会主席，但有几个问题得跟你谈清楚了。第一个，你得受咱们学校党委的领导，不能

---

① 市立北京师范学校，创办于清朝最后一年（1911），最初校址在西四南大街丰盛胡同，民国二年（1913）迁到端王府夹道（不是常先生说的恭王府夹道，该夹道位于北京西城赵登禹路祖家街之西200米）。1915年7月该校首届毕业生分配在北京各小学工作，以后每年都有毕业生分配。后来又设女部，1925年7月第一届女生毕业，随同男生一律分配在北京各小学工作。这个学校成为北京小学师资的主要来源，一直到解放前夕，都是北京小学大部分教员的来源。

想搞什么就搞什么，要先请示后汇报，这是至要的。第二个，还是以你的学业为主，不是到这儿来当官，不是到这儿来当领导，不能对教职员工指指画画，不管怎么说，你现在是这儿的学生，不是这儿的领导。对学生只能组织号召，也不能够当你是他们的上级，这是不对的。”可我就是要当领导，就是要指指画画，就是要指挥，甚至连工友都要指挥：“你干这个，你干那个。”今天开会了，告诉工友：“你去布置会场。”我告诉你怎么布置，这国旗挂哪儿，这主席像挂哪儿，这标语贴在哪儿。我发挥高阔亭那套，我当总提调。我这不是白事总提调，我是学校开会的总提调，最后发展到什么程度呢？授奖大会，校长讲话的稿我来拟，授奖名单我来开，学生代表的发言，也是由我来一个字儿不差地写上，让他去念去。

定：共产党就打击这个。

常：嗯，就打这个。

佟：您就快了，已经埋下问题了。

定：快了。

常：咱们简单说。毕业了，把我分配到北京市总工会文教科，我带着四个女学生一块到文教科报到，刚一进去，那科长就说：“你们今天来了，我们表示欢迎！但是有一样，你们必须得把自个儿的历史交代清楚，有政治上没有交代的问题要跟我们说清楚。”我就感觉这个风不对，我们才多大岁数呀？（当时）十八九岁，在国民党时候还是十四五岁的小孩呢！历史是个零，是个白点儿，这有什么可交代的呀！我就觉得这个东西不对头。那时候我对政治问题就比较敏感了，究竟什么时候开始敏感的？就是那次抓起我以后，我对这事非常不满，要按照现在，我非搞行政诉讼不成。那时候没有这种制度，那时候我要告，我就告刑事警察四中队：“你凭什么拘留我十天？你根据的是哪条法律？你说我私刻公章，那是国民党时代留下的那么个戳子，不是解放以后的事。”

佟：那罪过更大。［大笑］

定：然后呢？

常：我回来之后，就跟学校的领导谈这个问题。我说："我们到那儿报到，要我们交代历史问题。我们的历史问题很简单，就是1949年以前上小学，1949年以后上中学，完了。我们有什么问题可交代的？"我还有什么历史？日伪的时候我还是几岁的小孩，国民党的时候是十几岁的小孩，还是小学学生，这不逗嘛！

当时我这心里一动，是不是让我交代我过去搞的社团活动？知道我在刑事警察队挨10天拘留的问题？他不知道，我也没说这事。后来学校领导说："这样，你如果不愿意上市总工会不要紧，你到小学去怎么样？"我说："可以，总的来说，咱们是搞教育的工作，我一开始就学的这套专业。"他说："我给你开封介绍信，你到前门掌扇胡同文教科那儿报到。"到了这前门区文教科，他说："你到东八角小学教五年级吧。"我说："行。"到东八角小学那儿我教了20天，校长跟文教科提出意见来了："新来的这个对业务也不熟，不能让他教高年级，得有一个锻炼的过程。我们学校不缺高年级教师，没法安置。"

没有合适的不要紧，那就上东珠市口小学。有一个校长叫王淑华，是北京市代表，回民，一老太太，人相当好！跟我这一见面就说："我也调到东珠市口了，咱们两人一块，手拉手去上任。"我说："哟，您今年也调到东珠市口？您原来在哪儿？"她说："我在吴王桥小学，我是二年级跟一年级的低年级教师。您别看低年级，不好教，倒不需要文化多高，但是业务得熟。你不是幼儿师范的，幼儿园你教不了。"我说："对。"她说："我跟您说实话吧，文教科叫我来培养您。我们看了您的档案，第一个，思想进步，能够跟上新的形势，对新社会有认识，靠近组织，靠近领导，及时反映问题，在学校很有成绩，热心公益。在学生当中、在教师当中还有威信，不错！在文教科看了您的鉴定，对您的评价很高，让我来培养您。"她说了这几句话，我这么一听真不错。她说："那鉴定你看了没有？"我说："没看。"她说："我给你看看。"她拿出毕业的那张鉴定，有我自个儿的，第一栏是自检，第二栏是小组意见，第三栏是领导意见。我一看确实写得不错，缺点只有两条，一条是个人英雄主义较强，第二条是联系群众不够，没提别的缺点。当时一看，我是非常乐观的。

就这样到了东珠市口小学了。我一看哪，很多都是青年教师，女的比较多，男的比较少。给我一个任务："你来到这儿，首先要抓建队。"我说："什么叫建队？"她说："建立少年儿童队。"后来叫少年先锋队，知道吗？我说："这都做哪些工作呢？"她说："第一个要摸清学生的老底，哪些够队员的条件，哪些不够队员的条件，您按这队章可以看一看。先搞这个，这个完了之后，团市委少年部要下聘书，来请各中队的中队辅导员和总辅导员，您应当争做总辅导员。"我说："好。"

哎，我这兴趣又转移了，转移到少先队的工作。少先队的工作政治性挺强。我在学校的时候，低年级的学生当中有少先队员，但都是由高年级学生中的团员来代理辅导员。他们有时候也说："您是不是可以担任个中队辅导员？"我说："我就不愿伸这个手。"因为当时我虽然在学生会，但一方面是没有时间介入这个；一方面是这个时候，我在政治上还不进步，没有这个概念。我要是有这个概念的话，我就加入新民主主义青年团了，但是他们动员了我好几回，我始终就没有申请。他们说："您这够条件了。"我心说够什么条件，不就是想让我担任低年级的少先队辅导员嘛。因为他从外面请一个人的话，他得给人开工资，要找一个学生的话，一分钱都不给，对不对？道理很简单。当时我是明白这一点，我知道这套玩意儿，所以我心说："我到你这儿是上学来的，没有到你这儿来工作。"

定：您不就是到那学校当老师的吗？

常：那是我毕业以后。

佟：他这是又说回去了，讲的是前面（在师范学校的时候）。

定：您后来在东珠市口那儿也当辅导员吗？

常：对呀！在东珠市口，建队建成了，全区工委批准了，给全体队员授巾、奖旗，给辅导员也发聘书，还给辅导员戴上红领巾，你知道吗？

定：对，我知道。

常：（辅导员）也跟学生穿着一样，女老师也穿上花裙子白衬衣，戴上红领巾。男老师也穿蓝色裤子白汗衫，戴上红领巾。我那时候年纪特别轻，穿上这身衣服不像是辅导员，像个学生。曾经为这个事发生过误会，在北海过队日的时候，打门票，我就拿着学校的介绍信到售票处那儿，我说："我打一个团体票，多少多少人。"他说："叫你们带队老师来。"我说："我就是带队老师。"他上下这么瞅着说："您有工作证吗？"我说："没有工作证，我们现在没有工作证，我有工会会员证。"他说："那也行。"他一看我给他工会的会员证，这才给开了团体票。队日散了，挨着那儿的文津街1号不是有一个图书馆[①]吗？那儿写着有"从猿到人"的展览，我想看看。刚一进去，那门卫就拦我了，告诉："我们这儿招待成年人，非成年人我们不招待。"我说："我就是成年人。"这不是逗嘛！他又不好说别的，他也不能问有什么证明没有，结果我就没有进去。什么原因呢？我后来检查出来了，我就是跟学生打扮得一样，穿了一身所谓"队服"，还戴了一个红领巾，你

"工装代童装"——常人春在新华印刷厂时的装扮（《国花少主诗词》书前图）

① 指当时的北京图书馆，即现在的国家图书馆古籍馆。

看这叫什么玩意儿这叫，这叫什么？我这就是面嫩。[①]

在新华印刷厂的时候也是那样，我打扮的话也是一个小孩，尤其穿上与小孩差不多的衣裳。“五一”游行，我穿着一套蓝制服。“出来，出来，站在外边。”把所有穿得不对的人都叫出来了，说，“不行！你跟我们车间的工人得穿得一样。”他们那儿都穿的是白汗衫蓝工装裤子，就像墙上画的那个似的。我说：“我没有这样的打扮。”他说：“上工会借去！”我穿上这一套衣服后，照镜子一看，这哪像个青年人，这完全是少年，我又回到幼儿园了。

定：您在东珠市口小学待了多久？

常人春与家人的合影（左起：常人春、常人春的外甥女、阎宝贞、常人春之妹常春明，常寿春提供）

① 常人春对于自己的“面嫩”是甚为得意的，在他的《国花少主诗词》（自印本）一书前，即配上了“工装代童装”（原语）的相片，并作诗志之。我们在常寿春家访谈时，还看到他在结束劳改返回北京后仍做少年装扮的照片。如果用心理学方法来分析，是不是可以说他对这段时期仍有着无法释怀的眷恋呢？

常：待了大概有三年多吧。我给你慢慢说这个思想发展过程。就是这个王淑华，这个老太太，回民校长啊。我老说那院子是个凶宅，按照封建迷信来说，凡是到那儿去的没有一个得好的，有一个死一个，有一个病一个。

定：真的？

常：有一个抓起一个。这老太太一年多就得了子宫癌了，老姑娘，我和她相处的时候她有50多岁了，没有结婚。正好那年暑假，文教科派来了一个新校长。你要知道，我的缺点也相当多的，就是当官当惯了，一天到晚，在人家学校里指手画脚。因为有（王淑华）校长的支持啊！本来我什么也不是，可是校长让我到各班去听课，那都是教导主任的事，那阵儿没有教导主任，所以我就去（扮演）了这么个角色。学生写大字，写的"中美英苏四大强国"。我跟校长这么一说，校长就把这个老师找去了，说："你的学生用的这帖，你自个儿得好好检查一下，'中美英苏'，'中美英'这三个字不能并排写，现在就是中苏。"把那老师好一顿剋，那老师就知道是我到那儿去，看到这个东西了。我检查学生的作业本，比如说造句时写了："志愿军在前线，给美帝国主义打得落花流水。"我说："这句话不对，那'给'字儿不对，应该改成'被'字儿。应该是'志愿军被美帝国主义打得落花流水。'[①]这句话说反了。"校长说："你这觉悟性真高，你要注意这个事，要抓他们这样的问题。"所以我得罪了不少人。

4. "胡风反党集团"

常：唉，赶等这一换新校长，完了！别的老师都起来攻击我，首先就是在一些个细节上，比如说春季旅行，有的学生交不起车费，找我来哭来，说："常老师，我们家庭经济生活困难。"我跟我妈说，我妈说："咱们哪儿有钱交这车费呢？"我一想，要不让孩子去，这情绪多

① 常先生这里没有说清楚，"给"应该改为"把"，即"志愿军把美帝国主义打得落花流水"。如果改成"被"，意思就反了。

少日子缓不过来，对学习方面必有影响，我就这么一说。

再加上我给胡风辩护，给《人民日报》的“读者来信”写了个稿儿，是关于“胡风问题”的讨论，把信给我转回来了，这封信成了证物了。这回行了，“反革命集团”！我这个案子就是“组织反动党派”。审查以后，人民法院觉得这个，用现在的话来说证据不足、事实不清楚、证据不确凿，所以这事不予审定，免于刑事处分。就把我放回去了。不几天的工夫，《人民日报》就公布了——“胡风反党集团”，公布了他和所有党羽的密信。又过了几天，说是“反革命集团，蒋介石的特务，美帝国主义的走狗”。但还是没有抓我，为什么呢？——还不到运动。哎，赶等到了8月份，就是反对胡风的肃反运动，知道吧？

定：哦。

常：先请孙国梁来做了“关于肃反工作的报告”。

定：哦，他是北京市教育局局长。

常：是呀，教育局的宣传部部长，我提这人，您都知道？

定：“文革”时我斗过他。［大笑］

常：哎，“关于肃反工作的报告”，由8月1日开始讨论，讨论到十几号，然后就是面对面的揭发检举，都谁在这个“反胡风运动”中说过什么玩意儿。第一个斗争的是一个老头儿，那老头儿叫徐延龄[①]，过去在北京市地政局当丈量员，也没有什么了不起的事，就是他没事好开玩笑。但是他在政治上，要按我说，也没有什么了不起，就是脑筋太旧，解放以后缺乏学习，对新事物不太了解，随便瞎说，说到点儿上了。招生的时候他迟到了，在暑假里头，人家说：“哟，徐老师今儿怎么来晚了？”他说：“别提了，今天中南海开会，我走到新华门那块儿过不来，那儿堵车了。我还没有赶上过这样的事，看起来明儿还是入党好，这入党可以当官，等多早晚儿共产党招生的时候，我第一个报名。”他把共产党当成学校了，这个毛病不大，所以我没有向我们领导谈这个

① 下篇常寿春口述中，也有一些关于徐延龄的回忆。

事。但是有的那积极分子、党员、团员向那个新校长就反映这个问题。肃反的时候，第一个就把他揪出来了，有人说：“我揭发一个，就是咱们这徐延龄。”他揭发的就是这句话。旁边还有另外一人说：“他啊，不单说过这句话。”说他问一个代课老师：“你入团没入团？”那人说：“没入团。”徐延龄就说了：“干脆你入我这个团吧！我这团专门要落后的，专门要反动的。”

佟：不要命了。

定：完了。

常：说到这会儿，大家就说：“让徐延龄站起来！前面来！”

【定宜庄记】常先生讲到这里时，访谈者因换带而漏录了一小段，而这段正是口述的关键所在。而且由于疏漏，在访谈时没有特别追问事件发生的准确时间，事件发生的过程无法判断，只能靠回忆了。

据常人春说，“群众”在把徐延龄揪出来之后，便把矛头指向了他。而他的主要“罪状”，就是给《人民日报》的“读者来信”所写的为胡风辩护的稿子。随着对“胡风集团”从批判到斗争的一步步升级，最终定性为“反革命集团”，常先生的“罪行”也逐渐加重，下面的叙述，便是从群众批判到进入法律程序之后，被判刑12年的过程。

为使读者能够看懂常先生所经历的此事的背景，兹将所谓“胡风反革命集团”案的情况简单陈述如下：

1955年的“胡风反革命集团”案，是20世纪50年代在中国发生的一场从文艺争论到政治审判的事件。在事件中，30年代著名的左翼文艺理论家胡风以“反革命”罪被捕入狱，从作家到读者，从家属到朋友，株连甚广。从此，大规模的肃反运动开始。次年，文艺界开展反对“丁陈反党集团”的斗争；又次年为反右派运动，知识分子成为主要的打击对象；越十年，“文化大革命”对“反动学术权威”乃至一般知识分子的迫害，也都未尝不可以看作是“胡风集团”案的一种符合逻辑的延伸。

胡风，原名张名桢，后改名张光人，又名古因、谷音。1902年生于湖北蕲春。在20世纪30年代就投身左翼文艺运动，曾任“左联”宣传部部长、常委书记。30年代他提出“民族革命战争的大众文学”的口号，引发“两个口号”的论争。抗日战争爆发后，又发表《置身在为民主的斗争里面》等文，从现象上看明显抵制毛泽东在延安整风运动中关于反对主观主义的指示，所以中共南方局当时就已奉命组织人力开展批判。

1952年6月8日，《人民日报》转载舒芜文章《从头学习〈在延安文艺座谈会上的讲话〉》，并在“编者按”中指出胡风的文艺思想“是一种实质上属于资产阶级、小资产阶级的个人主义的文艺思想”，这是批判胡风的开始。1954年7月，胡风写出了《关于解放以来的文艺实践情况的报告》，即所谓“三十万言书”。同年12月毛泽东明确提出“希望文艺界和《文艺报》的读者群众公开讨论，然后根据讨论的结果做出适当结论”。紧接着，在1955年1月21日，中共中央便批发了《中央宣传部关于开展批判胡风文艺思想报告的指示》，此后全国报刊展开了对胡风文艺思想的批判。也就是说，这时期还仅仅停留在批判的阶段。

1955年5月上旬，毛泽东把胡风等人的来往活动提升为反党集团的活动。撰文称：“胡风和他所领导的反党反人民的文艺集团，是怎样老早就敌对仇视和痛恨中国共产党和非党的进步作家。假的就是假的，伪装应当剥去”，“胡风应当做剥面的工作，而不是骗人的检讨。剥去假面，揭露真相，帮助政府弄清胡风及其反党集团的全部情况，从此做个真正的人是胡风及胡风派每一个人的唯一出路。”同时把舒芜提供的材料标题改为《关于胡风反党集团的一些材料》，指示刊登在《人民日报》，并要《文艺报》转载。

5月13日，《人民日报》刊登了《关于胡风反党集团的一些材料》全文。5月16日，毛泽东将胡风等人的来往联系又提升为反革命的性质：“如果不把他们的破坏活动加以制止，让他们一天一天发展扩大下去，他们就要用‘几束手榴弹’给我们的革命事业以严重损失。”

5月17日，公安部向全国人大常委会提出报告，拟将胡风拘留。

5月18日，全国人大第十六次会议批准逮捕胡风。中央指定宣传、组织、监察、公安等部门负责人组成五人小组，负责领导清查“胡风集团”的工作。

5月20日，中央经毛泽东批发电报《中央对处理胡风集团的指示》中，“胡风集团现大体判明是一个反革命阴谋集团”，指出这个集团的“阴谋活动”，“实际上老早就是蒋介石匪帮和国际帝国主义的反革命阴谋活动的一部”，并要求各级党委（党组）提高警惕领导全党为肃清“胡风集团及其思想而斗争”，“彻底清查胡风集团在各地的组织和活动情况，并坚决加以处理”。此后连续发表了“关于胡风反党集团”的三批材料。毛泽东称，“胡风和他的一伙是帝国主义和蒋介石匪帮有密切联系的一群反革命分子”，“他们已经混进我们的某些政府机关，某些军事机关，某些教育机关……他们混进了中国共产党，有的还担任了相当重要职务”，“务必注意清除一切暗藏的反革命分子，必须坚决地有分别地对于清查出来的这些分子给予适当的处理”。清查“胡风反革命集团”的运动，就在全国范围迅速扩展起来。

在全国清查“胡风反革命集团”的运动中，共牵连2100余人（包括所谓骨干分子、一般分子、影响分子和有过接触的人），其中逮捕92人、隔离审查62人、停职反省73人。

在1956年底，对“胡风反革命集团”的预审工作基本结束。正式定为“胡风分子”的78人（其中共产党员32人），划为“骨干分子”的23人。这78名“胡风分子”中，经过审查于1958年前陆续处理的61人，分别给予了劳动教养、下放劳动、撤销职务等处分。剩余的17人，当时认为问题较严重，情况复杂需继续审查，直至1965年经中央批准判刑的3人、另案处理的1人，所余13人均免予起诉但给予撤职降级另行安置工作，其中是党员的则开除党籍。1965年判处胡风有期徒刑14年，剥夺政治权利6年。

1980年，中共中央决定为“胡风反革命集团”平反。1988年6月18日，中国共产党中央委员会办公厅发出〔1988〕16号文件，“胡风反革命集团”得到官方彻底平反。1985年6月8日，胡风在北京逝世，享年83岁。

由此可知，“胡风集团”一案历时数年，经历了一个从对“资产阶级、小资产阶级的个人主义的文艺思想”的批判，到“宗派活动”，再到“反党反人民的文艺集团”，再到“反革命的阴谋集团”，直到被批准逮捕，并展开清查的过程。最终牵连的人数有2000之多。而常人春先生是否也在其间，不得而知，甚至，他是否就是受到胡风一案的牵连，或是关涉其他案子，因他语焉不详，我们也不得而知。但随着对胡风一案的上纲上线，他的“罪行”也在一步步加重。我们在访谈常寿春时，再次问询了这段历史，发现常人春还有一些隐情未表，留于下篇再述，此处不赘。

常：那个审判长叫赵席伦，那个书记官叫张永纯。我回来之后，跟我父亲讲，我父亲说：“这都跟你爷爷是朋友，你这张判决书上有两个是你爷爷的朋友。”哦！这么回事，我就明白了，大概和这个有关系，免于刑事处分。

定：护着您了？

常：哎！第二次换了一个姓许的，叫许午潘，不认识。那个书记官是个女的，叫洪霞。审了之后说：“这个高级法院和检察院公诉员所提的东西，有一些是事实，但有一些我们认为还不是实际情况。因为这些都是明摆着的，无所谓坦白与不坦白的问题。你是在大会上发的言，你写的东西也是公开写的，也不是秘密的玩意儿，经过领导启发教育呢，你也交代了全部问题，所以说是‘被迫交代’这句话，不切合实际。运动就是推动人的，不用运动中交代，你就是现在交代的话也得算坦白，也不能算隐瞒。”他说得还是比较客观。他说：“据此呢，按照本条例第七条第二款规定，这个被告人对所判罪行，第一是在运动中全部据实交代，这个问题也是比较轻微的，所以判处有期徒刑5年，从第一次开始算。”实际上呢，判了还不到5年，因为到1957年下半年，就剩个2年了，就是这么个象征性的，对吧？

唉，我呢！很不搭时务，我还要辩护这个事。我辩护的理由是什么？我说："中级人民法院判得非常正确，没有错，对吧？高院和这个检察官所提出的不对。"我这么一驳，这要上诉。那时候上诉的没有不加刑的，你比如说5年，上诉的话，加你10年，改判15年；你要是8年，上诉马上改判无期；你要10年以上的，一上诉马上死缓或死刑。报纸上也好，杂志上也好，那个杂志名字叫《人民司法》，大标题叫什么呢？"不得加重对被告人上诉是资产阶级的霸权观念"，就是严厉打击上诉的。

定：看你服不服！敢不服！

常：我上诉以后，马上就批回来了："原判过轻。"那第一次是0，第二次是5，这5我上诉还过轻，再重的话，我看你还往哪儿判！1958年6月的时候又开庭了，也没审，因为他已经知道了，审什么？就是这点事，就又判了，判12年。

定：哎哟！

常：剥夺政治权利5年。但是我就是拧到底，你不是判12年吗？我又上诉了，我说："我没有重新犯罪，这是第一。第二，你没有查出新的问题，那为什么一再加刑，这是什么意思？有这法律吗？"按照现在，这可以说说，要请个律师辩护的话很有理由，那时候不行，那时候没有你说话的份儿。第一次我也请律师，人家律师说得很好："这个事就是应当免于刑事处分，这不算个案子，这个不能起诉，这叫什么呀。"哎！就为这个事，我在东北转了24年！哎，兴凯湖农场、营屯农场、嫩江农场、六三农场，这都转遍了。

定：最后给您判了24年？

常：不是24年，是判了12年。上次我不是跟您说嘛，不管判了多少日子，出来之后必须得在那儿就业，跟劳改毫无二致，管理方法、所参加的工种，以及物质待遇都一样。原来劳改的时候没有工资，这个时候是低薪待遇。

定：这可是一辈子啊！

佟：24年的……

常：我最后这次上诉呢，批回来了："维持原判。"我说时机不对，再上诉也没用，再上诉完了之后还是"维持原判"，因为不会再加了。这不是个玩意儿，说不出什么理由来。后来就赶上十一届三中全会，咱们再说说这个。

到了1979年，三中全会刚开过嘛，1978年开的三中全会，邓小平对老干部提出平反，对凡是被改造的、戴着帽子的"四类分子"进行平反。所以我又给人民法院写了一份东西，这回"落实政策"了，唉，但是我已经46岁了。

定：一辈子。

常：唉！在黑龙江省嫩江县九三农管局落实的政策。这会儿倒是不拿我当"四类分子"来看了，转变身份为正式职工。但是你要知道，这个臭底儿在那儿待着了，你（身份）转变了，九三农管局也不拿你当正号人，还是老眼光来看，明白这意思不？所以我不能不申请回北京，但申请回北京没有理由啊！我说什么呢？我说我有病，在北京找一个医院的熟人给我开了个证明……梅尼埃病。

定：耳朵的？

常：哎，这么着病退回来了。

5. 回京之后

（1）白云观

常：三中全会以后，我回到了北京，恢复了我的户口。回来了派出所都是老民警啊，我这么一说，那个所长说："嗨！我们都了解，你那点事！告诉你，我啊跟你一样，我也刚从农场回来。"［大笑］他说："得了，也别提那事了，咱们该干什么干什么。"

定：后来就上白云观？

常：在我们那一块改造的有个叫杜俊普的，他是吴化文[①]、于学忠[②]部队驻济南办事处的处长，职位不高，但是他认得国共两党的主要人物，跟中央级的所有干部都认识。他到北京干吗来了？——给所有他认识的人平反，建立中国文史书画协会。我跟他说："你给我找个工作。"他说："我考虑考虑。"后来我到白云观逛了两次，看那个环境不错，跟他说了。他说："你要愿意到白云观去，我给你说一声你就去，这个问题不大。"我说："那行！"他说："你要知道这个分谁，明天让中共中央统战部副部长江平陪你一块到白云观去，马上他们就得要。"我说："那当然是啊！你找的这个官太硬。"这个事呢，我跟白云观的住持，就是原来前门老爷庙[③]的住持刘之维一说，他说："江平要来访问的话，那我们热情接待。"但我没跟他说什么内容……

定：嗯，您接着说。

常：还接着说呀？到了第二天，江平把中共中央统战部的汽车开出来三辆，连我那朋友杜俊普，就是国民党那个高级将领驻济南办事处处长，一起到了白云观的客堂。白云观的所有头头脑脑都参加了，你这个中共中央统战部的人来访问，人家能不接待嘛！

定：您怎么那么大面子呀？

常：不是我的面子，是我那个朋友杜俊普的。他几乎谁都认识，什么胡耀邦，什么赵紫阳，那时候他都能说上话，所以托他办事的人很多。他就住在钓鱼台那个宋庆龄儿童公园。来了主要是为什么？杜俊

① 吴化文（1904—1962），字绍周，山东人，先追随冯玉祥，后投奔蒋介石，再投靠汪精卫，又反投蒋介石，最后加盟解放军。解放后被授予中华人民共和国一级解放勋章，曾被任命为浙江省人民政府委员、浙江省人民政府交通厅厅长，1959年任浙江省政协副主席。

② 于学忠（1890—1964），字孝侯，山东蓬莱人，东北军著名将领，抗战中参加淞沪会战、台儿庄会战、武汉保卫战等。中华人民共和国成立后曾任第一届全国政协委员、国防委员会委员、河北省人民政府委员、河北省体委主任等职。

③ 这里所说的前门老爷庙，即前门（正阳门）关帝庙。北京内城各城门瓮城内都有关帝庙，其中最著名的当数正阳门关帝庙，此庙建于明朝永乐八年（1410）。庙宇虽然不大，但香火极盛。每年五月初九要举行磨刀祭，庙中有3口大刀，分别重80斤、120斤、400斤，相传是嘉庆年间打磨厂三元刀铺所铸。该庙在20世纪70年代，因修建地铁被拆除。

普就指着我说："我给你介绍个人。"告诉我："把你写的自传拿出来。"江平部长说："你把自传交给这位主管的干部。"主管的干部把这个拿下来。虽然是个道教的公馆，但是它主要是什么呢？三种人。第一种是干部，第二种是道众，第三种是职工。实际上是干部说了算，道众说了不算。所以就让我把这个自传交给干部，那个党委书记叫黄明[①]，黄明就接过了这个东西说："我们研究研究，我们考虑考虑。"哎，这事就算搁下了，后来我又串了几趟门，我问那个什么"八大执事"，其中有一个叫李明阳的："我这个事怎么样了？"他说："正在研究，你顶多也就是当个居士，到那儿转正不了。"我说："为什么呀？"他说："你的历史不对头，你不是我们宗教界的人。"哦！后来我见着刘之维了，他是白云观的总头儿，说了算。他在"文化大革命"中可没少受冲击，让他抱着小鸡跪在钟楼底下，这鸡子要一叫就斗他。

定：为什么让他抱小鸡啊？

常：哎，这是个被斗的对象。这刘之维很各（gě）[②]，得罪了不少人。我跟刘之维一说这个情况，刘之维就不大愿意了，说："你们背后搞这个，事先就没有跟我说，我也不了解情况，我拿什么主意？行了，党委说了算。"黄明是个正经人，党委还拿他当作部队里面的首长，拿道士当作战士这么看待，你知道吧？黄明人非常和气，非常讲道理，通情达理，他跟我说："来吧，我欢迎！到这儿来好好跟明阳——就是"八大执事"之一的李明阳——学习学习。跟明阳好好学习学习，您在这里头，也能为我们做一点贡献。"

佟：明阳后来是中国道教协会的会长。

常：黄明跟他那些个干部就决定，我作为白云观的正式道士。

定：这是哪年啊？

常：1996年哪。

定：1996年您就当了道士？

---

① 黄明时任中国道教协会副秘书长。

② 各，北京土话，指人的言行古怪，不能合群。

常：哎，1996年就成为白云观的正式道士。刘之维不太同意，为什么？刘之维有这么个思想："这是反客为主！"我听他说这个"反客为主"说了不是一回。我说："反不了客也为不了主，因为人家党委说了算，知道吧？不是中共中央统战部说了算，'县官不如现管'。我来之后，不能把我搁在您的上面，这点您放心，我也不会出这风头，您是老爷庙的住持，我什么都不是。"

定：那您就当道士去了？

常：哎！

定：当了多少年？

常：当道士啊，这刘之维有办法。刘之维说："好，你不是来了吗？我不能说不要，对不对？你给我搞修建去。"那儿有一个外找来的临时工，有一个修建专门搞瓦工。我没有学过瓦工，我要到那儿去是力

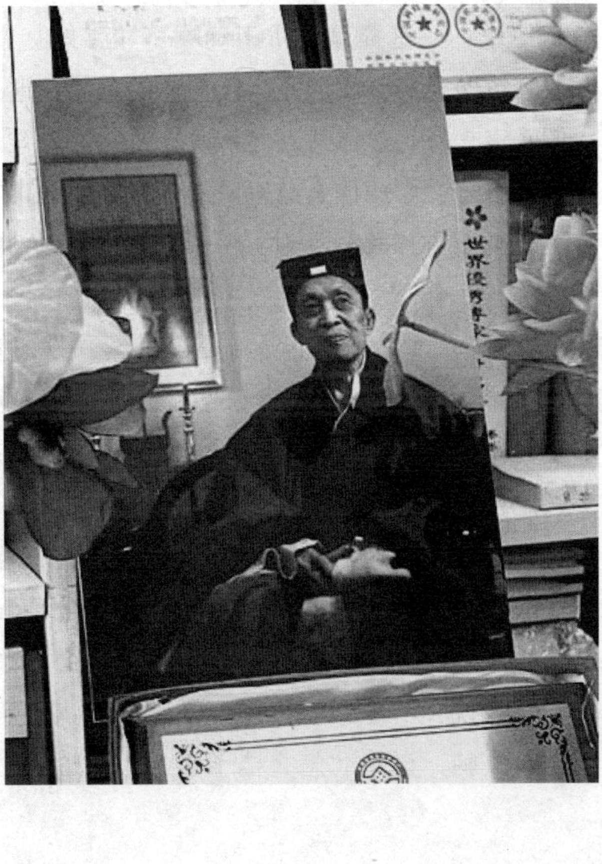

常人春着道袍

工、小工，所以我就不太愿意。我说："我要当瓦工的话，在社会上到哪儿不能干？在外头的话，我一天挣十五块，我在你这儿是一天挣一块二毛五，对不对？"我就不愿意，但是心里不愿意嘴上又不能说。我说："好啊，我愿意修庙做这个功德。"但心里不是那么回事，后来时间长了，我就跟刘之维提出来了。我说："我有三点要求。第一点，我必须参加你的道众会议，因为我是你的正式职工正式道士。第二个，我要参加早晚坛上殿念经，因为我是你的正式道士。第三个，在你的开放日子，我要参加值殿。"那时候一个礼拜就开放一天，后来才长期的。刘之维说："你提出来的三点问题不存在。"我说："要是不存在，我就不提这三点了。现在每次道众会议也不让我参加，每次值殿也没有我，好像我不是你这圈里的正式成员，所以我才提出这个问题来。"

我这儿正说着，黄明来了，黄明说："什么事啊？"我一说这三点，他说："这提得非常正确啊！非常好！就是这样，按你提的意见办。"黄明说："我们完全接受你的意见，这是对的、正确的，正确的我们一定支持。"你猜刘之维说什么？刘之维说："我说老黄啊！你知道什么事吗？你插什么口啊！这里有你什么事？你往那儿一插，整个全乱了，要不你来做这个住持，我不干了！你来！黄明你这起的什么作用？你这个！"黄明说："你瞧我也没说什么，你跟我发这么一顿牢骚，你看，你瞧，招谁惹谁了，你瞧……"赶快就走了，走了之后刘之维说："就按照我现在这个布置做，不愿意做的话你走。"我说："那不客气，我就跟您告辞了。"

定：哦，您就没当道士？

常：我说："可有一样，我提出来让你注意，你们现在想合谋偷盗这里边的文物卖给外国人，有这么回事没这么回事？"他一听就像猫不吃食，耳朵往后一背［常人春双手插头，做出猫头的样子］："怎么了？"我说："怎么的你还不知道，首谋主犯就是你！"他丈二和尚摸不着头脑，说："怎么档子事？"我说："杜俊普上次来了，同着人，你们一块到这个祠堂院把赵孟頫的《老子道德经》的拓本拓下来没有？那个拓下来，卖给谁了？有这么回事没这么回事？”他这一听，（心道）：“我肏，这事麻烦了！这要是，说什么算什么。”我这越说越深，他是越听越别扭，马上就站起来说：“得了，常师父哟，我算服了。咱们虽然说事不成，今后还是朋友，何必较真儿呢，不要旁生枝节。我的意见，您来到这儿，待几个月，我给您开几个月的工资。”我说：“我啊，一分钱都不要，我来到这儿是学经学道，不是挣钱来了。挣钱的话就不在这儿挣了，上外面去挣去，我要是在外面干小工的话一天15块钱，在这儿干一天一块二毛五。我在这儿干什么？一个月35块钱的基本工资，这不是逗嘛！你给我开这35块钱的基本工资啊！”他也不敢言语。就这么样，退出来了。

（2）写民俗

常：我回来之后呢，我也不想待着，我这个人还是开拓进取型的，得自个儿找个职业，找个活儿干。我就让街道办事处介绍我到北京大学中国文化书院①秘书处当秘书。那里有一个叫李泽厚，还有一个叫季羡林，还有一个叫什么，我这脑子不好，那些老教授都在我嘴边上，因为我跟他们一天到晚打交道。他们也讲课，我也讲课，我由教小学到农场教中学，现在又教大学了，都教遍了。

后来呢，因为“八九事件”以后，那个文化书院机构不太合法，遣散了，我找西城区政府，西城区政府说：“你先到政协去学习学习。”政协给我安了个名儿，叫什么呢？叫“社联人士”，“社联人士”干吗？天天学习。我是希望通过学习安排个活儿，不行，单有这么

---

① 北京大学中国文化书院是由我国已故著名学者冯友兰先生与北京大学哲学系张岱年、朱伯崑和汤一介等几位教授共同发起，联合了北京大学、中国社会科学院、中国人民大学、北京师范大学、清华大学等单位及中国台、港地区和海外的数十位著名教授一道创建的一个民间的学术研究和教学团体，1984年10月成立于北京。中国文化书院是独立自主团体，书院经费全部通过收费办学和接受个人及社会资助等方式自筹。季羡林曾任该书院院务委员会的首任主席，李泽厚为书院导师。但常人春先生说该书院于1989年遣散一事，背后有些什么故事，尚需查明。

个名儿，就让写，写你的生活经历，就是刚才我和您说的这套，就写这个，要不就写北京的文史，不是你自个儿的事也可以写写。写来写去，我就对这个感兴趣了。干脆，我就写吧！我懂过去那北京的民俗，糊烧活儿，咱们写也是白事这点事。

定：那就是说，您回北京来的时候，开始的时候，还没有想主要写这些东西呢，是吧？没有想开始研究这些东西呢？

常：我啊，在九三农管局的时候，“落实政策”以后，干什么呢？没有正式恢复我的干级[①]，但是我在工会里还是搞我这套：搞宣传、搞写作、搞演出，就搞这个。什么省里头职工会演、局里头职工会演、农场职工会演都是我来做计划，招几个人来组织，来搞这个玩意儿。搞来搞去，我就偷着干我自个儿的事。总务科的科长那个人很开明，他发现我写这个，就说：“干这个的是有心人，我得支持你，你尽管写你自个儿的东西，没有事。”我写我自个儿的《老北京的风俗》[②]，就是在那儿偷着干的。我写《旧京风俗概要》，先写了这么一个东西，起了一个草。

定：那您在那儿的时候，是不是也特别想北京呀？

常：对，对。因为我家还在北京。

定：母亲还在是吧？

常：嗯，所以还是想我小时候、年轻的时候在北京的情况，对不对？我回到北京以后，在中国文化书院秘书处的时候，没有活儿干，我就写我

① 干级，即干部级别。按现行《中华人民共和国公务员法》，国家领导干部及行政工作人员都有规定的干级。1971年林彪出逃后，中央对于“文革”的态度有所转变，开始解放和起用老干部，落实共产党的干部政策。1972年，“两报一刊”（《人民日报》、《解放军报》、《红旗》杂志）发表国庆社论《夺取新的胜利》，指出要“继续全面地落实毛主席的干部政策、知识分子政策、经济政策”。12月28日，北京市委向毛泽东、中共中央报送《关于对统战对象落实政策的情况报告》，落实政策的对象范围进一步扩大。见《当代中国的北京》编辑部编：《当代北京大事记（一九四九—二〇〇三年）》，当代中国出版社2003年版，第271页。常人春在九三农管局曾经做过一些宣传工作，但他并非真正的公务员，这里他所说的“恢复干级”，可以理解为在普遍“落实政策”的大背景下恢复他的身份和待遇的意思。

② 常人春：《老北京的风俗》，北京燕山出版社1996年版。

的著作，写《老北京的风俗》，写《老北京风情记趣》。后来因为我写的这个，燕山出版社得了奖，所以对我这个感兴趣了，就说："红白事方面您写得挺好，那个出色，您专门写写这个。"我说："我写写《红白喜事——旧京婚丧礼俗》。"他说："好，我们给您出版，您去写去。"我写了30万字，拿去出版，出版又得了一回"北京市文教书类特等奖"。他说："您还继续写。"我说："我写一个《近世名人大出殡》，行吗？"他说："太好了！您对这行有特长，您了解情况。"我心说，我是高阔亭的徒弟，我能不清楚嘛！当然，我不能和他说这个。

定：对。

常：我一写这个，市政协马上找我要这个东西，要发表在市政协的《文史资料选编》上，一个字不差地登了，说："这个资料不好找。"公私合营以后，张官鼎是北京寿材厂的厂长，写那棺材铺，写那杠房。[1]他写的东西根本不行，你看我写的那个玩意儿，我一写完，政协马上跟我要了去，问我："你跟这个行业有联系吗？"我说："没有联系，看热闹看来的。"他说："不承认这个，什么叫热闹？这有什么热闹可看？"写完了这个《近世名人大出殡》，各大出版社的稿约就都来了，旅游教育出版社、城市出版社，还有高巍的这个什么……

佟：学苑？

常：要不怎么跟高巍认识了呢。所以干脆，政协你爱分配我工作不分配我工作，我也不找你了。你有活动请我去，我就应酬应酬，没有活动我也不去了。因为我也不挣什么了，我在家里写我的著作。我写的时候，我们老爷子还在世，批评我，就说："你又写那东西，你这一生还不接受教训！你说，你写的那东西能发表吗？你说，够电钱吗？"他说的这套也实际，确实不够电钱，要是不能发表可什么也不是，但是不

① 张官鼎：《解放前北京的葬礼和杠房业》，见中国人民政治协商会议北京市委员会文史资料委员会编：《文史资料选编》第十四辑，北京出版社1982年版，第214页。

会抓起来了，这个时代和那个时代不一样，你写的也不是政治问题，这我心里还是有底的。写这个虽然是有一些封建迷信的东西，但是与政治挂不上钩，你又没有说现在的政权如何如何。

（3）东岳庙

常：我与道教结缘，不止火神庙和白云观这两回，第三回是什么？是东岳庙。与道教这缘还没结完。

定：嗯。

常：东岳庙恢复[①]，所谓“腾退管理委员会”也不知道从哪儿打听出来我的历史，把我找去了，问我：“您看这个塑像怎么样？”他已经塑了，我这个人的毛病就在这儿，我是什么呢？——你已经塑完了，我就得说好；你要是没塑，我就告诉你哪点地方不对，哪点地方应该注意，怎么塑，神像是什么样，我瞧见是什么样，对不对？你现在塑完了，我要说不好不是给你添麻烦嘛！他就是要讨这句话，意思是说我们塑得很好，现在我们也请专家鉴定了，这个东西完全正确，就让我在这鉴定书上给他签字。

这馆长马上就拿出一个封套来，就是现在这个朝阳区图书馆的党委书记，叫何放。告诉：“得了，我们这小意思。”我一数是2000块钱。他说：“请您明天到我们这儿来上班。”我说：“那我这算什么名头？”他说：“特别顾问！”哦，我说：“好吧，我也不见得能够使您满意，我懂的东西也非常有限。就是比现在没有真正接触过道教的人，或者比现在的青年有一些个基本常识，不能说是学问。”他说：“那就行，我们还没有道教的基本常识，听说您在道教界待过？”我说：“在道教界待过。”他说：“还能上殿念经？”我说：“对，我会怎么样开

① 东岳庙位于北京市朝阳门外大街北侧，原是道教正一道在华北地区的第一大丛林。保存了大量道教建筑和历代碑刻，对研究中国古代道教以及道教的历史渊源和发展，具有重要的参考价值，其中的民间香会碑刻也是社会史研究的一大实物史料。1995年，北京市政府决定恢复东岳庙，将庙中所驻机关全部腾退，随后建立了北京民俗博物馆。1996年，东岳庙被中华人民共和国国务院公布为第四批全国重点文物保护单位，1999年正式对外开放。2008年，国家将东岳庙归还道教，至此，中断70余年的道教活动在东岳庙恢复。

光，怎么样重新揭幕。”策划了第一届的庙会，1999年的庙会就是东岳庙的首届庙会。赶等到了3月份了，他说：“您啊，不必每天来，您一个礼拜来个一天两天就成，有事我们拿汽车来接您。第二个问题呢，就是您看这儿吃饭这屋，假如不合您的口味的话，您可以说话，给您单做。再一方面，单做不行的话，我们同您下馆子。”

佟：当时有食堂。

常：我心说，我没有那么高的条件，我只要能抱着饭盆去到食堂买饭去。可是我每次一抱着饭盆买饭去，人家那办公室主要的头头就说：“哎，哎！常老您这怎么了？这儿给您准备好了饭了。三种酒——色酒、啤酒、白酒，您愿意喝什么喝什么。八个菜您愿意吃什么吃什么，不行的话给您单做。”这待遇挺高。说：“一个月给您开1200块钱。如果说（有）庙会的话，多给您开1000块钱；（有）夏令营，也是多给您开1000块钱。您原单位退休多少钱我们不问，给您100万也好，没给也好，我们都不过问，这不算补差。”

定：您这些都是当年从火神庙学来的？

常：就是在火神庙听来的。火神庙每次中元法会也好，每天早晚坛也好，我都参加。虽然说我张不开嘴，我坐在那儿听，慢慢就张开嘴了。在白云观我给他们指了多少次，我说：“你念这不行。”他说：“为什么？”我说：“你这叫平韵，得上韵。”他说：“什么叫上韵？”就是你比如说这样念［念经］，人家不知道你念的是什么，没有人爱听。我说：“第一个得有板有眼，也像唱歌、唱戏、唱曲艺一样，它得有腔有调。”刚才我说的《开经玄蕴咒》[①]，北京地方韵的话，那得这样念。［念《开经玄蕴咒》］他说：“那样时间就长了。”我说：“不管时间，念经还论时间？”

定：火神庙和白云观念的经不一样？

---

① 《开经玄蕴咒》：道教法事中常用“八大神咒”之一，即准备翻开道经奉诵时所念。“玄蕴”，指经中蕴藏着玄妙的义理。早期灵宝派即有此咒，其后各派俱有仿作与演变，其词不尽相同。

常：这个都是全真韵，全真派的道韵。火神庙常出去应法事，写"全真言教总坛"，我就问在白云观烧锅炉那老头儿，我说："您是火神庙的？"他说："对。"我说："这个火神庙是正一派的，怎么写'全真言教总坛'，什么意思？"他说："嗨！您不知道，那教经的陈聋子啊，他教的完全是全真韵，所以他对外称的全是'全真言教总坛'。"哦！我说："那我明白了！"

定：什么叫"全真言教总坛"？

常：它那个道白都是北京的。南方人的道白那口头不对。你比如这个"焰口"[①]放完了，最后叫净坛，这是："来则来，去则去……"它是："来则来，处则处……"那就不对。［念经］"来则来，去则去，此处不是留魂处……"

定：这个是火神庙正一派的？

常：哈哈！我就跟那火神庙里学来的。我跟白云观这么一说，白云观它不识货你知道吧？我跟刘之维一说，刘之维更加害怕，刘之维不会念经，他跟别人说："这还了得！他要来的话……连我都不会念，他能拿得起来，这小子，这哪儿弄来的！"[②]

定：他不会念经，他当什么道士？

常：他也不应佛事啊！他这个庙里头儿，用我的话来讲就是一个普通的庙祝，没有道士。所有前院的事，前庙后馆，那全是由我来干。比如说有人到这儿来上表，有人到这儿来许愿、上供。

佟：挂匾。

---

① 此处承蒙故宫博物院职员宁霄帮忙确认，特此感谢。

② 常人春先生在这里所讲述的故事，涉及道教正一派与全真派的分歧。自元朝始，两派逐渐形成了"对峙"状态，音乐也因道派体系不同而相应产生风格上的差异。正一派承袭唐宋道教音乐发展，而全真派则借鉴了佛教的一些形式建立了自己的科仪音乐。"北京地方韵"则是清末白云观方丈孟永才出于扩大道众考虑，由"全真正韵"改创而成，存续时间很短。道韵看起来是个小问题，但实际背后隐藏着很多冲突与矛盾，仅对部分仪式较为了解的常人春，显然对相关的人情世故不甚通达，由此可以看出他的一些个人性格。

常：全是我的事，我在那儿焚表[①]。

定：您说的是哪年啊？

常：就是1998年、1999年、2000年、2001年，这几年里头。凡是到这儿搞宗教活动的人都是由我来接待，但是我不敢说自个儿在道教里有什么职务，也不敢穿道装。有的人在庙会上还穿上道装，让那个文化局提出意见来。因为你那儿不是宗教单位，你那个做法不行，本人不会受批评，但是东岳庙的领导受批评。所以我就跟东岳庙的领导说："我头里接待是可以，但是你们对上面得有一个说法。"那个领导说："这个您放心，责任不会推到您身上去。"我说："还有一样，人家给的供养全给庙上。"他说："不是，给您个人，我们不要。我们要，没法跟上面交代，人家给多少钱也是您的。比如他上表完了之后，给您封个封儿——1000块钱，那1000块钱就是您的。"

佟：嗯，对，当成知客？

常：但是有一个要求是什么呢？就是您搞得不要太煊赫，不要穿道装，咱们庙上不是宗教单位。他说："您上次提的开光，上面就没批准，就是因为咱们现在这意识形态抓得挺紧。"

佟：农历三月十八东岳庙，东岳圣诞，诞辰开光，给"pass"了。

常：我说："为什么没批准呢？"他说："行政干预。"就这四个字："行政干预"。

佟：行啦！今儿您先歇歇吧，今儿够累的了。

常：嗯。

① 义和团的揭帖里有一句："焚黄表，升香烟，请来各洞众神仙。"说的就是这种活动。

东岳庙正门（苏柏玉摄于2016年）

常人春和佟鸿举在东岳庙内（佟鸿举提供）

下篇　常寿春口述

时　间：第一次　2015年9月24日
　　　　第二次　2015年10月15日
　　　　第三次　2015年10月22日
　　　　第四次　2016年8月4日
　　　　第五次　2016年8月10日
　　　　第六次　2017年1月19日
　　　　第七次　2017年3月7日
　　　　第八次　2017年8月16日
　　　　第九次　2017年8月25日
　　　　第十次　2018年5月7日
地　点：北京后海西沿常寿春先生家中
访谈者：定宜庄、苏柏玉
在场者：常寿春的妻子王彩莲

【苏柏玉记】这一系列访谈，是在我们着手进行“北京口述历史”的整理工作之后开始的。此时常人春先生已经去世，与他相差八岁的弟弟常寿春也已经到了当年他接受访谈时的年纪。临行时，定老师为我这位访谈新手打了不少“预防针”，为常人春先生做口述时的凄凉场景似乎仍令她心有余悸，担心会影响我对口述史的积极性。然而，这些担心在我们见到常寿春先生时就完全打消了。

常寿春先生个子很高，目光灼灼，人非常精神、爽朗。他的居所不大，但窗明几净，陈设的色彩搭配也很协调雅致。在第一次访谈中，我们就明显感觉到，无论是为人处世还是思维观念，常寿春先生与他的哥哥之间都存在着极大差异。在为常人春做访谈时，我们的关注点侧重他本人，他讲的也主要是自己，对于他的祖父和家庭，虽然也屡有涉及，但都是些片段而不成系统。为常寿春做了口述之后，他们这个家庭的故事才比较完整、比较真实地浮现出来，并比之前更深刻、更丰富。我们由此觉察到：常人春忽略、隐瞒了一些关键的东西。因此，我们一方面请常寿春先生校对、核实了上篇口述的原稿，一方面也不断追问他们家庭的一些细节问题。没有想到常寿春先生的叙述如此丰富，大大超出了我们的预期。十次访谈中，多数单次时长超过了四小时，最长的一次有六个小时！但常先生仍然神采奕奕，令定老师和我都大为佩服。从常寿春的口述中，我们拼凑出了常家这100年来的历史。两兄弟对于同一件事不同的看法和叙述，也带出了很多有趣的问题。此外，常寿春访谈还涉及这数十年中北京地区民众生活的方方面面，我们将这一部分内容与家庭史分开，以示区别。

另外一件令我们没有想到的事情是——这是一部做得相当艰难的口述。其艰难的原因不在于客观条件的限制，更不在于受访者的不配合。令我们感到艰难的原因主要是我们对于他们讲述的那个社会、那个时代的陌生与隔膜。我们花了大量时间阅读有关民国北京的文献，并试图从口述中找到爬梳文献的线索，以使我们更好地理解当时的社会和人，解释常家那些现在看起来匪夷所思的传奇故事。在口述与文献多次比对的过程中，我们终于发现了关键性的信息——常家祖父常晓茹的“在理教”成员身份，由此深入了传奇内部，理解了这个家庭的走向、内部成员的经历和抉择。这项工作完成之后，我们又迎来了另一个挑战，即如何谋篇布局才能更好地把研究成果与口述访谈稿结合起来，这期间做了大量的尝试。最后，我们综合考虑了被访者叙述的完整性和研究视角的深刻性，采用历史学方法，将分析、评论、考证以史注、按语、附录等形式补充正文，尽可能营造出一种由浅入深的阅读场景。

和常寿春先生之间的交流对我来说是一种享受，那种愉悦而珍贵的现场体验，文字难以表其万一。他在言谈话语之间勾勒出的民国世界，引起了我深深的好奇，甚至导致我的学术兴趣发生了转向。能够在初涉口述史之时遇到这样一位善谈、慈爱又不失活泼、有趣的长辈，实在是我甚幸。这近三年来，常寿春先生怀着极大的耐心和积极的态度帮助、鼓励我们进行访谈及案头工作。还要说到的是，常寿春先生的妻子王彩莲女士在我们访谈期间也一直在场。遗憾的是，因为身体原因，她没有办法和我们进行充分的交流，更多时间是在静静地聆听，为我们端茶倒水。这里，我想谢谢两位鹣鲽情深的长辈一如既往的支持和理解。

在常寿春家中（左起：常寿春、王彩莲、苏柏玉，摄于2018年）

【定宜庄记】对常寿春先生的访谈做起来确实相当顺畅，如苏柏玉所述，我们也颇有收获。但还应当提到的一点是，常寿春先生与其兄相比毕竟年轻，所述他的祖父、父亲和那位大舅的许多故事并非亲历，在对他哥哥的口述做了不少重要补充修正的同时，掺杂了一些他的想象与夸大也是避免不了的，针对这种情况，我们在部分注释中附上了一些背景知识，但限于能力，无法逐字逐句地考证其真实性了。

一、我们家

［进门寒暄，屋中可听见鸣虫之声。］

定：常先生（常人春）突然就不在了，没想到。

常寿春（以下简称“常”）：我哥哥今年3月27日走的。

定：对、对、对，那天我们去出版社跟杨（良志）先生还提到这个事，我说没想到，他才80岁，还那么年轻。

常：82（岁），他属鸡的。

定：原来以为时间还有很多，没想到一下子就……你们家的事，我们都很有兴趣。常先生把您家里的情况讲得特别生动，从您父亲常子光开始，还有更早。你们家到底怎么回事，我也想从您这儿了解了解。因为跟常先生谈的时候，没有问得很具体。另外一个呢，也想听听您个人的经历，听听您是怎么过来的。还有一个，是您怎么研究的老北京，特别是什刹海啊。您看大致就这三个内容。好不好？

常：好，好，好。

定：您哥哥跟我讲了一句话，他说像我们这样的人，叫作“文物人”，也叫“人文物”。他说实际上北京城的历史不光是那些风景，也不光是那些名胜，它还是被很多的“人”来承载的。我很同意他这句话。我关心的是每一个人的经历，他在这个城市里一生的感受，我想从这个角度来记录北京城的历史，而不仅仅是讲北京有什么好吃的，北京有什么传统工艺，北京有什么名胜，譬如什刹海。当然，什刹海我们也想了解，不过那是第二位的。我当年跟您哥哥常先生聊天的时候，重点就是他这一生是怎么过来的，我现在仍然拿这个作为重点。有很多很多人采访过他，可是对于他怎么会了解那么多关于婚丧嫁娶、红白喜事这些事的，却很少有人会关心，大概您被采访的时候也是这样吧。过几天呢，我让柏玉把给您哥哥做的口述印一份，给您寄来。您可以看看，如果您有兴趣的话。

常：有兴趣，有兴趣。

定：我先问一个问题，就是我看了很多的介绍，常人春原来不叫这个名字，这名字是他的笔名。

常：常人春原来叫常玉贵。常人春呢，是他的师父给他的一个法号。

定：就是那个火神庙的师父？

常：对！田子久。

定：那您怎么也跟着他这个法号下来的这个名呢？

常：由于他叫常人春，我的祖父呢，在生我的时候，就给起了常寿春这名字。本来我上面还有一个姐姐，我姐姐叫常春贵。和我哥哥你看：常玉贵、常春贵，都是这么顺下来的。

定：噢，你们是这么下来的。

常：是，我爷爷说既然我哥哥已经叫常人春了，那就叫常寿春吧！我跟我哥哥差八岁。我在家里可以算老三，上面一个哥哥一个姐姐，下面一个弟弟一个妹妹，我弟弟最小。我弟弟叫常玉春，和我哥哥那常玉贵呢，名字上似乎还连带着。

1. 爷爷的故事

（1）“不说老祖的事”

定：那咱们从头儿讲起好吗？就是你们家祖上，您知道的是怎么来的？

常：我们家祖上是满族。我祖父常旭升，号晓茹，又叫常晓茹，正宗他应当是正蓝旗[①]，这是我亲自问的。我祖父对我们家祖上的事，不在我们儿孙面前过多表达，所以我们对这方面可以说是知之甚少。听祖父说，我的曾祖父也在清朝里面做过军官，究竟做到什么程度，不太好说，就觉得好像是武将……我爷爷后来呢，就觉得自己没有什么文

① 常寿春这里的讲述与常人春口述有所不同，常人春自称姓爱新觉罗，是镶黄旗的。

化，感到有点自卑，从来不提“武”字，不许我们再重新弄武。像我们似乎对武的方面都不在行，这是我爷爷训导的关系。

定：你们家那时候住在哪儿啊？

常：我爷爷最早住在阜成门里头，北顺城街。[①]清朝末年就住到那儿，这是没错的，多少号爷爷没说，我也记不清了。

定：老北京的正蓝旗应该是在城南，内城的南边，北京火车站那边啊。

常：对，到清朝后期，规定不是那么严了，很多地儿都走动了，也有通婚的。也有的因为其他原因，住得就分散了，不像一开始限制得那么严格了，不是哪个旗住哪儿就是哪儿。我爷爷为什么后来在阜成门那儿住，说实在的，到底是怎么回事咱们就不清楚了。

我爷爷言谈话语里，对太平天国印象非常不好。因为什么呢？这我哥可能没顾及说，他也想不起来说。我爷爷的柜子里头搁着一些东西，有个大黄绫子的东西，上面有太平天国的印，我哥哥比我清楚这事情。我爷爷闭口不谈我们祖上的事情，是不是与太平天国有关系？是不是当时镇压太平天国不利被处分过？我都怀疑这个。

定：那您有什么根据呢？

常：这个印哪儿来的？我们家绝对不是太平天国，这是肯定的，因为我们家祖上没出过北京城，不可能去参加太平天国。（要说是去）参加过革命，等哪天太平天国这个历史一否定，又成反革命了。我怀疑的话，是不是祖上因为战功的问题受过处分，所以不提，我怀疑是这个。问是什么，不知道，从来不说。

定：您爷爷的父亲的事他也不跟你们说？

常：不说。我们也不是没问过，小孩也懂得说爷爷您父亲那时间怎么回事？也问呢。问我曾祖父叫什么，干什么的，一问这根本就不理

① 常寿春这里的讲述与常人春仍有出入，我们在回访时与他确认，得知北顺城街是常晓茹在八国联军进北京时的住处，安定门魁子府花园（常人春所说）是民国初年的住处。民国时期，常家还曾住在北新桥一带。

你，都不说，我爷爷从来不说。

定：一句也不说？

常：对了。连我哥都不知道，毫无所知。

定：您爷爷的父亲是不是在清朝也当过官？

常：是啊，但他不是大官，他是个武官。

定：所以一说到您家的事，都是从您爷爷讲起。

常：我们这事先谁也没跟谁商量过，都茫无所知，我爷爷那是闭口不谈。得亏他不在了，您一问这我才联想到这事，平时哪能联想这么多啊，爱什么什么，与我好像没什么关系似的。

定：那您爷爷兄弟几个？

常：不知道啊，就知道我爷爷有个叔，我爷爷有个姐姐，这我们知道，因为我们都见过。剩下的没见过就不知道了，也可能是没有。

定：那义和团呢？

常：我爷爷对义和团也非常反感。我爷爷跟我们说，义和团这东西纯粹是胡闹。给您说个故事，我小时候因为这个几乎挨了一回打，为什么呢？学义和团。我爷爷给我们讲故事，说义和团怎么回事，说怎么烧这个符，怎么念这个咒，怎么焚表……

定：您爷爷给您详细讲过这个？

常：讲过，什么红灯照、砂锅照[①]，都讲过。

定：您爷爷还挺愿意给您讲故事的？

常：我爷爷有时候讲啊。他讲义和团，但对义和团绝没有一句赞赏的，说他们讲究烧，讲究杀。烧是什么呢？——只要这家子是当时所谓“二毛子”，就是教民，就可能被烧了，不但把人杀了，房子也给点

① 红灯照和砂锅照都是见于记载的义和团妇女组织。红灯照又作“红灯罩”，一般说法是她们全身红色装束，手提红灯笼，故称作红灯照。砂锅照是为义和团做后勤供应的组织之一，该组织的成员主要是乞丐，也有一些丧失劳动能力的老人，主要分布在静海县的八里庄、范庄子一带，在全国的义和团运动中，唯有静海县有这样的组织。见天津市地方志编修委员会办公室编：《天津地方志资料丛书》，天津古籍出版社2007年版，第191页。

了。怎么证明这房子可不可以烧呢？——举着一股香，用香在这个门上画符，来回地在那儿划，如果划着了，就是这房可点，如果划了半天这房子没着，那就不点，这是义和团的一项。

苏柏玉（以下简称“苏”）：他怎么能划着呢？门上啥也没有。

常：有什么？过去不都是窗户纸，一划不就着了吗？

苏：他戳到窗户纸上啊！

常：就是，那怎么不着啊！要不怎么说胡闹呢，要像现在，都是日上（公司）的防盗门，那怎么点得着啊？不可能啊。杀人的话呢，（要先判断）是不是“二毛子”，一般人不承认自己是“二毛子”。那时间天主教很懂得宣传呢，外国传教士是这样的：“小孩真好，来来来，给你戴上”，戴一个十字架，也给画片儿，给点糖，哄小孩嘛。（义和团）到家一翻：“哎，你这怎么回事？你要不是‘二毛子’，你这是从哪儿来的？你们家是‘二毛子’！”这就要杀。这人要说“不是不是”，那就得焚表。他们都有坛，到坛上，都跪在那儿，糊一黄表，点着了，如果这焚表“嘣”地一响，那就没事，“老佛爷说了，（这人）不是‘二毛子’，可以放”，放了。点着了以后如果焚表没响，立即就砍。

苏：那焚表为什么会响啊？

常：这个东西呢，它是由于空气热胀冷缩引起的，叠得好的、叠得严的就响。我哥哥就会糊黄表，拿专门的一种纸，叫黄表纸，叠那么一个方桶的［比画］，你不会叠还真叠不出来，不知道怎么叠。（我哥）原来还教给我呢，我那会儿太小，学也没学会。方桶里面应当是有一道疏，就是给上天的报告，述职报告或者是请示报告，反正有那么个东西，搁在里头。然后烧上香，你得先供上，再撤下来，放在地上也好，放在钱粮盆里也好，把它点着了。因为它是方桶的，密封的，火着着，这热气憋在里头了，到时候“嘣”地就响了。要是它烧倒了，或者烧偏了，眼瞅着就放了气了，就不响。这个原理咱用不着说什么，这物理太简单了。那有的就“嘣”一响，上天说这不是“二毛子”，放了，就真是“二毛子”也放了。那要不响，就是“二毛子”，就给砍了。就这么回事，那就是胡闹。

定：这都是您爷爷给您讲的？

常：对啊，我爷爷说，那时候（义和团）打仗真往前跑啊，喝圣水，告诉说这就刀枪不入了。拜什么，还有个念头：“唐僧八戒悟空，不知哪位神灵，神兵马到全胜……”这就是当时念的符咒，就刀枪不入了，跪在那儿，身上披着袍子，脑袋上还顶一红布①。晚上我从我爷爷那屋回来，我也学。没红布，我看那枕头上头有一块红，我就脑袋上顶一枕头，完了跪在炕上，还披一被卧，往后倒［笑］，念：“唐僧八戒悟空，不知哪位神灵，神兵马到全胜……”我爸看着了，拿一笤帚就要打我：“你这什么这是？我让你学点好，你怎么学这个啊！”［笑］这说的就是义和团。我奶奶对义和团也是持反对态度，认为那是胡闹。说实在的，我啊，不在乎他们的教育，但后来我看了一些义和团的东西，要是没有义和团，八国联军可能还来不了，这个纯粹是不值得表扬不值得肯定的。

定：（义和团）杀人放火的，后来不是把前门那廊房头条给烧了嘛。

常：就是整个前门大街。

定：火一直燎到西单呢，连前门楼子都遭了灾了。

常：那时候八国联军还没打到呢，就为烧老德记药房②嘛，就把别的都给烧了。

定：同仁堂乐家老铺也给烧了，一直烧到西单呢。所以北京的商业后来就萧条了，这事的影响特别大。

常：没有一点积极作用，什么波澜壮阔的农民运动？包括太平天国，我也持否定态度。第二次鸦片战争那时间正是清政府两头顾不过

---

① 在北京的义和团有“乾”字团和“坎”字团。“乾”字团用黄布裹头，上有“乾”字样；“坎”字团用红布裹头，上有“坎”字样。

② 老德记药房是一家多种经营的大药房，清咸丰三年（1853）由英商创办于上海，制售药品、化妆品和汽水等。

来的时候。第二次鸦片战争是1856年开战的，对不对？一直打到1860年，那也坚持打了四五年，最后才败的。英法联军打到北京把圆明园烧了，那时间正是太平天国在南京那儿闹，清政府内外交困啊！再说太平天国有什么积极的作用啊？什么天朝田亩制度，后来实行了吗？是不是啊？

定：所以你们家那个时候对这些事都还是挺反感的。

常：反感。

（2）童年：八国联军进北京

常：八国联军进北京的时候，阜成门是法国人占领的[①]，这我爷爷当时倒还叙述过一些事情。我爷爷小时候比较聪明，当然也坏，有一次让法国鬼子给堵到一个死胡同里了，法国鬼子一手拿着鞭子一手提个棍子，见人就打，堵在里头出不来了。当时我爷爷就会两句外语，一个是"yes"，一个就是"no"［众人笑］，见到法国人就说"no"，这法国人一听怎么……

定：会说英文。

常：怎么中间还带着英语呢？就把鞭子放下了，不打了。我爷爷他确实是脑子比较聪明，当时才十几岁啊，1900年的时候。我爷爷就跟他"no，no，no"，呜噜呜噜……［众人笑］也不知道他说的是什么。法国人以为他指不定是哪一国的教民呢，就把他给放了。这是我爷爷跟我们叙述的最精彩的事。

定：得意的事［笑］。

常：得意的事［笑］。那时候街上有一些个中国人好看热闹，甚至还有点幸灾乐祸，说："这孩子平时也不怎么样，这回让鬼子堵在那

① 八国联军攻占北京后，将京城分成不同的占领区：东四以北由日军占领，东四南大街以东由俄军占领、以西由意大利军队占领；皇城东北由德军占领，皇城东部由日军占领，皇城东南由英军占领，崇内大街以西、东长安街以南由德军占领；西城由美军、法军、英军、意军占领；外城由英军、美军、德军占领，实行军事统治。这便是常先生所说阜成门由法国占领的由来，阜成门在西城，由法军占领，这里的述说是对的。

儿了，非挨揍不可！”结果一看，“哎哟，这孩子可了不得噢，在哪儿学（xiáo）的这满嘴的鬼子话哟，哎哟，怪不得这孩子这么王道呢！”所以看来我爷爷平时还是比较精明的，一个“yes”，一个“no”，就会这么两句，连法国鬼子的鞭子都撂下了。还说：“一直陪着我走到阜成门，我到阜成门这儿，‘duāng’，我跟那法国鬼子一招手，我就出去了，那还是个官。”［笑］

这事出来了，人家都来家里报信啊，说：“你们家孩子可了不得，怎么认得这鬼子了哟！从哪儿学的这个啊？”我老祖儿都愣了：“不知道啊，真不知道啊，本来他不会什么，没人教给他这个啊。”晚上等我爷爷回来，我老祖儿吓坏了，说：“你满街跟鬼子哇啦哇啦一顿，也不知真的假的。”这一顿说，“明儿‘老团’要是回来，那不得把咱祖坟给挖了！”就把他往出轰，不让他进家门了，“你给我走！出去！不要了！这家里没你，赶紧走！”原话还不是义和团，是“老团”。后来我爷爷有个叔，说这孩子有出息，拉着我爷爷就上他们家去了：“嘿！鬼子都能让咱三句话两句话白道[①]过去了，这还怕什么啊！”好长时间我爷爷都没回家，不敢回去。

定：就是说那时候你老祖儿还活着呢。

常：活着呢，八国联军进北京时，我曾祖父活着呢，曾祖母也活着呢。

我爷爷后来在清朝行伍里，当过下级军官，等于是现在连长的样子，好像是当到宣统帝的时候。他说过一些支离破碎的故事，比如说，有回外面发生了兵变，但并不是多大的混乱，他就带着队伍去弹压一下，结果一个战士放了八排子弹！回来你怎么往上报这事啊？干什么了？就放八排子弹！当时物资也是很缺的呀。我爷爷没办法了，就偷偷从军火库里钩出四箱子弹来。说那箱子打开之后都是串带［比画］，一串儿这么背着的那种，他们把子弹拿出来收着，串带由那阴沟里捅出去

① 白道，北京土话，这里意指“言语解决事情”。

了。上面来检查，问：

“你们放多少子弹呀？”

“没放！”

“为什么没放？”

“我们现在正在困难时期，子弹有数，况且今天没发生什么，我们去的时候秩序已经维持下来了，我们就没放。”

这还受到表扬了［笑］。但别的连里有人知道这事呀，就跟上面说：“常旭升他们那一连子弹都放多了，好家伙跟放炮似的［笑］，他怎么能说他没放呢！”后来军火库发现丢了四箱子弹，哪儿去啦？就是我爷爷他们干的事［笑］。还有回，伙房给他们连的给养上克扣了一些，他不干了，又找上头去了，让士兵们端着白菜汤，排好了队：“给我们吃的！”上面军官训了伙房一大顿，这算给他们出了气了。

从我爷爷嘴里头唱出来的清朝军歌，我记住了一点。

定：军歌？噢！我们还没听过呢。

常：清朝的军歌，大概是这么个意思哈，毕竟我没有用心去记，我哥不在世了，可能就我……

定：您哥哥没唱过。

常：他没给你们唱过哈？［唱］

> 一要军人爱国家，盘古至今大中华，今日朝廷如龙虎，我等兵丁似爪牙。

这是清朝的军歌。

定：这您祖父唱的？

常：“爪牙”这个词在当时来说是好词，是褒义词，不是贬义词。

定：说的是“盘古至今大中华”？这是清朝的军歌，还是八旗的军歌？

常：这是八旗的。

定：这歌有意思哎，还真没听说过。

常：下面还有呢，“提宝剑，入龙门，吃粮拿饷报君恩”，后头有一句我忘了是什么了，“今日当兵到了本身”，就最后一句，这是一段。

定：还有吗？您脑子真好使，你们家人大概都聪明，挺有意思的。

常：现在要是会唱这个歌的人……

定：大概也就您了吧？

常：大概也就我了，我哥没有了就是我了。［众人笑］我爷爷想起来他年轻的时候，就唱这个歌。那时候我都记事了，上小学一、二年级了，问：“爷爷，您唱的是什么呀？”

定：除了他以外您听别人唱过吗？

常：没有，从来没见别人唱过。我问过很多人，问过一些个比我岁数大好多的人，都没有。只有在北洋军阀里头参过军的人，会唱吴佩孚的《满江红》，和岳飞的那个《满江红》还不一样。

定：吴佩孚的《满江红》怎么唱？您能记得吗？

常：记得。［唱］

北望满洲，渤海中风浪大作！想当年，吉江辽沈，人民安乐。长白山前设藩篱，黑龙江畔列城郭。到而今，倭寇任纵横，风云恶。

甲午役，土地削；甲辰役，主权堕，江山如故，夷族错落。何日奉命提锐旅，一战恢复旧山河！却归来，永作蓬山游，今弥陀。

吴佩孚的《满江红》。

定：我真该给您鼓掌！

苏：就是啊！唱得太好了！

常：还有一段，我只记住前半部，后半部记不住了，第二段是

登临四望，遍国中无一完土，想当年，德被蛮夷戴民鼓舞，迎面

寒月座藩篱，燕语无勤成既福，到而今，兄弟阋于墙，御外辱。[①]

后边忘了。因为毕竟，我不拿这当事。

定：不当事还记这么清楚。

常：都这么些年了，这还是70年前，或是六十几年前的事了。

定：这个歌你也没听别人唱过吧？

常：听过。什么时候呢？解放前，我小时候，个别人还有唱的。吴佩孚这个调是行军调。实际上岳飞那个《满江红》[唱]：

怒发冲冠，凭栏处，潇潇雨歇。抬望眼、仰天长啸，壮怀激烈。三十功名尘与土，八千里路云和月。

跟这个调是一样的。

定：您唱的《满江红》这个调，跟我们后来学的那个《满江红》不是一个调。

常：是[唱]“怒发冲冠，凭栏处”，是这个吧？

定：对！

常：啊，这我都会，这个旧歌我会好多。

定：[笑]赶明儿专门来听一次您唱旧歌，真有意思。

常：说实在的，我有一种怀旧感。我认为有一些旧歌很有教育意义，表现了当时人们的文化生活，最起码，是对学生对社会的一种教育。有些歌曲挺好，并不差。

定：是，这几首歌的歌词也挺好的，也挺说明问题的。

常：像吴佩孚那个，没有任何问题。虽然他是北洋军阀，但是他

① 常寿春在第二次访谈中补充道：“这首词，里面有两句话不合时宜，前面都没问题，后面什么呢？‘洪洋乱，国运衰，义和团，联军入，说什么革命民间信服。’再后面我就忘了，也是听来的，并不是我从小就知道的，人家当时唱到这儿就没敢再说了。‘这算了算了’就断了，是这么回事。我核对过，人家说：‘这么不行，不不不，别说了，这不反革命了嘛！’不敢说了。”

当时表现了抗日思想，最后也死在日本人手里了。

定：对呀，吴佩孚其实应该是一个正面人物。

常：对，他还是个儒将。如果没有吴佩孚的话，故宫可能就被拆了，三大殿就没有了。他在做洛阳巡视使的时候，通电全国，抗议北洋政府拆毁三大殿，结果北洋政府没敢拆嘛。当时要盖一国会大楼，计划要拆中和殿、保和殿、太和殿。用那个木料，用那个地儿，盖国会大楼。吴佩孚举出了世界各地保护古迹的例子，抗议。这样把三大殿，把整个故宫保下来了。

定：这故宫好几次差点儿被拆。

常：解放后也差点儿拆了。有人提出要把天安门拆了盖国务院大楼嘛，1958年。

定：真不容易能保留到现在。日本鬼子来都没给拆了。

（3）从侦缉处处长到古董商

定：咱们还是从您爷爷那儿讲起，您知道您爷爷多少事？我们想听听。

常：我爷爷当过北京市京兆全区侦缉处的处长。这好像是民国初年的事，因为当时还是京兆全区呢，在京兆尹底下，这相当于北京市公安局局长的样子。

苏：那阵儿到底是怎么当上侦缉处处长的呢？也没有考试什么的吧？

常：没有，没有。那时间当官的话，基本上往往是机遇，或者是人情，就这么当的，用不着现在选举的、考试的、国家分配的，不是，让你当，当吧，说完之后委任状下来了，就当了，就这么简单。不像现在，现在毕竟，是这个社会，民主法治［笑］。

苏：那是经人介绍吗？

常：是经过京兆尹，因为他们这些人都是清朝遗老，虽然清朝倒台了。你比如说江朝宗，清朝时候他是九门提督，清朝倒台后他任过国务总理、京畿卫戍司令，那是相当大的官，他管都城啊，江朝宗还给我爷爷题过匾呢。后来江朝宗是中国佛教协会的会长。

我爷爷还在张作霖手底下当过督战队的，好像是副司令长官，但这是个虚衔，不是个实衔。也是通过谁呢，据说是通过汤玉麟，他们给找的这个。我爷爷和热河省主席汤玉麟是把兄弟。

定：哦，也就是说他后来一直因为汤玉麟的关系，所以跟政界、军界都有来往。

常：对。另外呢，我爷爷跟内务府的继子寿的亲侄子也是把兄弟，他跟我爷爷关系好得很，名字叫王荣魁，又叫荣雅轩，后来官称都是荣四爷、继四爷，因为满族人是以名为姓，可以改姓。

定：好像现在蓝靛厂那边的长河边上还有他一个宅子，是吧？

常：对，他们很富啊。那好家伙！过去一提麻花胡同继家，那谁不知道，那了不得啊。

定：麻花胡同在西城，［对苏］我做的察存耆口述[①]里头就提到过。

常：麻花胡同继家啊，那还了得，家里人还是内务府啊，内务府大总管，我的天！他比北城那个钟杨家要有钱得多呀。

定：你爷爷怎么跟他们这些人关系这么好，您知不知道？

常：当时因为我爷爷在政界，又是满族人。我爷爷认识好些人啊，吴佩孚、江朝宗、颜玉泰，那还给过匾呢！我爷爷跟江朝宗照的相片解放后烧了，我知道的呀。我的祖父毕竟是满族人，他认得中上层过去的一些个遗老遗少。汤玉麟我也见过，他到我们家去过好几次。这个说得远一点吧，可能也是我们家不太光荣的历史：我姐姐满月的时候，汤玉麟带着他的马队，给我们家出份子。他的马啊，从铃铛胡同口一直拴到旧鼓楼大街的南口，那时候都种的大槐树，拴马的。

定：拴那么多马都是他的？

① 见定宜庄：《府门儿·宅门儿》，北京出版社2017年版，下编第三篇。事实上，在常先生这里提到的时期，继家早已败落了。

常：对啊，都是他的卫队。那时候不讲究汽车，汤玉麟也骑着马来的。

定：好威风啊。

常：好威风，常家也威风了一下子。可解放后也就说不清啦！我父亲的交代材料一直写到毛主席他老人家去世，［笑］这才算终止啦，再不交代了。

定：［笑］这个您哥哥说过。汤玉麟不是个粗人吗？

常：汤玉麟本来也是满族，他是一代军阀。他的两个儿子，汤龙佐、汤龙佑[①]，一个是热河省骑兵团团长、一个是热河省炮兵团团长。解放后他们就住在隆福寺街。

定：噢！是吗？

常：对，就两个儿子在那儿。汤玉麟住哪儿呢？住六部口北，老中央人民广播电台就是他的宅子，解放后他宅子被占了。

定：嗬！我都不知道。

汤玉麟在天津花园路的宅邸

① 一作汤佐荣、汤佑荣。

常：他死在天津了，1949年可能正月初六死的吧，大概是这么个日子。因为我们家那时候也是："哟！汤主席死啦！"那时消息很快传出去。他的家庙就在后海北河沿，当时大约是23号还是二十几号，解放后，1954年，让卫生部给拆了，把地儿给占了。占了以后，不清楚内部的隶属关系怎么变的，后来就变成大华卫宾馆，大华卫宾馆现在又拆了，始终围着，不知道里边情况。如果要可能的话，那个地方现在还埋着我们家的东西呢。

我爷爷在京兆全区侦缉处办的头一个案子，抓的人叫张茂斋。冤家路窄，你说怎么那么巧呢？我们后来不是搬到阜成门去了嘛，那个房子后来卖给赵单荣如，一个国民党军官的太太。这个房子卖给他们之后，我们还在东西屋住着，他们就把北屋租给张茂斋，开了一个织布厂，这是1951年的事。

苏：1951年还能开织布厂哪。

常：刚解放的时候可以开呀，那时间政策还是可以的。后来很快就不行了，棉纱全部由花纱布公司[①]加工，棉纱拿过来再织成布。我对织布这一套都能说上来了，机子织布、脚踏织布，我全都记得非常清楚，因为就在我们院里头呀。张茂斋有个叔，叫张连，官称儿"九爷"，孩子头似的，来了还跟我们说："走，咱洗澡去啊？""走，咱逛庙去啊？"老头儿挺好。

张茂斋开这个厂，有时候也来呀，尤其1952年的时候，"三反"运动[②]开始了，他经常来，见着我爷爷了，脸儿一扭，就不跟他说话。因为我家已经不行了，还说什么啊，再一个，原来办过他，是仇人了。

---

① 1949年3月13日，北平市贸易公司所属的第一批国营商业公司——粮食、百货、油脂、煤业、建筑、器材、花纱布等分公司及盐业等支公司成立。见《当代北京大事记（一九四九—二〇〇三年）》，第7页。

② 1951年12月1日，中共中央发出《关于实行精兵简政、增产节约、反对贪污、反对浪费和反对官僚主义的决定》；21日，北京市召开大会传达贯彻；29日，市政府发出通知。见《当代北京大事记（一九四九—二〇〇三年）》，第45页。1952年是大规模运动时期，常先生的回忆是正确的。

后来有一次，正好走对面，张茂斋先说的话："哟！您在这儿住着呢？您不认识我啦？"我爷说："认识，怎么能不认识你呢？"就走了。他们之间没的话说。张茂斋一上北屋这台阶儿，就说："嘿！我头一个就栽在他手里头了。"［笑，对王彩莲］"谁见过这人呢，王大叔。记得不？王大叔就是他们织布厂的人，在厂里头记账。"

1952年，张茂斋又给抓起来了，因为他偷税漏税。后来据说是搁在南苑的团河农场，这是九爷说的。织布厂改成赵学贤织布厂，一个河北新城人，就跟他没关系了。张茂斋原来住鼓楼西大街，民国三十六年（1947），他妈死了，出了个大殡，32人的杠抬出去的，七天送库，接三，落地拉车，就在地安门里头烧的。张茂斋外号叫"话匣子张"，据说是在收音机里头，藏枪支，藏子弹，专门倒卖军火的。据说他把鼓楼西大街路南头一个古玩铺给坑了，他把几个收音机放他们那儿，说是让给代卖，结果里头有枪有子弹，内五区不知道哪个段的警察，到那儿就翻，掌柜的有苦说不出来，结果就把家当整个儿倒腾出来了，被绑了一笔钱。他成心联合当时的警察一块敲诈，正好他妈死了，就拿这笔钱出的殡，非常风光。他妈是干吗的？一个捡煤核儿的老太太。

为什么我清楚这个情况呢？那时候我们住旧鼓楼大街，出殡时候我和我哥都去看热闹了。送库那天还下大雨，大家都说他没办好事。和尚背（bèi）雨[①]就背在那个古玩铺里头了，掌柜的一把鼻涕一把泪地跟他们说，其中有我师父。要不怎么说这事都巧呢。我也有个和尚师父，叫奎林，改革开放后很有名，他还带一个佛教代表团到台湾去过哪。他给我起了一个法号叫长禄，我说我师父给我起的，一辈子忙忙碌碌，经常忙碌。发配得远，也是长路，长长的路。

苏：常人春先生认的道教师父，您认的佛教师父。

常：他也不光有一个道教师父田子久，他还有一个茂林师父哪，

① 背雨，北京土话，意指"躲雨"。

潭柘寺方丈。

苏：您这个师父是哪个寺的？

常：这我说不上来了，到我这时候家道也中落了，我又小，有点害怕，有点避。我总怕真给我送到庙里头当和尚去了，剃秃瓢儿上殿上念经去，喝粥吃咸菜，也知道不能娶媳妇［笑］，什么也不打听，躲得远远的。

苏：您爷爷还办过什么案子？

常：还办过盗墓案，究竟盗哪儿的不知道。但没收的东西在我们家［笑］，有一个角锯。怎么用呢？在棺材角那儿刨一窟窿，就能把里头东西拿出来了，其他地儿都不会动的。不能全挖开，要不整个（墓）就塌了。这把锯五几年的时候还在家里头放着呢。

苏：那不是证据嘛。

常：嗨！原来京兆全区侦缉处那办公桌还在家里头搁着呢。后来我爷爷不干了，据说那个京兆全区侦缉处就被解散了。那时间军阀混战，新的军阀一进门，旧的就解散了，他们是那么散的伙，不是说一任接一任的。

苏：那也没干几年呗？

常：他干的时间也就一年多，很短。那时候好些事情挺难干的。我爷爷究竟怎么一下就当了处长，当时也很难说，我爷爷他也没讲过。我爷爷交际非常广，和清朝的那王府①、端王府②都认识，不是说

① 即超勇亲王府，坐落于宝钞胡同西侧，为清代外蒙古亲王在北京的王府。最后一任亲王为那彦图，因此被称为“那王府”。常晓茹与宝钞胡同十三段派出所很熟，1948年所买的鼓楼东大街的铺面房也与宝钞胡同相邻，此处应当是其活动的核心区域。结合口述中种种线索推测，常家与这些王府有较多往来极为可信。

② 即端郡王府，位于西城区平安里西大街路北。光绪二十年（1894），道光帝旻宁之孙、惇亲王奕誴之子（后过继瑞敏郡王奕誌为嗣）载漪袭封端郡王。在义和团运动中，载漪主张利用义和团对付洋人，端王府成为义和团的总坛口。八国联军进京后，端王府被毁，联军与清政府议和的一个条件即为惩办“首祸”载漪。载漪在名义上被流放新疆，实际携眷辗转西安、兰州等处，靠亲王、权贵接济，民国时期返回北京。

一点认识没有。我奶奶经常去那王府打牌去，您能说是不认识吗？他为什么后来就搞古玩去了，就是因为他手下的人，冒着他的名儿甚至连绑票都敢干！况且那时候不用审判，人说毙就毙。从政不行，那会儿北洋军阀也乱，经常打仗，一打仗就全垮了。一朝天子一朝臣，来了以后人全换，弄不好连脑袋都可能掉了。所以我爷爷就不干了，就搞古玩卖古玩了。

定：他搞古玩就在这鼓楼这边，不是在厂甸那边？

常：不是不是，我们家没有字号，就在家里头弄。那时间搞古玩靠什么呢？靠认得的人多。卖古玩的有好多……今天来说瞎蒙吧，或者叫骗吧。我们家认得谁呢？认得美国大使馆一等秘书朗德威。这是解放后我家交代不清的，这我哥没跟您说吧？朗德威，又叫郎福仑，他是翻译。怎么认识他的？就是卖古玩给外国人，需要翻译，不会说外国话没法卖。当时约定俗成有这么一个规矩：他从中翻译，卖完了以后提一成（好处费），比如说你卖100万得给他10万。所以翻译会给你好好翻译，能卖100万卖100万，要卖200万呢他能提20万。

定：也不少哈。

常：要能卖1000万他可以分100万，所以他不会给你压价呀，或者什么的。而且呢，那时间外国人也不是特别精明，不像现在。现在他跟这买家勾着，故意压价，然后俩人再分这钱，那时间不会。郎福仑和我们是这么认识的，他后来曾经住过大黑虎胡同，一直到解放。

定：您祖父搞古玩主要是搞什么东西，字画啊还是金石啊？

常：主要是瓷器，所以我对钧窑这窑那窑多少还……

定：那他这些瓷器的来源是出土的呢，还是从宫里头倒腾出来的？

常：大部分是王府里的东西，有的是转手卖，有时候是凭眼力捡漏儿。

定：他眼力好？

常：我爷爷懂啊。我爷爷对古玩可以说是很在行。但他就是这么几项，他不是那种多面手，说“字画我也通，这铜器我也通，这钱币我也通，古玉我也通”，他不是。他主要经营的就是瓷器，汉瓦陶器这类的。

定： 那时候王府里应该有不少好东西。

常： 非常多啊！我们家扔的破烂儿，那时候认为一分钱都不值，现在一说都急得我后悔，都直跺脚！今天的话再不值钱，起码我也能弄十万二十万去吧。

苏： 常人春先生说您家在北海有个古玩字号，叫阅古斋。

常： 不是我们家开的，但是我爷爷跟他家曾经合作过，这个字号日伪以前就有。掌柜的叫程泽臣，外号“麻程子”，脸上有几个麻子，他应该也是个旗人。我爷爷有点东西就放那儿寄卖一下，互通下信息，他有点什么东西，我爷爷帮着找个买主，这种关系。解放后古玩铺关了，变成阅古斋茶社，茶社后来又关了，封了，没有了。在现在仿膳，漪澜堂，那一溜廊子，廊子的尽东头，在那儿。你看，这我都能说得上来［笑］，虽然我小，但他就叫程泽臣，不会说错，我们叫程爷爷。那阵儿北海经常去，我爷爷经常说：“走，上北海啦！”一进门，人家：“哎哟，来啦！您请进请进！”也不用打票，我爷爷一摘帽子，就进去了，跟那儿非常熟。地安门大街博古斋掌柜的曹文铎，我爷爷也跟他非常熟。

苏： 您爷爷是在日伪时期当的律师吗？

常： 我爷爷在日伪的时候并没怎么当律师，那时候什么也干不成。

苏： 那天天干吗呢？

常： 在家里头呗，有时候卖点古玩，但也卖不了什么了。他在朝阳大学进修过法律，有那么一大张跟奖状一样的（证书），那我见过，上头有国民党的党旗、国旗，中间还有个孙中山还是谁的相片。解放后我们家情况也不太好，有几件事说不清，家里就（把证书）给烧了。我爷爷那律师也不正宗，解放后给定为“黑律师”。过去有好多都是私人律师，就在门口挂一牌子：××律师事务所，律师之间也有业务联系，弄不过来，就交接了。我们家最开始是跟井上三枝雄联系，发现这（行业）挺好的，就介入了。那时候（打官司）符合程序就行，不像现在必须请律师，没有律师自己出庭也行，在这种情况下，律师无非就是一种诉讼代理。因为有些人不会打官司，甚至写个字都不会，那怎么弄呀。（我们家）经手的（案子）都是财产方面、经济方面的，没打过别的。中间靠点人事关系，托点人弄一下，调解一下，两头和，法院也愿意干这事，吃两面，一头干输，你吃什么钱呀？最后往往也就皆大欢喜了。

（4）爷爷的为人

常：我爷爷人很好。我今天仍然认为，他是一个行善的人。用什么可以证明？那时间我们家宅门也大，门口哪一天不得来十几个要饭的？我爷爷那绝对是留下话的："我不在家，也得给我打发要饭的，不能不打发。"来了就得给钱，或者就得给饭，所以天天那要饭的就围着门口要，他从来不烦。那钱搁在哪儿呢？搁在东屋的窗户掌子[①]上头。我哥跟我姐小时候偷钱，拿竹竿去杵，一杵把窗户纸杵破了，杵屋里去了。我爷爷回来一瞧，怎么窗户纸漏一大窟窿啊？那屋门锁着呢，进不去，这是谁弄的？想必是孩子弄的［笑］。我当时看热闹，这就说这么一个例子。我哥哥不是说过吗，我爷爷他自己还装要饭的，站门口，看家人给不给。[②]

定：那个我倒没听说过。

常：我爷爷曾经试过啊！穿一身破衣裳，拿一破碗，站在门口唱开了。那时候要饭呢，不是喊，是唱，站到门口唱。

定：他也会唱？

常：我哥哥可能会唱这些个吧。

定：不是，我说您爷爷也会唱？

常：我爷爷肯定会唱啊，连我哥哥都会唱，我爷爷能没听过吗？

---

① 掌子，斜撑着的支柱。

② 常人春在《国花少主诗词》一集中有《扮乞训家》一诗，回忆了这段往事，曰："莲园熙皑气正和，一丐惨曲贯门阁。王妈施济疑颜貌，祖父装扮谜始破。全家闻知皆惊异，为孙不解问如何？'常觉心中春意满，岂知世上苦人多'。"

我爷爷会的小曲儿非常多，可惜那时间我们不懂把它留下来，应当抄下来。但那时候……

定：那时候也没有录音。

常：那是呗，音响设备要那么好，敢情可以把它录下来。

定：对啊。

常：我爷爷那时候经常在家里头唱一些歌，我们那时间却没有记。要饭的实际就唱这么几句，我小时候经常坐着玩儿吧，听门口就唱上了［唱］：

> 光绪坐龙楼，福如的水长流，四时民安的乐，禾谷的根苗收，有那么一个件那新闻，就出在了景阳州，离城四十里，地名叫刘家沟……

"心好的老爷太太赏一口吃的吧！"哎，这就开始要了［众人笑］。我们家人就赶紧得端着饭出去，赶紧给钱。

定：这唱得还挺复杂的，词儿是什么？

常：这是《继母娘打孩子》一开始的一段。也有唱别的的啊［唱］：

> 洛阳县哪，四十五里王员外啊赵家庄啊！……

唱这么一段。是什么呢？这叫作《王员外休妻》，也是劝善的。这就是我小时候，我们家门口的精神生活。虽然没有电视，没有现在这些，就这个，也有意思是吧？［众人笑］这才是当时的，三四十年代北京人真正的生活。

定：［对苏］北京要饭都这么文雅是吧？

苏：是。［笑］

常：要不然，［唱］

嘿……报喜来喽，左边挂着摇钱树，右边摆着聚宝盆，这是稀里哗啦撒金银呢，弄得骡马金银一大群哪！

嗬！这门口就唱这报喜歌了，这就是要饭的。这要饭的精啊，今天院里头老爷子生日，或老太太生日。要饭的堵着门就唱上了：

一个角儿天，来时寿缘儿，寿桃了寿面就摆在中央哪，寿比那南山高万丈啊，恨天福来迟那身穿大红袍，叨叨！其叨其叨呛，老太太赏个吧（bo）！

赶紧得拿钱，拿少了还不行，起码得拿50，怎么？一边跟着还拉着俩孩子。给吧！这儿刚走那儿又来了，接茬儿，接茬儿要。我们家从来都给，给钱。当然那时候家里也有钱。

苏：那时候您爷爷为什么那么有钱，能做慈善啊？

常：那时间挣钱好挣啊。怎么挣？当官的时候挣的钱就是俸禄。鲁迅这么骂那么骂，鲁迅一个月挣多少钱？一个月300吧。两个月就能挣一套四合院啊！鲁迅只不过是个普通教师。

我爷爷是非常虔诚的一个人。我爷爷心眼儿非常好，我爷爷可不是什么都贪，很大方。我哥哥也说过，愣把鼓楼东大街80号那一间房，原来租给一个锡箔铺，大筒子房，长着呢！一个穷和尚在里面住着，轰也轰不走，也没法走，“得，这房子给你吧”。我们搬家的时候，穷和尚跪在地下给我爷爷磕头，一边磕一边哭，说“我这今后怎么办啊”，我爷爷说：“顾不了啦。”但是这话一说，就掏出皮包来，给了他一把钱，我也不知道给了多少，这是最后一次了。地安门大街，现在望德楼对面，炊具门市部那儿，原来是个百货商店，有个小门儿姜店，老有个要饭的……

苏：姜店是什么店？

常：姜就是咱吃的那个姜，姜店就是卖干果的。那门口老有一个要饭的，小腿没了，膝盖还在，拿自行车的外胎缝在裤子上头，两条腿跪在地上走，甭管多老远，跪着过来给我爷爷作揖。我爷爷哪回走到那儿，准给钱，十块二十块的，哪回都给。反正我跟我爷爷出去，走到那儿，那人准迎过来。我爷爷确实是乐善好施的一个人。

（5）爷爷是“在理的”[①]

常： 我爷爷是非常正宗的一个老头儿，他是“在理的”。不抽烟、不喝酒、不吃牛肉，牛肉都不吃。

定： “在理的”？

常： “在理的”是什么呢，全国都有在理公会，他们信奉什么呢？信奉南海大士、白衣大士[②]，他们不吃牛肉、不抽烟、不喝酒。他直到死，牛肉不吃，就那么苦那么穷，牛肉，不吃。

定： 别的肉吃吗？

常： 别的肉吃。

定： 就是不吃牛肉。

常： 啊，猪肉、羊肉，这吃。鱼呢，就吃鲤鱼、鲫鱼，黑鱼不吃。他们“在理的”有这么个讲究，说黑鱼是“孝鱼”，“孝顺”的“孝”。为什么呢？据说黑鱼甩了子以后，一直在旁边儿看着，等到小鱼孵出来的时候，大黑鱼的两只眼睛就看不见了，找不着吃的了，它就张着嘴，等着小鱼往它嘴里撞，撞到它嘴里头，让它吃掉，这么着。等大黑鱼眼睛慢慢缓过来了，再自己找食吃。所以说黑鱼是“孝鱼”，“在理的”不吃。要是说：“你是‘在理的’吗？你吃黑鱼吗？”——“吃。”那你该干什么干什么去吧！就跟回民似的，问你说：“吃猪肉吗？”——“吃。”你这算什么回民啊，是不是？这一分就分出来。我爷爷呢，就是这么样的一个人。我父亲比他就差了。

---

① 有关“在理的”，详见本节最后“访谈者按”中对常家祖父的考证。

② 白衣大士是观世音菩萨的别称，因其经常身穿白衣而得名，又因其经常坐在白莲花上，亦称白处观音。

定：这个“在理的”是不是就是“天理教”啊？①

常：是不是“天理教”，这我还说不上。原来地安门火神庙不是有北京在理公会吗。在理公会的办公机构就借的他们房子。

苏：您爷爷为什么就信了“在理的”呢？听您讲的他跟八国联军那故事，感觉他也不是从小就信的孩子［笑］。

常：不是不是，我爷爷小时候啊不太正经。他自己说的，逃学，跟老师面前编瞎话，在街上也是称王称霸，要不怎么给八国联军堵到胡同里，别人还瞧热闹，想让鬼子好好揍他一顿啊。我爷爷是实在后悔小时候没好好上学。本来挺有机会的，就因为自己没什么文化，上不去，就不行。

原来他不是也当了个小官吗？督战队队长，京兆全区侦缉处处长。后来他遇过险。待会儿我给你看看我哥哥写的诗②，那里头曾经写过，但没说具体事实。据我知道，当时我爷爷把手枪搁到桌子上，就背着手上外屋去了。俩护兵（中的一个）：“嗯？这枪好啊，瞧瞧。”冲着我爷爷：“叭！”［比画］

---

① “在理教”实与“天理教”不同。刘子扬、张莉所编《清廷查办秘密社会案》一书，据嘉庆二十二年（1817）直隶总督方受畴奏折，查拿参与“癸酉之变”的老理会教头王锐一事推理，将“在理教”称为“老理教”，以对应“天理教（新理教）”，认为二者同教异名（线装书局2006年版，第813页），但此系孤证。光绪九年（1883），有御史提出“在理教”为“白莲教”变相，请官府查拿，但李鸿章认为“在理教”是劝戒烟酒的团体，且可与信“天主教”“新教”等洋教徒互相牵制，免于查办（详见李鸿章：《密陈在理教请免查办折》，见顾廷龙、戴逸主编：《李鸿章全集10·奏议十》，安徽教育出版社2008年版，第216—217页）。据此可知“在理教”并不像“天理教”一样志在反清。光绪十七年（1891），热河东部爆发以金丹教为首的教门起义，有部分“在理教”教徒参与，后被压制。有人认为，正是光绪年间的查办使理门的反清色彩变淡，但也有可能是部分教众参与反清活动，而非整个教门都有反清意识。事实上，还有许多旗人身在理门之中。

② 常人春《赞史》：“祖父七十史堪夸，年少除暴可称侠，三险弃武营汉瓦，一审施恩父成家，悯世怜贫千钞洒，为孙庆寿两旗插。俯首思恩多少泪，遥向清河献一花。”常寿春解诗道：“所谓三险，一次就是护兵给了他一枪；还有一次是差点没被抓起来，因为他手下打着他的名义诈财；还有一次不太清楚了，据说是破案时没收了一批枪，有人私下给卖了。这么大一个摊子，里头总有人要给你惹点事，而且有的人还打着他的旗号去蒙人，惹不好就得惹到他那儿去了。所以后来他说什么都不干了，那个京兆全区侦缉处也解散了。”

苏：干吗呀？

常：他以为这枪里没子弹呢，“叭！”另一个护兵知道啊！一下子给他扑躺那儿了，这枪没响，臭子儿，那一枪要真响了，撂那儿就完了。“你要干吗啊？你怎么冲着处长玩枪啊？”“我哪儿知道？我以为这里头没子弹呢，不就瞎比画比画嘛！”我爷爷吓坏了，这枪可上着膛哪！退出来一瞧，子弹屁股那儿有一坑，真是击发了，但确实没响。我爷爷拿着枪出去，照着井里头“叭叭叭”三枪，每一枪都打响了。

苏：那护兵是怎么回事啊？

常：开玩笑，那纯粹是闹着玩儿。俩人中间有一个隔扇，隔扇不透明。那要一响，可真就要了命了，离得那么近，又是照身上打的，按当时的医疗条件，很可能就打死了。

苏：由此他就信了教了？

常：不光是这一个事。那阵儿的北京呢，也是军阀经常打仗，一会儿一变，一会儿一变。新的军阀一来，原来的就跑了，京兆尹也取消了，没有这一说了。一朝天子一朝臣，很多人就整个换了。他信教呢，还因为他手底下人出事了。他不是一个人，他有一大班子人呢！有人就想借乱捞点什么，其中有一些人估计是去抢劫了，那时候他们都有枪嘛，半抢半诈，查完了硬说人家有问题，让人家给告了。一告了就麻烦了，人家正想整整这帮人呢，想拿掉你换他的人啊，是这种情况。据说那次还挺悬的。

我祖父任京兆全区侦缉处处长的时间不长，当时政局太乱，弄不好会掉脑袋的啊。这个事情我说不清，家里也没跟我说清，就知道我祖父曾经两次被抓进监狱，因为枪的问题啊，手下出事了把他拐进去了啊……他是头儿啊！不抓他抓谁？

据我父亲说，那时候出了个大麻烦事，有两个兵挎着盒子枪来找我爷爷。我爷爷要去就麻烦了，因为是军人来抓，不是警察抓。我爷爷一看，就说：“我跟你走，但是这个事另外还有个人，要带一块带走。”宝钞胡同原来有个警察局的十三段[①]，就等于派出所似的，我爷爷跟那儿比较熟，就往宝钞胡同领这两个兵。这两个兵也没防备，估计也是大烟鬼，不是特别身强力壮。我爷爷毕竟原来是行伍出身，摔跤摔得好着呢！到了十三段门口，就“啪”“啪”把这两个兵摔那儿了，抹（mò）头[②]就跑到里头去了。跟警察说，这是俩“绑票”的，不是军人，讹诈来了。这俩兵吃个哑巴亏。过去也不像现在，会拿着什么证明，说押解谁逮捕谁，说不清。而且军队跟警察也不是一个系统。后来为了调查这事，我爷爷在那儿被押了八个月才放，等于躲在里头了。我后来上学，总经过宝钞胡同这个十三段，老往门里头看。现在这个地儿还在呢，干什么的不知道，但绝对是公房。这样，我爷爷没什么事，可虽然没他的事，但就取消这个机构，就换人了。反正从那儿起，侦缉处处长就不干了。

苏：抓他的是哪个军队的人呢？

常：不知道，实际上当时都是什么汤玉麟的、张作霖的……这样的军队。不是什么国防军啊，中央军啊，军阀时代嘛。

苏：挺悬的，那紧接着不干了就去卖古玩了吗？

常：对啊。

苏：那他具体什么时候信的“在理教”呢？

常：就是他觉得这（时局）不行，说什么都不干（侦缉处处长）了，不干的同时就加入在理公会了，日伪统治之前。虽然说叫金盆洗手吧，似乎又不是强盗，感觉就是看破了，知道这样干指不定哪天出个事，就把脑袋弄掉了。那时候只要有权力，人多马肥，说什么都是，动不动就把人毙掉了。

苏：那时候进入在理公会也要有人介绍吧？

---

① 宣统元年（1909），京师内外城分段设立了巡警派出所，内城有226处、外城有141处，此后数量继续增加。民国时期，北京地区的警务机构主要按京师警察厅（公安局、警察局）—警区—警务段进行上下级管理。

② 抹头，北京土话，意为“转头”。

常：对、对、对，肯定有人介绍，只不过不像入党入团，只要你愿意，一说就算数，但是要举行一个仪式，仪式肯定是要有的。

苏：仪式是什么样的呀？

常：这个仪式什么样我不太清楚，但是我知道有仪式，要磕头，还要说什么“我加入了”，受到在理公会人的认可。就好像入党似的，要先写申请书，让人批了，批了还得宣誓，认可了。当然和入党不能相提并论。但他们有仪式，不像信佛，信佛是“走，咱们烧香去”，就信佛了，没有仪式，还不是这样。这个是绝对有仪式。

苏：还有聚会？

常：有，有聚会，几个人几个人，一般聚会在饭庄子里头多。

苏：有固定日子吗，年啊节啊什么的？

常：估计他们有日子，白衣大士诞辰哪天啊？

苏：公会那边有没有什么活动啊？

常：没有，据我知道没有。实际上原来有，后来逐渐就不再有了。因为什么呢？你想吧，我出生在日伪时期，日本完了，紧接着就解放战争，战乱很厉害。随着这社会动荡，逐渐都没落下来了，就全都萧条了，销声匿迹了，有点这种情况。

苏：听您说火神庙还有公会……

常：有啊，它始终在啊！一直到解放，没了，给充公了。解放后，让消防局，还有内五区第多少段派出所给占了。解放后，有，也给取缔了，不需要你有，说你是反革命组织。解放后只有工会，别的不许有。

苏：您爷爷为什么信“在理教”，没信佛教之类的呢？

常：这个我估计啊，可能是当时的环境使然。在理公会和信佛教道教还不一样。（入会的人）往往呢，必须有一定的社会影响。不是是个人，比如说是卖苦力的，拉个洋车，就说“我在理的”［笑］，那进不去。“在理的”人往往都是当地士绅，要有一定的社会影响，才会是“在理的”。不是信佛，老太太老头儿烧香去，不是。这是咱们现在容易忽视的问题：不知道当时的社会环境。怎么是“在理的”啊？它是由当时士绅发起的，倡导什么呢？行善，助善。资助什么的属于助善。行善是自己吃斋念佛，是自我修养；助善是对别人的问题，就这么个区别吧。不抽烟、不喝酒、不吃牛肉，这是最起码的几大项。但他们也有清高的一项：喝茶，那绝对喝好茶。经常也要在一块聚会，很讲究，很“谱儿”：“嗨哟！我们‘在理的’”，“这不四爷嘛！”他们跟宗教的性质还有所区别。

苏：那就还是一个朋友圈儿里的这些人。

常：嗯对，你看“在理的”就没有信道教的人多，信道教的就没有信佛的人多。就是这种情况。

苏：既然都是有社会影响和声望的，可能就都是一个朋友圈儿的，我是这么猜想的。

常：说这“朋友圈儿”，似乎当时的社会跟现在还不一样，好像还不是这种概念。

苏：过去是什么概念？

常：过去，比如说这“在理的”，他们朋友圈儿的人不见得都是“在理的”。参加在理公会的，自己往往是接触了什么，或者因为什么不中意，感觉自己还是要行善、要检点，又信不了佛，就另走一条路。因为信佛就麻烦了，早起要念经，初一、十五要烧香去。“在理的”没这一说。他们也有聚会，但是另外一回事。

苏：爷爷也跟您讲这些事？

常：没怎么讲过，就知道爷爷“在理的”，不吃牛肉。

苏：您记事的时候他就是“在理的”？

常：对，对，对。

苏：也不跟您讲。

常：因为那时间我们都小，我爷爷死的时候我才11岁，他跟我讲什么啊？“来来来，我给你讲讲‘在理的’？”我想就是毛主席也不会在他儿子11岁的时候，“来来来我告诉你，怎么入党怎么入团”吧［笑］，不讲。

苏：您爷爷“在理的”，还那么虔诚，也没强制家里跟着信啊？

常：这是个大错。他就有点太善，就是立不起来，家里多少人抽大烟，要搁一般人早急了。但我爷爷也不是个好惹的人。我爷爷行伍出身，身体壮着呢！他会撂跤，撂得好着呢！眼瞧着人，“哇！”“哗！”一个大跟头，“叭！”一下，扔地下了。随便说吧，有个叫王金生的，在鼓楼大街那儿住的时候，他坑了我爷爷一把，卖给我爷爷一两金子的笔墨。到1949年春节，他又来了，来了我爷爷就揍了他一顿。那个王金生当时也就是二十四五岁，正年轻力壮呢。我爷爷一拽他膀子，“叭！”“啪！”就给他扔那儿了，那时间我爷爷67还是66岁了。开始那人还这那那这的呢：“我就坑你了，我坑你了怎么着？”我爷爷说：“坑我？你再试试！你坑我，你瞧着！”“叭！”就给扔那儿了，完了他刚起来，我爷爷又“咣叽”，给他扔那儿了。他没站起来，说“大爷，您别这样，您有什么话您好好说”，就服了。这是1949年腊月二十九那天的事。我爷爷66岁的时候，提溜两桶水能这么着，［比画］用德士古的煤油桶，不能说汽油桶，德士古煤油，当时进口的煤油。一手提溜一桶水，还往院子里荷花缸里搁水呢。

我爷爷是1952年8月死的。我爷爷没病，纯粹就是窝囊，穷死的。要不怎么就69周岁就死了？不到70嘛。他最后死的时候，死亡鉴定上写的是肾脏炎，但估计应该是直肠癌死的，便血，但是肾脏也有毛病，两只脚也肿了，或者是糖尿病，脚烂。实际上，他真是穷死的。家里头要不是穷得那样，他不会死。死的时候我爸不在家。

定：也够惨的。那您爷爷后来就到这份儿上，他怎么能接受这种现实呢？

常：就是啊，不怕您笑话，这家里头败到什么程度？连原来的寿材都卖了。我爷爷刚50岁，就把寿材定下了，是旧鼓楼大街石成顺棺材铺里头的棺材。

定：那棺材铺叫什么？

常：石成顺棺材铺。说老实话，我爷爷死的时候出了个穷殡，都是我二大爷李连柯给办的。没有那么多钱，买不起棺材了，那个棺材是跟棺材铺赊的，就一普普通通的棺材。李连柯由清河雇了一骡子车来，因为那时候不能用抬的了，也雇不起抬的了，直接拉到清河坟地。我奶奶去了，我们都没去。那棺材钱还了两年才还上……唉，曾几何时，未承想能落到这等狼狈模样。

［停顿］

【访谈者按】关于常家祖父

常氏兄弟的口述为我们揭开了一个陌生世界的帷幕，这其中的精彩之处多从他们祖父前半生的经历而来。随着访谈不断深入，我们发现兄弟俩对他们的祖父常旭升（号晓茹，以下尊称常晓茹）的家庭、历史和社会关系，也都是一知半解。因此，将他们的讲述与当时各种文献档案结合起来，就成为必要的工作，而且由于有了这个具体的人的存在，也令一些文献的记载变得鲜活起来。

（1）乱世英雄起四方

在叙述常晓茹的故事之前，有必要先介绍他在生时的社会状况。20世纪初正值辛亥鼎革之际，在北京城已经维持了数百年的八旗制度及其带来的"超稳定"状态面临崩溃解体，旧有的社会阶层也被打破。当时的旗人作家穆儒丐在小说《北京，1912》中，生动地描写了这个天翻地覆的特殊时期：

有时大家一起闲谈，还指桑说槐的，把书呆子贬得一文不值，他们说念书好一点的，总要带一副酸狂样子，看不起人……当初被他们看不起的人，如今倒大马长刀，当了营长、团长，还有当旅长的，这不上天睁开眼睛，无形中惩治他们一下子吗？说到这里，许多老爷大人总要哈哈大笑，并且有的说："这些穷酸也不能办什么大事！他们的材料，自能当个司书生，不致饿死，也够他们享受的了！”[①]

……

如今却不然了，烧北京打北京的，也不是流贼，也不是外寇，他们却比流贼外寇还厉害！那就是中国的陆军，当过北洋大臣、军机大臣，如今推倒清室，忝为民国元首，项城袁世凯的亲兵。项城先生是北洋派的领袖，国家陆军多半与他有关系。如今他的兵，在他脚底下，居然敢大肆焚掠，流贼一般地饱载而去。此例一开，北京还有个幸免吗？哎呀！……若仍见不出一个新兴国家样子，那也就算完了。

在旧日的一切规则都被破坏，科举中第的出路也被堵死的情况下，知识分子阶层地位下降，但那些原在官方体系以外的人扩展权力、提升地位的可能性却大大提升。[②]这是个催生了大量乱世英雄的时代，常晓茹，亦即常氏兄弟的祖父，应当就是其中的一位。

下面我们便从兄弟俩互有歧义的叙述中，来一一追索常晓茹的生平经历。

① 旗人，满族

兄弟二人都说他们的祖父是旗人，但具体属于哪个旗，兄弟二人说法不一。

常人春：原来我们姓常来说，就是爱新觉罗。你看那个常瀛生，叫爱新觉罗·瀛生。你看那个北京图书馆的馆长叫常林，那是爱新觉罗·常林，没有这个“常”，大概就是那个“林”，他现在不知道为什么加上那个“常”，那是不对的，爱新觉罗一个点。

定：那你们家也是爱新觉罗的？爱新觉罗下来是哪支儿的呀？不是宗室吗？

① 穆儒丐著，陈均编订：《北京，1912》，北京联合出版公司2015年版，第14—15页。

② 相关研究可参考［美］孔飞力：《中国现代国家的起源》，陈兼、陈之宏译，生活·读书·新知三联书店2013年版，第114页。

常人春：哦，这个……我还没有太注意研究这个东西。

常寿春：我们家祖上是满族。（我祖父）正宗他应当是正蓝旗，这是我亲自问的。

兄弟俩中，弟弟常寿春的讲述显然可信。常人春因为姓常，便以常瀛生、常林也姓“常”而将自己往爱新觉罗上面靠，这不仅表现出他对满族姓氏的无知①，还表现出他对自己的民族身份的不重视。这种不重视，当然是有原因的，那就是，解放之后，他们全家报的民族成分都是汉族。

常寿春：解放后一直报的是汉族，到现在我们家户口本是汉族，翻不过来了。

定：您爷爷报的汉族？

常寿春：我爷爷解放后报汉族了，一码儿齐汉族啊。

唯一曾报过一段时间满族的是常寿春。这是在他离开北京到新疆之后，找当地派出所的熟人改的。但常寿春回到北京以后，根据家庭户口册上原来记载的民族成分，还是改回了汉族。常人春尽管已经成为公认的民俗大师并且以满族身份参加各种宣传与活动，但在户籍档案中，他仍然是汉族，用他弟弟常寿春的话说就是：

---

① 满人的名字，有姓与名之分，姓亦即“老姓”，满语称“哈拉”，指的是氏族名，如爱新觉罗、钮祜禄、瓜尔佳、富察等等。爱新觉罗是清朝皇室的氏族名，译成汉语为“金”，至于金字后面那个“·”，指的是名，如爱新觉罗·瀛生、爱新觉罗·常林，瀛生、常林就都是名。满人习惯是“称名不举姓”，所以启功先生就从不说自己是爱新觉罗，而说自己姓“启”。辛亥以后改汉姓，便有人以老姓为姓，也有人以名字的第一个字为姓，如爱新觉罗，便有人姓金，也有人姓常，而常林的“常”本是名字，后来便也有以常为姓的。这都不能说明只要姓常，就是爱新觉罗，何况，常人春祖父之姓“常”，究竟是从哪个老姓改成的汉字，亦无定论。

说老实话，只能就是人家都默认吧，认为他是了，他也确实是。当初是蒙了共产党了。

常家还有一位重要人物，就是常氏兄弟的祖母马秀琴。常寿春说，她是蒙古镶黄旗人。“镶黄蒙”是她成天挂在嘴边上的，也是她在家里可以横行的理由。常人春说祖父是镶黄旗人，估计也是从他祖母这里推断的。但是她最后也随着常家全家报了汉族。全家改报汉族，当然有历史原因：

再一说，家里历史又不好，再落一旗人，还满族，不更臭了？臭上加臭，得了，咱们就汉族吧，这么着。1950年，不是重新登记户口吗？那时候登记并不看底子，无非你一说一报就行了，所以新户口本发下来以后，我们全都是汉族，谁都不是满族，改不过来。当时那个社会环境啊！好多满族人不敢报满族。

辛亥革命以后八旗解体，北京旗人中的大多数甚至绝大多数改汉姓、入汉籍，这是京旗的宿命，常家也是其中的一个例子。当然，这并不影响我们把他们当作满人来看。

②京兆全区侦缉处

常人春说他祖上曾任过刑部侍郎，“用现在的话来说，起码是一个中高级干部”。但常寿春却未提到祖上任过刑部侍郎的事，只是说好像任过武官，但不是大官，并表示他祖父小时候没好好上过学，在清朝时也不过是个下级军官，“我爷爷后来在清朝行伍里，当过下级军官”，从我爷爷嘴里头唱出来的清朝军歌，我记住了一点。”他为我们演唱了两首军歌，一首是清朝时八旗的军歌，一首是吴佩孚军队的军歌。由此可以推知的是，即使在常家没落的时候，常晓茹在家里也是经常唱的，否则他那年幼的孙子记性再好，也不至于在几十年后还能几乎一字不落地唱下来。

常人春说他的祖父从“朝阳政法学院毕业以后，第一个职务就是京兆全区侦缉处的处长”。京兆全区侦缉处处长，是所有对常家祖父即常晓茹从事过的各种职业中，常家兄弟说法最一致也最确切的一个，可信度是最高的。至于常晓茹怎样得到京兆全区侦缉处处长这个近似于北京市公安局局长的差事，常人春未提，常寿春则猜测说，基本上是靠机遇，或者是人情。兄弟俩也并不清楚祖父上任的具体时间、任期多久。据常寿春回忆，常晓茹在侦缉处也并没有干很久，按照他的解释：“那时间军阀混战，新的军阀一进门，旧的就解散了……不是说一任接一任的。”

常寿春对侦缉处这一机构的置废说法虽然合理，但失于模糊，我们转向历史文献诉求更为清晰的答案。在北京市档案馆中，我们找到了一些与此相关的公文。发现京兆全区侦缉处设于民国十五年（1926）十月，办公地点在新桥南船板胡同内五显庙34号民房。从档案中看，该处的设立实因京兆尹公署“一厢情愿”向京师警察厅去函，认为“京兆当军事之余，地方秩序虽属粗定，仍恐宵小匿迹，妨害治安，非设侦缉机关□[1]密察查不足，以儆奸宄而防未然”。

这无疑是一种“越权”行为。该处刚设立不到两月，便收到了抗议。京师警察厅以京兆全区侦缉处在大马神庙二条、菊儿胡同、虎坊桥大街、太仆寺街等地逮捕烟贩，溢出其职权范围为由，向京兆尹公署发难，表示“京师地面自创办警察以来，即归本厅管辖，尤以查禁缉捕为专责。历来顺天府及大宛两县关于民诉传人事件，皆有持票人到本厅验票，饬区会同办，至涉及刑事范围，府县亦从未过问。即偶有京兆区域发现案件而案内人犯匿于京师者，各该管县亦必具文到厅，请予会传。是缉捕事件早已归于划一，且贵公署之侦缉处以京兆全区为名，则本厅所辖城郊地方当然不在其内，如不分权限，随意捕人，则缉捕机关过多，不惟居民惊疑误会，无所适从，并恐奸宄之徒假冒敲诈，转至流弊丛生，应请贵公署查照向章，转饬侦缉处知照，以清权限，而明职

① 档案此处的原记录模糊，这里以“□”代替。

责”。公函虽然篇幅不长，但字字切要，先是凭据行政权与司法权分立的旧例，质疑了京兆全区侦缉处存在的合法性，再明确地指出京兆全区的权限范围不包括城郊地区。京兆尹迅速对此做出了回应，在五天后的回函中表示：“该处成立以来，办理不善，成绩毫无，现已着即裁撤”。

这些公文档案[①]提供了京兆全区侦缉处的兴废细节，由此看来，京兆全区侦缉处的实际存在时间不到两个月。字里行间只提到了负责实务的副处长李敬之于10月13号上任，没有提到正处长，也无常家祖父常晓茹的片衫只影。虽然它们不能证明常晓茹究竟是否任过侦缉处处长这一职位，但揭示出了民国初年复杂的权力斗争，这和常寿春给出的解释是不谋而合的。常寿春认为，祖父从处长任上退下，再不投身政界的原因在于：那阵儿军阀经常打仗，一会儿一变，一会儿一变，新的军阀一来，原来的就跑了，很多人就整个换了。时局乱，人心不古。有一次，常晓茹的一个护兵竟然拿着枪冲他比画，差点把他打死。在任何时候的任何军队里，士兵与自己的长官开这样的玩笑都匪夷所思，大概也只有民国初年北洋军阀的队伍才会涣散到如此程度。“他手下的人，冒着他的名儿甚至连绑票都敢干！”这些手下不是假借名义诈财，就是私下贩卖没收的枪支，终于惹出了大麻烦，连累常晓茹被羁押了八个月。这些因素促使他萌生了退意。不过，更重要的原因应该是京兆全区侦缉处被取消。常寿春说，连办公桌和办案时收上来的证物都搬回了常家。

至于常晓茹是如何得到这个职位的，我们倾向于认为是凭他与奉系军阀的关系。再回到口述，按常人春讲，常晓茹是在侦缉处处长任上认识了阎广仁，并收其为义子，与档案相合，此事应发生于1926年。但我们在访谈中，曾与常寿春逐年梳理，认为这个时间点应该是1924年。这一年9月至10月，第二次直奉战争爆发，此后，北京地区的政权落入

① 以上引述均来自《京兆尹公署关于设立京兆全区侦缉处地点启用关防请查照遇事协助令》《京兆尹公署函复已令饬侦缉处逮捕人犯遵照向章办理请查照由》《京兆尹公署函为本署侦缉处现已裁撤请查照由》等档案，北京市档案馆，档号J181-18-19912。

奉系军阀张作霖之手。常晓茹衔督战队副司令长官，有可能就是在这个时候，如果要说救个把冒充军人的小孩，应该也是不成问题的。

（2）复杂的社会关系网

常晓茹是在民国初年改朝换代的乱世中，由行伍发迹的。但这并不是说他也像穆儒丐形容的“流贼一般”的兵痞们依靠焚掠烧杀，他很可能有其他途径。从常氏兄弟的口述来看，他最重要的手段就是“关系”。

① 与北洋军阀的关系

与常晓茹交往密切的重要人物，为常氏兄弟提到最多的几个，都是北京国民政府时期的军阀政客。一个是汤玉麟，据常寿春说，常晓茹与汤玉麟拜了把兄弟，这与他当年衔张作霖督战队长官应该有直接关系。再一个是张广建，民国成立后当过顺天府尹，有陆军上将衔。还有江朝宗，这是民国时期的著名政客，北洋军阀中的重要人物，曾任国务总理、京畿卫戍司令。这些都是当时的实权人物。据常人春说，常晓茹曾将他的亲家公，也就是常氏兄弟的外祖父介绍到张广建和汤玉麟家里去教家馆。张广建娶儿媳妇时，还特请常晓茹做证婚人。汤玉麟娶儿媳妇，请常晓茹的夫人马秀琴当娶亲太太。

这几位人物在民国初年的政治倾向很明显，都与清朝皇室王公有着千丝万缕的联系。汤玉麟本人就是旗人，曾经拥护过张勋复辟。张广建更是袁世凯的心腹。江朝宗在清末曾投靠满洲正白旗人、军机大臣铁良，颇得铁良赏识；而铁良在清亡后是宗社党的重要成员，也是积极参与清室复辟的人物。民国初年各派政治势力角逐错综复杂，但其中的人与旧日的关系却不是可以一刀两断的，尤其在北京这样的地方。常晓茹是旗人，尽管不一定有很高的身份，但以他的聪明，应该知道怎么充分利用这一点。

② 与清朝遗老的关系

常晓茹辞任侦缉处处长后，便同时从事两个职业：一个是古董商、一个是律师，这都是需要与各种人打交道的事。据常寿春口述，常晓茹的交际面很广，与那王府、端王府都认识，他的夫人还经常去那王府打牌。倒卖古玩是常晓茹发家的重要手段，而这些古玩或来自各个王府，或不明来源，但在售卖时往往让妻子“装王府里的阔太太”，假托是王府东西，以便脱手。常晓茹很可能是在宗室和“新贵”之间扮演一个“掮客”的角色，帮助这些遗老维持生活的同时赚取差额收入。

常氏兄弟还特别提到的是常晓茹与继禄家的关系。继禄是清末的内务府总管大臣之一，家住北京西城的麻花胡同，北京人多以“麻花胡同继家”相称。这是与秦老胡同增家、金鱼胡同那家、沙井胡同奎家等并列的大宅门。与常家交往的，不是继禄本人，而是继禄的侄子荣四爷，也就是下一代了。他们两家曾在同一产业入股，一起打房产官司，还分吃“老米”①。继八爷的太太还长期在常家“住闲”，最后死在常家，这固然与旗人家庭惯养闲人的旧俗有关，但也是常家与清朝遗老同气连枝的一个表现。

除了荣四爷之外，还有些关系是常晓茹那位义子，也就是常氏兄弟的舅舅交下的。常人春说：“他（指舅舅）打着我爷爷的名号满处去交往。所有这个，所谓前清的‘遗老遗少’，几乎他全部交遍了。”由此也可看出常家在人际关系上的倾向。这种交际的开销虽然很大，但往往也会由此认识不少人。在那个做什么事情都需要关系，而钱又因为关系变得很好赚的时代，这对常晓茹一度是利大于弊的。

③ 与各种宗教、会道门的关系

从口述来看，常家家境殷实，与佛、道教来往很多，常晓茹一度把常人春送到火神庙中做了田子久的“记名弟子”，就连畏惧僧道的常寿春也认了个“记名师父”。这些行为固然是受朴素的民俗观念影响所致，但背后实际上还有其他社会因素发挥着作用。许多宗教和会道门的头面人物就是曾经当政的军阀、政客，像曾给常家送过匾

---

① 见本书下篇第三部分第一节中“‘老米’与年夜饭”一段。

额的江朝宗，在民国时期就与佛、道教及多个会道门存在深刻的联系。常晓茹置身教门之中，与这些人的往来，便成为他重要的社会资源。[①]

这里有必要对当时的社会情况做一个交代。北京改为北平之后，社会上各种宗教和会道门蜂起，有史料[②]描述：

自从北洋军阀在一九二七至一九三一前后的数年间，政治上的势力扫地以尽，许多宦囊充足的武人、政客，都“看破红尘”变为宗教信徒了。其余小资产阶级的知识分子，一面由于对于资产阶级民主革命的失望，一面由于日本帝国主义加紧的压迫，因而纷纷跑到宗教里面来“逃禅”的，也实繁有徒。从此各种宗教的大小门庭香火，一时都鼎盛起来。

宗教香火兴盛，本是任何乱世都有的现象。可是下面描绘的，可能就是民国特有的景象了。

北平民众的信仰，除各种公开的正式宗教，如“佛”“道”“耶”“回”诸教以外，还有若干不能公开，或不敢公开的秘密“道门”。据基督教公理会的教士们在华北冀、鲁、豫各地调查得来的报告，统计各种“道门”，竟达300多种。其中千奇百怪，无所不有。但他们往往是假借了佛教或道教的掩护，推行“惑世殃民”的谬说，多半荒唐可笑。北平的道门，却没有那么多，但宗旨和教条，也是五花八门的。有研

---

① 光绪年间，一些道士与内廷太监往来甚密，相互援引介绍，交换政治资本，甚至于买卖官爵，不少人认此为门路，将妻妾子女投身于道士门下为义子女，这在《清稗类钞》（徐珂编，中华书局1986年版）中有不少记载。对于道教与政治之间的密切关系，今人付海晏已有一定研究，参见付海晏：《北京白云观与近代中国社会》，中国社会科学出版社2018年版，第35—68页。

② 以下两段引用皆出自于力：《人鬼杂居的北平市》，群众出版社1984年版，第32—33页。

究导引、服食、采补修炼的，如“道德学社”[①]“金丹道”之类。有开坛“扶鸾”[②]、招仙引鬼的，如“悟善社”[③]“同善社”“世界红卍字会”之类。有攀附佛教，而又夹缠儒道，研究“坐功”，希望腾空“飞升”的，如“罗祖道”“白莲宗”“九宫道”“红枪会”“一贯道”等等。这都是信徒较多、势力最大的。

这里有几个特点十分值得注意，一是这些名目繁多的会道门并非今天我们通常以为的那样，只是民间下层百姓的组织；恰恰相反，它们往往都是社会上层人士倡导组建而成的。用常寿春的话来讲：“不是是个人，比如说是卖苦力的，拉个洋车，就说‘我在理的’，那进不去。‘在理的’人往往都是当地士绅，要有一定的社会影响，才会是‘在理的’。”1924年，国民党内部会议讲话中就提到，“近来北方秘密结社，皆以北洋军阀为中坚，腐败官僚从而依附之”[④]。二是这些会社成员往往积极踊跃地参与社会事务（尤其表现在公益慈善方面），而且扎根于社会各个层面，形成了一张复杂而广泛的社会势力网，有着深刻的

① 道德学社，亦称“大同民主党”。民国时期的会道门之一。前身为“人伦道德研究会”（1912年由段正元和杨三生创于四川成都）。1916年，段正元偕同北洋政府陆军参谋总长王士珍、步兵总监江朝宗等共同发起“北京道德学社”。该社主张“五教合一，万教归儒”，得到北京政府鼎力支持，发展极快。成员多为社会上层人士，各地分社的主要事务大都被当地军阀、官员和地主豪绅左右，仅在湖北随县700余名成员中，就有80%以上是地主、乡绅、商人、知识分子。1952年被政府明令取缔。参见郑永华、赵志：《近代以来的会道门》，社会科学文献出版社2012年版，第142—143页。

② 即扶乩，是中国民间信仰的一种占卜方法，又称扶箕、抬箕、挥鸾、降笔、请仙、卜紫姑、架乩等等。在扶乩中，需要有人扮演被神明附身的角色，这种人被称为“鸾生”或“乩身”。神明会附在鸾生身上，写出一些字迹，以传达神明的想法。信徒通过这种方式，与神灵沟通，以了解神灵的意思。

③ 悟善社，全称“北京悟善社”，亦称“世界六圣宗教大同会”。1915年由四川人唐焕章创立，1925年改名“救世新教总会”，吴佩孚为主席，江朝宗为副主席。以“统一伊道佛耶回五教真义为一教，并纳全世界民族于一教之下”为宗旨。随后快速向全国发展，日常热心公益慈善，施舍棺木，掩埋尸体。

④ 中华民国各界纪念国父百年诞辰筹备委员会学术论著编纂委员会主编：《国父年谱下》，中华民国各界纪念国父百年诞辰筹备委员会1965年版，第1042页。

社会影响力。甚至有时人感叹道:“那里头的黑暗事情外人可就不知道了……民国的事情不可思议。我恐怕将来这个悟善社变成了政治机关,也许有的事情吧。”①

综合当时的情况来看,北京国民政府时期的机关部门大小官员,还有清朝遗民,在失去政治地位及特权后,转而投入会道门组织的人不在少数。一些政客就是在“下野”或宦途受阻之后,热心投入会道门及慈善事业的。如国民政府第十三届国务总理钱能训②引咎辞职后,积极兴办慈善事业,组织、创办、参加了“道院”“世界红卍字会”“悟善社”等多个会道门组织。江朝宗是“悟善社”的副主席,也是“道德学社”的发起人之一。类似的人物还有吴佩孚、熊希龄等。常寿春讲到,常晓茹是在不做侦缉处处长之后,加入了“在理教”,主要的会务活动是喝茶吃饭,进行一种“绅士”聚会,宗教礼拜性质很少。这个细节让我们更加确定,作为信徒的常晓茹除了奉行“在理教”的规矩之外,更多的是在其中进行社交活动,并通过热心公益、施行慈善来扩大自己的社会影响力。

曾经打打杀杀的军阀们在此时力倡行善,热心各种公益活动,固然有“放下屠刀,立地成佛”的动机,也可能有打着慈善事业的幌子来邀取虚名或骗取财物的企图。但各种社会组织、会道门纷纷如此,是否也因此而形成一种社会风气、一种社会上公认的行为准则,对此又该如何评价,这已经超出了本书的范围,就不予置评了。但不可否认的是,民国年间北京那些稀奇古怪的道门所倡导的思想都大同小异,参见下表:

① [日]加藤镰三郎:《北京风俗问答》,大阪屋号书店1928年版;李文海主编:《民国时期社会调查丛编·宗教民俗卷》,福建教育出版社2014年版,第418—419页。

② 钱能训(1869—1924),字偰丞、干臣,浙江嘉善魏塘镇人。光绪二十四年(1898)进士,1911年以布政使出任陕西巡抚职。辛亥革命后,在西安大捕革命党人。北洋军阀统治前期,凭借与徐世昌等人的关系,多次出任政府要职,张勋复辟时被任命为农工部左侍郎,1918年任国务总理。1919年,因“五四运动”引咎辞国务总理职。下野后加入了“悟善社”,很快被尊为教统。1922年参与创办“世界红卍字会”,并为第一任“世界红卍字会”中华总会会长。1924年去世,被“授以金阙廉玄主掌,封号普明正化真人”,更被视为救世新教会第一任教主。

北京国民政府时期的新式会道门①

名称	创立者	呈请登记者	核准时间	宗旨
在理教	山东人杨莱如	李毓如、苑文鉴	1913年	劝戒烟酒，进行公益活动
悟善社	四川人唐焕章	不详	1919年	发行《灵学要志》，进行慈善活动
救世新教会	江朝宗等人	江朝宗	1925年	由“北京悟善社”演变而成，倡五教合一，推行慈善事业
皈一道	山东人赵万秩	张承化	1927年	倡导三教合一，主张清修，提倡回归自然

仅仅从这几个线索来看，常晓茹通过会道门这个网络所能结成的社会关系，就已经复杂、细密和广泛得超出想象了。首先，北京很多政客、豪富都在会道门当中②。其次，常晓茹与火神庙老道的关系非同一般。常人春是很乐于提到这个关系的：“祖父……经常用自己的社会关系支持田子久的道务活动。据说曾与张、徐等盟兄弟共同上书南京政府，恳请立道教为国教。”③这显然已经逸出一般宗教活动的范畴了；而在理公所就设在火神庙里。最后，常晓茹与清朝遗老、军阀有着很深的旧情，未必与这些下野之君及他们所在的道门中人毫无往来，甚至很有可能是通过一些道门活动来维持关系。网既细密，网与网之间又未必没有重合。这样，常晓茹的关系网，想要不复杂、不广泛都不可能了。④

① 引自郑永华、赵志：《近代以来的会道门》，第144页。

② 据常人春说，民国时期著名的药商同仁堂全家都是“在理的”。见常人春：《理教》，载《东方养生》2011年第6期，第149页。

③ 见本书中“《地安门外火神庙》（节选）”。

④ 由于“在理教”的存世文献较少，想要探索这一社会网络，不妨参考曾被呼吁立为“国教”的道教文献，马颂仁的研究中曾展示过一些纪念襄助道教活动的碑刻文献，本书口述中的多位军阀、政客都位列其中，可供参考。见马颂仁：《白云观的碑刻与历史》，载《三教文献》，1999年第3期；转引自付海晏：《北京白云观与近代中国社会》，第117—123页。

（3）常晓茹在“理门”

在我们为常人春所做的长达六七个小时的口述中，他对祖父的“在理”绝口不提，只是谈他与道教的关系。八年之后，我们与常寿春的第一次访谈也未触及这个内容，直到第二次访谈，他才在不经意间告诉我们，常晓茹“在理”。这是兄弟两人口述中的点睛之笔，也是隐匿最深的关键内容。

“在理”当然不是个小问题，甚至可以说是理解常晓茹这个人物的核心。疑问就是由此产生的，那就是：第一，对于这样重要的情况，常人春为什么只字不提？他一再说祖父信奉道教，对祖父与道教的关系并不避讳，那他对于祖父的“在理”是真的不知道、不关注，还是另有隐衷？第二，他的祖父信奉的到底是什么，是道教与“在理”并存吗？那么这二者之间究竟是什么关系？第三，“在理”究竟是个什么性质的团体？是宗教，还是道门？或者就是一个民间组织？为了解决这些问题，我们先借助学术界相关的研究成果，对“在理教”择要略讲几点：

“在理教”又称“理门”“白衣道”，据说创立于清康熙年间，始祖为羊宰，又称“羊来如”“杨来如”。[①]乾隆年间第六代传人尹来凤（教门中人又称“尹祖”）建立组织制度，在天津创建理门公所，以劝人戒吸烟、饮酒为名，互相传引。1913年，李毓如和苑文鉴发起组织成立了“中华全国理善劝戒烟酒总会”，总部设在北京西郊的挂甲屯。随着组织发展，在20世纪30年代形成了北平、南京、上海三个“理教会”鼎足而立的局面。[②]20世纪50年代，中国政府开展镇反运动，取缔反动会道门成为其

---

① 据韩万海《理教正宗》（北京正礼堂版，北京档案馆藏，档号ZQ20-1-135）的记载，杨（羊）本为道士，康熙十九年（1680）清政府官方组织筹办大型道教活动时，羊（杨）曾来白云观挂单参与，之后创立“理门”。

② 民国时期“在理教”的情况十分复杂。1913年北京“中华全国理善劝戒烟酒总会”成立之后，鹿鸣在1920年在南京成立另一“中华全国理善劝戒烟酒总会”；这两个总会各称“北洋理教”“南洋理教”。1931年，张一尘与天津理教联合会的蔡俊元在上海发起“中华全国理教联合会”；1935年，南京地区又成立了“中华理教总会”，王有才任会长。1936年7月17日，国民党民众指导委员会指令全国各省市党部负责之理教团体“一律改组”，上海“中华全国理教联合会”停办，名义上只余南京总会。但北平沦陷以后，“在理教”落入日寇及伪政权控制之下，而内部仍存在冲突和分歧，背后各有不同政治势力施加影响。

中一项内容，多数地区“在理教”的活动于1953年停止。

“在理教”几乎没有形成体系化的教理教义，也没有类似庙宇中那样的塑像，入教手续比较简单。发展到民国时期，本来就不浓厚的教门特征更加淡化，以至于国民政府认为：“关于理教会是否宗教团体，曾经中央党部解释，以理教会之教旨及信条，在劝人为善，固不失为公益会社。然无精深教义，自难认为宗教。”[①]没有将“在理教”看成宗教，而仅仅视作一个非常活跃的社会公益团体。

“在理教”有几个特点与常晓茹的活动有些关系：

①“在理教”是一个被“特殊对待”的会道门，无论是清廷、国民政府，还是解放后的人民政府都没有将其作为反动组织予以打击，而往往是拉拢、控制。有人估计，“在理教”最盛时，也就是民国十年到二十五年（1921—1936）年间，仅北京一地就有十万教众。[②]这与清末“直隶民间人在理会者，十室而九，地方官从未禁止”[③]的处理方式大有关系。

②“北洋理教”与清朝遗老、北洋军阀及日伪政权之间存在较多来往关系；不像“南洋理教”更类似于清帮、洪门等帮派组织，倾向于向国民党靠拢。[④]在天津，回民和汉人“入理的”很多；在北平，则有很多旗人加入。

③“在理教”倡议最力的两点，一是它一直主张实行禁戒烟酒，二是经常举办各类慈善救济活动。如天津“理门”在清光绪末年曾建立了一个名为“公善社”的组织，下设惜字社、施材会、掩埋会等专职分支机构。这些慈善团体经常做一些善事，除每年固定的活动，如春季种痘、夏施暑

---

① 《内政年鉴·礼俗篇》（下），商务印书馆1936年版，第133页。

② 参张国禄：《我所知道的北京理门情况》，见中国人民政治协商会议全国委员会文史资料研究委员会编：《文史资料选辑》第二十六卷第七十七辑，中国文史出版社2011年版，第412—424页。

③ 光绪十七年（1891）十一月初七日军机处上谕档，见中国第一历史档案馆编：《清代档案史料丛编》第十二辑，中华书局1987年版，第275页。

④ “北洋理教”指在北平、天津等地活动的教众及其组织；“南洋理教”指在南京、上海等地活动的教众及其组织。详情见上文关于民国时期“在理教”的注释。

药、冬舍棉衣外，还经常劝导人们要爱惜纸张、杜绝浪费，还向鳏寡孤独者发放救济款物，向死亡贫民施舍棺匣，掩埋倒毙街头的无主尸体，等。

我们回过头来再看常晓茹。

常晓茹对于“在理教”的规矩，基本上是相信而且身体力行的。但令我们费解的是：将“在理教”与其他教门区分开来的最重要特征是它始终倡导禁戒烟酒，常晓茹本人“在理的”，所以戒烟戒酒，但他并没有劝导家人，却纵容妻子和儿子在家里与烟友吞云吐雾，以致常寿春发牢骚说，家里都快成了大烟馆了。常寿春将此解释为是祖父“太善”的缘故，“家里又有钱，得，抽就抽吧”。可从别处细节来看，常晓茹“也不是个好惹的人”，66岁时还用背跤摔了坑他的年轻小混混儿。由此恐怕只能说，他对能让人倾家荡产的大烟并不在意。

既然对倡导禁戒烟酒不甚热心，常晓茹对“在理教”的什么活动最为身体力行呢？那就是公益慈善了。常晓茹的善给兄弟俩的印象很深，常人春津津乐道：“他那个院里头正房挂的大匾，就是他施舍，人家酬谢他，给他挂的匾。九门提督江朝宗给他挂的匾——‘见义勇为’，那匾比这门还大，哎！汤玉麟给他挂的匾——‘乐善好施’，颜玉泰给他挂的匾——‘慈善为怀’。”常寿春几次说道：“我爷爷人很好。我今天仍然认为，他是一个行善的人。”“我爷爷确实是乐善好施的一个人。”如果将这些行为与他“在理的”一事结合起来，这一切其实都很自然，他信奉的教义就要求他这样做。常寿春说，“在理教”所倡导的，就是“行善，助善。资助什么的属于助善。行善是自己吃斋念佛，是自我修养；助善是对别人的问题，就这么个区别吧”。

常晓茹的善表现在多个方面。

最易为人看到的是那些大手笔的施舍。他会亲自扮成乞丐到家门前乞讨，考察家人对乞丐的态度。去财神庙进香，他一路撒钱，引得乞丐蜂拥而至堵塞了道路。甚至在常家已显颓势，不得不搬到城墙根儿时，他仍是把鼓楼东大街的一间房子白送给了一直借住在他家的穷和尚。

有一项善行最匪夷所思，那就是他将一个与他素不相识却冒认是他儿子以逃脱假扮军人惩处的年轻人收为义子，甚至还将这位年轻人的妹妹聘为儿媳（常氏兄弟的母亲）。按常氏兄弟的理解，他这样做的动机很简单，就是“行善”。

再一项，他家中长年养活了各种白吃白喝而且连吃带拿的人，有继八太太，还有各种各样的亲戚朋友、熟人等等。不但如此，他还纵容义子、亲子在外呼朋唤友，大肆挥霍，甚至带回家来吞云吐雾，因此常家每日的花销都十分惊人。

常晓茹的这些善举是受了大环境与社会关系影响，并由他个人的思维定式导致的。明清时期，中国即有了规模庞大、涉及人数众多的“慈善运动”①，这时的行善者与以往不同，他们创办了专门的组织，并会努力让自己的善行为人所知，因此获得了社会地位和民众持久的尊敬。一些商人也开始利用慈善事业宣传自己的名望。②在清朝中后期，这些组织非常有效地凝结了一个日益庞大的中下阶层，除了起到救济作用以外，还有维持政治秩序的功能。有亲历者回忆清末民初时北京的情形：

京中每年冬天，都有人放赈，舍衣，施粥，等，这事实上等于人类自己之间的一种贫富调济，舍药更为通常行动，特别是治妇科的药，那时妇女不愿轻易到医院去看妇科。

辛亥以后，京旗逐渐没有收入，全面没落，但仍有个别人家照旧

---

① 由地方绅商集资管理的救济组织出现于16世纪末，发展迅速，数量庞大，在清末以前全国共有不下数千个，并一直发展到民国时期。清政府自康熙年间即影响和支持这些组织，对民间兴办慈善事业卓有成效者，皇帝会亲自予以表彰。这在《畿辅通志》《顺天府志》《清会典事例》等史料中保留了大量的记载。

② 参见［美］韩德林：《行善的艺术：晚明中国的慈善事业》，吴士勇、王桐、史桢豪译，江苏人民出版社2015年版，第8页。相关的研究还有［日］夫马进：《中国善会善堂史研究》，伍跃、杨文信、张学锋译，商务印书馆2005年版（据日本同朋舍1997年日文版译出）；梁其姿：《施善与教化：明清时期的慈善组织》，联经出版事业公司1997年版。这三本书为我们理解常晓茹的行为提供了很大帮助。

施送，如曾任内务府总管的继禄和增崇等家即是。清代后期，内务府世家，其富已凌驾王、公之上……由于富有，对贫困之家舍药、施物便成为经常的事，继禄既曾任内务府总管，他所舍的药多系宫中秘方，医疗有奇效，京旗之人因多受其惠，便对继禄产生了种种传说将其神化。当时北京街巷之中，无主的野狗甚多，常伤过路行人，那时对“狂犬病”又无特效药，据说继禄曾亲自治好好多人，于是声名传于京中，争颂继二老爷（继禄行二）神医，妙手，乐善，济人。[①]

我们在北京市档案馆，还找到一份（伪）北京市私立临时救济委员会的立案材料[②]。该会成立于1939年11月，集结了大批社会中上层人士[③]，委员长为此时已79岁的江朝宗。起先委员会自行集资，办理粥厂，以缓解1939年的饥荒。但在后期的施行报告、与社会局的往来函件中，我们发现他们得到了汪精卫伪政权财务总署及赈务委员会的资金支持，增设了多个慈善教育机构（贫民小学、民铎工读学校）及施诊所，并兼发放棉衣、暑药、舍棺等；还成立了育英班童僧队、孚英班乐队，专为大型葬礼仪式活动服务。

北平沦陷时期，许多具有北洋政府背景的要人又在社会事务中活跃了起来，慈善事业只是他们介入并发挥影响力的一个方向。学界已有共识，即“慈善”并非单纯的“慈”，也非单纯的“善”。公益活动的背后往往暗流涌动，甚至沦为一些人攫取社会权力的手段，不能简简单单以“行善”论之。将以上文献与口述结合起来考量，可以发现，继禄、江朝宗这些对常家产生了重要影响，又能够给常晓茹带来社会资源的人，都或多或少地参与了慈善事业。而民国时期的慈善行为又多是通

① 金启孮：《北京城区的满族》，辽宁民族出版社1998年版，第35—36页。

② 社会局准北京市私立临时救济委员会成立备案的批示，附北京市私立临时救济委员会职员履历简表（1939—1940），北京市档案馆藏，档号J2-6-194。

③ 其中包括北京市古玩同业公会顾问、北京市政府前咨议、京师救济委员会前委员、祥茂木厂经理、春华楼饭庄经理、崇文斋书铺经理、各街道公益会会长等。

过会道门、行会、同乡会等社会组织来推行的。

到这里，我们对常晓茹的理解也能够更进一步了。他的很多行为很可能有更深层次的动机。在传统社会中始终存在的非正式、非官方的政治活动，往往通过宗教活动及其背后的团体得以推行。无论是参加宗教活动、还是投身慈善公益，都能给他带来一些隐性的好处。在常家的辉煌时代，常晓茹确实需要一位“能人”来帮助交游，同方方面面保持联系，扩大自身的关系网和社会影响。但他仅有独子，而这个儿子在后代的口中，是“家里净给钱，什么都学了，好像就是不行”的形象。常晓茹在儿孙面前，从来不提“武”字，并表示“就凭我常晓茹，我让我儿子出去挣钱？那栽大跟头了！”这句话的意味是很值得琢磨的。常家这位义子在不同场合用不同的名字，在义姓“常”和本姓“阎”中间来回变换，实际上也是旗人、民人[①]的身份变换。联系到民国时期的特殊环境，这对应对各方各面的来往是更加方便而有利的。所以我们在常氏兄弟的口述中，会看到对这位大爷（大舅）完全不同的评价。常人春多次称呼大爷为“这东西”“这玩意儿”，认为他“吃喝嫖赌是没有一样不好的”“家都是败在他们手里了”；常寿春则“佩服我这大舅，我觉得他比我父亲有本事”。

常晓茹做古玩生意，一度做得风生水起，属于多钱善贾、长袖善舞之辈。广阔的人脉关系让他获得了雄厚的资财，给了他大手笔行善的底气。但钱来得容易，去得也快。随着北洋一派的没落，常家开始慢慢展现颓势。北平沦陷时期，常晓茹这些旧日的关系和财力还能让他在一些社会事务上说得上话，帮人打打官司，但生活也不可避免地受到大环境影响。抗战胜利以后，常家一方面失去了生活来源，一方面又受到通货膨胀的冲击。1948年，常家卖掉了他们引以为傲的大院儿。1952年，常家就已一穷二白；当年8月，常晓茹便“窝囊，穷死”（常寿

① 清代户籍分两种，凡在八旗制度下的都是“旗人”，不在八旗制度下的就称为“民人”。

春语）了。

清亡之后，旗人作为遗民的遭遇，已经开始受到学界关注，但关注点主要还局限于宗室上层与底层的普通旗众，而像常晓茹这样既不属于皇室贵族，也并非穷苦旗丁的人物，在清末民初政局的大改组、大变迁中，反而得到了施展身手、飞黄腾达的机会，而不像一般遗民那样一落千丈，这样的旗人后裔，还很少进入学界的研究视野。但是，他们的人数却未必很少，至少作为八旗子弟中的一种，对我们理解当时那段社会和历史，还是很有意义的。可惜的是，我们对常晓茹这段经历的了解仅限于只鳞片甲，这些议论也只能是推断和猜测，其中的意义，只是给予我们一些提示而已。

2. 奶奶是镶黄蒙

常：我奶奶是镶黄蒙。一来就是镶黄蒙、镶黄蒙，从我小时候就是镶黄蒙，好像还挺牛气的，老那么说。她六哥，不知道是亲六哥还是叔伯的六哥，叫马什么，忘了。1900年西太后跑到西安的时候，他是随驾扈卫。走到怀安县[①]以后，因为天太热，有一位跟着（西太后）的王爷的马病了，跑不了了，他把他的马给了这位王爷，他就跑步一直跑到西安，到了西安他累死了。我奶奶经常说："你这六舅爷啊，假如要是能跟着老佛爷一块回銮的话……"

定：那就不得了了。

常：这是立大功的人哪！要不然那王爷就扔到半道上了。

定：她说没说是哪个王爷啊？

常：我奶奶能说出名，是哪个王爷，怎么回事情。那时间毕竟我小，拿这事情没当事，我奶奶跟我们说，我们不在意听。后来我奶奶也死了，再也论不上了。但是我奶奶说得很清楚，当时的交通情况，一个

---

① 光绪二十六年八月初五（1900年8月29日），慈禧銮驾抵达怀安县。见［清］吴永口述，刘治襄笔记：《庚子西狩丛谈》，中华书局2009年版，"初五日，抵怀安县"。参考杨家骆主编：《义和团文献汇编》第三册，鼎文书局1973年版，第417页。

侍卫死了，不可能还把棺材运回北京。但是西太后回銮的銮驾一到北京，紧接着，我六舅爷，就我奶奶的六哥，他的棺材也运到北京了。我一再地回想，是哪一位王爷，但已经记不住了，他绝对是和西太后随驾的。我奶奶经常念叨这个，说我六舅爷没有福气，假如当时要是不死，这一回来，肯定老佛爷得要亲封高官厚禄了。还很后悔，说是当时到了西安，太乱了，也没人顾及，自己又大意，也没好好地去瞧（病），在那儿没有几天就死了。

定：好多人都被封了。

常：就是这种情况。（祖上）唯一能够说得上来的就是我六舅爷曾经是西太后的随驾扈卫。

定：这是您奶奶家这边的故事。

常：啊，我奶奶家这边的故事。

定：您奶奶他们家住在什么地方，他们家祖上的事您知道吗？

常：说真的，这不太清楚。

定：可是是个大家，是吧？还有钱。

常：对，他家里头肯定是比较好的。像我那六舅爷，跟西太后的那个，那时候家里还有他照片呢！在故宫里头挎着刀，戴着顶子帽子。

苏：那您奶奶嫁给您爷爷算下嫁吗？

常：对，某些程度上说有，有这因素。我爷爷是正蓝旗，我奶奶是镶黄蒙，怎么就能结婚呢？主要那时候清朝也不行了，有些人就下嫁了。

苏：奶奶家家境是不是好一点？

常：家境也是后来败落了。有好些满族人呢，经济上头不太会过，在官场里不断起伏，很可能因为某一件事，家里就一败涂地，削职为民，摘掉顶戴花翎了。

苏：那结婚的时候是不是家境比您爷爷家里好啊？

常：比我爷爷似乎要好一点。虽然我们没问过，他们也没说过，但有一回，我爷爷跟我奶奶俩人吵架，就把这底儿就吵出来了，我爷爷说：“人家三品的翎子你怎么没嫁过去呢？”我奶奶说：“我瞎了眼

了！”［笑］

定：［笑］您这奶奶可了不得。

常：我奶奶道行大着呢！她是镶黄蒙嘛，到哪儿都趾高气扬。因为当时镶黄蒙的权力非常大，所有皇族的人服兵役都得上镶黄蒙那儿服去。正黄旗固然是正统，从正统上说那镶黄旗得算老大。

定：在清代八旗里镶黄旗的地位是最高的。

常：正黄旗虽然是皇族，是正统，但是你必须去服兵役，服兵役在哪儿？镶黄。一切服从镶黄领导①，所以它的权力最大，甚至的话它高于正黄旗，是这样的。

苏：有一件事我特别好奇，这么问好像不太恭敬，您当我是小孩别介意啊，我听您和常人春先生的讲述，就觉得您奶奶个性特别厉害。

常：对，对，对。

苏：您爷爷好像就是特别让着她？

常：可能是性格使然。我奶奶在什么上头都有点拔尖，说好听点就是要强，家里头能够独断的事绝不请示，对孩子管得比较严格。但是你说她严格嘛，她又挺放纵我父亲抽大烟。常人春对我父亲，对我奶奶印象非常不好。

定：所以您看他这口述里对他们都……

常：嗯，已经留情了，他认为家败就败在他们手里了。我奶奶不会过日子，无穷富贵②。那时候我爷爷没少挣钱。不要说别的，就说卖古玩吧，有的时候我奶奶也跟着去卖。怎么？我奶奶装阔太太啊！我奶奶号称是“王府里的人”，租的是鼓楼东大街大新汽车行的汽车。

定：哪儿的汽车？

常：鼓楼东大街大新汽车行。那时候我们家经常用它包月啊，实

---

① 所谓皇族必须服兵役，还必须去镶黄旗，一切须服从镶黄旗领导，此说不知所出，无考。

② 老北京话，指的是自以为富贵日子没有穷尽，所以肆意挥霍。

际就是租赁，就跟现在的出租汽车公司似的，它只不过小规模的，有那么几辆汽车。那时候我们家去开明戏院听戏去，叫它们的车；上财神庙烧香去，也叫它们的车；出去干点什么事，都叫它们的车，熟得很。有时候为了给我家面子，把那个牌子给摘了、换了，写着“自用”俩字，那时候也威风着呢，也抖着呢！要不然怎么解放后我们家不得烟抽呢，不知道家里头吃几碗饭，你知道吗？

我奶奶有时候也装“王府里的阔太太”，带着古玩去卖。实际那古玩并不是真正的古玩，往往也有赝品。还有一种情况就是真古玩，为了卖大价钱，为好卖，让人家信呢。究竟人家也怕打眼，看不出来这是真的假的。你光说这茶杯是乾隆的，怎么就是乾隆的呢？怎么证明？“这是那王府第几任谁谁谁的太太，那王府的东西，还能假了吗？是不是啊？”是这么回事。跟人家的太太打交道，人家没露面。为什么不露面？“怕丢脸，跟着呢。”这么着，我奶奶跟着也做过这活儿，那时候

常家奶奶马秀琴与儿子常子光

（摄于1915年前后，常寿春提供）

没少赚钱。

我这个奶奶不会过日子。这个老太太呢，一来就是我们老太后怎么着，你六舅爷怎么着，就会说点这种东西。要不然就说一点吃啊穿啊，这个行，真正的经济头脑一点都没有。那时候钱毛得厉害，那么些钱，你不会改成现洋变成金子留着啊？不留着。

定：她解放后那点威风就抖不了了，她怎么办？

常：我奶奶？后来的话，就在家里头当个普通的家庭妇女了，也劳动去了。家里（查出）大烟土抓我爸爸的时候，我奶奶说那大烟土是她的，人说："老太太，那您也走吧。"这么着就把她也给抓去了，也抓了八个月呢，在看守所。

定：身体没事啊？

常：身体没事啊，我奶奶棒着呢！她毕竟是镶黄蒙，带有蒙古后裔的那个劲头。没有一米七也有一米六八的个头。

定：哟，那是够高的。

常：是啊，我奶奶是个大高个儿的老太太。要不是抽大烟，我奶奶身体一点事没有。一抽大烟，结果就只生了我爸爸一人，生一独苗，后来就生不出来了。怎么呢？一抽大烟就不行了，要不然她不会就只生这么一个。

定：那您奶奶后来从戒毒所那儿出来，她就抽不了啦？

常：那就抽不了啦。

定：那她也就待着了？

常：对啊，因为大烟啊不像海洛因啊，它不是完了以后人就受不了啦，毕竟那程度轻微。但我奶奶也是被扒了一层皮，差点没死了。估计是因为原来抽大烟抽的，1952年的春天，发病了，脸上都出那燎浆大泡，流水，就好像让开水把整个脸给烫了一样。我妈带她上油坊胡同第二医院，在那儿住了有半个月才瞧好了，差点没死了，那很重的。

定：她有点反思没有啊？

常：没有，至死就不那什么。后来还跟我爷爷打架，我奶奶的话：“我就抽大烟了你怎么着！我就不要脸了你怎么着！你有本事，你给我挂牌儿，领街上给我摇铃铛去！”这是我奶奶说我爷爷。

定：你爷爷也不嫌她，也不烦她，也不管她？

常：就那样我爷爷还：“对，您说得好。”

定：哎哟，你们家这些事！你奶奶到死也不认为她有什么错？

常：一点错都不认。我奶奶这个人呢，有她的优点，但缺点也非常重，死不认账，她的错她一点不认。我们正听收音机呢，［唱］“朋友朋友请您别再抽（抽大烟）……”“滚！滚！听这干什么！”我们那时候怕她啊，赶紧（把收音机）关上了。得，今天的《儿童时间》就甭听了。解放后，街上有个唠叨儿怪话，什么呢：“净光净，卖了桌子卖板凳，连个尿盆儿也不剩”，什么什么，反正有这么一套，小孩经常在街上嚷。我不知道怎么，也是没心少肺，听了这个就在家里学舌：“家家穷么净光净……”我奶奶听了就不干了，认为我是在讽刺她，不是说了我一顿就是骂了我一顿。后来我索性就给改了，我说，“天天穷，净光净，卖了桌子卖板凳”，等于说我们家呢，“连个尿盆儿也不剩”，打那秧歌鼓点嘛，“噔噔噔了个噔噔噔！”是那个点，不知道谁给编的。确实有小孩这么说的。

我对我奶奶印象也不是特别好。怎么？她不承认。她说这是让共产党给弄坏了：“要不是共产党，咱们家能这么穷吗？亏得把旧鼓楼大街的房子给卖了，要不咱们早被扫地出门了。”这是她的原话。后来我跟我哥哥也故意气她，说：“那么大的同仁堂都没被扫地出门，咱们家怎么就会被扫地出门呢？人家老乐家不比咱们家有钱？”说她是胡说八道。我奶奶在旁边，看得出来是在那儿生气，也就是那时候，我们都大了，她好像也不太好说了，也说不动了，我们也不怕了。

定：那后来的苦日子她怎么过啊？

常：我奶奶身体本来挺好的，要不是抽大烟把底子弄坏了，她身体是不错的。后来也是由于生活太差了，有病也没钱瞧，那可不就不行了嘛。要不然她死不了，我爷爷我奶奶都死不了。

定：您奶奶什么时候去世的？

常：她是腊八死的，1960年的腊月初八，这上头有［指常人春口述］。

定：死的时候多大岁数？

常：我奶奶死的时候71岁吧，多说72岁。

苏：您奶奶葬在哪儿？

常：没有了，我奶奶是火葬的。那时候已经不允许埋了，如果你有地儿埋也行，没地儿埋啊！哪儿也没坟地。你要说上香山万安公墓，也可以，但没那么多钱。

苏：那放哪儿啊？

常：放火葬场啊！"文化大革命"的时候都把骨灰给倒了，告诉说这是"四旧"！说是到时候给修个纪念碑，说得挺好的，纪念碑现在也没见着，就吹了。

苏：您祖父还是葬在您家的老坟地。

常：清河，但不是老坟地，常家是很悲惨的。我们家原来在清河四拨村有坟地四亩，我爷爷的父亲母亲都葬在那儿。1952年，实在过不下去了，就把坟地卖给东城香饵胡同一人了，卖了120万块钱，还到北京市地政局过户了呢。这块地卖了就算赚下了，因为什么呢？到了1952年6月，就土地改革，全没收了［笑］。[①]我们等于把买主坑了，那人恐怕也是老北京人，想着给自己家置上个坟地，哪知道社会主义改造这么厉害啊！根本就认不清形势。

苏：这四亩地不能给人划地主吧？

常：那时间城里没有划地主的，都知道这是坟地，没有出租不出租这说。我爷爷是1952年8月19日死的，正好清河的地也没收了，土地

---

① 1952年5月1日，地政局、公逆产清管局合并，改为北京市房地产管理局。见《当代北京大事记（一九四九—二〇〇三年）》，第50页。据此推测，常家卖坟地应是在5月之前。

改革了之后，好些人分的有地。我二大爷——李连柯也分了地，我爷爷就葬在他们家地里。

苏：现在还在吗？

常：没了，清河那儿现在全是楼啊！早已沧海桑田。

苏：祖父的坟也找不到了？

常：没了。要不我哥哥写的那个诗[①]，我还给注一下“祖母骨灰无存”嘛。

3. 我佩服的大舅

【访谈者按】

常晓茹的两个儿子——义子和亲子，无论他们的出身和童年怎样，后来在这个家庭里的经历和结局都差不多，都是前半生享受荣华富贵，后半生或入狱劳教，或奔波劳碌。那位来自瓦窑的义子阎广仁[②]，常氏兄弟口中的“大爷”“大舅”，解放后以说书、倒卖粮票为生。常晓茹的亲子常子光终生一事无成，甚至没有过正式而稳定的职业。两人都染上吸毒恶习，他们的人生都以悲剧告终。与其说这是常晓茹治家教子的失败，不如说是大时代下难以避免的境遇更加合适。在翻天覆地的革命与此起彼伏的政治运动中，尚能保全身躯，就已经是一种幸运。这不禁使我们反思，在20世纪初发生的阶层流动，是否仅仅是循环往复的状态，终究不能持久？

以下几节有关常家第二代人的回忆，我们将常家大舅的部分置于篇首，这主要是考虑到中国传统中的“长子”身份，以及他在常家的重要性。并且，从常家及阎家的认同来看，他是名副其实的“常家人”，死后与常子光、阎宝贞合葬在一起。

① 见《国花少主诗词》，题为《哭祖母》，原文：“惊闻祖母亦长辞，连日缠哀不自持。两慈若在黄泉会，当哭残年风烛时。”

② 常寿春提到他这个舅父有许多姓名，来回来去地变，这里以其阎姓本名代表之。

常：我大舅正名叫阎广仁，解放后他这历史就复杂了，但实际上并不复杂，就是他来回地给你那儿变名，阎博航、阎广仁、阎洪友，后来就是常博航、常友恒、常洪友，这都是他的名，还有常荫泉①，恐怕我还说不全，谁知道他还有多少名。

定：他干吗改这么多名啊？

常：他很精明，问他叫什么？"我叫常博航"，这就是遇见我爷爷了。到别处的话，又变了，我叫什么什么，他就是这么个人……我爷爷救过我大舅一命。这我哥说过没有？

定：[笑]那事我一直想问问您呢，太有意思了。

常：我爷爷与我大舅呢，素不相识。

定：这我知道，但我听说后来连您那大舅的父母都跑到你们家住来了。

常：这个情况要说呢，会很长。我爷爷当时为的什么救他一命呢？我大舅那是非常精明的人，很精明，他十几岁啊，还不到18岁呢，冒充军人。

定：那时候他们家住在房山那边是吧？

常：住哪儿啊？当时是房山县，现在是丰台区王佐乡，他是魏各庄的吧。

王彩莲（以下简称"王"）：瓦窑村的。

常：瓦窑村的。他是这样，一小儿就跑出来，到城里就傍大款。很有本事，到过香港、上过上海……嗬！哪儿都去过。

定：就十几岁的时候啊？

常：啊，要不后来怎么抓住了，在长辛店火车站冒充军人。但他并没有真的招摇撞骗，无非就是穿了一身军装，坐车他可以不花钱，谁也不敢惹。他想南下到武汉，再到广州去香港，但没钱啊！坐火车

① 常荫泉是常家大舅在说书之时的专用名。如今一些回忆民国及解放初期庙会、书馆的文章中，常会提到常荫泉。

要从京汉铁路下去，哪儿有钱呀？结果在丰台那儿就被扣了。那时候军人讲究护照，一查问：“护照呢？”“没有。”抓进里头了，就算在看守所吧，只能这么说，当时情况咱也不清楚。有人就跟他说：“你这回可惹大祸了，你摊上事了，摊上大事了。”怎么？按照当时，冒充军人，死刑，一律枪毙，当时那个法律很严苛的。“你可惹大麻烦了，想主意吧！小孩。”我大舅精，他当初曾经听说，这儿管事的，有个姓常的，干脆，就冒充他儿子得了。他就冒充我爷爷的儿子，人家问他姓什么，“我姓常！”“你爸爸叫什么？”“我不告诉你！”再假装被问急了，“我爸爸叫常旭升！”“干什么的？”“干什么的你还不知道？哼！”他倒横起来了。看守的人吓一跳，心说：“我的妈，你爸爸是常旭升？常旭升是我们顶头上司！”照现在说，北京市公安局局长！好家伙，抬出他来了！“我爸爸是李刚！”［众人笑］这了不得啦！可这是真的假的，现在不好糊弄，当时可一蒙一个准儿。看守立时对他就不是那么个态度了，就跟他说：“那什么啊，你赶紧跟你父亲见个面，把这事说了。”他告诉：“我不敢跟我爸爸说，不敢告诉我爸爸我被逮了。”“哎！那不行，你得说。”这看守的为拍马屁还上我们家来过，这是后来我父亲给我们讲的。

当时看守的人就偷偷给我爷爷递过话去了，说：“您这少爷惹事了，在我这儿呢，您放心，一点委屈受不了。”我爷爷挺奇怪，心说这叫什么事啊！谁敢冒我名儿啊？我得瞧瞧去。到那儿一瞧，哟！小孩十几岁，长得还蛮精神，蛮精！我这大舅也精，一看就知道准是常旭升来了，从外头坐着跨子车进来的，别人都毕恭毕敬的。跨子车就是那时候的摩托车，后头还跟一护兵。

定：他这胆儿也真够大的。

常：他就赶紧给跪下了。我爷爷一瞧小孩还不错，当时就没吭气，看守就说因为他冒充军人，穿一身军装，给逮了。我爷爷一想，就是一句话的事，就好心眼儿，跟看守说：“你有什么事，经常给我带个信儿吧，先让他在这儿待着，让他知道知道难受，回头再说。”就走了。嗬！这可翻了天了。看守也不知道是怎么回事，就对他好好的，在那儿圈（juān）了有俩多月吧，就给他放了。放了以后我爷爷就给带我们家来了，我大舅他父亲母亲那时候还不知道他犯事了呢！又给他们带过信儿去。怎么成我舅舅了呢？我大舅的妹妹，就我妈妈，嫁给我父亲了。

定：这点我也不明白，怎么就愣娶了他们家的人了呢？

常：那就因为我爷爷，纯粹是我爷爷，我奶奶是坚决不同意。

定：噢，您奶奶明白。

常：坚决不同意。

定：那您奶奶能容纳这儿子吗？

常：我奶奶也无可奈何，当时我爷爷说了算嘛，我奶奶没辙。我妈过门，我奶奶好不乐意。

定：您奶奶为什么不乐意？看不上？

常：对啊，你弄一农村小丫头来，这不成心瞎胡闹嘛。

定：你们那种家庭。你爷爷为什么啊？他怎么想的啊？

常：我爷爷当时就是喜欢我这大舅嘛。

定：哦？

常：说这孩子将来有出息。我爷爷喜欢什么样的呀？能闯能练敢干。我爷爷说我大舅像他，将来错不了。

定：这倒是。但他不是到你们家以后什么也不干吗？你哥说的。

常：有一阵儿他是不干什么，吃我爷爷的，就成啃老族了。他到外面赊账去，回头都我爷爷买单，我爷爷就把他给轰走了：“走、走、走，你别给我惹事了。”这我哥没跟您说啊？

定：这说了，你哥说的就都是这些事。

常：我大舅他有俩媳妇，您看，您说他没本事？一个农村小孩，在北京混俩媳妇！现在你瞧瞧，哪个农民到北京来能娶俩媳妇？娶给我看看！人家就有那本事。

定：轰不轰的，他也已经是您舅舅了，轰了也没用了。

常：轰了让他到别处过去，别在我们家了。

定：您妈妈怎么评价她这个哥哥？

常：我妈说我大舅非常聪明，可惜没走正道。

定：是不是从小特别惯？

常：对，而且他很小就跑出来了。

定：他读过书吗？

常：读过啊。

定：他应该是读过，他爸是老师啊。

常：对啊，他读过书啊，要不他后来怎么说书啊。他要不认字儿，干什么都不行。我大舅一直没有正式职业。解放前就凭着他的机灵劲做点小买卖，实事求是地说，他倒卖过烟土，以贩养吸；打过鼓，收买旧货。解放前，由张家口去，带着我二舅妈，他不是俩媳妇嘛，大太太死了，还剩二太太，二太太也是大烟鬼。我大舅，我两个舅妈，都是大烟鬼，大家一块抽，要不怎么家都败了呢。

但是我佩服我这大舅，我觉得他比我父亲有本事，也不管邪的歪的，人家就凭自己，把家里能维持住了。他有点眼力，也懂古玩。他这个人很精明，太低档的事他不干，这是没错的。我记得好几回，在旧鼓楼大街那房子拿着他那鼓打着玩儿，不会打！［比画］那么点小鼓，一个藤，一个鼓鞯子，很软，前头拿羊皮裹着，会打的能打出“班儿班儿班儿——班儿班儿班儿——”，老是这个调儿。我们小孩一打，“班儿”就打手上，哎哟好疼好疼！这是1946—1947年的事，再早一点也可能干过。大舅他一直并不安分。但不是想象中的吃喝嫖赌，我不同意这种说法。赌和嫖上他沾得不多，我不敢说他没有，但不是非常严重。

苏：他收买古玩是跟您祖父一块做吗？

常：不不，他自己，我祖父不管他。他那糟践的，我祖父给他个什么东西，他转头卖了，把钱全花了。

苏：他什么时候开始住在您家的？

常：民国十八年（1929），我们搬到旧鼓楼大街后就一直住着，住到什么时候呢？应该是1944年的样子。我们家原来还有个报纸，上面登报声明："常友恒永断割藤"，与他断绝关系，把他赶出去了。

苏：这是什么报纸呀？

常：这是什么报纸记不清了，就是家里都有的报纸，我们家的置产声明原来也都留着呢。因为什么把他赶出去了呢？他老惹祸，拉一大堆账，人家拿着折子找我爷爷结账，我爷爷给不起了啊！"好嘛！你冒着我的名儿什么都敢弄！"跟钱庄借钱，跟狐朋狗友在饭庄子吃饭。

苏：什么时候登的报？

常：登报是民国三十年（1941）左右的事，不会再往后了。但他还在这儿住着，怎么呢？我都影影绰绰记事了，他和我大舅妈、那个二太太，还住在北屋的西套间儿里呢。我表妹常瑛那时候还小，有一回脑袋撞在大玻璃窗户上，一下给撞碎了，流血了，哇哇哭。那块玻璃换下来就放院里搁着，被撞了个大太阳，我还记得小时候多次看过那块玻璃呢，都说是熊儿碰的。她磕完脑袋了，也差不多就走了。

苏：熊儿？

常：我表妹的小名儿，因为她胖，睡觉像个狗熊似的［笑］。

苏：［笑］那他们走了之后住哪儿呀？

常：住棉花胡同29号、41号，就现在工商银行对面。我们原来每个月都要去这个银行一两次，交电话费。我还老跟她［王彩莲］说："你看大舅家原来就住这儿。"

苏：您大舅什么时候忌的大烟？

常：强制戒烟。解放前他进去一回，因为他得罪人了。那时候他住棉花胡同29号，得罪了院里街坊，街坊就把他告了。那阵儿他就是抽大烟，进的是北平市看守所，刚进去没几天就解放了［笑］，看守所整个就解散了，他就给放出来了。

苏：这就给戒了。他解放后就没抽过大烟了吗？

常：没有。大烟还是比较好戒的，要是海洛因就不行，那戒不了。

苏：那跟杜冷丁差不多。

常：解放后我大舅就说书去了。我哥说他没有老师，这不对。我大舅绝对拜过评书老师，这个老师姓李，李什么我说不上来了，但这人我见过。评书界如果没拜过师，你想说书？哪块儿能让你说啊。“你师父谁呀，你就上这儿说来啦？”他还是北京曲艺联合会的呢。

定：他学说书是在解放前就学了？

常：不，他是解放后。解放后他不是因为大烟土的案子被抓起来了嘛，判了一年半吧。释放出来以后，他就说书去了。一开始说的是《清烈传》[①]，后来百花齐放，政策放宽了，就允许说《三侠剑》了，当然不允许歌颂帝王啊这类的。

苏：以前说书在哪儿说啊？

常：庙会上，茶馆里，主要这么两个地儿。像我大舅常荫泉，赶几个庙会：白塔寺，护国寺，隆福寺，土地庙，花市。

定：大部分都是在城里的。

常：都在城里的，城里五大庙会。后来花市的取消了，土地庙的取消了，隆福寺的取消了，最后就剩白塔寺、护国寺的。[②]

苏：在庙会上说书怎么说啊，摆一摊儿？

常：不管冬天夏天，搭一大布棚子，用板凳围成四圈。他在正中间儿呢，［比画］比如这一圈吧，这摆一桌子，他站这儿说，然后这么多人围着听。有座的，一般都给钱，只要你坐下。站着的也给钱，只有

---

① 《清烈传》，又名《黄杨传》。叙黄三太、杨香武为师父胜英报仇的故事。“白塔寺……殿上也有两处说书的……左边是说评书的，艺人名叫常荫泉……专说《清烈传》，因为他说书时总好微合二目，人们戏称常瞎子。”刘荫柏：《京都琐忆》，见吉狄马加、张同吾主编：《百年烟雨图——中国当代作家、诗人及知名学者回首自己在二十世纪最难忘的经历》卷二，第795页。又据北京老人回忆，常荫泉说书主要在隆福寺。

② 常寿春对北京庙会、说书的记忆主要是在解放后产生的，可与中国艺术研究院戏曲研究所研究员刘荫柏《京都琐忆》一文相互对照来看。刘荫柏与常寿春都出生于1941年，刘荫柏于1947年进京居住，二人所述相差不大。

像小孩呀，有人确实没钱，也有就是不愿给钱，一到要钱就走了，待会儿等要完钱了，开始说，他又回来了。但是这个呢，（说书的人）也不是多反对，为什么呢？就怕没人听。

苏： 捧个人场。

常： 哎！捧个人场。所以不怕人不给钱，一般都给钱，那时候，五几年，我大舅好的时候，一天20多块钱[①]。

定： 哟！那不少啊。

常： 哎哟，我大舅那时候狂着呢！但是后来也不行了，他跟我妈说："我那时候的钱要搁现在得论刀[②]！"我妈说："那你拿出来我瞧瞧啊，当初你不是没留下嘛，现在你在这儿废话！"［众人笑］我大舅也敢干，也有经济头脑。到1964年，说书说不成了，不让说了，不许宣传"封资修"的玩意儿，庙会也取消了。我大舅在德胜门的德胜轩茶馆说书，说《林海雪原》，一晚上才挣八毛钱。我大舅说："别糟践我自己了，还得给茶馆钱呢！一晚上说完了自己拿八毛钱走，算什么啊！"

定： 八毛钱?!

常： 唉，没人听啊，关键是没人听。动不动二把盒子[③]，大肚匣子[④]，只能哄孩子。不像过去，过去一说书那真带劲啊。我大舅一说多带神啊："喳——嘮嘮嘮！宝刃出匣，光闪闪冷飕飕夺人二目！这才赶到当场，要和胜三爷[⑤]是以死相拼！"说这多带劲啊，说《林海雪原》，你不能说"杨子荣把枪拔出来了，光闪闪冷飕飕夺人二目，这才

① 按照当时人的收入计，每天20元钱有过高之嫌。

② 刀，过去用纸论"刀"，是一种计量单位，一百张为一刀。据常寿春讲，当时有一种"豆纸"，是一种很次的再生纸，黑灰色，人解大手时用，非常便宜，很不值钱。常大舅这句话的意思是，他所挣的钱，可以像豆纸似的，一刀一刀有的是。

③ 即盒子炮，学名为"毛瑟军用手枪"（Mauser Military Pistol），也称作匣子、驳壳、木壳，都是毛瑟枪及其仿制品的泛称。二把盒子专指介于大小握把之间的毛瑟枪。

④ 毛瑟及西班牙仿毛瑟中可拆弹匣式二十响连发手枪的统称，因枪体前部机匣外侧凸起，像鼓了个大肚子，因之得名。

⑤ 即胜英（胜子川），评书《三侠剑》中的一号主人公。

蹦到座山雕跟前以死相拼”［众人笑］，你能这么说吗？你没的说。

定： 人家也不爱听啊。

常： 听的往往都是老人，到那儿去听一段，给两分钱什么的。一般晚半晌儿听一场书，花个一两毛钱，再花个两毛钱喝壶茶，完了就走了。这一说《林海雪原》，好，茶馆买卖都不行了，我大舅就不干了，就不说了。中间他也跑了不少地儿，我哥哥没太说，他也不太清楚，我大舅跑了好几个地儿呢，跑营口。干吗去了呢？给煤矿工人说书去了。

定： 解放后？

常： 1958年“大跃进”后，很多都停顿了。公社化，也不生产了，一个锅也没有，砸了全炼废（钢）渣子了，放那儿搁着。什么也没有了，一亏满亏，什么也供应不上，锅有锅票，这有这票，那有那票，什么也买不到。再一个，过去很多都是家庭手工生产，比如用秫秸秆穿的锅盖，搁饺子的那个盖帘，公社化后都不生产了，这个也没有，也受灾了。1960年，北京市场上什么都买不到，就是买一个顶针儿也买不到，我大舅不知道从哪儿趸（dǔn）来一堆烟袋啊，顶针儿啊。我那阵儿回家一看，四五把烟袋、好几十个顶针儿，放在那个哈瓦那雪茄的盒里。我问我妈哪儿来那么多顶针儿，我妈说：“嗨，你大舅弄来的。”我大舅有经济头脑，不是困难嘛，他不知道从哪儿倒腾那么些东西卖。顶针儿多少钱一个？五毛，一块。那时候一块钱了不得了，等于现在一百块钱一个。［笑］他有脑子，他也敢干。他还倒腾粮票，那阵儿有粗粮票、细粮票。一斤白面票五块钱，粗粮票是三块。我大舅舅干过这手我怎么不知道啊！［笑］

苏： 他也挺神的。

常： 1960年困难时候，庙会也取消了。他自己探了不少路子，他有魄力、有头脑，到营口给煤矿工人说书。那时候住的都是“锅伙儿”。什么叫“锅伙儿”？就是大通铺、大集体宿舍。那时候煤矿工人苦着呢！不要想着说，又照太阳能又洗淋浴了，哪儿有啊？他就给那些矿工说书。怎么说？就在这“锅伙儿”里头说。说书没钱怎么办啊？没钱可以啊，没钱你得管我饭呢。今天吃你的，明天吃他的，那不是吃一个人哪，那儿一大堆人呢！矿工也不在乎。那时候粮食多困难啊，我大舅把自己的粮票省下来，省下来就卖了。

定：真会过。

苏：那大舅妈怎么办？

常：大舅妈在家啊，到时候他差不多回来一趟就行了。再有的话呢，（那些矿工）不但管饭，还管他抽烟呢。他不是要烟卷儿，要的是叶子烟，东北那儿不是叶子烟嘛，哪儿有烟卷儿啊。每回说完书了，甭给钱，他也不要钱，也没钱。拿一小笸箩收烟，一人给他捏一小撮，那笸箩可就满啦，"哗啦"倒到自己的大口袋里头。到外头，便宜8块，贵点12块一斤，卖了。当时要卖12块比现在卖1200都多［笑］，你说他没脑子吗？

定：真有办法。

常：有好些事你说怎么说呢？也不能说生不逢时，这么说好像对新社会又不满意了。但这个社会环境不能容他，也容不下他。他那套东西也与社会格格不入，但归根到底，还是这个社会不容他。你说他说书说得好好的，就不让人说了是怎么回事呢？1959年，曾经也给他安置了，让他上福建曲艺说唱团，他不去。他说："我上那儿干什么去？我要饭去啊？那儿我谁也不认识，什么都不知道，我给谁说去？"到那儿去也是瞎胡闹，哪天就给解散了，指不定搁在哪个农村了。那时候共产党说什么是什么。

苏：有家也不能回。

常：对了，那就回不来了。没去，他就凭着自己的精明，四处去说书，到过抚顺，到过门头沟。他后来为什么被抓起来了，就是因为自己瞎写了一个证明，拿手电筒扣个圈儿，里面写上"北京西四区文化馆"，弄了个介绍信去说书。到那儿就被问了，当时让他回家了，没几天，就被送到北苑农场。［笑］老头子在那儿把别人气得不行。他不是会说书嘛，一干活儿他就给人说书，都不干了，都听他说书，给他们队长气得［笑］，又没辙。

定：你们也叫大舅，也叫大伯（bǎi）。

常：叫大爷。他是我爷爷的干儿子啊，比我爸爸大，就叫大爷，一直叫大爷。管我之前那个舅妈叫大妈，后来那个二太太叫二姑。都到什么时候了？到六几年才叫大舅。

定：为什么六几年改成大舅了？

常：是这么回事，我爷爷也没了，再叫大爷已经不太合适了，就叫大舅了。我哥哥没改口，从来都叫大爷。我这大舅啊，1964年还惹过一回祸呢。

苏：什么祸呀？

常：按说这不算祸，但是毕竟让人给扣了。他回瓦窑，回我二舅他们那儿去了。他们那块儿呢，那时是人民公社，正好把当地的一个塔院给挖了。那是唐朝的塔院①，本来是古迹，不应该挖，那时候是1964年，随便挖。挖出很多的古玩，都是唐朝的啊。大队书记跟大队队长都不懂，说问问常大爷吧，人家可懂这个。他一看，哎哟！这可老值钱了，卖了去吧，卖了买化肥、买拖拉机，反正都是给公社买嘛，结果就拿了去要卖。其中一些金器，卖到大栅栏的一个国营金店，人家没说什么就收了，还真给钱了。还有些是瓷器，他们就拿着上荣宝斋了，王府井的荣宝斋，到那儿就让人家给扣了，问这批东西哪儿的，说是哪儿哪儿挖出来的，那不行，虽然你们这儿有证明，那也走不了。一会儿派出所就来人了，就把我大舅、村里的大队书记和大队队长全扣了。一问怎

---

① 王佐乡的文物古迹有好几处，遗留至今的有唐将史思明墓、桂峰香公寿塔、石雕五供儿等，其中的史思明墓是唐朝古迹，其墓葬的具体位置在王佐乡林家坟西约100米处，原来地面有高大的封土堆，当地称之为“大疙瘩”。该墓发现于1966年春，挖掘时发现墓道、墓室。但这里并没有成群的塔院。另一处桂峰香公寿塔位于瓦窑村，该塔迄今犹存，据说塔的所在地，原有大庆寿寺并有密檐式塔十多座，俗名“乱塔寺”，抗日战争时期，塔群遭日军拆毁，并有碑文载：“钦授万寿戒檀宗师兼敕赐崇福寺第一代住持桂峰香公寿塔铭。明嘉靖年立。”虽确实位于瓦窑村，且曾经是塔院，但却立于明朝而非唐朝。常先生这里所说，不知确指哪一座。

么回事？他们说我们这也不是给自己卖的呀，是给公社卖的，我们这是挖出来的呀。你不信你问哪，你调查啊。（派出所）给公社那书记打电话，（那书记）说是有这么回事，这事我们知道，我们还开的有介绍信，结果把大队书记和大队队长放了。

我大舅倒好，还得找一保人，问他说："你找谁保你啊？""找我妹妹保。"就是我妈。结果派出所就找我妈来了，说："你有个哥哥吗？""有啊。""叫什么？"我妈说叫什么什么。"他犯事了，你能不能保他？"我妈吓坏了："又犯什么事了！"［众人笑］也不知道怎么回事啊，人家就简单说了说。我妈就直接到香家园派出所，跟所长一说，所长一打电话，把我大舅放出来了。一进家门，我妈就把我大舅骂了一顿，说："你招什么事啊？你显什么能，啊？你跟他们卖！这东西能卖吗？"这是1964年。

定：那时候特别严。

常：那是唐朝的一个和尚坟，不是孤零零的一个啊，那可是一大片哪，好些个浮屠，他们管那儿叫塔院。他们把塔院拆了，要拿那砖砌猪圈。浮屠里头都是经书，全都扔到街上了，飞得满街都是。坟里头主要是有五供儿，香炉、蜡扦儿、香筒之类的，那都是唐朝的东西啊！

我大舅那阵儿正好回去了。回去干吗去了？养兔。要不说我大舅经济头脑非常强，那时候养兔可以。养獭兔、山羊青[①]，主要养这么两种。安哥拉兔那不能养，梳毛太费工了，我们都知道。那阵儿我大舅主要在我们家住着。也是，没主意，你说光开张证明管什么啊？当时确实有魏各庄公社开的证明。

定：这事闹得多可惜啊！

常：那会儿闹得把这些五供儿全没收了。我大舅到我们家，我妈这通数落。那天正好我在家，一问怎么回事，就这么回事。［指王彩

① 山羊青兔，又称"青紫蓝"，獭兔的一种，是世界上著名的皮肉兼用兔品种。

莲］到现在他们村还说这事呢，说这东西的钱可值老喽，值大了去了！现在要卖也不行，刨出来也是公家的。

定：哪儿能卖呀！那是能卖的吗？那都是文物啊！

常：卖荣宝斋当时不是卖给国家嘛。[①]

定：那你把塔给人毁了呀。

常：全刨了，整个给刨平了。

苏：经书也没了。

定：谁出的主意啊？

常：生产队啊！公社啊！那个塔院四周还有墙呢，小红墙漂亮着呢！都给挖了，挖了干什么啊，要那砖，砌猪圈！这公社啊，人民公社啊。

定：糟蹋了，唉。

常：结果白费了半天劲。

定：您这故事也是真多。

常：要不然我妈说："我可不省心呢，不是这个被扣了就是那个被扣了，我受得了吗！"

"文化大革命"，我大舅被送到延庆县三司的公社里头。等于给他迁出，下放了。在那个公社他又活了［笑］，她［王彩莲］都知道［笑］。1975年，他们大队队长和书记上我们家看我妈来了，说："哟！常老先生在我们那儿可好了，您放心。"［笑］他哪儿是受监督改造去了，跑那儿当老爷去了。大队队长还"他老人家""他老人家"怎么怎么着［笑］。

苏：［笑］他在那边干吗呀？还挺有名望的。

常：他在那儿说书，又什么都知道。到那儿去，公社给他点粮食、给他点钱就完了，也用不着他干活儿。那时候他都70岁了，还干什

---

① 事实上，北京市人民政府在1951年12月即公布了《北京市发现古迹古物暂行处理办法》，规定凡发现古文化遗址及有文物价值的古墓葬，须即告当地政府，不得擅自发掘。出土物应当由文物调查组保管。见《当代北京大事记（一九四九—二〇〇三年）》，第45页。

么啊［笑］？

苏：大舅后来就一直在那儿吗？

常：没有，1980年就回来了。公社哪儿能净养这些闲人呢？人家农民也不傻啊！你城里的人凭什么来这儿分粮食啊？城里不养着，我们养着？后来有很多人逐渐胆子也大了，看透了，不满的情绪也发泄出来了，所谓"知青"不就成那什么了吗？好家伙！那群孩子惹得起？敢把火车给包了。不让上？不让就打你们！"没钱，找毛主席要去！"就这话。我妹妹不是由内蒙古武川县回来嘛，成群搭伙的，敢把列车员从火车上拉下来。男的在前头，女的在后头，"轰隆"往里一挤，列车员仰面一个大跟头，就躺那儿了。进去把车窗全打开，钻窗户的、递行李的，一会儿全坐满了。要票——"票？什么票啊？我问你，什么票！"后来人家也知道这群孩子惹不起，也同情。整列车地往北京拉，到了站，"一、二、三！""嘡"就撞出去了，"什么检票啊！回来了！"就到这种程度，一点不夸张。解放军都帮忙，说好话。在车上，一个挺大的解放军军官看见我妹妹了，说："小鬼，没打票吧？来来，别害怕，坐我那儿去。"那时候他坐的卧铺啊，"在那儿坐着，没人问你，谁要问你就说咱们一块的"。

我大舅回来就上瓦窑我二舅那儿去了。后来在云岗那儿，长辛店的西南还说过书。弄一竹板儿，坐在地下，画一圈儿，也不站着。我有一个外甥，过那儿一看，以为要饭的呢，说："哎哟，舅爷啊！你怎么在这儿坐着呢？"我大舅还挺滑的，带那么大一个小孩［比画］，他们村里的。干吗？这是保镖的。

苏：保镖的？

常：一老一小，谁敢惹！哪个警察敢轰？哪个警察敢给拉走？我大舅有点主意，还弄一小姑娘拉着，问他："干吗的？""我要饭的。"［笑］你瞧瞧，没法管。（要是）拉走，中午这饭就朝他说了，谁拉走朝谁说。［笑］谁也不敢带，带走还得给送走，还得雇车，什么事都讹上了。就一老头儿不好弄，没准儿就给轰了。他有办法，什么时候都处变不惊的人。

苏：他那孩子不养他是怎么回事？

常：哎呀，要不怎么我们现在跟常瑛没有任何来往呢？就是因为她连她爸爸都不认，我们也不愿意跟她来往。

苏：因为什么呀？

常：不知道因为什么，我们常家门是不是有这么个血统还是怎么回事。按着说，她爸爸对常瑛的这个好，就是在我们家庭情况好的时候，我们都非常羡慕。我大舅那阵儿不管干什么吧，东抓西抓也好，卖大烟土也好，什么都干，混得挺好的。那有钱真舍得给孩子花啊！要星星绝不摘月亮，要月亮绝不给星星，是那么个人。我哥哥常人春会说，“这是慈父严母”。

苏：她那后妈对她不好吗？

常：不太好，只是一般。但是常瑛倒是一直养她后妈到死啊。

苏：那为什么不养她爸呢？

常：对啊！也可能因为她爸历史不好，怕受牵连，再说她这后妈可能给说了不少这个那个的话。

苏：这后妈跟您大舅关系不好？

常：这后妈本身人就不太行，有钱什么都好，没钱什么都不好。后来我大舅什么都干不成，就成家里迟累了。那好的时候怎么什么都行呢？说书时候怎么拿他当佛爷供着啊？1955年春天，我大舅说书，最好的时候一天20多块钱，相当于现在2000多块钱啊。

苏：等于一人一个月工资了。

常：对。他说书的时候，我们上初中，常瑛穿得好着呢！冬天穿高靿儿的皮靴，那阵儿北京孩子没有穿皮靴的，花18万买的；还买了一条呢子裤子，我们上学的孩子没有穿得起的。女孩子裤子都打那么大个补丁［比画］，磕膝盖补一大方块儿，屁股后头补一大元宝，不是说每个人都有，但毕竟经常有。穿的是普普通通的棉鞋，甚至上头还用皮子给缝一块，把窟窿盖住，并不寒碜，因为有那么一批人都那么穿。常瑛能穿高鞡儿皮靴、呢子裤子，甚至“双面卡”[1]的裤子，有几个学生能达到这程度啊？上头灯芯绒的外套，了不得啊！好家伙，比现在水獭的、灰鼠的还强呢！她爸爸就对她好到这程度。

常瑛后来在蒲黄榆小学当教师。她历史上也挺有意思的，一开始是她爸爸有关系，北京曲艺团有个培训班，招一批年轻人，后继培养各种大鼓接班人。她就去那儿了，后来就说：“我不当大鼓妞。”北京过去管唱大鼓的叫“大鼓妞”，基本都是女的唱大鼓，像小彩舞，就是骆玉笙；花小宝、花莲宝、花五宝、马增芬、王艳芬，她们姐几个，还有王毓宝等人，都是很出名的，也挺叫座儿的。当然她们长得也都比较漂亮，跟着一大班追星族，都是过去的公子哥儿们。常瑛不愿意，就去考安东歌舞团，就是现在的丹东，鸭绿江边上。国家不是考虑和朝鲜的关系，把安东给改了嘛。那阵儿改了不少边境上的名字，和越南接壤的镇南关改成“睦南关”，后来又改成“友谊关”。

但是丹东毕竟是外地，和北京没法比，又赶上1960年，苦不堪言。她就跑回北京，擅自离职了。没的干，就结婚了，嫁给北京齿轮厂工会一个干事，叫穆香永，后来三弄五不弄就当老师去了，一直到退休。1963年“五一”，我最后一次到他们家去，那时候我大舅给收容到北苑去了，说是赶小毛驴儿车呢。岁数大没的干啊，给人拉水。“文化大革命”起，就不认她爸爸了，后来我们就没来往了。

苏：她是怕连累吗？也没什么连累不连累的吧？

常：也有一点连累吧。但是就算不认了，共产党就认为常荫泉不是你爸爸了啊？不过她爸爸是有点什么都讲谱儿，吃饭要是吃太差了不行。有回来我们家，看蒸的糖窝窝头：“嚯！就吃这个啊！”问他：“吃点啊？”“不——吃。”［拉长声调］我妈说：“这是糖的。”“蜜——的也不吃。”［笑］来了不吃饭，就坐着待着。我妈

① 即双面都是卡其布料的裤子。

说：“你不吃饭啊？”“这饭没法吃。”嫌不好。那时候是1947年的冬天，蒸的糜子面窝头，搁的红糖。他讲谱儿，一来就是天福号的酱肘子、甜面酱、洋角葱，还得来点青韭、十香菜，卷烙饼，熬点荷叶粥，这叫吃。不熬粥也行，沏点好茶。要不就哪儿哪儿饭庄子，吃去。他是这么个人。

苏：不认他是怎么个不认啊？

常：就不管他了，不来往了。八几年，常瑛她爸爸把她告到法院去了，不知道谁给他出的主意，判每个月给12块钱吧。但他不跟她要去，赖谁呀？不去要，那女儿就不给了。后来我大舅跑我们家哭穷来了，我就在旁边呢，我妈妈抱怨说：“你这人哪，这么大岁数就白活了！”数落他，给他点钱，问：“常瑛没给你钱啊？”“没有，我看她怪可怜的，脸有点胖（pāng）[①]，听说子宫有瘤子开刀了，我怎么跟她要钱啊？”我妈说：“她死不死！她不心疼你，你还心疼她，白眼儿狼！怎么不死了呢！”［笑］没钱不跟他女儿要，跟他妹妹这儿拿钱来。我妈每回都给他点钱，给不多，那回给了5块钱，相当于现在500块钱还多吧。

苏：他女儿怎么就能这样呢！

常：哎哟，看来还是人性有点不行。她后来也不来了，可能嫌我们家穷吧。按说她在我们家里可没少沾光啊！她比我小六天，我那大舅妈死在协和医院了，孩子留下来了，一直在我们家养着，我们真是发小儿。我爷爷对她好得很，那时候我们下面没有弟弟妹妹，我们四个是按“元亨利贞”排的，我哥“元”，我姐姐“亨”，我“利”，常瑛“贞”，我爷爷给刻的章。你看我哥哥那诗[②]［翻书］。

---

① 胖，“浮肿”的意思。

② 常人春对此事也耿耿于怀，曾作诗《问瑛妹》：“回忆儿时好年华，祖父同爱四枝花。元亨利贞成一体，南北两院不分家。贞章朱红宜长印，似海深恩应报答。试问残年风烛日，可曾虔心献粥茶？”收录于《国花少主诗词》中。据常寿春所讲，前后两段并非同一时期所作。常寿春在藏本上还有手写的批注：“常瑛，大舅常友恒之女，自幼在常宅长大，祖父视其为孙女，为其刻章，排序为‘贞’。”

苏：这诗什么时候写的？

常：1971年写的。这个可以跟你说得仔细点，没关系，你也知道我们家的情况，也不会笑话我们家。常人春从东北释放回来后给我写了一封很长的信，对家庭的各种情况进行了回忆，其中写到我爷爷对这四个孩子，就是前四句诗："回忆儿时好年华，祖父同爱四枝花。元亨利贞成一体，南北两院不分家。"我就和了一首："星移斗转换年华，逝水无情恋落花。海燕雕栏虽结伴，秋来南北两分家。"就是说不要沉浸在过去，应该承认时代的变迁。

我佩服我大舅，我大舅后来和我很亲的。那时候在我们家，没事他就和我聊天，说这些事。要不我怎么能问出那么些事啊？我爸爸烦他，怎么呢？一比的话，显得我爸爸比他差多了。哎哟！我父亲那是，今天这儿还有半碗粥，那是绝对不会迈出这门槛去的。家里都那样了，不行了，你还不出去干点什么？不去！眼看着垮、垮、垮，什么都没有了，也没出去。这不劳改了，人家安排就业了，才出去干活儿去。那是不能不干，人家就给你安排到那儿，离不开。我大舅不是。

定：哥儿俩关系不是太好吧。

常：很一般，这很一般，看得出来。有一回过八月节，那时候我大舅还在白塔寺庙会说书呢，给我们家买了两包月饼①。那时候包大啊，那么两大包［比画］。来了，到这儿看看，我奶奶还活着呢。我爸爸跟一个叫金谦惠的，两家正喝酒呢。他来了，我爸爸连理都没理他，就跟没进来人一样，走的时候也没送。看得出来，我爸爸对他不怎么样。因为什么呢？我知道他的心理，就好像是："你甭跟我这儿显摆，我不买账。"

定：他们俩后来谁先走的？

常：我大舅，我大舅比我爸岁数大。后来就死在瓦窑了，1983年还是1984年死的，我那时候还在新疆呢。

---

① 旧时京城的月饼不装匣，而是用蒲包，所以这里说"两包月饼"是对的。

苏： 他姑娘也不管他，谁给他发送的？

常： 我二舅家的表弟给发送的，常瑛出了点钱。我表弟找去了，说："你爸爸死在我那儿了，你什么都不管啊？起码得给买身儿衣裳吧？钱得给点吧？你要是不管，明儿我就把人拉到你家门口来。"这一听害怕了。她爸爸死了，常瑛都没去，她男人去了，给买了一身普通平纹布的蓝制服，最便宜的衣裳。那时间有没有棺材我就不敢说了，我没打听，也忽略了这个事了。

苏： 也挺唏嘘的。

常： 我大舅现在和我父亲母亲埋在一块呢，砂锅村东北角的公墓里头。

苏： 您回来之后给办的？

常： 对呀，合葬了有七八年了。原来葬在瓦窑，那块儿规划了，所有的坟得一律迁出。我表弟不容他，他们乡下论儿也多，说："他不是阎家人，他连姓都改了，他姓常，凭什么入我们家坟地？再说他挣钱的时候，也没顾我们这家。"也生气呢。我说那不要紧的，这事我们办。这么着，我父亲、我母亲、我大舅，并排三个人，在公墓里。

4."公子哥儿"父亲

定： 您父亲原来是做什么工作，还是没做工作？

常： 没做工作。说老实话，基本上他就没做，什么也没干过，[停顿]真的是什么都没干过。

定： 就一直在家待着？

常： "啃老族"，按照现在话，"宅男"。也赖我爷爷："就凭我常晓茹，我让我儿子出去挣钱？那栽大跟头了！"就这个话。

定： 那就养着？

常： 再说，我父亲也不上进，这说实在的，上点进也行啊。

定： 他念过书吗？

常： 念过。我父亲主要念的是私塾。四书五经蛮通，写一手非常漂亮的毛笔字。他曾经跟天津的著名书法家陈晓山学了三年，主要写的是颜体正楷。我爷爷没少给我父亲上学花钱。我父亲学日语在哪儿学的？——上专门的外语学校学去。他的毕业证书毕业照我都见过，这学校好像在东城什么地方，但这不是大专学历这类的，不是大学。

还有，民国初年那阵儿要学开汽车可不是个省钱的事，那时候人非常穷，小孩一年学费估计也就交现在30块钱，那都交不起，书包都买不上。但我父亲是北京交道口汽车学校毕业的，在北新桥那儿。我还见过那毕业照呢！那时候才16岁，家里就让他学开汽车去，那意思还不是说，将来有了汽车，得有人会开。这没钱行吗？还学开汽车去？家里净给钱，什么都学了，好像就是不行。可是要说玩儿去，那一门儿精。要说吃去，那头头是道。可惜他没了，要是还在啊，让他给您说说北京的老饭馆，哪个饭馆有名，什么东西怎么回事，人家说得那真棒。

苏：您给我看过一篇《北中轴线上的两家电影院》[①]。

常：对、对，我父亲在钟楼下面开过一次电影院，他是第一个初具规模改造那儿的人。民国十八年（1929）开的，大约花了那么几千块钱。当时经营不善，社会环境也差，最低的时候，一场就卖十几张票。开了一年多，就把它倒出去了。倒给一个姓苏的，他住在大翔凤胡同，

---

① 常寿春先生于2013年8月撰写此文。据文中回忆，常子光于1929年以每月120元的价格向教育馆租来钟楼电影院，投资8000元将楼洞改造装修，搭建二楼，南洞上层为放映室、下层为前厅。银幕设在北洞，楼上设包厢、楼下为池座。西洞开设食堂供应饮品小吃，东洞为厕所。但接手后连年亏损，原因在于：一、民穷且守旧；二、拿不到影片发行公司的叫座儿片；三、军警宪兵的盘剥骚扰。常寿春这一分析是十分中肯的。查现存档案，民国十八年（1929）七月一日施行了《检查电影片规则》，该规则除了要求影片必须经过检查才能上映之外，还规定各市县的公安局、社会局、教育局及国民党党部多个机构都有检查权限，这实际上为层层盘剥提供了可乘之机。民国十九年（1930）八月，北平特别市政府警察局制定《取缔电影院规则》，规定“电影院场内须特设军警官长弹压座位”，“电影院应缴弹压费以各该院售票之多寡为标准，每场售票二十元以下者弹压费一元，二十元以上者弹压费二元，五十元以上者弹压费三元，按日送由本管区署汇送警察局核收”，“违背本规者均属违警罚法，处罚在六个月内累犯三次以上者，分别情形轻重，得令停业或勒令歇业。”（北京市档案馆，档号J181-14-6）常子光办电影院之时，恰逢政府出台这两项规定，这实际上为常家发展实业创收设置了相当大的阻碍。

过去实际是大墙缝胡同，后来改作大翔凤胡同，“飞起的凤凰”的意思。这个人姓苏，好像是个湖北人，很注重实业，很想做一番事业。但当时社会环境不允许，做点事情是很难的，尤其是敌伪时期。当时北城人比较保守，也穷，一张票钱可以等于一家子人一天的饭钱，很多人不看，没这能力。现在咱们把看电影看得简直像什么似的，不算是负担，只是一种享受。过去看电影的话，说是享受，但实际上是负担，就没人去。这个电影院一直开到解放后，大概是1953年，国家不允许开了。别处电影院盖了不少，电影也普及了，那块儿生意也萧条了，关掉了。①

民国时期在钟楼开设的北平市民众电影院②

① 常家倒手给他人后，钟楼电影院于北平沦陷时期停业。1946年后由民众教育馆主持恢复营业，1951年北京市电影工作队成立，在露天广场免费放映电影，不少解放军驻地放映电影时也允许民众观看，钟楼电影院停办。

② 来源：新浪用户“凝固的历史刹那的永恒”，2014年7月16日。

苏：那您父亲开过电影院后，也没干过什么了吗？

常：没干过什么，他做过零星的一些小买卖。抗日战争胜利以后，确实繁荣了一年多。那时候讲究卖纸烟，出了很多新牌子的纸烟，比如"红士"的、"大象"的、"美金"的、"顶球"的、"国防"的，当然以前什么"红锡包""哈德门"啊，老牌子的也有，很多。还有咖啡烟，比较好的有"骆驼"的、"红光"的，这都是美国进口的。但国民党太腐败了，也是解放战争一闹起来，打起仗来，肯定就不行了。

苏：纸烟在哪里卖？

常：地安门大街，摆摊儿。家里头还请木匠做了一个车，大的木头箱子，底下四个轱辘。我父亲跟我一个二大爷——我奶奶她姐姐的二儿子，叫赵明谦，一块。赵明谦出力，我们出钱。我父亲很少去到那儿，因为毕竟好像放不下架子："凭我常二爷，在地安门大街卖烟卷儿啊？"是这样的。实际上也批发，人成条地买就便宜，那时间销量毕竟小啊。

苏：您爷爷不是信"在理教"，禁戒烟酒吗？

常：我爷爷是，我父亲不是"在理的"，什么都不信。

苏：那您爷爷也不管？

常：那卖烟就卖烟吧！我父亲抽烟哪！我奶奶、我父亲除了抽大烟，也抽纸烟。那是烟不离嘴、嘴不离烟的人。就是说大烟不抽了，纸烟也老抽啊。抽纸烟的人更多了，我说的那些人，什么李连柯啊，我大舅啊，都抽，没有不抽的。平时我们家除了供应大烟，纸烟也供应啊［笑］。也是整条的、整盒的烟放那儿，摆着的不是整盒的，拆开，搁在烟碟里头。

苏：除了卖纸烟，还做过什么买卖吗？

常：后来也是不行，赚不了多少钱，这是1946年、1947年前后吧。后来我父亲还摆过摊儿，卖什么呢？卖针织品、背心。

苏：那从哪儿趸货啊？

常：我爷爷有个干儿子叫周炳奎，他开了一个针织厂，规模不大，生产绒衣，知道绒衣吗？薄一点的是棉毛衫、秋衣秋裤这类，最主要生产的是背心，过去那种男式的赤膊背心，包括大人小孩的，女式的很少，也不讲究这个，他给拿来不少。究竟给没给钱我不知道，一弄一大包。我父亲背着这个东西，在什刹海荷花市场卖。我还跟着卖过好些回呢，怎么呢？跟着逛什刹海啊！在那儿把钱就给吃了。就我跟着去得多，什刹海开市的时候，我哥我姐还上学呢，他们就没怎么去，得放暑假才能去，一般他们也不去。这是1947年，卖了一个夏天。

苏：这针织厂以后也公私合营了吧？

常：不，它倒闭了。1949年倒闭的，经营不下去了。要能坚持到公私合营，最起码他能混一个普通管理人员，一开始是资方代表，逐渐就转成正式职工了。

苏：后来这干儿子干吗去了？

常：呦！后来还真不知道这周炳奎哪儿去了。由于我们家庭败落了，来往的人就少了。当时那个状况，可以想见人家就不来了。1952年，我爷爷死了；我奶奶在人民法院看守所戒烟，还有窝赃的罪名。家里穷得叮当响，既没钱也没地儿买大烟了。解放后，人民政府禁烟的力度确实非常大。

苏：那时候抽纸烟的人也少了吧？

常：不，抽纸烟大批的。抽纸烟真正少是最近十几年，逐渐少下来了。以前有一阵儿，街上人手一支烟，到处抽烟。

苏：除了摆过两次小买卖，您父亲还干什么了吗？

常：我父亲还当过三个月的伪保长。

定：这个我知道，就是内五区的嘛。

常：内五区第八保。第九保是合义斋掌柜的，挨着火神庙边儿上，合义斋掌柜的杨振东嘛。

定：他后来被枪毙了。

常：他被毙了吗？

定：听您哥哥说，他是被镇压了。

常：那可能是。我父亲原来是第八保的保长，没被镇压主要有几个原因：第一，他只当了三个月保长。他在第八保地面儿上反映是不错的，没人说他什么。那时收国防征兵①的兵役捐，按户头抽。国民党是“买兵”，比如我要去当兵，就给我25袋面粉钱，这钱撂家里，算安家费。不像后来宣传的都是“抓兵”，也给安家费。25袋面粉钱当时了不得啊！比现在25万块钱还多呢。徐子才当时跟我父亲讲：“这个事呢，算啦！老街旧坊的，都穷。你就找那大户收，跟他们也甭客气，多要，能给多少给多少，尽量跟他们要。剩下穷户，甭要。差多少钱，最后我全包，我全给，我给垫底，行了吧。”这样就没收穷人什么钱。所以解放后他也沾了光了，没人控诉他，要是有人控诉的话，恐怕也得给兜出来。

还有一个，我父亲跟内五区区长杨敬，国民党的区长，有矛盾。当时杨敬把很多兵役捐都给吞了，贪污了，又让保长到下边去找老百姓要钱。别的保长知道，也就那么回事了。我父亲不行，跟杨敬说：“拿来！差一分也不行！”我父亲也是一根筋，不拍上级马屁。就好像说我常子光怎么怎么，我手干净，我对底下人都好，你能怎么着我？有点这个意思。那哪儿行啊？这不就把杨敬给得罪了。

再一个，我父亲认为都是老邻居老街坊，管人家这么多事干什么。其实清虚观里头就有共产党，据说大黑虎胡同里头也有，可我父亲不管。结果杨敬下了个训令：“常子光隐匿共产党。”这个训令我们见过，手刻的，过去拿油印滚子推的那个。等于现在找你约谈了，比约谈好像还厉害点，直接下了一个公文：“隐匿共产党，管理地方不适。”后来我父亲究竟是贬职了，还是辞职了，我就说不上了，我也没问，反正就知道不干了。亏得不干了，把脑袋保住了，要不然干的时间长了，弄不好算是“坚决与人民为敌”，那还不给镇压了，是不是啊！［笑］

① 国民政府于民国三十五年（1946）六月，修订并重新颁布《兵役法》，规定实行征兵制。凡年满20岁的男子，经征兵检查合格，征集入伍，为期二年，步兵之军士及特种兵、特业兵为期三年。民国三十七年（1948）二月，国民政府又颁布了《国军收复地区兵员征集暂行办法》，规定凡年满20岁至35岁的壮丁，一律征集入伍，并授予前线高级长官以征兵的便利处置权。

杨敬的这个训令可救了我父亲的命了，解放后他有底子啊！档案在那儿搁着呢。跟人说："你看看我做什么坏事了？要是没我，共产党早就给抓了。"这是个借口。

定：结果就没他的事。

常：我父亲逃脱了惩处，最大的一个原因是什么呢？因为家里头搁了六两大烟土，解放后把我父亲抓起来了。正好躲过了这场"镇压反革命"，反正已经抓进去了，就不抓了，也不问了。

定：这毕竟不是政治问题。

常：对啊，什么都不是啊，这就不算事。要搁现在来说，有六两也够……

定：要搁现在，比政治问题还严重。

常：要搁新加坡就绞刑了［众人笑］。那时候不算事，可那也判了二年呢！但是提前释放了。

定：正好。

常：正好躲过了这次镇反，如果镇反抓你了，即使你"隐匿"过共产党，你也是八年以上徒刑。

定：真的？！

常：不会低于这个数，当时一开户就是八年哪，没有低于这数的。

定：所有当过保长的都得抓？

常：都得毙！

定：我的天哪。

常：很少有活下来的。当时镇反啊，（当过国民党统治时期的）县长是一律枪毙。我亲自看见过枪毙。1951年，镇压反革命运动开始。[1]那时间哪儿是刑场啊？随随便便，在河边上就是刑场。阜成门

---

① 实际应当是1950年开始。1950年7月23日，政务院和最高人民法院联合发布《关于镇压反革命活动的指示》，要求各级人民政府为巩固新生政权，恢复国民经济，及时、严厉地镇压一切反革命活动。见《当代北京大事记（一九四九—二〇〇三年）》，第32页。1950年10月，按照中共北京市委部署，全市开展了第一次镇压反革命运动，至1952年底，共逮捕"反革命分子"3506名，处决了940名。见《当代北京大事记（一九四九—二〇〇三年）》，第35页。

外头，现在的华联你们知道不知道？华联北边50米到100米之间，那儿有个冰窖。那时候那儿是护城河，河沿儿上头就是冰窖，就在那上头，毙了三个。我亲眼看见的，把我吓得够呛。那时候我小啊，我才十岁。嗬！给我吓坏了。宣布完罪状，就在那儿，“哐哐”就打死了。那时候我才第一次看见枪毙是怎么枪毙的，原来以为得隔挺老远，“duāng”一枪打过去。好嘛，是把枪口顶到脑袋上头，而且那时候使的是炸子儿，脑袋都只剩半拉……［停顿］解放时候镇压反革命就那么厉害。

定：咱们就差那么几岁，这些事我就都没见着过了。

常：那回一共毙掉三个啊。我们正在护城河边儿上洗澡呢，光屁股洗澡，小孩嘛。后来来了好些人，说：“怎么回事啊？”“枪毙人哪！”待会儿，好嘛，就在这冰窖。那破冰窖是个废的，四周围有土墙，就在那里头毙，因为这样子弹不会打到别处去。在外头宣布罪状，拉进去就毙。我们爬到柳树上看的热闹，吓坏了。

定：哇！那就是说，那时候的保长留不下来几个哈。

常：那时候基本上全枪毙啊！县长是绝对全枪毙的。像什么妓院老板，枪毙。日本翻译，枪毙。我们派出所的户警孟昭君，枪毙。头几天来我们这儿查户口，还晃荡晃荡哩，过几天，《新民日报》登着：“孟昭君枪毙了。”还没过一个月呢，毙了，都毙完了。《新民日报》登的，这绝对是我亲身经历的。

定：我的天哪。

常：［压低声音］当时镇压反革命，全国枪毙了300多万人。另外，说实在的，也赖那美国，要是朝鲜战争不爆发，可能不会这么狠。

定：也是，对。

常：因为朝鲜战争爆发了。这个国内万一有点动乱，怕镇不住。

定：是。

常：所以谁敢闹就立即枪毙。谁敢闹？一贯道也蠢蠢欲动，胡说八道。哎，什么鼓楼冒烟儿[①]，都是1950年出的事。

定：一贯道后来被镇压了。

常：一贯道的点传师，一律枪毙；坛主大部分枪毙，小部分判15年以上。坛主小，点传师大，点传师全毙。[②]

1951年，我父亲因为大烟出事了，抓起来判了两年刑，劳改，在门头沟大三间儿煤矿背煤。后来调到大台煤矿。紧接着呢，因为煤矿里头毕竟不能搁劳改队……

苏：啊？为什么？

常：弄一大黑窟窿里头，谁知道他们干什么哪！监狱的管理也是不允许的，人比较复杂啊。像我父亲这不成什么事，无非家里有点大烟，三个月保长这事根本没提，他也不是因为当保长被抓起来的。真正的反革命犯、特务抓起来，往哪儿搁啊？吃饭也是个问题。后来要清理监狱，不重要的就放了，放了就回家，没有说还（把人）留场，监督起来、管制起来的。

定：然后呢，您父亲放出来以后，给他安排工作了吗？

常：解放后，释放人员也是经历了一个天一个地。一开始的话呢，刚解放的时候，对于刑满释放人员给的出路确实是非常好。当时释放人员一律可以参加工会，正式职工，参加天安门游行，都可以。

定：那么松啊。

常：本来就应该那么松，没有道理紧啊。原来有点什么事，释放了，好，改恶从善，前途光明了。你还怎么着，没完啦！

---

① 1950年八九月间的傍晚，鼓楼楼檐出现了一种奇异的景象：大团云状烟状的东西升腾而起，翻卷不息，引来众多人围观。有些人传言是大蟒成精，喷气作怪。后来谣言四起，称："鼓楼冒烟儿，八路军要颠儿。"北京市公安机关进行调查后，发现是成群的摇蚊飞舞导致。

② 1950年12月19日，北京市政府发出布告，取缔反革命、反人民的封建迷信组织一贯道。市公安局逮捕一贯道道首120多名，并开始办理一贯道分子登记工作。见《当代北京大事记（一九四九—二〇〇三年）》，第36页。1951年3月，北京市取缔一贯道工作基本结束。自1950年10月以来，共逮捕首恶分子381人，登记点传师、坛主、三才6158人，声明退道的道徒178074人，封闭道坛1283处。见《当代北京大事记（一九四九—二〇〇三年）》，第40页。

唉，后来就不行了，政策突然变了，那时候我父亲在哪儿呢？放出来以后在清河建筑基本工程处，盖人民剧场，护国寺那儿有个人民剧场。

定：啊，就是现在护国寺小吃店那儿。

常：对啊，那个剧场就是清河建筑基本工程处盖的，我父亲就在那儿，（工程处）本来隶属于北京市公安局。

苏：他那时候当瓦工吗？

常：对，他还是个大组长，表现不错。我父亲这个人不是真很窝囊的一个人，很聪明，能力也很强，就是不干、就是懒。要说让他干什么的话，也挺好的。咱们举个例子，他在改造的时候，那儿也讲究唱歌啊，演节目啊，抓起来的人也有女犯，在广播里唱，唱《凤凰于飞》，这是国民党时候的流行歌曲，电影插曲，我父亲把它改成了现在的词儿。本来《凤凰于飞》是这个词儿：

今日人民剧场（苏柏玉摄于2016年）

柳媚花妍，莺声儿娇，春色又向人间报到。
山眉水眼，盈盈的笑，我也投入了爱的怀抱。
分离不如双栖的好，像凤凰一样的逍遥。
人生几多，青春年少，珍惜这花月良宵。
莫把那流光辜负，像凤凰于飞在云霄。

大约是这么个词儿，我父亲就把它改了，改成：

普天同庆，升平气象，万民欢腾，溢乐洋洋。
山河变样，和平之声，传入万丈高空。
民族的火花放光明，民主的力量显威风。

这么背我不太记得下来，唱还行［唱］：

向建国大业去完成，向生产建设去复兴。
勤劳学习，愉快欢唱，年轻的力量在锻炼成长。
幸福果实人民来尝，胜利基础是我们执掌。
莫把工作单纯地想，莫把工人当轻狂。
学那民主盟邦，富强富强再富强，富强富强再富强。

这我父亲改的。

苏：哇，改得真好。

常：你看，他脑子慢吗？这我随口举这么一个例子，他还改了好几个歌。他表现好，1953年春节，提前两个多月释放了。他在解放前可以说是游手好闲的一个人，解放后因为六两大烟土抓起来。出狱之后他很高兴，确实有一种“庆贺新生”的思想。清河建筑基本工程处也有工会，1953年“十一”游行的时候，他们作为工人队伍也去了天安门。我父亲还是个班长，因为他能力还是比较强的，公休回来总是高高兴兴。

那时间他也挺好唱的，他会拉胡琴，会唱戏。第一个五年计划开始[①]，工地总放一些歌曲，当时最流行的歌曲一个是《我们要和时间赛跑》，一个就是《在祖国和平的土地上》，我父亲总唱。有时还带我们，还有街坊的孩子去西郊公园（北京动物园）去玩，我家的生活也有了改观。那时候他的工资并不低，一个月挣四五十块钱吧。他在单位表现得挺好的，还经常得奖。奖还不错呢！1953年得了一支小金星钢笔、一个日记本、一个背心，还有20万块钱。旧币20万块钱了不得！等于现在2000块钱，只多不少。我说这个，就是想讲当时什么都是正规的，说明当时的政策和待遇还是很好的，不是想说明我们家得了多少。

没想到到了1955年，突然政策急转直下，不知道因为什么，瞪眼了。清河建筑基本工程处交给华北建筑公司，合并了。人家把机器设备要走了，把一部分确实没有劳改过的人接收走了，劳改过的人全刷下来了。紧接着，什么参加工会，没有，原来已经参加了工会的也不行。1955年施行《兵役法》，那时候还发兵役证呢，我父亲还有兵役证，后来都没有了，什么都没有了。这群人全部都给搁到哪儿啊？就搁在八宝山砂石厂、焦庄砂石厂啊，这些最次、最差、最累的单位了。属于北京市公安局直管，带有监督性质、半劳改性质的单位。什么工会，什么都没有了。待遇啊，态度啊，全变了。

定：最苦的地方。

常：也没有钱挣了，一个月十几块钱二十几块钱。就这样。

定：他呢，他上哪儿了？

常：把他给安排到哪儿呢？八宝山砂石厂。那儿一个月就挣十几块钱，筛砂石头子儿，论方计件。给钱给得就少，比如说筛一方一毛，你能筛出十方来吗？当然不见得一毛钱一方，但是搁现在十块钱一方也不行啊！一天不会筛十方的，我干过土方活儿，我懂。一方的东西

---

① 1953年1月1日，《人民日报》发表题为《迎接一九五三年的伟大任务》的社论，指出1953年我国将开始执行国家建设的第一个五年计划，经济建设的总任务是使中国由落后的农业国逐步变为强大的工业国。见《当代北京大事记（一九四九—二〇〇三年）》，第57页。

在祖國和平的土地上

光未然 詞
李羣·張文綱 曲

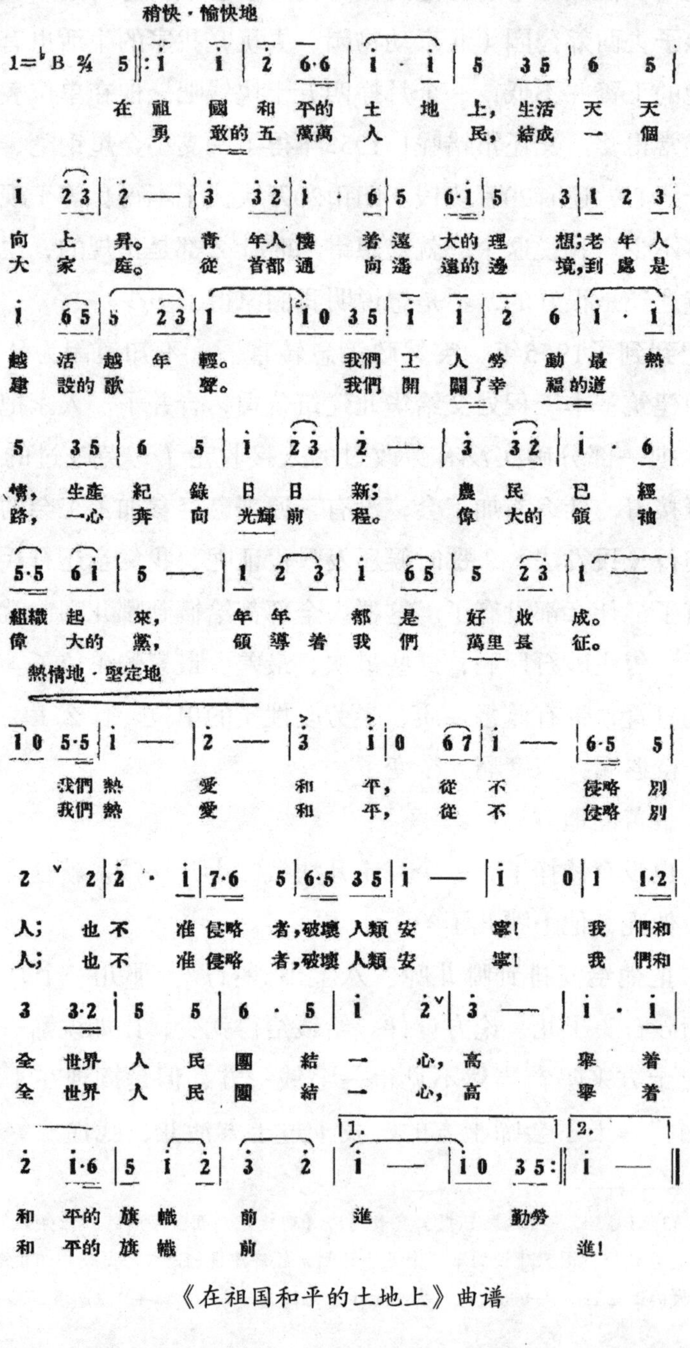

《在祖国和平的土地上》曲谱

多了，不是随随便便就能弄的。除了筛还要分出来，分沙子、豆石、“五八分儿”、两寸的河光石，再上头是不要的废方。沙子按沙子钱、豆石按豆石钱，量好后综合起来给你多少钱，这样一个月也就是十几块钱二十块钱。那怎么行啊？你再拼命，再干也不行。但是人家给的就这么低，而且不允许你走。这时，我父亲就像变了个人似的，整日愁眉苦脸的，公休日回到家里哪儿也不去，睡一天大觉就算过礼拜了，几乎没见他有什么笑脸。

1955年，我哥哥出事了。1956年，政策松了，全国政策都松了，唯一就松了那么不到一年的样子。中央不是说“百花齐放，百家争鸣”① 嘛，我哥哥就被无罪释放了，我父亲也就借这个机会回家了。八宝山砂石厂那儿一是挣不上钱，二是动不动就给调走。调哪儿去？东北兴凯湖②。

苏：哟，那不就是常人春先生后来去的劳改农场嘛。

常：对啊！我父亲和常人春都属于北京市公安局管啊，一个衙门。我父亲有一次就被调兴凯湖，没调动。我奶奶去了，在那儿又哭又闹，就没调［笑］。我奶奶很泼辣的一个人，哈哈。我父亲说，这躲得过初一躲不过十五，明儿要再调呢？绝对不安心。再一个原因，就是我哥哥出事了，不挣钱了，家里生活又无着落了。我父亲就挣那么一点

① 1956年初，北京市一扫过去镇反、肃反的恐怖气氛。1月10日，北京市人民委员会宣布全市的资本主义工商业全部实行公私合营，《人民日报》为此发表题为《改造私营工商业的伟大胜利》的社论；随后，在中共中央关于知识分子问题的会议上，周恩来首次提出我国知识分子绝大多数“已经是工人阶级的一部分”的观点。见《当代北京大事记（一九四九—二〇〇三年）》，第92页。4月25日，毛泽东在中共中央政治局扩大会议上做《论十大关系》的讲话，提出调动一切积极因素，为社会主义事业服务的基本方针。见《当代北京大事记（一九四九—二〇〇三年）》，第95页。5月2日，毛泽东在最高国务会议上宣布：中国共产党主张在文艺上百花齐放，在学术上百家争鸣。见《当代北京大事记（一九四九—二〇〇三年）》，第96页。过去学界对于这些重要的讲话，往往是就其在文艺和学术研究上的影响进行讨论，常家的经历让我们得以从平民的角度看当时的历史。

② 经中共中央批准，兴凯湖农场于1955年8月由北京市公安局筹建，地点在黑龙江省密山县兴凯湖地区，以解决劳改生产和移民就业问题。见《当代北京大事记（一九四九—二〇〇三年）》，第85页。

钱，家怎么养活啊！他说什么都不干了，你爱怎么着怎么着！“你把我毙喽啊！”有点这劲头了。毕竟你把我搁在八宝山砂石厂，从政策上来说也说不通。当然那时候人老实啊，搁现在没有人能在那儿待住的，一哄而散，敢上天安门游行去、上天安门头里跪着。那时候人说东就是东、说西就是西，闭着眼睛背着耳朵，怎么打怎么是。

我父亲回来后，派出所人来两趟：“回去吧！毕竟那是正式工作。”我父亲说：“那正式工作我赚多少钱？家里生活怎么弄啊，你给补助我就回去。”派出所人一看，也属实。虽然这家里头不受共产党待见，常人春是“反革命”；常子光是烟土贩，历史上还当过保长，自然也是“反革命”；我爷爷也是“历史反革命”［笑］，没一个好人，但也得政府照顾，是不是？得，回来也没捣乱也没什么，回来就回来吧。

后来我父亲回来就做瓦工，做瓦工也不是多会。你可以想象，他什么都没干过，怎么就会瓦工了？无非在清河建筑基本工程处那儿，看一点，也干一点。但盖北京的平房，和大建筑公司里头干的完全不一样。檐怎么出，脊怎么起，哪儿会干哪！跟人家一块干吧，就一直做临时工。有一段时间还算不错，大约是1956年，中南海3747部队，这个番号绝对没错，不是招的我父亲，招他们一个包工头，好像姓乔，叫老乔，他应的工程，就在中南海里头盖警卫宿舍，也是平房，在那儿干了一年。发一个服号，派出所还要开一张证明。派出所还算不错，给开了，要不同意去还麻烦。跟我父亲一块干的临时工们，因为家里头是无产阶级，人家没有任何历史问题，后来都给分配工作，当了工人了。比如我们院儿有个叫赵学敏的，这她［王彩莲］都知道，跟我父亲一块干瓦匠活儿，背着个兜子去“人市”。“人市”懂吗？就劳务市场，在马路上站着一堆人，就好像现在写个牌牌儿，什么装修、防水，等着人来。曾经就到那程度，等着人找才有活儿干，可能三天，也可能五天，就这样的活儿。赵学敏，我们叫赵二叔，跟我父亲一块干，后来分配到中央音乐学院烧锅炉。

苏：那就挺好了。

常：敢情不错了啊！中央音乐学院。他骑着个自行车，走到学校门前违章了，门卫："站住！"给他扣那儿了，"你怎么回事！你哪儿的？"他说我中央音乐学院的，"你老实一点！""我老实，我就是中央音乐学院的。"拿出工作证给人一瞧［笑］，是中央音乐学院烧锅炉的。他就在那儿烧锅炉，一直到死。我们住24号，旁边儿25号叫胡什么，我忘了。［对王彩莲］什么小虎、大柱子、二柱子就他们家的，解放前就是瓦工，后来去房管局建筑维修队，正式职工了。我父亲，哪儿都不要。

到1960年，派出所就来人了，说得挺好听，给找工作，安排到良乡电梯厂。那时候咱们国家"三年严重困难"，很多地方乱了，逃跑的、闹事的，这是在外地，不是北京。藏族地区、甘南地区甚至闹暴乱的也有。所有历史上有问题的，就是由派出所定，一律抓起来、一律管制起来。像我父亲这种情况的，不管你是否表现得非常好，只要你达到一项历史有问题，就全部要收容。

苏：去那儿干吗呢？

常：当工人，去那儿还能当官呀！一个专政对象，一个月30块钱。你能搬座山也好，你能造出原子弹也好，就30块钱。实际上就是给你搁在统一单位里头，管制起来啦！其他什么待遇没有。

苏：不去也不行。

常：不去？不去还了得了？！不去，弄不好就给劳动教养了。那阵儿劳动教养就好像现在咱们去社区医院拿包药，那么个意思似的。那时间可不是讲理的，讲人权什么的，实在不敢恭维。我父亲就这么上了良乡电梯厂，还是当工人。这是强制劳动组织起来的工人，不是正牌儿工人，也没工会，什么都没有，你去也得去，不去也得去。

1962年，蒋介石"反攻大陆"，政策骤变。原来我练过武术，我拜过一个老师，叫马玉清，是个回民。1950年我们搬到南顺城街这儿以后，家里看我身体挺弱的，胆子也小，说让我跟着马老师练一练，我们街上好几个小孩都去练了。马老师当过国民党军队里的武术教官，本来没什么事，按说也不算事，那都是抗日战争时期的武术教官。结果倒好，60年代蒋介石“反攻大陆”，他被劳动教养了。

定：您父亲后来就在良乡？

常：良乡。等到“文化大革命”呢，给转到清河，天津清河茶淀农场。

定：天津还有个清河农场？

常：哟！如果不是政策变了，取消“阶级斗争”了，跟你说，半拉中国都得是北京市公安局第五管训处的。我跟您说说，北京市公安局第五处光是劳改单位有多少：北京市第一监狱，监狱下辖有北京光学仪器厂，北京袜厂，出“马头牌”（袜子）的，光学仪器厂是北京市少管所的；通州机械厂、通州制鞋厂、北苑化工厂、北苑修造厂、北苑铁工厂、延庆钢铁厂、焦庄砖瓦厂、焦庄砂石厂、坨里石板厂、坨里砂石料厂、八宝山砂石厂……

定：哇，这都是劳改营啊？

常：都是劳改，咱们就说劳改，咱没说别的啊，我这是随便给您说说。

定：天哪，有些厂名我还真听说过，可是不知道它是什么性质。

常：都是劳改性质。这就是当时的毛主席啊！我不是说什么，我拥护他老人家，但是他也有错。他一来就百分之五、一来就百分之五，来一个运动就百分之五、来一个运动就百分之五，来二十个运动就百分之百了，全是了［众人笑］。哪儿有那样干的啊？而且还办的是终身制，你一旦掉入这个门里头，就再也出不来了。

定：是，没错。

常：那北京市，我这个才说了一半，很可怕啊，这都是劳改单位，还有什么碱河工程队，那都是啊。

定：那里头都是劳改犯吗？

常：不见得都是劳改犯，也有的是叫作强制收容，还有自我申请劳动教养的。

定：啊？

常：我认识一个叫赵永安的，他的档案里头什么问题都没有。因为什么劳动教养？因为他自己申请。他老找派出所，要找工作，派出所说我们这儿没工作。后来他就又去，又去，把派出所找烦了，说："你这样，你申请劳动教养行不行？"他说："什么是劳动教养？""劳动教养就是去劳动啊，在里头也挣工资啊。"

定：他就去了？

常：啊，他就去了，糊里糊涂就去了。去了，好嘛，劳动教养三年，自己申请的［众人笑］。什么错误没有，哈哈哈！"文化大革命"不是"清理阶级队伍"吗……

定：对啊。

常："清理阶级队伍"，一调出来他的档案，什么问题都没有，这才弄清楚他因为什么劳动教养，因为自己申请。他说："我找工作，这是我自己找的工作。"人说："你就找的这工作？"［众人笑］这不成笑话了吗？这就是当时的情况，那个社会。那没办法，今天咱也没有必要过多地评说啊，但是，毕竟，通过那时间和现在来对比，那真是天上地下了。现在你说什么都不要紧，就说两句什么话也没人理你。

定：现在没人搭理，爱说什么说什么。

常：是啊，你看那北海里头，有那么几个人，发表那纯属"反革命"的言论，搁以前就得给枪毙喽。在那儿说了多少日子，当然后来可能是抓起来了。

定：现在啊？还有这样的？

常：我早上起来上北海玩儿去，看见他们在濠濮间门口那儿大放厥词，恶毒攻击共产党，要搁毛主席他老人家在，立时，维吾尔族人讲话，就"克拉一列"了。

苏：您父亲在茶淀农场待到什么时候？

常：一直待到1976年啊。"文革"后，北京市很多劳改单位就给合并了，全部转移，迁出北京市。这批人毕竟要老啊，老了就弃养了、弃管了。也知道蒋介石不可能来了，你们也当不成“帝修反”的别动队了。真回来你们也爬不动了，不会拿枪跟共产党战斗了，就放了。

苏：那回来以后也干不了什么了呀。

常：回来以后我父亲在北京丰盛医院，当维修工，干了有五年吧。到八几年，我父亲岁数太大，也有病了，人家也不要了，就回家了。他就业了那么些年，劳保医保都没有，没有职工待遇。你看这劳改政策，把人抓了，判了两年刑，放了，再工作那么些年，什么都没有，活该。表面说是就业职工，实际一分不给，养老金什么都没有，一直到死，九〇年死的。

当时我们国家政策实在是不怎么样，很残酷，很不人性化，这点我什么时间都这么说。他被释放了，如果他继续捣乱、继续犯罪，该怎么判怎么判。如果人家确确实实老老实实工作，应当享受一定待遇。干的活儿比谁都次、干的活儿比谁都多，还打过来骂过去，永远好不了，末了儿末了儿什么都没有，那叫什么？还改恶从善，前途光明哪？

苏：那后来得病，医疗费得多高啊？

常：自己家里花的钱啊。

［停顿］

苏：在我来说，这都是难以想象的事。

常：当初咱们国家，就这么一个情况，很多政策都很差。当然也就搁那会儿，搁现在，维持不住。

苏：这肯定维持不住啊，不够闹的了。

常：要怎么说人心现在不行，其原因与当时逐渐演变的政策也有直接关系。人的心态坏了：“我老老实实，最后结局是什么啊？”

定：您父亲是哪年去世的？

常：1990年，1990年3月。

定：您哥哥都回来了。

常：都回来了，就我没回来。我还在新疆呢。

常子光（右一）与在北京丰盛医院一起工作的工友们

（摄于1980年，常寿春提供）

5. 母亲是全家的依靠

常： 我母亲当时来北京，先是认认门儿，是我姥爷带着她来的。不是说要把我这一女儿嫁过来，不是这样的，就是带着来，先看看。我爷爷一看我母亲大脚，这是第一。你要是小脚，就吹了，那就全吹了。

定： 她为什么是大脚呢？

常： 因为我姥爷思想很先进。我姥爷曾经在房山县当过文书，时间不长，他主要是教书，再有的话他当中医。他就提倡孩子必须要上学，据说在那儿有一个师范性质的小学，我妈在那儿上的学。如果是小脚，人家根本就不收。我跟我爸爸问过："我妈来的时候，像不像个乡下小丫头？"我爸说："不是，你妈是一洋学生。"所以我奶奶即便就是不同意，后来一看，就不太说不同意了。要不我奶奶是绝对不会同意的，弄一个乡下小丫头，跑我们这儿结婚来了，您想想可能吗？

定： 我也是觉得这事当时一听有点奇怪。

常： 我妈是个洋学生样儿打扮的。说实在的，我妈不算特别漂亮的人吧，但长得很好，也很机灵，言谈话语、行动举止都是不错的，也有礼貌。所以我爷爷看上了，就说这孩子可以，最起码是大脚，第一关过了。我母亲要是小脚，完了，那说什么不会同意的。因为我们家是满族人，那娶一小脚媳妇怎么可能啊！不成了笑话了嘛。

定：这是前清还是到民国了？

常：那是民国了，我母亲是民国元年（1912）生的，我父亲是民国二年（1913）生的。我母亲是腊月初五的生日，比我父亲大两个月零五天。我父亲是第二年转过年儿来，二月初十的生日，中间差两个月零五天，表面上差一岁。

苏：那结婚的时候，二位都是多大岁数？

常：结婚的时候很早，我母亲是民国十五年（1926）的十月十五结婚的，15岁不到，按说周岁14，就嫁过来了。

定：真够早的，那您父亲也才14？

常：我父亲要说才刚13，要是按照过去旧岁数算法才13。

定：那么早就结婚了？

常：哟，您看溥仪娶文绣的话，文绣才13岁就嫁过来了，婉容17，对吧？那时候十二三岁过门的并不少见，但一般都是家里条件比较好一点的。条件差一点的结婚晚。

我奶奶是不同意我妈嫁过来的，据说我爷爷一句话就把我奶奶给说通了。我奶奶要给我爸爸说什么样的呢？据说好像是个王府的后代，想把那个给说过来。我爷爷说："干吗呀？现在民国这么些年了，来了什么都不会，是她伺候你是你伺候她呀？"我奶奶一听这一句话，就把这事给吹了，所以我妈这事她就同意了。我奶奶原来坚持是要那女的，我奶奶说："那门当户对，人家又有钱，要那穷教书的干什么。"我姥爷毕竟算穷人，不能算富人，无非在那儿是温饱型的，连小康的都算不上。

定：那您母亲能伺候您奶奶吗？

常：能，我母亲什么都行。我母亲的针线活儿好得很，非常漂亮，做饭也行。我母亲是非常精练的一个人，能干。说写点东西、看个报纸看个书，也一点问题没有，是这么个人。

定：也能照顾老太太？

常：都能照顾，我母亲什么样都行，是个全面手。

定：那您爷爷还是有眼光。

常：对，我爷爷一看就喜欢上了，说这孩子多有出息。说："这没错，识文断字，什么礼节到这儿一学就会、一看就知道。干什么事都井井有条，模样也端正。"但是呢，我母亲唯一的缺陷就是什么呢？出身不好啊，跟我们家门不当户不对。

苏：受气吗？

常：某些程度上头，我母亲对我奶奶的印象不是多好。她说我爷爷是恩多威少，非常善良的公公。说我奶奶呢，那是独断独行，这就差了。

定：那您奶奶规矩多吗，满族人？

常：多啊，我奶奶规矩多啊。

定：那您母亲来了得照满族的规矩走？

常：对啊。

定：哇，那可够受的。

常：只不过呢，我爷爷倒是这样好，在好些事上会事先立下规矩。比如，按照满族说，吃饭，长辈都坐里面，小辈坐下面，儿媳妇得坐在最底下了，得伺候着。我爷爷在这上头倒还不摆满族的老谱儿："这是少奶奶，能不一块吃饭吗？"一句话就全给镇住了——大少奶奶，能当用人用吗？所以我妈有好一阵儿还是解放的。我妈经常说，我爷爷定那规矩，一下就给定宽了。我爷爷对她从来不按儿媳妇使。但也有好些事是有规矩的：天天早上起来，要过去请安去；要出门，比如说带我们出去，哪怕就上一趟地安门大街，也得先打声招呼，都得说"爹妈您看家啊，我们上哪哪哪去"，再走。规矩挺多。

我母亲很有文化，平时看书。她就是跟我姥爷学的，您要说学什么生僻字，我问我妈这字念什么，这字念什么什么，她都说得上来，而且能讲出来。我们在新疆那时间，家里没人了，写信都是我母亲给我写的，这一点问题没有。可就是一样，我母亲有缺点，不保存照片。所有照片都想着扔了，坏了，不要了。最可惜什么呢？我们家有西太后照片，而且都带款儿。那估计是谁拿来的呢？是八奶奶带过来的照片。

定：是吗？

常：因为八奶奶可不是个穷人啊！我最心疼的就是这些照片。“文化大革命”那时间我上新疆了，我妈害怕，因为家里头我哥哥是“反革命”，我爸爸也是“历史反革命”，指不定哪天就抄家了。要抄出这些还了得？有挎着刀的，还有穿着这个、穿着那个的，再有什么汤玉麟的照片，乱七八糟，一瞧都是过去戴着肩章、穗子，脑袋上插着鸡毛的。我妈一害怕，就都烧了，就连不应该烧的也都烧掉了。

［看照片］

常氏兄弟之母阎宝贞像（常寿春提供）

定：您母亲模样是挺清秀的。个儿高不高？

常：不高，也就是不到一米六。

定：差不多，中等个儿。

常：这是1960年照的，那时候我母亲在丰盛五金厂，当工人呢。

哎呀，一说这个照片我就心疼。直鲁联军总司令张宗昌第十二个姨太太的照片，谁有？就我们家有，而且那个照片那么大［比画］，穿着旗袍，穿着高跟鞋，烫着发，漂亮着呢！我拿着给我妈看，我说：“妈妈这是谁呀？”我妈说：“哎哟，这是张宗昌第十二个姨太太。”我说：“这谁给拿来的呀？”“好像是汤玉麟给拿来的。”就随便说这一张，扔了，毁了。照片多了没有，有那么大一柳条箱［比画］，满满一箱子。

苏：您家还跟张宗昌有关系？

常：没有，跟张宗昌没什么联系。他不是直鲁联军总司令吗？张宗昌让韩复榘给刺了，那是雇人刺杀。张宗昌去接替他，那儿好像闹土匪，权力纷争。韩复榘带了这么多年兵，连一把好手枪都没有，趁手家伙都没有。张宗昌不知道这是个计，韩复榘老瞧他这手枪，老瞧它老瞧它，好像是爱，实际上是想给它骗过来，到时候他赤手空拳，只有挨打的份儿了［笑］。据说是这么回事，（韩）跟张宗昌说："这么些年我都没找到一把好枪。"张宗昌也不知道，就以为他挺羡慕的，就拿给他，说："你看看，要不嫌弃，我给你了。""哎哟！那太谢谢了！"结果到车站就闹土匪。他枪没了，怎么自卫啊？（被人）上去几枪给打死了。

苏：您这是听汤玉麟说的吗？

常：啊。因为家里头还有张宗昌十二姨太太照片呢嘛，家里有人会提张宗昌。张宗昌"三没数"，兵没数、钱没数、姨太太没数。

苏：我就知道他绰号"狗肉将军"。

常：那是个醉生梦死的人。张宗昌有时也挺大方的，有时候打牌输了，钱不够，让他的卫兵上银行取去。比如现在这钱，取出几十万。打着打着，有事走了，不能老打牌啊！卫兵钱取回来了，人走了，那怎么办？拿着，给收起来吧，别丢了。收完了他也不问，根本就没记住。过几天等他回来，问这钱怎么办，他说："哎哟！给你吧！你还记着这事呢，我早忘了。"就这样，挺大方。真这样，据说当时有名有姓的，卫兵叫什么，我都忘了。

不单这些照片哪，我妈还摔了不少瓷器呢！我外甥都说，"我姥姥害怕了，把那些瓷器都给摔了"。那时街上好些人挨斗了，被剃阴阳头，我们家没挨斗就算……

定：你们家竟然没挨斗？

常：没斗，谁都没斗，什么都没有。

定：也没抄家？

常：没有，平平安安过来的。

定：那也还挺奇迹的。

常：说真的，就仗着为人为得好。我母亲很会为人，居然平安地过来了，什么事都没有。她跟街坊相处得非常好，后来那些街坊等于都和我母亲当亲戚走，这她［王彩莲］都知道。这都多少年了，街坊老太太儿子娶媳妇什么的，我妈还带着她［王彩莲］给出份子钱去哪！我妈那纯粹是贤妻良母，街坊都说，阎姐怎么怎么回事，叫阎姐，我妈不是姓阎嘛。

定：你们家大概全靠她，穷了以后就靠她。

常：可不嘛，我母亲后来维持这家，一直就那么维持着。

苏：她那时候干什么呀？那阵儿都得工作是吧？

常：我母亲以前就是家庭妇女，解放后也没什么工作。到了1958年，必须都参加工作。那时候城里头组织街道工厂，也成立人民公社，我母亲在丰盛人民公社。①

苏：您家那阵儿住在哪儿？

常：那阵儿住在阜成门里头。我母亲一开始分到丰盛绝缘材料厂，在阜成门大街。

苏：干什么呢？

常：那工作完全是手工活儿。你想一想，一个家庭妇女，在绝缘材料厂，掺和到电器元件，能干什么啊？她是去剥云母片。云母是一种天然矿石，一片儿一片儿揭开，在当时是作为绝缘材料使用，现在不用了。这么些塑料都绝缘的，谁用剥云母片去？后来又合并，调动到丰盛民用五金厂，生产老虎钳子啦，改锥啦，斧子啦，锤子啦……就这些

① 1958年，中共北京市委下发精神，要求发展生产，将北京市从消费型城市转为生产型城市，“人人都劳动，户户无闲人”（参考北京市人事局、北京市西城区人事局：《城市街政管理》，中国工人出版社1990年版，第25页）。当年7月，有18万市民参加了街道工厂（《十八万居民参加了街道生产》，载《北京晚报》1958年7月13日）。

个。一个月24块钱，一直到1964年“大下马”[①]……

定：“调整、巩固、充实、提高”，八字方针。

常：国家经济急剧恶化，就像民用五金这些厂都维持不下来了。高能耗、高污染、高消费，低产出，原来靠国家支持行。一个月24块钱不是嫌少吗，产那点东西能值多少钱啊？每天用汽锤，砸那个斧子，丁零当啷丁零当啷，几个人候那儿瞧着。一天产5把斧子，值多少钱？一把斧子卖两块钱，那原料呢？工钱电钱呢？所有的成本呢？还开工资呢？一个人24块，5个人在这儿干着，所以干不下去，就动员回家了。给点儿安置费，一年工龄给一个月工资，别的没有了。

回来之后上街道工厂，有的街道组织得好，有的街道就没有，没有就在家待着。我们那儿就算不错，还有个缝纫组。去做最简单的辅助工作，比如说锁扣眼儿，这个机器不能锁，只能人工一点一点锁；还有钉扣子，机器没法往上扎，针歪一点，就把扣子扎坏了，或者针就折了；或者是上领子，这类的活儿。后来还有盘纽襻儿，像琵琶扣、蝴蝶扣啊……

苏：葫芦扣。

常：对，中式纽襻儿，盘一副给7分。

苏：按件计工资吗？

常：全都是计件的。只不过属于集体性质，因为这个活儿是从街道生产组拿来的。

苏：可以在家干活儿。

---

① “下马”一词在常寿春口述中多次出现，大致意思是说项目或工厂被撤销。这里所指的“大下马”，专指20世纪60年代初政府对北京城市手工业的一次大幅调整。1958—1960年，北京工业出现了“转厂”高潮，原手工业合作社升级，与各国营工厂合并或直接易名为合作工厂，开始从集体所有制向全民所有制过渡。但不当的调整使得北京市场出现了“供不应求”的情况。1961年1月，北京市召开中共八届九中全会，正式通过了“调整、巩固、充实、提高”的八字方针；5月，《中共中央关于城乡手工业若干政策问题的规定（试行草案）》通过，开始恢复过去的举措，许多人员随后被清退回家。参考刘胜男：《北京城市手工业研究（1949—1966）》，首都师范大学2011年博士学位论文。

常：对，这叫“分散生产”，在家想做多久做多久，也没定额，反正都是拼命地干。那年我还帮着打算盘疙瘩，打那个得紧啊，得打成一边大，要手劲。晚半晌儿，我跟我妹妹坐在那块儿，一晚上打500个疙瘩，打这个是最费时的。

苏：得拽呀，小时候我见我姥姥打过。

常：看过是吧？我妹妹给打那个花，然后一点点紧。嚯！从晚上7点钟就开始打，干到夜里1点多。

苏：第二天还得上学。

常：不，礼拜日在家休息干，平时没空干这个。后来我母亲也做点服装，很少。到了90年代初，街道生产组就取消了。但后来（政府）承认他们，是北京市最早的“五七工”①、家属工，第一批落实了退休金。1993年还是1994年，开始给我母亲一个月100多块钱。1995年，开200多块钱，也是根据工龄什么的算。当时来说还算不错，但是和正式职工退休还完全不一样，他们只有这么一项，其他没有。

苏：医保劳保都没有？

常：对，只有一项退休金。从1958年干到80年代，1990年就没干了，岁数也大了，都80岁了，还干什么。

苏：那阵儿一个月工资够养活家里人吗？

常：不够。后来我弟弟我妹妹由内蒙古武川县回来，逐渐都工作了，挣多挣少，最起码不用家里养活了吧，有时候还能给家里点钱，这样我母亲自己养活自己就完全可以了。

---

① “五七工”是指20世纪六七十年代，曾在石油、煤炭、化工、建筑、建材、交通、运输、冶金、有色、制药、纺织、机械、轻工、农、林、水、牧、电、军工这19个行业的国有企业中从事生产自救或企业辅助性岗位工作的，具有城镇常住户口、未参加过基本养老保险统筹的人员。他们多数是响应毛主席“五七指示”，走出家门参加生产劳动，进入企业不同岗位的城镇职工家属，因此统称为“五七工”。个别行业企业结合他们的工作性质，在本行业内还有另外一些称呼，比如石油行业企业曾把他们称作“会战家属”，也有的行业企业在组织这些人员劳动时结合当时的政治形势，提出了“行动军事化、劳动集体化、思想革命化”的口号，因此又把他们称为“三化工”。

苏：拉扯大这么多孩子也是够费劲的了。

常：这就是我母亲。

苏：您母亲什么时候去世的？

常：1996年。

6. 瓦窑的舅舅家

（1）我的姥姥姥爷

常：我见过我姥爷的照片。我姥爷很精神，那时候也就40多岁不到50，穿的是灰布的大长袍，脚底下穿的是圆口便鞋白丝线袜子，戴的礼帽，很精神的一个人。他不是窝里窝囊，像农民工似的。要是一瞧像农民工的样儿，我爷爷见了他肯定就全吹了，即便我那大舅再精明，再认我爷爷是干爹，也不能成了这门亲事。我也听过那个说法，说是背着捎马子、穿着一身短撅撅的衣服，在门口这儿转，问他找谁，他说是街坊，这根本就不对。我姥爷是办事非常严谨的一个人，他不会说他是街坊，一个街坊你认谁来了？要是街坊就轰出去了！得沾亲，不沾亲能进门吗？进不来了就。他说是远房叔叔。

定：所以我和你哥哥谈的时候就疑问挺多的。

常：有疑问您尽管提，您看有的我能解释开，为什么？我着重问过这些事情，我问过我父亲，问过我母亲，问过我爷爷、我奶奶，都问过。我哥哥的印象来自我奶奶的灌输。坦白说，我奶奶对我母亲不太好，从来是抱着瞧不起的态度，对我姥姥也不好，对我大舅还凑合，还可以。我奶奶对他们就是尽量贬低，踩坏到最低，说我姥姥吃东西不像样儿，吃咸菜还搁盐，在那儿拌［比画］。有一回我哥哥过生日，我爷爷高兴，请了好多人，在家里吃烤肉。我姥姥并不是被请来的，而是正好赶上了。我母亲很自觉，准知道我姥姥上不了桌，所以我母亲提前就给做了两个菜，端到西屋，让我姥姥先吃，就别去了，这不闪开了吗。结果，我奶奶真是很刻薄，在院子里甩闲话，挖苦了一大阵儿，说什么“吃可是吃，别噎着啊”！这么难听，这哪儿是对亲家啊！是不是啊？

怎么能这样说话呢！

所以我问我姥爷这个事的时候，我爸爸说："什么呀！你听她那儿说呢！"当时我爷爷一看，这老头儿很精神，说话文质彬彬，很有礼貌，很懂礼，虽然是汉人。他毕竟在房山县当过文书，他在县政府待过。他是汉人，不是满人。他们的祖籍是山西，原来家里头在广安门开的有粮店。

定：什么时候的粮店？

常：道光的时候就过来了。这个我们聊过天，太细我说不清，他们是从山西来的移民，清朝的时候大量动员山西往北京移民，在这种情况下，他们也就跟着来了。因为山西人很精通生意，晋商啊！他们主要在北京经营什么？一是粮店，二是颜料店。

定：染料还是颜料？

常：颜料，过去叫颜料，就是染东西用的，染布啊，画画啊。

定：那时候有骆驼牌的染料。

常：骆驼牌在西绒线胡同，兴华行，爱尔染色。我们家跟他们多少还有一点关系。原来我们家有一汉瓦大骆驼，上海银行总办虞恰卿给的。解放后托东城区一个叫李秀石的，是个职业补习学校的校长，托他卖给兴华行了。因为他家的商标就是骆驼牌，卖了120万块钱。

定：您姥爷家还开了一个粮店？

常：真正我姥爷家的祖上是开粮店的，这个在什么地方什么字号，我没打听，我没注意。我那个表弟，二舅的儿子家里头记的都有。我从新疆回来探亲，到他那儿去看我二舅，大舅那时候已经死了。说起这些事来，我那个表弟还把那个东西拿出来。哟！我说你还都留着呢？他说那我当然要留着了。他都留着，他能说清楚，开的是什么粮店，在广安门里头的哪儿。后来姓阎的家门好像就分开了，哥们儿弟兄分家了，他们这算独立的一家，就不开粮店了。

我姥爷原来在房山县政府当过文书，后来在乡村小学做教书先生。同时他还是中医，他医术很好，在当地很有名，都知道阎大先生。

那时候他们管中医不叫大夫，叫先生。我姥爷很正统，很重视中华民族的道德传统，他是绝对不会从事任何汉奸工作的。日本人来了之后，希望他在当地维持一下，出个面；让他回房山县（任职），他不去。日本人就跟他瞪了眼了，把他给扣在县城里头。房山县那阵儿有城墙的，城门关了就出不去，四周还有日本人站着岗呢。但他毕竟对这地儿熟，连夜就跑了，有的城墙破破烂烂、矮，他能上去，跳出来，结果把腿摔折了，走不了了。他知道坏了，所以就上吊了。

苏：您哥哥说他是共产党是怎么回事？

常：我姥爷曾经在京西山里头见过八路军，这是事实，我母亲说过这件事。但他去山里头究竟干什么，没说太清楚，就说看见八路了："哟！那大匹的马哟！喂得好着呢！漂亮着呢！八路说话待人和气着呢，可不是像人说的，'脑袋上蒙着红布，逢人就杀，见东西就抢'。"八路想让我姥爷留下，他没留。后来我母亲很后悔，不是我姥爷很后悔，因为我姥爷在日本人来的时候就上吊了。解放的时候，我母亲说："那时候你姥爷要留下多好啊！"但我母亲有个老叔，解放后是沈阳军工厂里的党委书记。人家就是很早很早就参加八路军走了，我们都管他叫"老红安"，正名叫红安，可能叫阎红安。

苏：这人跟家里头有联系吗？

常：没有联系，走了以后再没联系。咱们说实在的，我基本可以证实我姥爷不是共产党，日本人说他是倒有可能，但他不是。要是的话，解放后我们家还不大张旗鼓地提啊，是不是啊？从逻辑推理来说应该是这样。

定：那跟后来开粮店的那支儿还有联系吗？

常：没有了。阎家这门儿说实在的，香火不那么旺。那时间，医疗条件方方面面都不行，有很多人都夭折了。一提谁谁谁，得大肚子病死了、得痨病死了，哎哟，一提这人就没了，这一支儿就断了，是这样的。

定：哦，是这样，那还挺有意思。可是他们在这儿开完粮店怎么就落到王佐乡去了呢？就是因为在那儿当文书还是当老师吗？

常：对。

定：那等于从城里落到乡下去了，不过广安门离那儿也真是不远。

常：那时间只允许他们住在城外，他们不是山西来的移民嘛，他们整村整村地在那儿搁着，不能动，就好像咱们城市户口、农民户口，他们迁不进来。

定：王佐乡那个乡里是不是都是这帮山西人？

常：很多都是，一提老家，提来提去都提到山西去了。［指王彩莲］就包括他们家，也能提到山西去。她是砂锅村的，要不我怎么跟她结婚呢，就是我二舅给我介绍的对象，我不是来新疆了嘛。

常寿春岳丈岳母像（常寿春提供）

［看照片］

常：这是我岳父。

定：他后来做什么？

常：他是良乡土木建设工程队的工程师。1964年“大下马”的时候他就回去当农民啦。

定：［对王彩莲］您也是王佐乡那边的人吗，也是瓦窑的吗？

常：她也是王佐乡的，不是瓦窑的，她是砂锅村的。中间隔着一个坡，坡南边是瓦窑、坡北边是砂锅村，实际就是村挨村，中间那个坡很小，也就一二百米，多说三四百米。［对王彩莲］你们那儿到瓦窑多少里？有一里地吗？

王：二里地。

常：二里地，一公里。

定：才二里地。［对王彩莲］那你们家也是山西来的吗？

王：可能是吧。

常：她父亲有时还能说一点。她父亲说是不是山西来的，把鞋脱了，看小脚指头，小脚指头呢……

定：两瓣了。

常：对啊，真的是啊。他们管这个叫牛趾甲，没说两瓣，就说牛趾甲，就最后这小脚指头这趾甲盖不完整。他父亲说的，说满族人牛趾甲。说你把鞋脱了一瞧，就知道你是不是满族人，这谁也不能蒙。只是那脚趾上，其他趾甲都好好的，就那一个。我这脚也是牛趾甲，因为我是满族，就这样。扯得远一点了。

定：您姥爷是教书先生，那他怎么弄这么个儿子出来呢？

常：哎哟，这个儿子也说不清道不明的，这个大儿子是这种情况，二儿子跟他这情况就不一样了。

定：他几个孩子？

常：儿子就两个，还有一个闺女就是我妈，三个。

定：他爸爸怎么就教育出这么个儿子的？

常：这个我们也奇怪，说得好听点，龙生九种，九种各别吧［笑］。本来我大舅叫阎广仁，我二舅叫阎广义，这是正名，我母亲叫阎宝贞。叔辈那边另论。

（2）我二舅

常：我二舅脾气比较暴，外号“二郎神”，就是说有点不着调。他一直在乡下，奉养着我姥姥、姥爷，虽然我姥姥不用他奉养，但他毕竟还守着。但日本人来的时候他跑了，逃难了，带着我的二舅妈，带一小孩，逃跑到西安。小孩叫什么来着我忘了，后来死在西安了。他在西安开了一个裁缝铺，后来又到了一个军工厂里，当管事的。解放西安的时候，《西安日报》有《工人阎广义护厂有功欢迎解放军》，这是大标题，下面有他的事迹，这张报纸到现在我那表弟还留着呢，这不是胡说的，这报纸还都能拿出来。人家家里比我们家好，什么东西都知道留着，不像我们家，我们家什么都讲究弄没了，这就是我们家不成事的一点。我那二舅，解放后他从西安辞职回来了，我妈一再说，他一步错又两步错，他好几步都是错。

定：这怎么说呢？

常：在西安的话，在工厂里头人们挺欢迎他。他非常积极啊，他后来完全可以在那儿当工会主席。可是听说家里头分地了，他就回来了。那时候王佐乡那边还是农村，还有土地改革①。我姥姥还活着，我姥爷死了，就不提我姥爷这一说了。他没地，家里给划了一贫农，我大舅由此也是贫农出身。我那表弟，就我二舅的孩子，是贫农协会会员，持枪民兵。1965年，上北京城里看病，来我们家，派出所警察都得调查一下，问他："你谁啊？哪儿来的？""我是瓦窑村的。""你在那儿干什么？""我是贫农协会会员，持枪民兵。""好，好，好，好，好。"警察就什么也不管了，乐呵呵地就走了。持枪民兵、贫农协会会员，看来没问题。我妈也是贫农出身。

定：他们家没地？

常：没地，没地，解放后倒分了地了［笑］。我姥爷是大夫、是教书的，根本就没地，只不过是住到那儿了。

定：您说他错了几步，这是一步。

常：一、他到西安，本来是逃跑。按说他不应当逃跑，他不跑也没事，咱们实事求是地说，日本人在北京郊区没怎么杀人，日本人也不傻，该在哪儿杀哪儿杀，这儿不能杀，是不是［笑］？我二舅在西安为什么能落住脚？因为有一个跟我爷爷非常要好的所谓司令，叫徐天民。我们家曾经在北新桥住过一年，就是住在他的公馆里头。这个徐公馆具体什么地方我说不上来，因为当时没我呢，我爷爷应该是在那时候当侦缉处处长。我妈还曾经陪着徐天民的媳妇去逛东安市场，开着汽车去，汽车脚踏板上还有把门子的警卫，挎着盒子枪，还挺威风，去逛东安市

---

① 1950年4月，北京市郊区历时8个月的土改工作结束。共没收地主土地与征收富农出租土地39万余亩，没收和征用地主多余粮食133万余斤，没收房屋2.22万多间、农具6.68多万件、水车1052辆、大车1227辆、牲畜1743头。分配给无地、少地农民5.2万多户21万多人。263个村建立了农民协会，222个村建立了中共党支部。见《当代北京大事记（一九四九—二〇〇三年）》，第29页。

场。我妈说她自己穿的什么衣裳还都记着，还告诉我说："这都不能说啊！说这话要是让红卫兵听到，又把你这狗头砸了。"这徐天民可能是一个敢弄敢闯、自立为号的一个人，过去在旧社会他是什么司令？号称司令，"光杆司令"。

苏：他也有兵？

常：哪有兵啊？他没有兵！但旧社会凭着奘（zhuǎng）就能混，就能招摇撞骗，就唬得住人。我大舅不也是冒充军人，在外头奓着膀子嘛。徐天民他混的是另一路，他愣说他是什么司令，有汽车、有护兵。当时就是能够吹捧到这种程度，他就有这本事，就有人信，还就弄得来钱。但那时候骗招儿不像现在这么损，净骗老头儿老太太。

苏：那这车这警卫是从哪儿来的呢？

常：不知道他从哪儿弄来的。地面上还不知道他是怎么回事，甚至于区长见了他都得点头哈腰的，以为他有兵权。区长有政权，没兵权，都不知道他吃几碗饭的。实际上徐天民真什么都不是。他哪儿有兵啊！我问我妈："他有兵吗？"我妈说："他有什么兵啊，有病倒可能。"但人家有本事，在外头一说一聊，认得这个认得那个，他也确实认得点人，自己就号称司令。就好像《沙家浜》里那胡传魁似的，你说他是司令，他有多少兵啊？是不是啊？只不过这个徐天民他没有投靠日本人，就只是自吹自擂。那个社会可以，现在可以在网上一调查，如果不是，就麻烦了。

怎么提起徐天民来了呢？就是从我二舅提起来的。抗日战争的时候徐天民究竟怎么跑的，这都不清楚，后来这个人就没了。我二舅那会儿经常到我们家来，也认识徐天民，都知道我们中间的关系。我二舅在西安，歪打正着，就碰见徐天民了。徐天民说："哟，这不是阎广义吗？你怎么这样了？""我这不是逃难嘛。""嗨！你这……行，我给你安置吧。"给他租了三间房，给了他好些钱。

定：徐天民那时候在那儿干吗啊？

常：不知道。这个事情我和我二舅也聊过天。我说那个时候您碰见徐天民了？他说就是，说他干什么，说就在那儿遇见他。完了以后，很快这人就找不着了，根本就杳无音信，不知道哪儿去了。但是这个人估计就是个“光杆司令”，能赚，能弄一套。名字我能说出来，徐天民，这绝对不会错，住在哪儿？住北新桥。我母亲跟着他媳妇逛过东安市场。他媳妇是我奶奶给他介绍的［笑］。这个徐天民呢，还挺有意思。他这媳妇是满族人，也不是老实巴交，就是老礼儿多，一般不说话，大门不出二门不迈，生人来了得躲开，不能上桌得回避。本人可能再内向一点，往往就显着好像老实巴交。据说长得挺漂亮的，要不徐天民也看不上。我奶奶呢，是放荡不羁一老太太，什么都敢扯。她给徐天民介绍的，徐天民就找我奶奶，说：“她怎么不跟我说话啊？”我奶奶就教给这媳妇，说：“你虽然刚过门，也得跟他说话，不能不理他。”第二天，徐天民高兴地蹦着就进来了，说：“她跟我说话了！她问我头里吃后头吃！”我奶奶说：“后头吃臭！”［众人笑］这都是原话。我说的这些绝对都是真实的。我二舅在西安能安下家，就是碰见徐天民了。

咱们说实在的，应该表扬当时的国民政府，把咱们西安的几十万难民安排得好好儿的。这是我舅舅亲自所说，每人每天到那儿去，每一个人给两毛钱，当时的国币，两毛，足足够你吃一天饭的。有一人算一人，一人就两毛，抱着小孩去小孩也给，小孩也是两毛，每天都给。

苏：给了多长时间？

常：当时的话，给了将近一年吧。要不然我说，在那儿就是没办法的。你想想，就是碰见徐天民，徐天民给租的房，给了点钱。可是徐天民后来跑了，找不着了，那谁还给钱啊！那么乱的情况，上哪儿挣钱去？我二舅虽然在那儿开了一个裁缝铺，那是后话。过不下去，就开起裁缝铺来了，可是我那二舅不太会那裁缝手艺，不知道他是从哪儿学来的，还不知道从哪儿说起呢。当时国民政府安排得不错，我们不能否定。当时一切都是乱乱哄哄，多不容易啊！故宫的“古物南迁”、各种物资的撤退，那时间哪儿有汽车啊，哪儿有飞机轮船啊？

定：那后来他就不再错了吗？他回北京也是错吗？

常：错啊！回到北京，在良乡开了一家裁缝铺。后来不知怎么，1952年还是1953年啊，不干了，又回家了，种地去了。我妈说这又是一大错，你要是在良乡，你是居民呀，就什么都有了。你开一裁缝铺，不管怎么着，“公私合营”算小业主，你也是正式的国营的工人啊。这倒好，贫农协会会员，一天一毛五，还得玩儿命干［众人笑］。错了，这就什么都干不成啦！走资本主义道路不行啦！就死死地、牢牢地，一直在那儿受穷，就跟过去在册似的。

定：您那个表弟是从小在农村长大的？

常：对啊，一直都还是农民。

定：现在还是农民？

常：现在他也翻不过来啊。

苏：现在还住那边吗？

常：现在还住在瓦窑。表弟他也是个倒霉鬼，有一阵儿混得还挺好的，他会电焊，自己给承包的铁件加工。他血压高，后来一下子中风了，就不行了，现在还在瓦窑村呢。

定：现在都已经农转非了吧？

常：没有、没有、没有，都没有。他们那儿，她［王彩莲］的大弟弟什么的都还是农民，农业户口。

定：是吗？我觉得那儿离北京城不远哪。

苏：那边儿还有地吗？

常：有，他们还有承包地。我们是（这个月）11号回来的，她［王彩莲］弟弟娶儿媳妇，我们去了，住到那儿。举行完婚礼，我们坐我女儿的车回来的。

定：你们家和他们那个村那边现在还是联系不少。

常：就是有联系啊，她大弟弟在那儿，比较近的亲戚还在。有的人也变居民户口了，有的儿子女儿都变了，但老头儿老太太还守着。宅基地啊，承包地啊，那也是宝啊，要是说变成居民了，就没了。农民都精着呢，会算账！你想啊，居民管什么，我那地都没啦！

定：现在有地就什么都有了。

常：就是啊，一亩地现在不值一个亿也值八千万了。

定：这地可值钱了，尤其这城郊的地。

常：农民现在也会算计，宅基地多大，房子就盖多大，盖得跟礼堂似的。

定：可是你那个表弟什么福也没享着。

常：没有，一直就是农民，挣那个工分儿。改革开放后多少好了一点，这又病了。

7. 我们家的复杂历史

（1）“住闲的”

常：我爷爷是个穷大手，我奶奶更不会过。满族人不会过日子，“这不有的吃吗，着什么急啊？”有今儿没明儿，无穷富贵。又以为财源滚滚，实际上早已经断了，但是旧的架子放不下，伙吃伙喝。那光是来吃饭哪，我妈说，过年了，一顿饭切五棵白菜！你想想，得多少人吃饭啊！十斤羊肉，一顿就吃了。不是说吃五棵白菜，咱们家就心疼了，咱们家就垮了，那还给钱呢！不能过完年就（空手）走了，二月二走了，那三月三怎么办呢？是不是啊？我妈说，有时候那成卷的票子就给大姨奶奶拿家里去了，花完再回来拿。

定：那您奶奶他们家那么一大堆的亲戚……

常：养着呗。

定：都是靠你们家养着？

常：不能说都靠着吧，反正怎么着也得给补助，得给基本生活费。

定：自己干吗的呢？没自食其力？

常：没活儿啊，不干啊。

定：你家养多少人啊？

常：二十来口子［笑］。都是大老爷们儿啊，那时候人肚子又素，饭量又大。那时候面粉是44斤一袋，解放后才改50斤一袋的。我妈说，一袋面粉最多的一次，吃5天。好嘛，一大盆子3天见底儿。

定：这20多人都是啥人哪？

常：你看，我大姨奶奶，就是我奶奶的姐姐，下面3个儿子。

定：也在你们家？

常：对，那过年就来了啊，一进腊月门就来啦。二大爷三大爷四大爷，没有大大爷，还有他们媳妇哪，二大妈三大妈四大妈。这最起码就6口吧。我奶奶的弟弟，舅爷，舅奶奶。

定：都是你奶奶他们家那边的人？

常：啊。

苏：感觉您奶奶那边亲戚特别多，但好像爷爷这边的亲戚就不是很多，也不怎么走动。

常：对，我爷爷那头就是我一个姑奶奶走动，我爷爷的姐姐。

苏：亲姐姐吗？

常：亲姐姐啊。

定：后来是什么旗，嫁给谁了，知道吗？

常：嫁给姓白的，姑爷姓白。原来就住在哪儿呢？住在棉花胡同。当然这是后来的，具体怎么搬的家我不清楚，死的时候就是死在棉花胡同29号院子里头，这我都记着呢。那天坐着马车，我说要回家，还直要哭，说什么不肯出殡去。说了我一顿。因为这个，出的阜成门，坟地在阜成门外头，还隐隐约约记着这点事情。

苏：那过年也上你们家来吗？

常：来，姑爷爷姑奶奶都来。有时候姑爷爷来，姑奶奶不来。姑奶奶是很要强的人："我不上他那儿吃去。"姑奶奶是那么个人，姑爷爷不行。姑爷爷又打牌又抽烟，但是不抽大烟。我姑爷爷有点经济头脑，开过炮仗作坊。抽烟把炮仗作坊给弄着了，不就是他干的事嘛！有一次喝酒喝多了，糊里糊涂地抽完烟，嘿！把烟一下子扔到炮仗作坊里，那炮仗一崩，满屋子全响，房子也烧了一块去，一下子赔大了。后来不是又着了一回火嘛。八月十五供兔儿爷，那香没弄灭，就搁在箱子底下了，第二天夜里，闻着怎么那么呛啊……

定：就着火了。

常：都到早上起来了才……

定：他怎么净干这事啊？

常：我这姑爷爷也是能力不强。

定：是不是也是旗人啊？

常：是啊，那绝对是旗人啊！不是旗人绝对嫁不过去。我姑奶奶岁数比我爷爷还大，结婚能不嫁旗人吗？我父亲就矮了一大辈了，是这么的。

定：要不然也不干这种事，这都是旗人干的事。

常：我这姑爷爷笨事多了。我姑爷爷呢，化名王玉，为什么？为了吃份钱粮。我姑爷爷没文化，他不会写字，一个字也不会。那清朝后来也重视了，说你如果有文化，你可以多吃一点钱粮，就好像知识分子的待遇就高点。他（想多弄份钱粮）就托人，跟人说他认得字，有文化。那人说到那儿的话，人家得审你，得过关啊，这样吧，到那儿去签个名就行。头好几天，就教他怎么写字。好家伙，他拿着这笔啊，就像拿一门闩，这是原话，不是我编的。这是那人给我们讲的故事，说你姑爷爷拿着笔就像拿一门闩。叫王玉，这不是好记嘛。告诉说，写"王"字啊，先写三横，再写一竖，再写一点，"王"字一点不就是"玉"了嘛。结果，好嘛，先写个"王"，写完了，把"玉"字的这个点，点到那边了。人家说："你这点点错了，应该是这边点一点，你这叫什么啊！"结果就给他"pass"了，"您别在这儿蒙了，赶紧回家，就吃您原来那份（钱粮）吧！"

晚上回来了，我姑奶奶厉害啊！瞅不起我姑爷爷，把他臭骂了一顿，晚上没给饭吃，说："明儿你那点啊，点在那边，你再吃吧！"那天晚上吃什么呢？吃的是老米饭，有点炒酱瓜、炒饹炸泥。炒饹炸泥专门是满族人习惯吃的，没给他吃。我哥哥我姐姐现在是没了，要有的话，一问这个笑话，绝对对得上茬儿。

定：我就知道炒饹炸，还有饹炸泥？

常：有炒饹炸泥。是拿荤油、葱花炒那饹炸，把它炒碎了，那叫炒饹炸泥，像炒麻豆腐那个意思，挺好吃的。吃老米饭嘛，那肯定是满族人啊。

定：钱粮啊，铁杆儿庄稼，老米嘛。

常：我姑爷爷、姑奶奶还有一个儿子，我爷爷的外甥，住在宫门口[1]，就白塔寺旁边儿。他一来，就说是“黑三儿”来了，为什么叫“黑三儿”呢？他老空着手来，不给买吃的。我哥给他起个名儿叫“黑三儿”。

我还有个二大爷，姓李叫李连柯，实际上是我爷爷的亲外甥。非常精明的一个人，住在清河。他是“历史反革命”，当过乡长。但是解放后他没被镇压，倒戈倒得快，北平还没解放呢，他就带着解放军在那儿号房子，方方面面弄得好着呢。欢迎解放军，欢迎解放。

定：他在清河什么地方？

常：就在清河镇哪，他住的是四拨村，这都有地名的。

定：他是干吗的，农民啊还是乡长？

常：他是农民，因为那时间不分农民和市民。那儿也有地，我们家坟地就在那儿。

定：你们家坟地在清河？

常：啊，我们有四亩坟地啊。1952年北京市土地改革，全没收了。解放后，李连柯是西直门外头、中央卫生部动物饲养场的饲养员。我爷爷死的时候，就是李连柯发送的，这是绝对没错的。因为我父亲那时间没在家，劳改呢。解放后，把李连柯的乡长撸了，但没判刑。但

---

① 宫门口位于阜成门的东北角，包括宫门口西岔东岔、宫门口横胡同、宫门口头条、宫门口二条、宫门口三条、宫门口四条、宫门口五条、宫门口横条等胡同，皆因位于明时朝天宫门以东而得名，是北京较古老的胡同之一。

1975年，那边儿还来找我母亲外调，让我母亲交代李连柯的罪行。我哥哥说过吗？我爷爷跟湖北督军张广建也是称兄道弟的，曾经把李连柯介绍到他那儿去了。外调的人问李连柯到底在张广建家里干什么，我母亲说：“干什么？当使唤小子！”外调的很不高兴，我母亲说：“我实事求是，我也不能胡说，说完你还得核实去呢。他是使唤小子就是使唤小子。”实际就是听差的，我母亲故意把他再说得低点，就变成使唤小子了。张广建是湖北督军，后来是甘肃督军，到他那儿去当个听差，那就不错啦！当然那是我爷爷给找的，他能干什么啊？后来张广建死了，他儿子张二爷还老上我们家来，一看就是“宅男”“公子哥儿”，很有钱。

这李连柯也抽大烟。您想想，要抽大烟，都跑我们家抽来了，我们家成大烟馆啦！［众人笑］这家怎么不败，你说怎么不败呢！

定：您说的这是您爷爷的外甥。还有呢，您不是说有20多口子？

苏：您家过年就二十几口人，平常“住闲的”能有多少啊？

常：七八口，五六口。“住闲的”有谁呀？我大舅、大舅妈，还有一个我管她叫四姑的，他们常住，等于这家子就在这儿住，我们还给钱，我奶奶给钱。我这个四姑，小名儿就叫“小四儿”。从我妈进门的时候就在我们家养着，就在家“住闲”，不知道什么关系，我说不很（hèn）[①]清。我妈经常说，小四儿一来就：“我镶黄蒙！”那应该是我奶奶这边的。四姑后来结婚了，嫁给了一个姓那的，也是旗人。

定：是那桐家吗，金鱼胡同那家？

常：多少可能是那个支脉的，要不怎么我奶奶那时候经常上那王府去打牌去。我奶奶经常说：“到那王府了，打牌去了！”哎，就去这个那家，一听是姓那（nā），当时必须念那（nā），而不念那（nà），有那（nā）王府没有那（nà）王府。

---

① 这里的“很”，意指“详细”“具体”。

我那四姑父住在哪儿呢？住的旧鼓楼大街，原来娘娘庙胡同把口儿，现在叫豆腐池胡同。在那儿开了个小酒铺。他做饭做得挺好的，会弄几样酒菜，据说挺有名，在那儿开得挺火。我四姑就嫁给他了。就因为日本人来了以后，生意就慢慢不行了，紧接着，接年战乱，酒铺就吹了。解放后他们搬家了，怎么回事？也是在北京待不了了。

定：豆腐池胡同特有名儿。

常：豆腐池胡同里尽是大宅门啊！反正我就知道豆腐池胡同里头有好几家非常称钱。原来呢，［比画］原来旧鼓楼大街这儿有一条胡同叫娘娘庙，娘娘庙再往东走，就叫豆腐池胡同。1965年的时候，（政府）把以寺庙来命名的胡同名儿全改了。像娘娘庙胡同，连着后头的钟楼湾就并到豆腐池胡同里，一直延伸到旧鼓楼大街了，现在都叫豆腐池胡同了。豆腐池胡同过去是法通寺①，法通寺再往前走就是分司厅。我就是分司厅小学②的啊。我早上起来上学，都是由我们家走钟楼后头，走娘娘庙、豆腐池，过去法通寺，然后分司厅，天天走，印象太深了。那儿还有一个私立小学——立达小学，学生放了学，天天在娘娘庙门口玩儿。

定：豆腐池胡同把着那个西口这儿还有个庙，说是一个姓刘的太

---

① 法通寺位于安定门内华丰胡同7号、甲7号（原法通寺胡同4号），坐北朝南。始建于元至正年间，正殿额为法通寺。明成化三年（1467）御马监太监刘瑄、内官监太监马华等捐资修建三间净土禅堂；万历四十年（1612）重修；清康熙四十四年（1705）再次重修后，改正殿额为净因寺。乾隆《京城全图》绘有此寺。据1985年调查，寺早已分成若干个居民院，原建只有部分存留，且已面目全非，石碑皆已无存。

② 分司厅小学历史悠久，它始建于1914年10月12日，原校名为“京兆模范小学”。1929年4月改为“河北省立第三模范小学”。1935年因校址坐落于分司厅胡同内，故定名为“北平市分司厅小学”。1946年改名为“五区中心国民小学”。1956年增设了初中班，名为“分司厅学校”。1963年中、小学分开，小学部恢复为“北京市东城区分司厅小学”。1963年曾被定为北京市重点小学，1978年被定为东城区重点小学。

监建的，叫宏恩观还是什么观[①]……

常：西口那儿，那我知道，就是娘娘庙。现在还在。里头有三层大殿。原来漂亮着呢。

定：现在还在，好像有圆鼓轮墩的一个门儿，前几天我还去那儿喝咖啡呢。

常：那是娘娘庙，门口一大高台阶儿，两边儿两个斜坡，小孩在斜坡那儿打出溜，硬给深深打出两道沟来。要不那条胡同怎么叫娘娘庙呢？就这么来的。现在庙还在，有阵儿改成菜站。

定：它改成菜站的时候我去过。

常：我们家还有个老太太，就算在我们那儿“住闲”的吧，不能说人家是保姆。她姓王，叫王奎氏，王奎氏是很有出身的一个人，她是内务府继八爷的太太，继八太太。后来就在我们家“住闲”了，因为她没有别人了。

定：继八爷？继禄啊？麻花胡同继家吗？

常：麻花胡同继家，没错啊。

定：那他怎么是八爷呢？

常：他们家里头的人好多哪，他跟那个王荣魁，他们都是亲戚啊，王荣魁是继子寿的四侄子。

定：那这个继八爷是继子寿他们家的吗？他全名叫什么，您知道吗？

常：不知道，但是官称儿继八爷，那当时都了不得。为什么我们

① 这里说的道观，全名为“重修清净宏恩观”，是清末慈禧身边仅次于李莲英的大太监刘素云的退养之所。这个道观所在的胡同原名娘娘庙胡同，1965年并入豆腐池胡同。刘素云在白云观受戒出家，法号诚印。后来还跟他师父一起，创立了专属太监的道教派——霍山派，该派拜丘处机为祖师。据《刘素云道行碑》［光绪十二年（1886）春二月立］记，他为白云观多次布施巨额银两。光绪十二年（1886），白云观长春永久供会“会中积蓄无多，素云恐失其传，又自捐三千二百六十金，购买冒平州地方上泽田十五顷有奇，每岁收租三百三十金，交本观为业，永远作为二会香供灯果之资”（［日］小柳司气太编：《白云观志》，转引自胡道静等编：《藏外道书》第二十册，巴蜀书社1992年版，第590—591页）。

管她叫八奶奶呢，因为她是继八爷的太太，就这么叫八奶奶。

定：继禄是内务府大臣，而且是内务府总管大臣里挺有势力的。

常：说实在的，我爷爷跟继子寿并不熟悉，真正我爷爷认识的不是继子寿，是他的侄子王荣魁，因为这毕竟是年青一代。

定：继八爷是跟继子寿一辈的，还是小一辈？

常：小一辈。

苏：那继八爷和荣四爷呢？

常：他们是排行的，八奶奶管荣四爷叫姐夫。荣四爷毕竟是荣四爷，家里还是有钱，威风不倒。荣四爷一来，有时候还给八奶奶点钱，这我都看见的。她是继八爷的太太啊，没错，我们管她叫八奶奶，把她叫白了，就叫“bāi bāi！”她也答应。那老太太挺好的。可惜了，她要说起北京王府里的事，一门儿灵。经常给我们讲故事，什么都知道。她娘家好像是地安门福祥寺金王家的，那可了不得，是北京有名的大财主。

定：她怎么住到你们家来了？

常：她当时没有地儿待了。老太太是个典型的满族，毫无心计的一个女人。虽然心地非常善良，就因为太善良，就毫无心计了。据说南苑有她300亩地，就是3顷地；在东城不知道什么地儿，好像是锣鼓巷里头，有她两所小四合房；天庆家剧班有她的股，地安门大街的集贤楼有她的股。她最末了儿，愣混得自己连条整裤子都没有了。

定：这些东西都哪儿去了呢？

常：吃啦！都让人给花啦！那时候还没我呢，只是道听途说的。继八爷很年轻就死了，她呢，那时间也年轻，可能也耐不住寂寞吧。她有一个，就算相好的吧，外号叫王二。这是个什么人呢？是玩儿闹啊是无赖啊？就说是混混儿吧！还不如在街上的混混儿，是个“要人儿的”。

定：什么叫“要人儿的”？

常：过去，就凭嘴这么一说，就跟吃跟喝、混吃混喝，现在可以说叫“傍大款”，用“傍大款”这个词儿比较确切，就是这么一种人。

这八奶奶不会过，就让这个王二给算计了。（钱）她不掌握着，让王二给掌握着。王二能出主意，“上哪儿啊？”“上长安戏院，走，长安戏院完了，到时候咱前门外吃饭！”那时间呢，满族人不会过日子，认为自己有的是钱。其实哪儿有的是钱？他们也不想想，清朝政府都打倒了，钱粮也没了，哪里还有的是钱？自己有的那点钱，是吃一点少一点。王二说：“八奶奶，南苑那个地，给您典出去啦。”典出去比卖出去好，就是将来还可以赎，但你要赎不回来，将来可就是人家的啦。什么叫典哪，典不就是抵押了嘛，抵押了的钱往往比卖的钱还要少。

定：对，是。

常：典出去了，也不知道王二在中间怎么说的，这头说典，那头说卖。中间骑驴的钱可就少不了。过些日子又来了：“八奶奶，锣鼓巷菊儿胡同里那房子，我给您挑（tiǎo）啦，这钱给您存到哪哪银号了，您收着。”老太太哪儿懂啊：“好好好，真好真好。”好说话，房子倒好，仨瓜俩枣儿就卖了。但当时，确实，北京的房子不值钱。别人的我不知道，我们家卖房子我总知道吧，才多少钱卖的。

定：唉，那时候可不就是这样嘛。

常：那八奶奶是（在我们家）常住，年年住，一天都不带离开的，就等于是我们家人了。只不过她的角色呢，是半拉保姆。她不会做饭，她什么都不会。

定：她什么都不会，怎么叫半拉保姆，她能干什么？

常：能干什么？看孩子，哄我们玩儿，跟我们讲故事，打下手。后来家里也不行了，也没有保姆了，也没有厨子了。她择择菜，刷刷碗，扫扫院子，干这个。要不接我们，送我们上学。其他不干，干不了。做饭根本不会，鸡蛋炒饭都不知道怎么炒。给我们炒饭吃，经常弄错了，后搁盐，后搁鸡蛋。饭都扣锅里了，想起鸡蛋来了，再打鸡蛋，再“哗啦”倒锅里，一糊弄。你说这叫什么？

定：怎么那么笨呢？

常：她没干过。

定：她怎么会跑你们家来“住闲”呢？

常：没人讲过，就是因为继八爷死了。

定：她不是跟着王二混吗？

常：那王二是个混混儿，你有钱行，他傍着你，你没钱，他就走了。他充其量是个李甲，配不上杜十娘[①]……哈哈哈，是这么个人。

定：那个时候这种混混儿还挺多的？

常：那时间就讲究这么混吃混喝。也许这么说有点不太合适，但是实事求是地讲，不怕您笑话，我大舅不也是那种情况嘛。那怎么就从农村跑北京来了？就混进北京来了？他不就是“傍大款”嘛。跟那帮人闹在一块，那当初也行着呢，要不怎么差点把脑袋丢了呢。后来混得也不错，就是解放了，他实在没辙了，不也还是说书嘛，他说书混得也不错啊。

苏：八奶奶是什么时候去世的？

常：八奶奶什么时候去世的不知道，她是1948年11月从我们家走的，那时候她不到50岁。她走的具体日期我忘了，但是查报纸能查到，那天新街口大街这儿掉下一架飞机来。那时候家里不行了，她也看出来了，觉得自己是“住闲的”，而且我奶奶的脸有时候也不好看。

苏：那家里“住闲的”除了八奶奶还有谁呀？

常：“住闲的”不是长期住，也有短期住的。我大姨奶奶、舅奶奶、五舅爷，有时候李连柯来，住十天半个月，也可能一两个月。

苏：带着太太来吗？

常：李连柯他没带过太太，我都没见过他那太太。我姥姥不怎么来，姥爷也不常来。据我父亲说呢，好像逢年过节都提前把钱送过去。

苏：逢年过节不过来吗？

常：也来，礼节性地来。他们一般不在这儿住，住也是一两天就走。

苏：除了“住闲的”，会给其他亲戚钱吗？

---

① 典出《杜十娘怒沉百宝箱》，源见明代通俗小说家冯梦龙纂辑的白话小说集《警世通言》。

常：给啊！我奶奶的外甥，就是我奶奶姐姐的孩子，来了都给钱，全给。不但给钱，有的时候，比如过年在这儿住几天，说得回去瞧瞧去，这就给拿点钱，再拿个洋面袋，给装半洋面袋的馒头。现在要装半洋面袋馒头不算什么新鲜的，过去了不得啊！都是在馒头铺订的。我妈说快过年了，让馒头铺送馒头来，一送就送200个。

再举个例子说，1949年的阴历二月初十，我爸爸生日那天，我们家进了20石米。那是我爷爷不知道通过什么关系，给人家干什么事，人家酬谢的，20石大米，京西稻。

定：20石？

常：20石，一石150斤。结果呢，这个来了给点，那个来了给点。我记得那李连柯来了，用美国那个骆驼牌面粉的面粉袋，最起码，装了满满一袋子，拿自行车驮着，上清河，回家了。我大舅来，也是拿洋面袋装，装完在门口雇个三轮。

定：回王佐乡了？

常：不是，那时候他在棉花胡同住，回那儿了。呵！无穷富贵！吃到五月初五，一粒儿粮食都没有了。搁您您信不？五月初五的时候是谁呢，荣四爷打发人，给另外提溜了10斤稻米，给我爷爷拿来的，说您尝尝这米。人家不知道我们家没米了，人家毕竟是麻花胡同继家，人有钱啊，能弄来呀！

定：10斤够你们家吃几天的？

常：多说，两天就吃光了。这还能吃几天啊！再来俩亲戚，坐那儿一吃就光了。

定：你家这成天的亲戚不断。

常：我奶奶也大方，还得留点给猫［笑］。可不嘛，养仨猫，大个儿的，那么大一狸猫，叫大“gēi”头，我表妹常瑛给起的名，就叫开了。那尾巴是麒麟尾，就一个球，大球、大长毛，漂亮着呢！二的是一个波斯猫，白的、长毛、蓝眼睛。还有一猫叫小点儿，是乌云盖雪的。仨猫，仨都是男猫，我奶奶不养女猫，我奶奶说不好伺候。那还得喂这仨猫呢，先给盛一碗饭，留着："这是给猫的。"家里头不会过，就到了这个程度。

定：那也太夸张了。

苏：这么些亲戚朋友，困难的时候没来帮衬一下啊？

常：我们家困难的时候，我大姨奶奶、我三大爷、二大爷、二大妈都死了，就四大爷还在。小辈的就不来了。解放后，荣四爷就在后海这儿摆摊儿卖皮货，后来这个小市儿取消了，摊儿一律摆到护城河边儿上去，这消息都是荣四爷告诉我们的。1950年我们还走动呢，1951年后再没来过了。

（2）奶奶、父亲和舅舅都抽大烟

常：问题是，那会儿还抽大烟呢！不是光把粮食吃了，是卖了。3000斤大米要都吃了，那是什么肚子？家里养8匹骆驼，也不会把这么多粮食给吃了，也吃不了啊。

定：您哥哥说过，您大舅和您父亲两个人都吸毒，还是抽大烟，您爷爷就把禁毒的通知挂到你们家门上。

常：这个我倒不算太清楚。我们家，我奶奶抽大烟、我爸爸抽大烟、我大舅抽大烟、我大舅妈抽大烟、原来那大舅妈也抽大烟，这不是俩媳妇嘛，俩媳妇都抽大烟。哪个家能经得起这么多吸毒者败家啊？要不我们家怎么后来就败得这样啊！要饭都没有整碗了，那怎么弄的？

定：你奶奶就抽大烟？

常：抽啊。要不我哥哥经常跳着脚骂，恨不得，好家伙，后来都种病了，精神都不正常了，给气得、急得。他对这上头看得非常重，不像我。我的逻辑是什么？"嗨，该自己命不好，就这么回事。他们弄坏是他们挣来的，我要弄我自己挣，挣的都是我的，就完了，生什么气啊。"我就这么一个态度。

苏：那时候是不是很多人来家里抽大烟啊？

常：大舅抽、大舅俩媳妇抽、李连柯抽、我爸爸抽、我奶奶抽，六个了。

定：哎哟，真可以。您奶奶先学的抽大烟，还是那几个儿子学的？

常：我奶奶。我奶奶不是满族人吗？他们讲究抽大烟。抽大烟时髦啊，有钱的才抽，没钱的你抽得起吗？她是这么样过来的。抽大烟，你倒是在外头偷着抽啊，后来我爷爷知道了，可是（要管）就不那么好办了，因为就不是那么好戒了，无可奈何了有点。那时候家里又有钱，得，抽就抽吧。

苏：来家里串门儿的人也抽吗？

常：有。那时候我爸爸还有一帮朋友呢，还有一帮烟友呢。有个叫李大个儿的，叫李什么忘了，他孩子还跟我同年级同班，一块上学，李大个儿来了也跟着抽。还有个叫李大钧的，文质彬彬的一个人，很像老电影里头三四十年代的文人，穿着长袍，大烟鬼，一没辙了，就来我们家了，找我爸爸。因为大烟那东西很贵啊，没钱去买，怎么办啊？找我爸爸来，先抽几口，走的时候再拿上一点。

苏：干吗的呀？

常：不知道干吗的，有工作没工作都不敢说。还有一个我管她叫李大姑，李大姑叫李凤琴，这我能叫得出，住大黑虎胡同，原来朗德威的媳妇，来这儿也躺那儿就抽。您想想，那一两大烟土能抽几天？一两大烟土多少钱？有时候一两金子都买不来一两大烟土。管得严的时候，也弄不上来了，尤其1949年。

定：四九年不是围城吗？

常：四九年围城，大烟土就进不来了。

定：那他们怎么办啊？

常：买啊，照抽不误啊！大黑虎胡同有一个和尚，叫什么忘了，都说上和尚那儿去弄去，和尚弄俩算命瞎子，算命瞎子在门口“咚咚”打鼓。

定：天啊，怎么这么热闹！

常：实际是干吗的？卖大烟的。最起码，瞎子能给送来。一要多少？50个大烟泡！我跟您说，虽然我什么都没干，但我知道的东西太多了。这大烟什么样，大烟怎么滤，大烟怎么抽，我都知道，我都会，我小时候就跟着瞧啊。所以说我这人要枪毙了都不多。

定：您把这个讲讲，您爷爷从法院带回那（禁烟的）布告，往家里给儿子贴了一告示，这个地方我不太明白。

常：是这么回事情，那是1948年的事，也可能是1947年的年末。当时我爷爷看到家里已经败得维持不住了，但是有点敢怒不敢言。抗战胜利以后，国民党发现全国各地方方面面都维持不住，包括毒品泛滥。毒品怎么泛滥的？日本（统治）的时候是允许抽大烟的，那是公开的，就好像现在街上卖纸烟的烟摊儿一样，是合法的。白面房子是韩国人开的，街上有烟馆，大烟馆往往是中国人开的，或者是日本人操纵。所以抗战胜利以后，国民党为了整饬市容也好、市貌也好，整饬世风也好，必须要禁烟，下了严令，贴出布告来：倒卖烟土的一律枪毙，抽大烟判重刑，甚至可以判到无期。我爷爷当时不是害怕给我爸爸毙了还是怎么着，主要就是看到家庭已经日薄西山了，他也是无可奈何，看人家贴告示，跟人要了一张，带回来了。带回来以后，不好给他们看啊，干脆贴门上得了。当时还在旧鼓楼大街住呢，那附近谁不认识老常家？哪个贴布告的敢往老常家门上贴一张啊？一般贴布告，都是从上面发下来的，区里发下来到保里的，都是贴在附近，怎么会贴我们家门上了？实际上就是（我爷爷）给我爸爸看的，给我奶奶看的。尤其那时候，北京华声广播电台就在《儿童时间》里教："别抽了，别抽了。"

定：怎么教？

常：唱歌。孙敬修老师就教［唱］："朋友，朋友，请您别再抽，您要再抽，命就要丢，孩子多难受。"他就教这歌，我一唱，我奶奶立即就炸，说："滚！滚！"就不让听这个，戳了短处了。

（3）三个"大嫌疑"

常：我跟您说说我们家的复杂历史，解放后所受的牵累是比较大的，我哥哥可能避讳不敢说，或者不愿意说。

定：他说了一些。

常： 第一，我们家认识郎福仑。

定： 就是您说过的那个老美翻译？美国大使馆那个一等秘书郎福仑？

常： 对，郎福仑。第一，你怎么认识的？说不清。第二，你们是不是受美国远东情报局，或者受美国大使馆指使，或者什么，让你们潜伏下来，或者在哪里参加过什么？为美国大使馆提供过哪些情报，包括经济情报、政治情报、军事情报？这，他愣让你这么说，你怎么去回答？答不上来。用我父亲当时的话说，死的心都有。我父亲说当时认识郎福仑也不是我认识的，是我爸爸认识的，我爸爸死了，你让我说什么啊！我爷爷1952年死的，六几年（派出所）老让我爸爸写交代材料，一写写那么好几本子，我就偷着看。我说我们家的历史，都是从我爸爸的交代材料里看的。我爸爸不让看，还给藏起来。但就那么个破屋子，藏哪儿去啊？藏也藏不住。

定： 你们家这哥儿几个，也不好斗，一个比一个聪明。［笑］

常：［笑］我就翻出来（材料）偷偷看，有时候我爸爸也不在家，我是整天地看，都给它看了。不止看一遍，有地儿没看明白我还得看。我估计我爸爸不会胡说，更不会夸大。他夸大干什么？［瞪大眼睛］

定： 找罪受呢。

常： 是不是啊！这还交代不了呢！还能夸大了？说认识汤玉麟，但绝对不敢说我认识蒋介石。吹大了那麻烦了。［笑］

定：［笑］不是现在："我都认识皇上！"

常： 我父亲的交代还是很谨慎的，能少说的地儿就少说。有时候我看着都乐："哎哟爸爸，您就说得这么简单，我听的都比您说的多。"［笑］其实郎福仑就是通过别人介绍认识的，做翻译卖古玩，当然就越走越近。怎么？因为郎福仑在我们这儿有钱可挣啊。再说郎福仑一来，一瞧我们家里这情况，是个富户啊！所以郎福仑就经常来，这确实是事实。但是来了以后，无非就是聊一聊天，是朋友。绝对没有参加过什么，如果要是那么样，那还了得，你想想，我父亲还不早就被枪毙了！

说我们家有美国特务嫌疑，这是第一。第二，有日本特务嫌疑。

定：这又为什么啊，汤玉麟？

常：不是，是日本的井上三枝雄。我给您详细说这事，这事我基本上托底。有一个日本法律顾问，名字就叫井上三枝雄，住在西单手帕胡同10号，这是旧门牌啊，我都能给您说得清清楚楚的，因为我这是跟我爸的交代材料核对过的，绝对是。

定：什么胡同？

常：手帕胡同，原来在旧刑部街那儿。长安街一修，把手帕胡同拆了。手帕胡同10号是日本法律顾问处，他是那儿的头儿。

（我爷爷）怎么认识井上的？旧鼓楼大街铃铛胡同口，那儿有一棚铺①，棚铺的掌柜的叫洪仙洲。洪仙洲的棚铺呢，在日本（统治）的时候让另外一个中国人给占了，这就产生了财产纠纷，当时也讲究打官司，就打官司，那头请的律师就是井上三枝雄。

定：你哥说过这事，他没详细说，您详细说说。

常：这个洪仙洲来了以后，就跟我爷爷说："大哥，这回咱这官司打不赢了，人家那头请的是日本的法律顾问，据说在西单手帕胡同请的。"我爷爷说："是吗？哟！这还麻烦了，这事可是个大事。这样吧，咱们试试。"我爷爷是卖古玩的，他拿了一对马，就跟唐三彩那种马差不多，一对儿，包好就（到井上那儿）去了。跟井上这么一聊天，井上一看这东西，大大的好，朋友朋友的，那头就不管了，到这头来吧，倒戈了。日本人，朝秦暮楚，就那么回事，立时倒戈了。我爷爷三说五说，他就过来了，替洪仙洲打官司，那头立即就败诉了。洪仙洲非常感激，年年给我们院里头搭天棚。搭天棚是解放前特别有钱的人家，把院子整个连房子都拿席棚搭上，漂亮着呢！院子非常凉快。一般都是头五月节，五月初一搭棚，七月十六七拆棚，都这样。洪仙洲白给我家

① 棚铺，旧时北京的一种行业。过去办红白喜事，一般都要搭棚；年节大商店门前要搭彩棚；夏天四合院要搭凉棚。分席棚和布棚两种，搭建时讲究地下不刨一个坑，不伤一点建筑。棚匠以山东、河北人为多。

搭，年年搭。这就认识了井上三枝雄。

当时地安门大街有个集贤楼，就是现在的北海衬衫厂，现在还在呢，房产一共是220间，里头非常大。集贤楼这个房有我们家的股，不多。还有那老太太八奶奶，也有她的。这楼让日本人给占了，日本人在那儿开了个军用被服厂。这就麻烦了。

定：对、对、对，知道，好多人在那儿干活儿呢。

常：解放后还是军用被服厂，后来才改的大华衬衫厂。这样的话呢，就得跟日本人争这个房子，不能让他们白占了啊！就打官司。我爷爷当时因为有自己的利益，再说呢，那个房子主要是谁的呢？是内务府的荣雅轩，荣四爷的，他跟我爷爷是把兄弟。他也有股，他的股非常大。我爷爷说不要紧的，咱们也有律师，鬼子律师我认识，就找的这个井上三枝雄。井上三枝雄虽然当时拿两只马就把他收买过来了，但毕竟他不是一般的小官，他是法律顾问处的头儿啊。在北京来说，法律法院这方面，他可以说是说了算的人。这不是又找的他嘛，也不知道又送了他点什么玩意儿。

再一个，当时有“满洲国”戳着呢。溥仪那是我们满族啊，我们这是旗产，是不是？我们都是清朝皇族啊，我们跟溥仪，“满洲国”皇上，都是亲戚，你能把我们房占了不给钱吗？日本人说给、给、给，就给了。给的钱不算少，好像是几百万。当时那个钱还很值钱，刚出来那联币①，我爸爸说那是“大被卧面”“大龙面”，说给的一码儿齐［比画］。打了将近两年官司才打下来这钱。

实际请他一共就这么两回官司，后来没怎么走动过，并不是说跟

① 1938年日伪政府在北平成立中国联合准备银行，第一任总裁为汪时璟。银行资本额5000万元，系伪政权与民营各银行合资，简称“联银”。汪精卫政权成立后，归于华北行政委员会领导。总行设在北平东交民巷30号，发行“联合准备银行券”，单位为“圆”，简称“联银券”或“联币”。种类有第一套龙票（又称“右龙票”），一元、五元、十元和一百元面值；辅币券有半分、一分、五分、一角、二角、五角券。第二套为小龙票（又称“左龙票”），面值相同，年份不同。后因日方大量支取“联银券”充当军饷和抢购物资，导致币值下跌通货膨胀，物价上升，1945年前后，该币已形同废纸。

人投靠了。那请律师，能不上人家去吗？就说我们这官司，房让人占了，您给打（官司）吧，能这么简单吗？盐从哪儿咸，醋从哪儿酸，这事且得找嘛，也且得说呢，也得提供证据呢。这儿的那儿的事很多啊。跟日本人打官司那么好打吗！日本人一开始也不干，那是军队占的啊，你是法律顾问，人家还是军人呢，军人厉害着呢！太君厉害，是吧？

解放后呢，这事可就说不清了。问我父亲是怎么回事情，我父亲就把原话说了。人说那不行，说你这是骗谁呀？是这么回事吗？有这么容易吗？就凭俩破马，日本人就听你的啊！啊？说："常子光常子光，你老这样。政府对你还是信任的，你最好还是走那条光明的路，不要走死路。也不要有顾虑，放下包袱啊，轻装前进。你好好说，你说的这不对，你的事你清楚，我们比你还清楚。"这……［摊手］怎么说啊！我父亲急得掉眼泪，心里寻思："你清楚什么啊你清楚！你清楚你还问我？［众人笑］这是我爸爸办的事，又不是我，这怎么弄啊！"我们家是背着日本特务、日本汉奸、美国特务，这么大嫌疑。

苏：这都是60年代的时候？

定：50年代吧？

常：50年代、60年代，到六几年就更厉害啊！三天两头，警察提着大皮包就来了，要不然就叫到派出所去了。我爸爸1964年、1965年，一直到1966年，写交代材料，是没天没晚地在那儿、没天没晚地坦白。上哪儿说去啊？说不清道不明的啊！我爷爷到底干过什么，我们家里结交些什么样的人，我很多是根据我父亲的交代材料里认定的。派出所当时也不给纸，我们自己买了十本作文本，我父亲用蘸水钢笔写的，我都看了。我父亲只会少说，不会多说，我认为那是比较真实的。

定：除了美国特务、日本特务，还有别的问题没有？

常：有啊，还有点别的小问题。

定：那咱们接着说完。

常：我爷爷当过督战队的副司令长官，这是怎么回事啊？跟汤玉麟是怎么回事啊？认得那个谁，李汉臣，住在安福胡同多少号我忘了，让我爸爸交代交代他的历史问题。怎么回事？李汉臣解放前是侦缉队的，解放后还是便衣警察，他是留用的。我爸爸说："我哪儿知道啊，我又没当过侦缉队，我父亲的朋友我怎么知道啊。再说他们也没什么事啊，无非一块吃吃喝喝。"不过我知道，李汉臣确实给我们家弄过大烟土。我父亲我奶奶都抽大烟，谁给买的啊？这不是他没收了一点，就给弄过来了嘛。

定：是李汉臣给你们买还是汤玉麟给买？

常：李汉臣也没少弄。李汉臣50年代还给我们家弄过，这是我亲眼看见的，这是交代不清的。

（4）家终于败了

常：我经常想，我们家三年，居然就败到吃不上饭的境地了。那个不会过啊，表现在很多方面。根本就，说得难听点，狗屁不通。要不然能够混成这样吗？我跟您说啊，我给常人春写过一首诗，说咱们家后来啊，是"绳枢瓮牖居无所，朝齑暮盐时有忧"。绳枢瓮牖，拿绳子拴着门，破瓦罐子当窗户；朝齑暮盐，顶多吃点白菜帮丁儿，搁点盐。这个家，已经混到这程度了，什么都没有了。

定：那么一个大家，就能落到这么个程度？

常：您要是愿意听，我好好给您说我们家怎么卖这些个东西。我哥哥没有我这记性，好些东西卖了多少钱，我基本都能说出来。

定：真行，您这脑子敢情比常人春还好使。

常：我记性挺好的，但是现在不行了，今天晚上看的电视，明儿早上起来说昨晚上看什么电视，不知道，忘了。

定：这是正常现象。

常：但是以前的事啊，大部分记得非常清楚，不会说记错了。给您说说我们家里的困难，咱们把它简化了，但还是要顺下来。

定：也不用简化。

常：我们家也让国民党坑了一下子。日本（统治）时候打了那个集贤楼的官司之后，我们家分的是40万块钱，那不是小钱啊，搁现在相当不了400万，也差不多。结果搁在地安门好像是金城银行，还是什么银行那儿了。我爷爷也没有经济头脑，而且还是算错了账的想法，说："这明儿国军要是回来了，还不得加倍给咱们钱啊！"日本一投降，应当（把钱）赶紧取出来，取出来就对了。结果，国民党大员一接收，一分钱都没了，全部没收，全没了。

定：您家对"挥金如土"这四个字是一特好的诠释。

常：挥金如土，得过且过。更不用说对世界形势，对国家什么，怎么去分析……

定：醉生梦死。

常：1948年，我们家实在维持不住了，就把旧鼓楼大街117号，那个我哥哥最向往的童年乐园，正规的四合房卖掉了。一共是14间瓦房，那个院子算两进院，不能算三进院，但是里头还带个小跨院。我哥哥对那房子是动了真心了。好家伙！如果那房子还在，他还能再活82岁［众人笑］。我哥哥那（口述）上头说的都对，那院子非常大，房也非常好。我爷爷原来买的是内务府里边一个管事的，叫黄致臣，他的房。卖了多少钱？35两金子，按现在的钱算，不足50万块钱。够干吗的呀！

旧鼓楼大街117号（2009年4月在铃铛胡同口拍摄，常寿春提供）

结果倒手又买了鼓楼东大街80、81、82、83、84号，宝钞胡同把口儿那儿的房子，好像还在《华北日报》还是《新民报》登过置产声明，这我原来家里的报纸都有。要不我怎么说常家不行呢，我表弟连"阎广义护厂有功"的报纸都留着，我们家置产声明就扔了，但是这报纸我都见过。

定：这置产还要登报纸，登声明？

常：对啊，当时有置产声明。

定：那时候都有这种声明吗？

常：不，因为我爷爷毕竟是律师，他对这上面很重视，他怕中间有人那什么。（置产声明）连续登了一个礼拜吧，都是自己花钱，当然那时候也花不了多少钱。（人们）都以为常晓茹发财了，发大财，一下子买了五个门牌！好家伙！厉害！实际上啊，那（五个门牌）跟旧鼓楼大街那房子就没法相提并论，差多了，只不过它前面都是铺面房。81、82、83、84这几个门牌的铺面房全是我们家的，81号是个锡箔铺，82号、83号是广发祥木器商行，84号是东美成衣铺。后头是住宅院子。要是留着的话呢，哪间都值大钱了。可是，就这也维持不下去，开买卖开不成，再一个，也不会开买卖，不会。只会说，不会做，空话多，这是满族人的毛病。

鼓楼东大街那个房并不少，一共21间。解放后分两次卖的，不是一次。这我哥哥可能都没跟您细说，他不好意思说。一开始是把84号卖给东美成衣铺的掌柜的，那是1949年的春天卖的，那时候刚解放，还拿现大洋呢，卖了200块现大洋。

完了以后，冬天又过不去了，那就是1949年的年底了。那时间不讲究金子，讲究布，房价一律按布折算，什么布？"大五福"[①]布，福寿

① 这里讲到的"大五福"通作"大五幅"，"幅"意指面料的宽度。"大五幅"最早为日本人设计制造，由于幅面比国产土布宽近一倍以上，价格却与土布持平，在20世纪初迅速占领了市场，后成为一种流通的硬通货，甚至可以作为公债折价支付的实物。相关回忆可参考高守信口述，徐言年整理：《在京昌邑绸布业之我见》，中国人民政治协商会议山东省昌邑市委员会文史资料研究委员会编：《昌邑文史资料》第六辑，1992年内部发行，第54—71页。

的福，您知道“大五福”吧？就是粗白布，未经过漂白的一种粗布，那种布的牌子就叫“大五福”，（商标）上面5个燕尾蝠，倒着。就以它作为折实，做一个表定价。这个房子卖了多少？80匹布。如果按现在这么算，20块钱1尺，100块钱5尺，1匹布100尺，合多少钱？2000块钱，一共16万，就卖了。1950年1月14日，我们就搬到阜成门顺城街那儿去了。卖来卖去，卖成无产阶级就完了［笑］。

家里那时间，毕竟瘦死的骆驼比马大。［比画］那么大的紫砂的金鱼缸、荷花缸，还有紫砂大八套，是很讲究的养鱼的东西。瓦八套，就照这个差一点。现在好些养鱼的，能弄一套瓦八套也不错了，紫砂大八套，那根本拿不出来。现在没有，也可能现在有了，为什么呢？现在有钱人多了，需求量大。据我母亲讲，当时这批东西全是在旧鼓楼大街，从张旺胡同还是哪儿啊买出来的，李莲英有处宅子在那儿，是他的东西。卖了鼓楼东大街这房子后，不是要搬家嘛，这些个鱼缸往哪儿拉呀？一解放，一听说八路来了，这东西没被瓜分了就不错了，不被打成地主就可以了，谁还要这些东西啊！再说这些东西没用，更不可能卖了。就不要了，两个缸一扣，中央搁那荷花缸，还有“直边儿”，［比画］方的、长的。还有好多个陶器，什么八仙人啊等等，好些个，雇了两辆大平板的骡子车，都搁满了。

那天是我跟我哥哥押的车，这绝对没错，因为印象太深了。而且呢，我跟我哥哥有同感，就是不愿意破产。知道又卖房了，又败家了，又完了。所以当时心里头是很难受的，并不是非常高兴地搬家了，尤其我哥哥，那是耿耿于怀啊！

定：是啊，你们家挥金如土的，有点太夸张了。

常：真的，“兴者也勃，亡者也忽”。这句话对我来说，真是深有体会。咱们就说那大东西，先说那大广钟，卖多少钱？16万。16万就是解放后的16块钱。

定：广钟？

常：广州出的钟，大座钟。

定：噢，才卖了16块钱。

常：这得雇“窝脖儿”单扛，这个人有固定的一个大方木架子，东西在这架子上搁着，上头拿绳拴好了，再让他扛着。这人就歪成这样［比画］，就这么跟着走。

定：雇了多少个大“窝脖儿”？

常：四个，四个“窝脖儿”，七辆大车，搬到顺城街去了。当时已经残灯破庙了，但还有七辆大车，但居然，1950年一年就卖得差不多了。怎么过的日子！

窝脖儿

常：再说家具。最早卖的是一个西式的大立柜，那个卖得还算不错，卖了18万块钱。一个八仙桌，那真是红木，木质非常好的。卖了多少钱？8万。那是1951年卖的。

定：那红木八仙桌现在能值人民币18万。

常：现在8万块钱可买不了那个。架几案，那都是古典式家具啊，可以说是最高档的一种家具。要说什么样儿，很简单，一边一个茶几，但是那个茶几大，腿儿也粗。案是什么呢？上面就是一块大板，这板一般长条儿大的，九尺。

定：哟！那要好木头。

常：对啊，紫檀的啊！厚有多厚呢？三寸。

定：那得多大的紫檀哪！

常：整板儿，一块。卖给谁了呢？当时有个“打鼓的”，姓柳，管他叫老柳、老柳，大部分东西都卖给他了。他就住在王府仓胡同，那人很精明，收买旧货。那个架几案一共才卖了26万块钱。

定：嘿！我就说您这爷爷吧，是没法再活下去了，他怎么受得了！

常：就是，这些东西很快就这么卖掉。不单是这些呢，还有这么高［比画］，那得算郎红的一个瓶，大明万历年间的，口儿是黄铜的，下边是瓷的。过去要不懂行，还以为这口儿坏了，让人重新包了一下，其实不是。后来《鉴宝》《拍宝》节目都曾经出现过，真正明式的瓷瓶就是这样的。这个瓶卖了多少钱？10块钱，这是1950年头八月节的事。

定：10块钱？

常：10块钱，卖了。8月13日卖的，日子我都能给您说出来。

定：那就等于给扔啦！

常：那个瓶子这么高呢［比画］，那是雇一“窝脖儿”窝来的。光雇那“窝脖儿”的钱也差不多快10块钱了。卖了干什么了呢？给我姐姐买了一条裙子。“十一”游行要做裙子，那时候我姐在女三中，当时要求统一着装，白鞋、白袜子、绿色的裙子。再拿那剩的钱过八月节，就这么快，一个瓶子就没了。

定：真行，你们家。

常：我们家埋东西，我只知道两个地儿，一个就是鼓楼东大街旧门牌83号，埋到东墙底下了。埋的是什么呢？砂锅。［比画］这么大的砂锅，多是没有，有100多个。

定：啊？你们家要那么多砂锅干什么？

常：我爷爷是搞古玩的啊。那些砂锅有点像半坡氏族式的东西，应该是汉代的，是不是真正是汉朝时候的东西，也不敢说。解放后，

1949年，国民党飞机经常来空袭，各家各户都要挖防空洞，我们家就在院里挖了个防空洞。后来又要回填，可是挖的时候好挖，但挖完之后，不是把那堆土都弄走了嘛，再填埋的时候就没有土了。再有一个，过去我们家住旧鼓楼大街时，院子非常大，什么东西都搁得下，这个院子非常小，东西就搁不下了。这些砂锅留着干吗用呢，卖也不值钱、卖也没人要，还要它干什么啊。所以把这砂锅就搁到防空洞里算了，搁完再一回填，正好，底下甭管“暄不暄”[①]吧，反正顶上盖平了。这样，就把它埋那儿了。后来没挖开，再说房产也早归人家了，也不好再去提什么事情，所以就没有再要去。

还有一个，就是解放后大华卫宾馆这个地方。有两辆大车的东西全都拉到了后海北河沿，那个胡同口拐进去，到鸦儿胡同里头，就是大华卫宾馆。现在这个院子里头整个拆了，拆了不知道干什么了。当时那儿是汤玉麟的佛堂、家庙，那个院子非常大，就把这些东西都存他那儿了。

当时给汤玉麟看家的有两个人，一个姓黄，都管他叫老黄、老黄，大高个子，东北人，不知道叫什么名字。一个叫阎江，也是东北人，说话口音很重：“您老好，您老好”（东北话），他们俩一直在那儿看着。还放那儿好些花。因为花也没地儿搁了，像大的夹竹桃啊，好些树啊，其他的好些花呢！

1954年，汤玉麟家庙要被占，我们家东西怎么处理啊？阎江到我们家，那天正好我骑车放学，碰见他了，所以我印象特别深。因为我小，那毕竟是我爷爷的朋友，没敢跟他说话，就装没看见。后来他走了，我问我奶奶：“刚才阎江来了吧？”我奶奶说：“哎，你怎么知道阎江来了？”我说我碰见他了。他来了就是问我们家这东西怎么处理，我奶奶说：“不要了，不行就地掩埋吧。”他说：“哟！您老那么多东西不要了？所有东西都不要了？”我奶奶说：“不要了，要了我们往哪

① “暄”，北京土语，谓“物体松软”。

儿搁，是吧？卖也没人买。要拉过来，说老实话，您笑话，我们连车钱都没有。”这些又不是小件儿，当时得雇大车拉。那时间北京很少有汽车，街上到处是马车，拉得那马粪到处都是，街上味儿大得很。这样我就知道是埋在那儿了，但是不知道究竟埋在哪个方位上，这就无考了。

这就是我们常家的“光荣历史”。

定：常人春口述里还提到曾荫槐和刘贵庭的事，好像不是特别清楚。

常：刘贵庭是吧？对，我看了，他说得是不太清楚。这个刘贵庭是汉族人，她是小脚。她的一个干姐妹姓徐，叫徐何氏，这个是满族人。徐何氏跟我爷爷很熟悉，就托我爷爷来办刘贵庭的这件事。

刘贵庭在南顺城街旧门牌24号买了一套房，那套房是一个韩国人的。这个韩国人呢，他是买空卖空，借着抗日战争刚胜利的时候，他们要撤退回国去。他一套房卖了好几家儿，都弄的假房契。刘贵庭就上了个当，就托我爷爷打官司。我爷爷受理了刘贵庭这件事。当时刘贵庭应当是合法的，她最先买的，（房）应当是她的。韩国人又把房卖给别人，是韩国人的事，不能讹在刘贵庭身上。结果当时北京市法院让刘贵庭出1000块钱的保证金，当时1000块钱也很值钱，差不多等于房价了。刘贵庭哪儿有这些钱？我爷爷征得刘贵庭的同意，就给垫上了，说等房产回来，你再还给我，并不是偷偷给垫上的，这是“三曹对案”的事。谁想到后来解放战争一起，整个就乱了，这里头还牵扯一个叫曾荫槐的……

定：这个人很有名？

常：这是一个国民党下级军官，和刘贵庭发生了争讼。后来解放了，曾荫槐就跑到台湾去了，就不存在争讼问题了，这房实际就是落在刘贵庭身上了。刘贵庭还不起这1000块钱，就跟我爷爷说：“干脆，这房您住去吧。”这么着，我们把鼓楼东大街的房卖了，就搬到南顺城街住了。

搬到那儿呢，就到了解放后。这得有正规（手续）啊，得有什么房契啊，蓝图啊，房产证啊，房产还得登记呢，事多了。里面就牵扯到什么呢？曾荫槐跑了，刘贵庭这官司在国民党那里并没有正式的结论，这怎么办呢？共产党这事他怎么判的？——他判给曾荫槐了。为什么判给曾荫槐？这就是玩得花花了。曾荫槐是国民党的反动军官，他逃跑到台湾了，这是敌产，没收。这房子一下子就变成公家的了。刘贵庭你倒霉去吧，你告去吧，你爱上哪儿告上哪儿告。就是这么回事，咱把它简化了。这个说实在的，不够光明磊落。本来就是人家刘贵庭买的，连国民党的法院都承认是刘贵庭的，根本没敢承认是什么曾荫槐的，只不过人家还没有判决。怎么解放后弄到曾荫槐身上去了？可是当时的人也老实，不敢告，也不敢说。要搁现在，我立时就告，立时就找去了。最起码到那儿我有的说："你判给曾荫槐，你是不是还盼着蒋介石回来啊？我告诉你，蒋介石永远回不来了。你要敢把房这么判给他，我就上毛主席那儿告你去，我跟你没完。连国民党都没敢向着这个诈骗犯曾荫槐，你们共产党现在不保护人民，你们保护台湾反动军官？你判给他？"几句话就能把他撂趴下。可是那时候人老实，不敢去，认倒霉，结果房子就变成房管局的了。

定：那你们上哪儿住啊？

常：就在这儿住。"文革"期间，南顺城街这套房被铁道兵占了。那时候修二环路地铁，我们家成为铁道兵停放工具车辆的场地，那块儿拆了一大片，政府指定我们往南搬到86号。南顺城街86号原来是私人住宅，"文化大革命"后都被没收了。那时候拆迁也不给你钱，也没有房产证。都是公租房，人都没有私产了，怎么还有房产证呢？你就算只有一间也没收，统归北京房管局。"文革"后一落实政策，房子你得还给人家啊。我们就腾退到对门儿，125号。

苏：是1976年的事吗？

常：不是，1976年毛主席刚去世，一切政策还没有松动呢。80年代初腾退的，我们在125号后面的空地上自己盖的房。就在月坛那儿，125号一个门牌号有两个院子。因为那地方是城墙基，大家伙都占。我也不是省油的灯，先是帮我妹妹盖了自建房，那真是“开墙打洞”[①]，给我妹妹开一商店，大概有24平米吧，在当时算不错啦！西城区纠察大队找来了，我立时打一报告，说我那房是危房，已自行修缮，请交房管局正式接收。纠察大队说：“你这不是成心嘛！我们找你来就是让你拆的，你还想弄成正式的！”我也不打不骂，是嘻嘻哈哈。他着急你不着急，他生气你不生气，就跟猫似的，又顶牛儿蹭又打呼噜，你一点主意也没有。后来纠察大队也不理我了，也不说让我拆房了。我妹妹觉得挺好的：“我哥挺有办法，要搁别人，这房子早拆了。”

北京整治“开墙打洞”期间的胡同黑板报（苏柏玉摄于2017年）

我弟弟就搬走了，自建房毕竟是很小的啊！就我母亲住那儿，我那时候还在新疆呢。我弟弟搬到兵部洼，就是现在国家大剧院那儿；我妹妹结婚了，住在光明楼。我们那房子很小很破，房管局嫌小不愿意接收，还得交一大笔钱才给接收。

---

① 常寿春讲述这段故事时，北京正如火如荼地整治“开墙打洞”。所谓“开墙打洞”，是指那些利用居民楼一层改建商铺的行为，最早就是在改革开放后80年代开始的。北京市工商局半年工作会议报告显示，2017年上半年，北京共整治“开墙打洞”2.1万处，取缔无照经营3.6万户，见搜狐网报道：http：//www.sohu.com/a/164255912_120809（2017-08-13）。

苏：为什么要交给北京房管局啊？

常：交给房管局，就不算违建了。

苏：就是有房产证了是吗？

常：对，但是给房管局交一大笔钱后，这房产证也不归自己啊，也不是私产，还是归房管局的。还得给房管局交房租。

苏：这……

常：当时政策就这样啊！

苏：噢……

常：为这房，我找过后来北京市的副市长，当时他是西城区的副区长。当时（90年代）有个政策说是自建房占路的全拆，不占路不拆。但下面执行不行，吹胡子瞪眼的，让我们全拆掉，我就上访去了。接待我们的年轻人不行，去的时候就吵起来了。后来出来一个主任，人很好，有40多岁，女的，那真是共产党的干部，把副区长也找来了，他跟我们说："你那房不拆，要拆你找我［笑］。如果要拆，该怎么给你安置怎么给你安置，放心了吧！"

苏：现在这房子呢？

常：1998年我从新疆回来，户口就落在南顺城街这个房。1999年国庆节，让商店都插国旗，挂灯笼。我一看，一面国旗要80块钱！这一天也赚不了80块钱，我还得自费买？到那天，我关张，不开了！［笑］我也买不起那国旗，也买不起那灯笼。就我这儿净出幺蛾子，纠察大队、城管没少找我。不怕您笑话，那时间我们一个月才开200块钱，（兵团）那边企业倒闭了，还欠着。我是九八年回来的，一直到2004年的"五一"，（兵团）才开始还欠，还不是一次补清，是每几个月还一次。那时候挺困难的，在北京就得自己想主意吧。南顺城街的房2001年拆了，现在那儿是金融街，我就搬到现在这个房了。

我们家里头啊，好多事情说不上来，究竟是不是气数到了，还是怎么。现在我还抱怨常人春，说你个败家子，好些东西都让人给拿跑了。

定：他怎么成败家子了？

常：都到七几年、八几年了，我们家还有一些过去遗留下来的东西。后来，我哥哥找他们那么一帮人，来了跟我妈说："来，大妈，这我拿走，给您鉴定下。"鉴定就鉴定没了，吹了。我就随便说说，［比画］这么大的，豇豆红的小扎斗，钧窑窑变的，让人拿走三个。本来是四个，一个让南顺城街26号李瑞雨，外号"李大头"，愣给抢跑了。那个人是个淘大粪的，但是个非常精明的山东人。我们搬到阜成门以后认识的，跟我父亲交好。他来我家，认为什么都好，［讲山东话］："来，来，大哥，这给我俩"，"哎大哥，这东西你要它做嘛，来来给我唻"。有回他来了，我弟弟在家，我妹妹在家，剩下谁都没在家，他拿起那个扎斗就跑了。

定：这什么时候的事？

常：这就五〇年、五一年、五二年的事。

定：拿了你们就不要了？

常：那可不嘛！我们家很憨厚："哎，拿吧拿吧拿走吧！叫他看上了，没见过世面，这东西不值钱，没有用。"后来他们家东西比我们家东西都不少，美国大使馆朗德威给的磨砂的西洋灯罩，在他们家使着，我们家的就跟这个似的［指屋中的灯管］。什么都拿，那"李大头"。

那扎斗确实做得非常规矩，我估计那个东西是官窑的。我外甥现在还能说出让谁谁谁拿走了，我说不出来，拿的时候我还在新疆呢。愣说要给鉴定去，拿走了。

定：那都是后来的事了？

常：九几年的事吧，最起码是80年代末，改革开放以后。

定：那您也不要去？

常：嗨！那找谁去？常人春那儿挡着呢，谁跟他没事扯这皮去。

定：他也大方。

常：弄不好，是不是他给卖了都不敢说，我们也不较这真儿，我们家人说真的，从来……［比画］还有这么高的成化绿釉的一尊财神。

定：成化的东西都是特别值钱的。

常：绝对是成化绿釉的，在我们家供了多少年。后来在床底下扔着，弄那报纸给脑瓜缠上了，系上一个绳。我还挺生气的，我说："这老财神，在咱们家这么些年，香也没少烧，一分钱也没让咱们家进，净受穷了，扔了得了。"我爸说："哎！这别扔，你别瞧不起这东西，这个东西是成化的。"这我记得非常清楚。

定：后来哪儿去了？

常：不知道啊，这就不知所踪了。

定：在你们家床底下，它能不知所踪？

常：哎哟，后来我在新疆，我们家又搬了好几回家，让地铁占了……"文化大革命"时候，好几个瓶子让我妈给摔了，"破四旧"，稀里哗啦给摔了。最可惜的还有一个，这么大这么高［比画］，一个18世纪末19世纪初西洋工艺美术大师做的酒杯，异形的，各式各样的褶。瓷薄到什么程度？隔着手几乎都可以看见手指头，底下还有草签。后来我在罗晰月主持的《鉴宝》节目里头，看过有个人拿了一个东西，我才想起这个来。

定：是不是就是你们家的？

常：不是，样子不太一样。哎哟！我一看，那个当时给的是18万，就这一个酒杯18万。我说我们家有一个，不知哪儿去了，问我弟弟："咱们家老爷子拿来喝酒那杯子哪儿去了？"他说不知道，后来晕晕乎乎地说，可能我姐夫给拿走了，这就不知所踪。（这样丢的）可不少了，随随便便说，［比画］这么大的盘子，青花的，里子是楼台殿阁，底下款儿都是晚清的，大部分是光绪款儿。最后一个盘子，我们家拿着当茶盘，搁着好几个茶碗。那天吃涮羊肉，旧式火锅，怕烧着桌子面，就把火锅搁在盘子上。应该往盘子里搁水，没搁水，忘了，结果那炭掉下来，盘子炸了，我妈拿起来就扔了。后来又来人了，说："老太太，上回看见的那盘子呢？您卖给我们得了。"老太太说："那个坏了，扔了。""嗨！您别扔啊！扔哪儿了？那碴儿（碎片）在哪儿，告诉我们。"

定：那瓷片都值钱。

常：扔了。

定：你们家也太不把东西当东西了。

常：这一破盘子。人家一开始说："老太太，您卖我这盘子，我给您200块钱。"那是90年代初，要给200块钱，也不能算给的钱少，比现在200块钱多得多了。要搁现在，就给200块钱也卖了它算了，还扔了它呀？是不是？我们家好些东西就是这么，糊糊涂涂不当回事给扔了，扔了很多。

定：您妈是从农村来的，也这么把东西不当东西？

常：我母亲虽然是农村来的，但您要看照片，一点不像农村来的，我母亲很有文化。

（5）都报了汉族

定：您爷爷他们，包括你们，在解放后是不是都报满族？

常：没有，解放后一直报的是汉族，到现在我们家户口本都是汉族，翻不过来了。

定：您爷爷报的汉族？

常：我爷爷解放后报汉族了，一码儿齐汉族啊。

定：那您奶奶呢？

常：汉族啊。

定：您奶奶不是镶黄蒙吗？

常：全瞒了，真的，一点错没有。这个情况我可清楚啊！怎么？回北京，报户口去，查户籍档案，一瞧我爷爷写的是汉族。我还想回来讹一个满族呢，因为我在新疆是满族。

定：在新疆你报的是满族？

常：对，在新疆我报成满族了。

苏：那您现在户口本是满族吗？

常：不，汉族。

苏：回北京就必须是汉族了？

常：当然了，必须得跟原先户籍档案一致啊！在新疆那是因为，派出所那人的孩子是我学生，说句话还是问题不大的。

定：外面也松一点。

常：外头也松，就改成满族。我本来也是满族嘛，我就是满族啊。

定：那你们家全家男女老少全是汉族？

常：全是汉族。

定：还是想报回满族吧？

常：现在是想报报不了啦，我哥哥找了好几个地方。

定：常人春也没报回来？

常：他也没报回来。

定：我还以为他一直是满族呢。

常：不。

定：那满族活动他也参加啊。

常：说老实话，只能就是人家都默认吧，认为他是了，他也确实是。当初是蒙了共产党了。解放后，我们家对满族这个事很沉痛。1951年，我们家里头几乎到了要饭的程度了。我姐姐准备辍学，干脆考个工作，自己找个挣钱的地儿吧！北京那时候铁路招工，小学以上文化程度就可以招，我姐姐初试、笔试全合格，第二试面试，人家问："你姓常啊？""啊。""你们家是旗人吧？""啊。"就这个，没录取。

定：都解放后了还会这样？

常：就是解放后啊！解放后歧视得厉害啊！要不然，我们家为什么把满族报成汉族啊。

定：不是民国的时候就改的？

常：那时间我真不太清楚，据我知道，好像是我们上学时就没报旗人，当然那时候民族好像不那么重要，报个名，男女性别什么的是要写的，什么族一般不填，不太重视，不像解放后什么都非常重视。但是我们家绝对是解放后改成汉族了，我姐姐这就是沉痛教训。

苏：直接就问的是不是旗人？

常：对。

定：因为姓常的一般都是旗人。

常：对，一听你姓常，那个人就说："你们家是旗人吧？"就这一句话，就完了，就没考上。这件事在我们家里始终是一个心结，教训很沉痛，就因为这么一句话，就不行。再一说，家里历史又不好，再落一旗人，还满族，不更臭了？臭上加臭，得了，咱们就汉族吧，这么着。1950年，不是重新登记户口吗？那时候登记并不看底子，无非你一说一报就行了，所以新户口簿发下来以后，我们全都是汉族，谁都不是满族，改不过来。当时那个社会环境啊！好多满族人不敢报满族。因为报了实在不吃香，自己给自己惹事，又没什么照顾，又不光荣，给批得一子儿不值啊！"一群寄生虫！"

定："人家骑马你骑（旗）人"。

常："统治阶级""中国历史倒退的推动者"。

定："卖国贼""满奸""满奴"，都是这话。

常："迟滞了中国经济的发展""丧权辱国"，都是满族人干的。[笑]好嘛，我当时听得多了。

定：我那本满族妇女的口述史里访问的人，除了一个，其余的人都没报满族。报满族的那个是老革命，还不是北京人，是从荆州跑过来的。《八旗子弟》里的（口述者），大部分也都没报（满族）。

常：我看了，好些报的都是汉族。只有在蓝靛厂那儿报的人多。

定：那儿集中啊，就是八旗的火器营。

常：[笑]想瞒都瞒不住。况且呢，他们在一块，坏的影响小，社会压力少。像我们，都和汉族融合在一块了。

定：蓝靛厂那儿还保留了好多满族人的习气，好的习气，不是坏的。但现在也都拆了，我在民族大学读书的时候是80年代，那时候就开始（拆）了。所以我着急，那边的口述做得特别早。

常：据说常人春找过北京市民委改户口，民委说不行。

定：80年代有一段时间特别松，你们也没抓住这机会？

常：那时候我没在家，要在家没准儿弄回来了。

苏：常人春先生那时候可能也还没回来吧？

定：他可能回来没顾上这事，或者怎么回事。

常：常人春呢，是个书呆子。你要说火神庙那块儿有个活动，一门儿灵就去了。你要说上民委改民族，他根本就不关这心，好像他与这个没关系，还不抵自己上火神庙，看看怎么烧的那香呢！他是这么个人。

定：结果您儿子、孙子他们都是汉族了？

常：啊，如果我们要是在新疆，就都是满族了，因为我在新疆改过来了。我在新疆还享受独生子女优待呢，两个孩子看病是免费的。[①] 那阵儿我倒不是为了这个优待，我就是为了还原我的民族成分。但是后来回北京报户口，必须要跟走的时候的户籍档案一致，要不然报不上。你怎么来的满族？满族你就不是常寿春了，那是冒牌的了，山寨。

定：我得证明我爸是我爸。

常：对，哪儿来一山寨版的，是不是？

二、我们这一代

【访谈者按】常晓茹在民国时期的经历给这个家庭抹上惨淡浓重的阴影，并且几乎从根本上毁掉了常家第三代亦即常人春、常寿春兄弟们的未来。祖父和父亲的“历史问题”使常氏兄弟失去了在政治上发展的可能，家庭的败落又使他们在经济上也几乎陷入绝境。但常氏兄弟的命运，不仅由政治运动支配，同时也受个性影响。看口述中表现出来的性格特点，常人春是一个更多关心自己，而很少关注别人，哪怕是他的父母和兄弟姊妹的人，这是他回京后与家人关系始终紧张的一个原因。

① 独生子女优待是中国放开“二孩”（允许夫妇生两个孩子）之前计划生育政策中的一项福利内容，政府为独生子女家庭颁发荣誉、奖励，提供额外的产假、医疗补助和优先照顾。有两个孩子的少数民族家庭也视为满足优待条件。

此外，还有一个重要因素是，他所成长的时代存在对社会活动能力的培养和认可，对个人自由发展的限制较松，社会流动的空间很大，这使得他在成年之后很难适应社会的新法则。即使他不在那场与他毫不相干的“反胡风”运动中栽跟头，此后的历次运动，恐怕他也躲不过去，甚至有可能栽得更惨。

我们对常人春的理解，很大程度上是通过常寿春口述达成的。两兄弟之间相差八岁，社会、家庭环境的变化使得他们的思维、观念有着很大不同。以他们二人对养老送终的看法为例，常人春心心念念的是没有好好发送祖父、父亲，办一场真正的葬礼；但常寿春更关注的是一些祖父在生时床前尽孝的细节。因为许多认识上的分歧，两兄弟最后甚至到了“老死不相往来”的境地。但是，虽然兄弟之间有很大差异，可毕竟双木同株，常人春、常寿春先生也有很多相似之处。他们都带着满族人特有的热情与我们侃侃而谈，叙述间往往连唱带学，场景感十足。他们有着一样的“口癖”，说话的口吻、语气，自问自答的“互动式”表达，采用倒装句的习惯……几乎如出一辙。更本质的特点，应该是他们的审美趋同，都记忆力奇佳且多才多艺，叙述都有着天然的清晰逻辑，十分有条理。尽管存在龃龉，可在常寿春的脑海中，二人分隔在黑龙江和新疆，横跨中国东西两端的鸿雁飞书、和诗唱答又是那么记忆深刻。这种推心置腹的兄弟情谊，风流雅致的往来方式现几乎绝迹，两人都恐难再得如此知己。常家第三代虽然有五人，但常人春、常寿春对彼此的了解、起到的影响是很特殊、很不同的，这与其他兄弟姊妹之间的关系不可同日而语。

常寿春先生对他们家的回忆虽然也多是悲剧内容，但都是在言笑晏晏间铺开的，并不像常人春先生那样恼怒伤怀。但他心中也有极为沉痛的事情，就是他没能在学业上更进一步。他性格开朗，有着很强的求知欲，且能力突出。如果能再年轻几岁，得到更好的培养，有了更自由的空间，一定可以施展大才，而不是如他所说，只是发挥了自己的“小聪明”。他多次流露出羡慕我们可以读博士的神情，在谈到自己少年在学，因家庭拖累带来的心理冲击时，我们第一次，也是唯一在访谈时看到他的眼中有泪光闪过。回首这辈子，他的遗憾、不甘却又无可奈何与常人春并无二致，但原因却不尽相同。这部分访谈让我们真正走进了他的内心世界，并也因此扼腕叹息良久。

1. 哥哥这辈子

定： 我今天来一见您吧，我都有点惊讶，真的。您跟您哥哥的气质真的太不一样了，我没想到。不是当众讨好您，没想到您这么精神。因为他个儿也矮，有点儿这个样［比画］。我以为他那弟弟可能也……结果不是那样，真的，气质特别不一样。我觉得挺奇怪的，你们不太像哥儿俩。老话说了，十个手指头还不一般齐呢，您和您哥哥的差异特别大。

常： 有，他牢骚比我大得多。他跟我差了八年。有些事情，他也是很有心计的。

定： 您比他阳光太多。

常： 我跟您坦白说，我跟我哥哥关系不好，这点不知道您知道不知道。

定： 有所耳闻，对不起。

常： 这不怕，这个您怎么看，我认为都没关系。我哥哥有一毛病，就是量很窄。他对我防范，我们家里头他对我的防范最厉害，认为我可能对他取而代之，实际我丝毫没有这种想法，我取的什么我代的什么啊？我代他还账吗？他混得什么都没有，您说我能取代他什么？这个不存在。如果说他现在存着有1000万、2000万，说我惦记他遗产呢，我惦记分他点什么，可他什么都没有。

定： 这个事我倒是想问问，他怎么最后就弄得什么都没有，家也没有，钱也没有呢？他那房子，我那时候看着都心酸得慌。

常： 在哪儿啊？高巍那儿？

定： 对啊，高巍那儿。

常：哎哟，那已经不错了，能有那么个地儿，能有那么个树枝能落（lào）下就不错了。我说你这也是“强移栖息一枝安”[①]了。

定：跟他的访谈给我一种特别灰暗的感觉。那几天北京下着雨夹雪，阴飕飕的。他的屋里又冷又潮又黑，又味儿。一进屋就见他糊的那个特别大的烧活儿，摆到屋子的正中间儿，我们只能坐在那边儿上。他人有点邋里邋遢，长得也比较瘦小。

常：他就那样啊。不是说岁数大了，人有点痴呆了，能力差了才那样，他年轻时候就那样。说个笑话，有回他上班去，把我鞋穿走一只。我们俩的鞋长一样，［比画］圆口便鞋，但我穿的鞋比他穿的大。我没有第二双鞋，他那鞋我又穿不下，趿拉一天。晚上回来我妈好说他一顿：“你说你那么大人，愣是穿一样一只就走了！”［笑］

定：［笑］太生动了。

常：您说他邋遢到什么程度了。我妈经常给他轰出去：“出、出、出、出去！把你那裤子提好喽再进来！”［瞪大眼睛］上厕所回来了，系半拉裤子就进来啦！这怎么至于的呢，也不看看！好几回，也不是一回。那时间他不是很小啊，也不是很老啊，您想想。

他不修边幅，也不会穿衣裳，穿的衣裳都是格格不入的。你说要都按大家伙穿的那样也行，他不是。买皮夹克都让人蒙了，［比画］这儿一溜大长钉子。我妈说：“你这都穿的什么？有钱都买了这个了。”穿那皮鞋跟卓别林似的，也不知道谁给的。

在家里，我哥哥个性非常强。为什么人人都不愿意招惹他，不愿意理他？他从根儿上就把自己作坏了。比如说吧，在家吃东西，他单吃。

定：噢！

常：这得赖我母亲。我哥哥挣钱了，单吃；我们不挣钱，我们就

---

① 语出杜甫《宿府》：“清秋幕府井梧寒，独宿江城蜡炬残。永夜角声悲自语，中天月色好谁看。风尘荏苒音书绝，关塞萧条行路难。已忍伶俜十年事，强移栖息一枝安。”

低三下四的。这事我跟我母亲都说得下不来台了，怎么呢？到我挣钱了，我又单吃。我说："妈妈您干什么呀！"说老实话，当时我连把锅砸了的心都有，我就是不能这么干。我哥哥也是真吃得下去！

定： 噢！他吃得就比别人好。

常： 单做！单吃！买点肉，他一个人儿吃，吃得光光的。我你甭给，弟弟妹妹刚那么点大［比画］，哪怕说给一口吃呢？人家就跟没那么回事一样！他也真能过得去。到我挣钱了，我母亲又想弄这么一招："这你吃！你吃！"我说："我凭什么吃啊。""你挣钱了，明儿他们挣钱了他们也吃。"我说："甭来这套，咱们可不弄这个，您别给我种这毒。当初我哥哥单吃，您看家里头谁瞧得起他！除了您瞧得起他，没一个人瞧得起他！众叛亲离，为什么呀！"

我们家的长辈也有问题。我哥哥有点太那什么了，也惯得太那什么了。什么事他也不干，什么事也不让他干。我们家穷的时候，我爷爷病了，脚都烂了，没法出去解手，有个大桶是美国大使馆朗德威给的一个装饰品，就当马桶用了。谁倒（马桶）去？我倒去。那时候我几岁？九岁。我哥哥那时候也没挣钱呀，他比我大八岁，他不倒去。这应该让谁倒去？他就没那么回事，我姐姐当然更没那么回事了，得我倒去。那个桶本来是插花用的，那个沿儿啊，［比画］这么样上来的，有点滑，还没把手。我弄着多费劲哪！倒不好，回来还挨说。

定： 您家里这偏心眼儿是真够呛。

常： 所以我，我弟弟妹妹跟我哥哥姐姐都不亲，认为他们吃独食。他们也不自觉，这就是他们的本性问题了。再一个，我哥哥脾气特别大，没一个人他能容得下的。我跟他怎么翻了？我从新疆回来了，本来好心好意的，看他能力很弱，想帮他一把，毕竟我比他强得多。生活自理能力上，他为零。自行车一推就倒，他跟自行车一块趴下。做饭也不会做，什么都不会。连衣服有时候都穿不好，扣子歪着，裤子也系半拉。但我并不是要求说，明儿你写个书得把我名儿搁头里去。你还有什么？你什么都没有。

定：他有遗产吗？

常：他认为他有啊！他有这个文化遗产啊，著作权什么的。但他记性不见得有我好，有好些东西还是我告诉他的。我在新疆给他写过多少信呢！《老北京的穿戴》里头，从50年代一直到现在的穿戴，那些都是我告诉他的，他一点都记不住。我说："我挨着排儿跟你说，50年代都讲究穿什么，我一样样跟你说……"我都写信告诉他。

我在家说什么，都是一呼百应，他特别嫉妒。

定：还有嫉妒自个儿亲弟弟的。

常：我们家的户主是我弟弟，不是我也不是他。为什么呢？这很简单，我在新疆，他在东北，户主可不就得写我弟弟嘛。他回来以后，耿耿于怀，认为应该改成他。我回来了，他又怕户主改成我。哎哟天哪！就我兜里那点钱，我还当户主哪？别弄事了，［笑］当孙子最好了，你们都给我钱。

定：这户主重要吗？

常：就是啊！他看得非常重啊！他跟我弟弟说："你得防着老二，他要当户主！"我弟弟奇怪啊："要当就当去呗，我还乐得什么事都不管了呢，对不对？"就跟我说了，我说："我的天，你饶了我吧！"［笑］

后来我哥哥终于跟我翻脸了，其原因也在我自作多情。我看我哥哥住的那么点小房，破破烂烂、又骚又臭，人也没法来。我就想整个把它拆了，扩一下，改玻璃，改得好好的。这我可惹了祸了！我哥哥就认为我要占他那房，立时就大怒。我说："坏了，我怎么办这么一件蠢事！"我在沙窝村有房啊，不是你们也看了吗，九间房呢，而且独门独院，我没有任何其他想法啊！

说实话我很感激高巍。要知道我哥哥还有一个毛病：在谁那儿住，什么都不带买的，一毛钱都不掏，干吃干喝。他啬刻着呢！可不是个大方人。我哥哥还在我外甥家住过，住了没多少日子，就把人家得罪得有点不高兴了。我妹妹说："你不给钱我不生气，你吃我的也应该，你是我哥哥，但是你不能够太那什么了。”我妹妹在我母亲跟前儿（侍奉），我母亲带着我妹妹的女儿，等于互相帮扶吧，这所有的开销都是我妹妹花，当然我们也给点钱。我哥哥从东北回来，没地方住，就跟我母亲一块，加入这伙食团了，但人家不交伙食费。这倒不要紧，他特别“独”，他那个屋谁都不能进。孩子们要进去了，那是沉下脸往外轰，一来就是：“我是在做学问！你们在干什么！”原话就这样。我要进去他倒不轰，因为我一来准有事，他那时候还需要我，聊聊过去，还能聊到一块。后来因为他那房子的事，我们离了。我对他就采取什么态度呢？尽量让，尽量让。我就“得得得、行行行、是是是、好好好”，惹不起躲得起，算了、算了、算了，我不理你行不行？你不是认为我惦记你遗产吗，我从今往后不登你门槛儿，你怎么说我都不怕。

定：这个人可能根儿上有些毛病，所以结果是他自己也挺不幸的。

常：我弟弟到高巍那儿去过几次。我哥哥死的时候，高巍没给我信儿。我这不是说人家不是啊，人家有人家的考虑，我没什么想法。我从报纸上知道的，一想，既然我知道了，就得去一趟。我跟我弟弟、兄弟媳妇开着车去的，那天的雨还不小。我给高巍买了两瓶茅台酒，一匣子茶叶，得感谢人家。不要说别的，就我哥哥那脾气，能在人家房子里住那么些年，就得感激。当然我哥哥后来也有所转变，他自己也说：“我要再这样，非让人家赶出来。”他也不是傻子。

他跟我爸爸也不行，瞧不起我爸爸，认为家都是我爸爸给败的。我爸爸最怕他满嘴胡说八道，跟他说：“告诉你啊，说话得注意！尤其是不能另起国号！”

定：这是什么意思啊？

常：他不是弄一“国花社”吗？他是头儿，解放后追他了啊！其实他那“国花社”都是十来岁的小孩，我还跟一块呢。我们家门道里有两条大板凳，由春天起，天天有歌咏晚会，到冬天止。太冷了就弄不起来了。那时候家里条件好啊，也不管，天天200瓦西门子的泡子[①]点着。还办对外展览，学鼓楼民众教育馆的展览室做标本模型。他那诗集里，不是有我和的诗吗："春花秋月成残梦，细雨端阳已旧游。"这只有他明白，我给他写的。"春花秋月"写的是我们那时候经常唱的李后主《虞美人》，古曲，挺好听的，跟现在的不一样；再一个，也指家里曾经条件特别好，现在已经没有了。"细雨端阳"是怎么回事呢？他举办的第一次标本模型公展，正是中华民国三十六年（1947）五月初四、初五办的，那天下大雨。这些词儿都不是瞎编的。

解放后，他又胡来，刻了一个图章："北平市京会儿童教育馆"，篆字，［比画］那么大。就是国民党统治的时候，也得要介绍信才能刻公章。但他有个同学在烟袋斜街东口那儿学徒，所以没有要介绍信。我看了他的口述，觉得我应该替他说说。他那想法不对，不是说他说得不对。你想想，刚解放，国民党那么些地下潜伏的特务组织。你成立个"儿童教育馆"，弄个聘书，跟鼓楼打对台倒不要紧，但要知道，当时共产党哪儿知道你是谁呀！弄不好，你是国民党潜伏下来的吧！你写"儿童教育馆"，但没准儿是伪装啊！这是大人搞的吧！毛主席会说啊，"策划于密室，点火于基层，以天下大乱取而代之"[②]，人家会这么认识啊！到现在他都没认识到这点！

他给黄为勤弄一聘书，还弄一草签，那时候不是流行嘛，拿印台打的蓝章。上面那么大一个"北平市京会儿童教育馆"，下面是1950年4月多少号。结果黄为勤拿着聘书，给这个瞧给那个瞧，人家家里头就害怕了，说："我的天哪！这是国民党的特务组织吧！"就把聘书拿到派出所去了，说："您可得调查啊！我们孩子没加入什么特务组织吧！"派出所拿这个当大事啊，一瞧，弄不好真是。那怎么不抓去啊？

定：他那时候才多大啊。

---

① 西门子灯泡。

② 语出毛泽东：《文汇报的资产阶级方向应当批判》，载《人民日报》1957年7月1日社论。

常：人家不管这个，万一背后有后台呢？得抓操纵的人是谁啊。黄为勤带着便衣，由鼓楼那儿给他引出来，到银锭桥那儿，一拍，“进去吧！”带走了，坦白交代。一了解，才说不是国民党特务组织。他都没觉悟这到底是怎么回事！

定：够能惹事的。

常：刚解放，多严哪！不要说这个，说句错话都当右派发走了。我一看口述，哎呀！你怎么到现在都没意识到你捅的是多大的娄子！你倒是想教化民众、开启民智，还“五部为组、智民为观”，他还有他的纲领哪！

定：您说，如果不是后来解放，他能不能把这个事做起来？

常：做不起来，为什么呢？这是不赚钱的买卖。成立文化馆，经费从哪里来啊？

定：［笑］家里。

常：他要不怎么对家里耿耿于怀呢？“父亲弄一群烟友，坐吃山空，那钱要都是给我，房子不卖，我这文化馆不就办起来了吗？”他是这么想的。原来“国花社”就在那老房子弄得好好的，街上小孩天天上那儿去啊，比教堂做礼拜还棒呢！这我确实都知道，要不我怎么都给他注解了？我爸爸就说他：“官迷！财迷！早晚是个大祸！还不接受教训！”

定：您爸爸说得挺到位的。

常：就是，一点不差。

苏：您哥哥还在鼓楼工作过，是吗？

常：这事是1950年，他一度是失学在家，主要是在儿童阅览室给人帮忙。那时候鼓楼是北京市第一文化馆。解放前，鼓楼是北平市第一人民教育馆，它的宗旨就是开启民智、教化民众，在北京来说是举办最好的一个文化馆了。它还有成人阅览室、儿童阅览室，展厅展览各种标本模型、各种实物，分几大部分。我小时候经常去，那时候随便进。我哥哥如果待长了，也就在那儿工作了，后来他没待。

苏：啊，临时的，在那儿帮忙。

常：对，不是正式的，但有几个月。后来他参加师资训练班，就教学去了，他在东珠市口小学任教。原来的校长叫王淑华，就是得子宫癌死的那个校长，人挺好的，我见过，跟他关系非常好，很器重他。我哥哥他这人个性非常强、个人主义非常强，认为好像只有他想怎么着就怎么着，什么教育大纲啊，什么国家规定的政策，他不管这个。只要他爱好，他认为这样就好，有点儿太任性。王淑华死后，调来一新校长，叫费南兆，这我记得非常清楚。费南兆是上海人，他来了以后，（我哥哥的）这种做法就格格不入了，他认为这是个人主义。我哥有点趾高气扬，还瞧不起校长，认为校长还不如他呢。我哥哥很自大的，而且他脾气非常不好，说翻脸就翻脸。我哥哥犯事的原因也不能全赖那什么，他本身也确实有一些问题。为什么呢？他们学校很复杂。

东珠市口小学也就怪了，就没有比那儿更复杂的一个学校。先说工友，工友一个叫汪泽晨、一个叫张杰夫。汪泽晨是前门外某妓院的茶房。他为什么能够到东珠市口小学当工友？原因是他儿子是志愿军，他是军属，所以这方面照顾他。他有一大段故事呢！当时砸窑子[①]，他被抓起来了。他代表经理到前门公安分局开会，通知那天下午4点钟到，他到那里去了，还拿着通知书。"干吗的？""开会的。"一瞧："进去吧。"挺客气。到二道门："干吗的啊？""开会的。""进去！"咦？怎么这态度了？好嘛，进门儿里头一瞧，许进不许出。到晚上7点了还没开会。大家你瞧我我瞧你，［压低声音］："怎么啦怎么啦？怎么许进不许出啊，坏了吧！这怎么了？""不知道，等着呗。"7点多，天都大黑了，冬天嘛，11月底。待一会儿，"开会啦！"全都进了一个大屋子，全部点名，"啪啪"一个个点，点完名了，前门区公安分局局长邢相生由里头出来："你们这群吸血鬼，我全把你们枪毙了！"

---

① 1949年11月21日，北京市政府执行第二届各界人民代表会议决议，在12小时内封闭妓院224家，收容妓女1288名，集中妓院老板和领家424名，没收了妓院的财产。见《当代北京大事记（一九四九—二〇〇三年）》，第21页。

比我这说的要严厉得多了："捆起来！"全捆上全铐上了，一瞧机关枪也架上了。就这么简单，全部都铐起来了。这些人吓得全跪下了，有人在那儿哇哇大哭，这是汪泽晨亲自讲的。他心说："坏了，这就要毙了，怎么就毙了！"人跟人啊都铐在一块，几个人一拨儿一拨儿往大帆布篷子汽车上装，就拉走了。汪泽晨说："我也哭了，我以为真拉去枪毙呢，这可冤枉了，我不是经理啊！我是茶房啊！这怎么回事啊？"哎，拉到一地儿，就听门口那汽车"嗡嗡嗡"的轰油门儿声。那汽车多了，还有说话的，下面有警卫。他一听大铁门"哐啷哐啷"开了，"嗡"地就开进去了，把他们全给弄进去了。他一瞧，这不是枪毙人的地儿啊！还有房子，房子还亮灯呢。"都跪下！"都跪那儿了，一个一个连夜提审。到他那儿，他说："我叫汪泽晨，我不是经理。今天是我经理让我来开会，不是说开卫生会吗，他说你就顶个名儿，到时候你就说我来了就行了。反正回头有什么事，你传达一下，咱们执行就完了。"（公安局）一听这个，连夜又把那经理逮来了，汪泽晨那儿被押了三天，放出来了。后来窑子老板全枪毙了。[①]这就是汪泽晨的故事。

还有一个叫张杰夫，张杰夫是国民党宪兵。这人我都见过，不是胡扯。我哥哥跟他们呢，说话客客气气，跟他们好像还都能说得一门儿灵，不像人家都划清界限，不理他们。怎么呢？汪泽晨是茶房，多会说话啊！窑子里的茶房，见人鉴貌辨色的。张杰夫是国民党宪兵，厉害！那时候脚底下还穿一双大牛皮鞋，走道呱啦呱啦，大牛皮底儿，还倍儿响，学生都怕他，镇得住。我哥跟他见面说话挺客气，校长什么的就不太乐意。这还不要紧，还有俩老师，一个老师叫徐延龄、一个叫杨宝生。徐延龄是北京——当时是北平市哈，咱们还是说北京吧——北京地政局的丈量员。杨宝生是北京市政府的一个职员。

---

① 1950年2月24日，北京市军管会军法处判处一批妓院老板、领家、鸨儿等48人徒刑。见《当代北京大事记（一九四九—二〇〇三年）》，第26页。

定：这小学里这么复杂。

常：啊！他们还有一个老师，好像姓赵，叫赵娇娜，是王致和臭豆腐经理的小太太。

定：小什么？

常：小太太。他不是有几个姨太太嘛，那是最小的一个，可能是这么回事情。我哥哥跟他们倒能拉拢，说说笑笑的，他就跟这帮人亲近。那校长能对他好吗？王淑华对他是好，王淑华一老太太，回民，还上我们家来过好几回。那老太太死了，后来换的（校长）态度就完全不一样了，这人年轻，20多岁，绝对是共产党的政策、共产党的态度。绝对不会对这帮"地、富、反、坏、右""历史反革命"好。

定：哎哟，这个小学的教师队伍也太复杂了。

常：你看我都能给你说得上来，这些事我都清楚。我哥哥对我都服气，说你怎么知道那么多，那么清楚啊？我说只要你回来聊天说话，你跟妈说话也好、你跟爸说话也好……

定：你全记住了。

常：哎对，我这边一听就记住了，绝对不会错的。甚至我说汪泽晨是茶房，张杰夫，他说你连张杰夫都知道，我说当然知道了，宪兵啊！他立时就愣了。我说徐延龄是北京市地政局的，他老吃黑钱对不对？就给人量这个地，本来一量（面积）够了，他愣说不够，说不够人家就赶紧给钱，他再告诉这块地够了。因为这块地等着卖呢，你要告诉人家说（面积）不够，这不立时钱就扣下去了吗，甚至卖不出去了吗。多量或者少量，不是全凭他一句话嘛。徐延龄是五年级的级任老师，我哥哥是三年级的级任老师，和他坐一个办公室。徐延龄后来逃跑了，1958年跑的，找不着了。杨宝生是教体育的，"文化大革命"被打死了，这是我哥哥说的。因为他见到了杨宝生的一个学生在庙里头给出了一个牌位，写"恩师杨宝生"，我哥哥一下就愣了，说这个杨宝生是不是我们学校的啊！就问那个人了，说："是在东珠市口小学教体育的教师吗？""对呀，您怎么知道啊！"这么着对上口了。

定：徐延龄跑哪儿去了？

常：不知道，那时候我哥已经被抓起来了，在东北呢。当时公安局还找我哥哥外调，非让他交代说徐延龄跑哪儿去了。我哥哥说我哪儿知道，你怎么找我来了，我1955年出的事，他1958年跑的，问我他跑哪儿去了，［众人笑］我还想问你呢！说明他确实跑了，后来究竟找到没找到不知道，这是我哥哥这些事情。

定：咱们接着说，后来来了新校长那一段，他跟我说的时候，我那个录音"咔哧"一下就断了，没录下来。他自己跟我讲过，他也有点反思，说那阵儿是有些太不知天高地厚了。然后就讲到胡风的那个事，他说他就给报社写信，后来就斗争了。

常：他千错万错呢，不应该……

定：关他什么事呢？没他的事吧？他怎么会涉入那个事？

常：这就是他本身的错了。那萨达姆让人绞死你管得着吗？你先看看你家里窝头那眼儿封上没有，是不是？这是我的生活逻辑，他不行。他倒没有为萨达姆被绞死而不公，但是他认为整胡风就不行。他那时间在学校里头，本来是老受表扬，什么都好。他是少先队的辅导员，自己省吃俭用，买号、买鼓、买绸子领巾。五几年那时候谁买绸子领

年轻时的常人春（常寿春提供）

巾？他给孩子发绸子领巾，还戴出去照了好些相呢。他挺善交际的，挺有办法的，找了几个解放军给做报告，找了中国少年儿童剧院有名的演员尚宏图，做他的名誉辅导员，来给做报告，这我都记得清清楚楚。当时也许就是不允许个性发展，当时政策确实不允许，不像今天。他也不懂，他太个性了，在学校里格格不入。

常：他最厌恶什么？厌恶运动。1955年“反胡风”、肃反。他呢，对共产党这套就不买账。你不是肃反吗？我就不参加，放暑假我就在家待着。那边来电话了就催：“常人春你怎么不来参加肃反会议啊？”要说他病了还好，“我没什么说的，别光咱们一头说，也让人家说，听听人家说什么，他反不反，有我什么事啊？”这就麻烦了。等到时候是“墙倒众人推，破鼓万人捶”，说他对肃反不满意、对统购统销不满意。我哥哥吃东西嘴很刁、很馋，脾气很大。那时候学校里的工友给他们做饭，据说不知道因为什么不好，他把一碗面拿起来倒到土筐里了。马上，这是“对统购统销不满”。那时间给人扣的帽子也大呀！人也坏！都想着自己是在革命呢，在那儿胡给他上纲上线，这就要他老命了。

定：那时候想整谁还不容易。

常：这样的话，他在气愤之下就给《人民日报》写了一封信。说胡风这问题呢，不要一面之词，也让胡风他们自己说说。他要命还要命在哪儿呢？你一个人写，写常人春也好啊！他写“中华人民共和国公民148人”，这叫匿名信。这封信最后可就是致命伤了，你个人是个人观点，你干吗最后还来个“中华人民共和国公民148人”？

定：那个是他随便写的，根本没有的事？

常：对啊。

定：哇！这个他没说。

常：您想想，这事情不就大了吗。

定：他说后来那审判长还都认识您父亲，开始还想给他遮（zhě）过去？

常：本来1955年给他抓起来了，1956年就给他放了，“免于刑事处分”。这个不构成犯罪，无非是见解问题，没有什么实际行动，就把他放了。1957年反右派运动开始①，罗瑞卿有个报告，他当时是公安部的部长，认为1956年中国实行了“形左实右”的政策，说北京市光漏网的“反革命分子”就2000多人，得抓回去重判，坚决做革命左派，“宁左不右”。这样的话呢，中级人民法院向北京市法院提出抗诉，重新逮捕重判，一下抓起来我哥哥，就送东北了，判刑12年。

苏：那他说不断上诉又给他加刑是怎么回事啊？②

常：这个他跟我有点忌讳，他没怎么说。据我知道，当时判得很重，后来他上过诉，他连续上过两次，最后定为12年。具体情况我确实不清楚，为什么呢？那一问马上就翻脸了，敢把桌子搊（zhōu）了，我没事招他不高兴干什么？是不是？哪壶不开提哪壶。这个实事求是说，据我所知，这绝对没错的。

定：从整个这件事来说，判得真不算重，在那个时候。

常：他赶上点儿了，如果要搁今天呢，顶多是批评教育，估计也就行政拘留，到头了。

定：要搁今天可能没人搭理他。

---

① 1957年6月8日，中共中央发出《关于组织力量准备反击右派分子进攻的指示》，同日，《人民日报》发表题为《这是为什么？》的社论，此后，反右派斗争在全国展开。见《当代北京大事记（一九四九—二〇〇三年）》，第108页。

② 1958年，全国公安系统开展了“公安保卫工作大跃进”。在第九次全国公安会议上，北京市公安局副局长邢相生在报告中提到，“通过两次镇反活动、结合各项社会改革活动以及经常的斗争”，自解放到1958年6月底，北京市打击处理了9万余名“反革命分子”“刑事犯罪分子”。北京市还有9万余名“地、富、反、坏、右”“五类分子”；5600余名“反革命嫌疑分子”，其中可以证实是反革命的有1700名左右；2500余名来历不明的分子，预估可以查出500余名“反革命分子”；200余名需要追捕的外逃反革命；在已经搞过肃反运动的单位中，还漏掉了100余名“反革命分子”。邢相生认为，这些残余漏网的“反革命分子”大多是“有罪恶有血债的伪军政警宪特人员”，隐藏很深；而已经做过处理的“五类分子”仍是反革命破坏和各种犯罪活动的主要基础，需要继续肃清。再“经过三五年的艰苦努力，完全可以把北京市的社会治安和政治情况搞得像玻璃板、像水晶石、像镜子一样”。（《第九次全国公安会议发言稿汇编（华北）》，1958年9月印行，第1—4页。）在这样的政治背景下，常人春上诉，只可能被加重处罚。

常：要搁今天那是疯子。结果的话，就给他定成“胡风分子”，不是“胡风反革命集团分子”，他是“胡风分子”，就好像说右派分子，是泛泛一说。

定：他这个还很明确就是“胡风分子”？

常：接着就送东北去了，到东北以后就劳改啊。先是在兴凯湖农场，后来调音河农场、嫩江农场，大约是这三个地儿吧，这我知道。当时呢，就他那样儿，在那儿能干什么啊？劳改队里头，那可不养老、不养小，一天多少活儿！那可是死活儿啊，得拼命干啊！那他干得了吗？但是多少呢，他会点文艺方面的，什么单弦啊，什么京韵大鼓啊，他也都能唱两口，写点东西也行，所以就少受了好些苦，少受了好些累。

他写了很多信给我。后来我送给他一首很长的诗，但他没有录在这诗集①里头。“回首何须怨路长，翻成空梦自彷徨。千山铸铁曾为错，半点痴心也断肠。往事少量缘目浅，前程迟认乃真盲。从今若洗黄河水，且赞余生弃旧装。”等于我婉转地说了他一顿。光想以前干什么呀？应该多想想以后，而且你也有非常严重的错误，本来当东珠市口小学的教师，想钻研什么你钻，不也能弄得挺好的嘛。结果你劳改12年，你赖谁去呀？把家里全都拖累了。

另外他录了一首《卜算子》②。1972年，他给我来的信，说他们农场的劳改释放人员可能有调出机会，去矿山。所以我给他和了这么一首诗：“频祝调迁早，掷弃南冠到矿山”，“南冠”是指犯人，再早，骆宾王的《在狱咏蝉》就有：“西陆蝉声唱，南冠客思深。”说有个南方的犯人到北方来，依然戴着南方的帽子，所以“南冠”就指代犯人了。“春意知多少。半世重安排，莺燕新巢找。”赶紧在那儿成家吧！

---

① 指《国花少主诗词》。

② 常人春《卜算子·述怀》：“寂寞盼夜阑，常愿鸡鸣早，黄鸡催日日催年，方恨来时少。一夕当百日，暗把流年找。朝朝镜前仔细看，生怕容颜老。”常寿春以原韵附和，作《卜算子·翘首望关东》：“翘首望关东，频祝调迁早，掷弃南冠到矿山，春意知多少。半世重安排，莺燕新巢找。松水白山任渡秋，双影寄亲老。”

苏：那他后来去矿山了吗？

常：没有。那时候各种谎信儿有的是。说是调这儿、调那儿，几乎没有行的。有一种设想，但终究不能成为事实。他后来，在那儿一来二去，据说搞了一个马来西亚华侨，一个女的，跟他挺好，挺同情他的。那个马来西亚华侨是"特嫌"——"特务嫌疑"，那时候好些华侨都被打成"特嫌"，实际都不是，咱们小题大做。

定：就因为是华侨，原罪。

常：有罪认定，事先那就……不是也是。这样的话，没法跟她结婚，没法批。等到改革开放以后，人家马来西亚华侨拜拜了，人说这中国我再也不待了，就把他给甩了。他也多少受点刺激，后来就有点精神恍惚啊，说话语无伦次啊，夜里头无故大哭啊，反正什么事都有。甚至有点歇斯底里，就那劲头，一发作，就不知道怎么回事了。

定：有时候不能控制自己。

常：对，他就是受点刺激。本来那华侨对他挺好的，可是不批结婚，你就没辙了。你结不了婚，待在一块都不行，在一块就是"乱搞男女关系"，立即抓起来重判，那就麻烦了。那时间可不客气，哪儿像现在政策这么宽，我看现在跟玩儿一样，连我都瞧不惯，怎么判这么轻呢？那时间就能判那么重。他没有结婚，一辈子没结婚。等到后来，就他那个情况，一个劳改释放人员，能挣多少钱？结婚的话，在某种程度上经济还是主要的，如果他跟李嘉诚似的……［笑］你说是不是。

定：那是那是，那当然。关键问题是他回来的时候身份也不是很好，也不好。

常：后遗症也是一直存在。

定：后来好像工作也一直不顺。

常：他呢，没能力，除了写。要说殡怎么出、丧怎么接、这婚怎么结、这长号怎么吹，他知道，别人谁管这些个啊？今天咱说着玩儿可以，说你门口这儿一听，出殡的来了。过去那出殡的绝对不会跟结婚的混一块，吹的那个东西很像，就是声调不太一样。跟大啤酒瓶子一样的

（乐器），那叫长号，一人提着、一人吹。咱不凭其他唢呐什么的，就凭这长号的声，就能分出这是出殡的还是娶媳妇的。再一个，是时间上的差，娶媳妇一般是中午过，早上起来是出殡的。这我哥肯定会学，他一来就给人学这的那的。

定：那他后来在白云观那段到底是怎么回事？

常：他回来以后呢，他很灰心。尽管对北京魂牵梦绕，现在终于回到了城市里头，但是高兴之余，马上就发现，自己无非是又回到起跑线上了，一切从零开始，要什么没什么。说做买卖，一没本钱、二没经验。

定：三没人脉。

常：对，这什么都不行，要房子没有房子，回来在家里跟我母亲那儿挤着。

定：那时候您父亲已经不在了吗？

常：我父亲在，我父亲是1990年死的。他是1985年回来的。

定：你哥哥在北大荒这么多年的情况，您父亲都知道？

常：知道啊！都知道啊！我也知道，这一家子都知道，没不知道的。

定：家里头这不打击也挺大的嘛。

常：哎哟，受他牵连太大了！你说"干什么的？"这一句话，当然不见得是嘲笑似的质问，往往亲切地问："听说你有个哥哥，他工作挺好的吧，他在哪儿呢？""在哪儿？在公安局。""在公安局是警察还是干吗？""不是，让警察看着呢。"［笑］这不就麻烦了吗！是不是？现在无所谓，现在没准儿还认为，这好，明儿出来打架，不行他还能帮上忙呢。过去那还了得了，都躲得远远的。

我哥哥也挺可怜的，也就能拿这些东西来消磨了。他对婚丧嫁娶这方面，可以说很在行。尤其是糊烧活儿，他自己能糊好些个。什么楼库啊，金山银山、尺头桌子啊，落（lào）地拉车[1]啊，他什么都能弄。

---

① 据常寿春先生解释，落地拉车是一种可以直接在地上拉着走的冥车烧活儿。

他从小就能弄。从小就蒙我们钱："你看那鸡死了多可怜，给它糊一车吧。"我说好嘞好嘞，就给糊，糊完我给钱，［众人笑］就这个。"你喂的那蝈蝈儿多好，蝈蝈儿死了，咱给它出殡吧。"我说好，［众人笑］出殡。到时候又得糊烧活儿，他给糊，糊完了就跟我要钱，跟我算账，把我那点儿钱都算计走了。我小时候太傻了，后来我就觉得委屈，［笑］好些钱都让他给算计走了。这是常人春，他就是这种情况。

他对宗教上很重视，道教、佛教，你看他说得是头头是道，能说出好些。因为他喜欢，哪儿有办红白事的他都去看、记。记不是拿笔记，就是拿脑子记，他脑子好使得很，他什么都知道。那时间跟我奶奶去参加一些大的红白喜事，他也用心去记。我小啊，就知道吃，看着那供桌上摆什么，到那儿摆席吃什么，记点儿这个，别的记不住，也不关心，这上头我不行。我虽然小时候跟他一块玩，但他说话我根本就不听，所以有的时候他不待见我，怎么就跟他好像就不入流，不是一趟车上的，就这么一个状态。

甭说别的，就说死人打那幡儿，幡上怎么写，他说得头头是道。上头三条，下头四条，中间一莲花。上面是受生于哪哪年哪哪月哪哪日，就是出生年月日。中间是谁谁谁之引魂幡，下边是大限痛于哪年哪月哪日。下边四条还有呢，下面四条也不是白的，还有字呢："南柯一梦断，西域九莲开。翻身归净土，合掌礼如来。"他这些记得清楚着呢，这是一种写法。还有一种写法："早到西方去，尘世已修德，耳闻金刚经，面礼弥陀佛。"还有一种写法："西方早去，尘世修德，耳闻语谒，面礼弥陀。"这是他说的，我就随便那么记记，当然我脑袋好使，他一说我就记住了。这一般人谁能说上来？

定：他怎么会对这些东西感兴趣？

常：他就是钻这门儿，他什么都能说出来。所以他回来以后，慑于当时的生活压力，自己唯一能够偏好的，就是当初对火神庙、田子久这些还是比较熟的。那时间火神庙里头是住宅啊，是北京消防局家属宿舍啊，他不可能去。唯一开放的、恢复的就是白云观。况且他以前也知道很多白云观历史上的事，“白云观火烧老道”，他专门写过。“火烧老道”那时我已经记事了，是解放前的事，我基本上还知道个大概。

定：那是挺大一件事。

常：对，那是很大的一件事。他到那儿去，慢慢就跟那儿熟了，熟了以后，毕竟在那儿……“梁园虽好，不是久恋之家”了，后来就开始写作了，主要是写北京民俗的东西。他由于出身、由于个人的爱好，再有的话就是过去我们家里接触的。

2. 我和我的兄弟姐妹

常：在家里头我是最不受欢迎或者说是最倒霉的一个人。

定：为什么呢？

常：为什么呢？我哥哥我姐姐仍然保持着原来的架子不倒，什么事不干。咱们这么说吧，我姐姐，没上街里头买过一回醋，或者是买过一棵葱，一次都没有。哪怕说，上茶叶铺去买一斤茶叶行不？这不丢脸吧？那也绝对没去过。一直到我姐姐结婚走了，从来不干。我哥哥呢，也是基本上什么都不干，他什么都不会。为什么什么都不会？他什么都不干。坐那儿待着就待着，而且享受的待遇还优厚呢。谁干？就是我干。

定：为什么就您干呢？

常：我们家也怪事，我就是最不受待见一孩子，什么都是我。哥哥姐姐都比我大，该得的多呀，得偏着呀！我妹妹我弟弟就不行了，哪儿顾得过来呀。但某些程度上，他们比我还强，怎么呢？有些吃的，“得了，先尽着小的吧！”哪儿有给我的呀，得让着呀！我是中间儿最倒霉的一个。尤其穿衣裳。他们（哥哥姐姐）大呀！必须得做新的。到我这儿，“得了，穿你哥哥的吧！”我把上边儿的穿破了、穿没了，下边儿的再做新的。我老捡我哥哥东西，后来我个儿长高了，没辙了。我上中学的时候就比他高。

苏：弟弟妹妹干活儿吗？

常：我弟弟妹妹太小，不可能干啊。我妹妹1948年生的，到1952

年才四岁，我弟弟才两岁，他们能干什么？什么也干不成。我们家1951年、1952年这两年最困难，东西卖得什么没有了，我父亲也劳改去了，我奶奶在看守所戒烟，就剩我妈一个人，带着这几个孩子，还有我爷爷。我爷爷那时间，也什么都不行了，解放后你还能干什么呢？当然我爷爷瞎抓弄，还抓弄过点钱，但是很少很少了，毕竟家里头已经是空空如也。房也不是我们家的了，什么都不是了。亏了那时间刚解放，乱哄哄，还能在那儿住，也没给房钱。要不然后来我怎么写那一首诗，《忆故居》，其中有两句上回我不是跟您说过嘛。

定：就那两句诗？

常：啊，那一点都不过分。基本上就，虽然没拿那破坛子、破罐子当窗户，拿麻绳当门轴闩门，但是已经到了那个程度。朝齑暮盐，已经吃饭都成问题了。家里头什么都是我去。我卖过糖葫芦、卖过豌豆，你问他们俩，谁卖过？他们干过吗？我哥哥干过吗？是不是应该老大干去啊？他比我大好些呢！大八岁呢！那时候家里头什么都不行，按说他应该卖去吧，他去吗？谁去？我去，我干。

定：他还在学校出风头呢。

常：那就是啊，他可以上学去。当然我也上学了，那时候我在学校里，上学什么都弄不上，怎么？那时候学校还交考试纸钱，交100块钱，就是现在1分钱。100块钱可以买什么啊？可以买一包酸枣面，可以买一块糖，那都交不起，没钱。写大字的本没有了，怎么办？我作业都交不上。

定：您上小学还是在解放前吧？

常：解放前我才上了三年级。我是分司厅小学的，当时是叫作国立五区中心小学。我最留恋的学校还是这分司厅。

定：这小学不错是吧？

常：那敢情！那时候是绝对，最起码是国家办的，国立嘛。北京解放前学校分三种，一种是国立的、一种是市立的、一种是私立的。我是国立，而且是国立的话呢，还是五区中心，一个区有一个中心学校。

定： 你们家是内五区。

常： 内五区，中心国民小学。

说真的，我有时候想起来都挺难受的。这个家庭对我们的影响太坏了，把我们的一生全都葬送了，从来也不重视我们的学习，后来也没有能力供我们上学。本来我们家的人看起来都挺聪明，如果（条件）要好一点的话，都能很好地上学。1951年，我曾经在班里头是第三名的学生。

如今的分司厅小学（苏柏玉摄于2015年）

苏： 在分司厅小学吗？

常： 不是，后来由旧鼓楼大街搬到南顺城街，就在大水车胡同小学。如果我要是按照语文算术这些主科，我是第一名的学生。怎么呢？什么劳作啊，美术啊，我成绩不行，给我拉下来了，加在一块评定，就是第三名了。我们班主任叫尹力仁，最使我怀念的老师叫樊秀。樊老师对我非常好，有次家访她来了，问我母亲：“小孩的父亲呢？”“改造去了。”“哟?！因为什么呀？”“因为抽大烟。”一看家里头破破烂烂。那时候我爷爷还没死呢，在那儿坐着呢。看家里这样，问：“你们吃饭怎么办啊？”“也就是有什么东西就卖什么东西吧，现在也没的卖了。”樊老师知道我这种处境，即使我变成不好的学生了，她也对我非常好。

苏：怎么变成不好的学生了呢？

常：怎么？作业有时候也不交。为什么不交作业？我那作业本写完了，没钱买，我写在手上啊?！那时候入少先队可是很严格的啊！我是少先队队员。人家都很奇怪，就他这样还能入队？樊老师是后来调过来的，就很奇怪，这个学生是差下生啊，怎么入的队？有的学生也会说啊：“老师，他原来功课棒着呢！好着呢！现在不知道怎么，这样了。”再一个，穿得破破烂烂的，人家一瞧就是家里很没钱。该交钱也不交，队日也不参加。没钱怎么参加啊！比如说咱们今天看电影去，一人五分。没钱！就是不去。这当时对我打击非常大的。

随便举个例子，做劳作，需要买一张马粪纸。什么是马粪纸估计你不太懂，一种黄色的再生纸板。说拿它做一副棋子，用瓶盖比着剪下圆圈，然后五个一摞粘上，粘完拿砂纸打磨一致，写上字以后，用鸡蛋清抹在外面晾干，就成了亮亮的了。我是一张马粪纸买不起，一张砂纸也买不起，鸡蛋？我们家一辈子没吃过一个鸡蛋！我上哪儿给你找鸡蛋去？就是这种状态，我根本就交不成作业。那我在学校是什么尴尬地位？我能好得了吗？谁瞧得起我？哪个班主任能瞧得起我？哪个劳作老师、美术老师能高兴啊？

写作业，写大字，没本！没本写什么啊？人家都有，就到我这儿没有。大字你也写过吧？一个本儿很快就用完了，用完了，你不能再用背面儿啊，洇得跟什么似的。老师说：“你就不能再买一本吗？”“我家没钱！”后来变成什么了？站那儿一低头，不吭气。老师也很生气。可是樊秀经过那次家访以后，情况大变。那老师确实不错，当时有40多岁，快50了，女老师，挺好。她回来以后在班里讲了一下，说："今后谁也不能歧视他。我到他们家看了，这种情况不赖他。他们家吃饭恐怕碗都得摆地下，他得趴在地下写作业。"到了这种程度，你说我能学好吗？

后来我就成痞了，就不愿意学了。怎么呢？就觉得学着没意思，上学校，怎么非得受辱？那时候少先队规定有队服，白汗衫、蓝裤子。人家都穿得好好的，就我穿不上。或者人家穿好的，我穿破的，那老比较，就不行啦！没群众威信了。在班里人家也欺负，也挤对。班里别有坏事，有坏事就是我的（责任）。甚至我也就破罐子破摔，当然我聪明一点，你不是说这我给弄的吗？我给弄一个更坏的，让你们瞧瞧。［笑］就出现这种情况了。这对我学习来说，耽误很大。

苏：那您后来还能考上大学，真厉害。

常：那毕竟是有点自己的聪明，只要努努力，完全可以考一个好好的学校。（农大）是最次最次的，那里头没有一个北京人，都是外地的学生，云南的、贵州的、江西的、湖南的。湖南人聪明，考来的不少，能看得出来，是很淳朴的家庭，但在当地也是很好的家庭了。

苏：您中学在哪儿读的？

常：北京第三十八中。

苏：那阵儿出身不好的话，考不上大学吧？

常：考不上。

苏：您家就您上了大学？

常：可不嘛，我弟弟他们赶上"文化大革命"了。

苏：您家是不是就您学问是最好的，就是说上学这块儿？

定：学历最高。

常：对。我是在当时的北京农大，北京农业大学。

定：您是在农大，就是现在的天秀花园那儿？

常：现在在圆明园路，那是我的母校。过去不在那儿，过去在罗道庄，在钓鱼台，就是玉渊潭的西南角上，那叫罗道庄，本校应该在那儿。1965年的时候“革命化”，和农业部农业机械试验站合并，搬到涿县农场的地址，在那儿办校。我上学是在涿县上的，实际上它属于北京农大，因为北京农大就搬到那儿去了。我学的是农机，我这学歪了。当时我们是要培养做国营农场场长的，出来应当是国营农场管机务的场长，不是搞行政的，是专门搞机务的。学的全部是苏联的耕作方法，对农场的整个机务管理。

苏：读四年？

常：三年，那时间没有本科。

定：您还有个姐姐怎么样？

常：没了，2013年10月1号死的。我姐姐比我大四岁。姐姐不是很亲，哎呀！我那个姐姐也是个一条道走到黑的主儿。见到面是六月，见不到面是腊月。见面儿时候挺热情，挺好。不见面儿，就跟没那么回事一样。那么个人。

定：那您姐姐后来呢，没考上铁路，就上哪儿了？

常：那时间她在女三中上学呢，瞒着女三中报考铁路，心想绝对没问题了，居然就依据旗人给吹了。

定：那她后来呢？

常：她学业上也是几起几落的。1952年还是1953年，由初中可以考中专。家里头穷啊，中专那时间管吃管住，将来有工作的，最后也是统一分配。不是你的第一志愿，一下子就把她分配到兰州财经学校，她没去，耽误一年。后来又考，考的北京第一护士学校，我还上他们那学校去过呢。这护士学校她又不可心哪！我妈也不可心，说这纯粹是高级老妈子。这学她就又重上，倒了好几回，她耽误得挺多。后来北京中医学院刚刚成立，她就从那儿毕业，分在北京前门医院。毕业以后，正好赶上六几年困难时期，“大学学历，中专待遇”，全国都这么实行，一开始挣37块钱。她这倒没再倒地儿，一直到退休，始终在前门医院，中医大夫。

定：你们家还出了一个中医大夫？

常：啊，本来我们家对医药上头也懂点儿。我哥哥也是，这药那药，这么看那么瞧的。我父亲多少也懂点儿，我母亲多少也知道点儿。我姥爷就是中医大夫嘛，到了我姐姐这儿，成了中医大夫。

苏：您姐姐对家里关心吗？听您之前讲的，有点要跟家里划清界限似的。

常：她呢，有，另外带有满族固有的虚荣。她从小儿，一直到结婚离开家，没买过一次东西。那时候已经虎落平阳了，按照说，一个穷人家的孩子，有些总能去买吧，她什么东西都没买过，没买过一次。

苏：家里头当大小姐一样。

常：对了。可是对我就不一样，我们家里头可以说最苦的是我。家里头一些日常的事，都是我去做。那时候我才多大啊？1951年，我十岁，买粮食得我去。当然买的不多啊，那时候穷啊，多了买不起。一回买个十斤八斤的，出去多远呢？由阜成门顺城街一直到白塔寺。

苏：就一人儿扛回来？

常：就我一人儿去。我哥哥也买过，但他没买过粮食，有时候买个药啊，买个什么他去。说打个油买个醋，他很少去，他不是一回都没去过。我姐姐是一回都没去过。

苏：弟弟妹妹怎么样？

常：我弟弟妹妹跟我的关系非常好，哥哥姐姐那儿很一般。我们家里头呢，要论有威望就是我了。

苏：弟弟上大学了吗？

常：他初中毕业正赶上“文化大革命”，分配到内蒙古生产建设兵团，一师一团，在磴口。黄河边儿上，由呼和浩特往西去，包头五原再往西，那儿有个千里山钢铁厂，他在那个地方。

苏：就分到那儿啦？

常：那时候“文化大革命”，都得去啊！要么你“上山下乡”去，要么就去兵团。

苏：几几年回北京的啊？

常：1976年回北京的。

苏：1976年大规模返城，他不像您就留在那边儿了。

常：因为我是“支边”，一个是“支边青年”[①]，一个是“知识青年”[②]，两个不一样。

苏：一说去兵团，我就以为也是“支边”呢。他回来之后干什么呢？

常：后来我弟弟成人高考，考的法律系。我弟弟在北京医疗设备三厂，以前是法律顾问，最后退休的时候他是他们经理办公室主任。他还算不错，很努力的，很聪明。一度留守在破产的厂子里，清理债务，经常上法院应诉去，不是原告是被告，［笑］都是欠人钱。这厂子原来就在东绒线胡同。

苏：妹妹上大学了吗？

常：没有，她也是你们内蒙古的，［笑］她在内蒙古武川县上秃亥公社东方子大队团结小队插队，知识青年，也是1976年回来的。我妹妹工作不好，在华天，聚德华天饭馆做营业员。

苏：耽误了。

常：耽误了。

苏：在内蒙古结婚了吗？

常：哪儿敢结婚？结婚以后回不来了就。回来以后结的婚。

苏：您家现在过年多少人过呀？弟弟妹妹都来吗？

常：我们现在过年呢，采用的办法是轮流转，今天到我那儿去，明天到你那儿去，后天到他那儿去。这样呢，采用一种团拜的形式。

苏：您母亲在的时候，过年还是一大家子过吧？

---

① 指我国从20世纪60年代初开始，陆续从内地省区分期分批派往新疆、青海、内蒙古和黑龙江、云南、贵州等边疆省区支援边疆建设的青年。关于“支边青年”与“知识青年”的区别，参见定宜庄：《中国知青史：初澜（1953—1968年）》，中国社会科学出版社1998年版。

② 指从20世纪50年代开始一直到“文化大革命”结束为止，自愿或被迫从城市下放到农村做农民的年轻人，其中大多数人实际上只获得初中或高中教育。

1981年拍摄的常家全家福（二排左二为阎宝贞、左三为常子光，四排左三为常寿春、左四为常人春，常寿春提供）

常：对。

［看1981年常寿春回家探亲，在西单欧亚照相馆拍的全家福］

定：您和您弟弟比较像，常人春好像跟你们都不像。您姐姐不在了？

常：我姐姐不在了，前年10月1号没的。

定：这都是过去的120胶卷。

常：对，120的，只不过是挤了一下，按16张照出来的，一般120不是12张嘛，您非常懂这个。

定：您好像一直没有太大变化。

3. 到新疆去

苏：您毕业之后去新疆是属于对口，还是怎么？

常：那是“文化大革命”“支边”。

苏：就是说，也不是自愿去的。

常：这个怎么说呢？那时间呢，是自愿的也欢送，不自愿的也欢送，就是这么一种情况。那是一个没有自我的年代，就是发个言也得说“我们贫下中农坚决不答应”，不能说“我坚决不答应”，“我”是没有资格的。

定：那时候不能说“我”，必须说“我们”。写篇文章也“我们认为”，其实就是他个人认为。

常：都是这样的。我们那时间是你去也得去，不去也得去，但事先确实有个动员会。坦率地说，我为什么去？是因为我家庭出身不好，历史太复杂；（政府）还答应说去了是“双工资”。我们是1966年8月进的新疆。结果到了工二师，尉犁县，什么都没有。跟《阿娜尔罕》[1]里头唱的似的：“星星月亮是我们客人，红柳沙丘是我们陪伴。”还有两片胡杨林子，进去非常恐怖，我的妈呀！一个人都没有。住帐篷，吃的也不行，喝孔雀河水，工资也不发，就给了扁担、砍土锹、俩筐子，让我们修公路、挑土去。我们北京人哪儿干过这活啊！怎么向上反映也不行，就闹起来了。1967年1月13号，我们成立一个“毛泽东思想捍卫团”。兵团工程支队居然下了个令，1月18号凌晨，派了4个当地人组成的武装连队，带着枪，还带着4门迫击炮，一共是6辆解放牌汽车，镇压来了。

苏：你们当时多少人啊？

常：两个连队，一个连队12个班，一个班16个人。但说老实话，武装连队的水平很低，哪儿如北京人这帮亡命徒啊！当地人是（上面）说东就东，说西就西；但北京人可不是几句政策就能吓唬住的啊！我们哪儿听啊，结果就发生冲突了。他们拿枪还不如拿棍儿呢，怎么？棍儿可以轻轻地打、慢慢地打，枪哪儿成啊。结果他们就被我们逼到孔雀河边儿上去了。当时工程大队党支部书记叫古美山，我们把他给扣了。6辆汽车，水箱的水也放了，钥匙也拔了，还有个别人把轮胎也扎了。迫

---

① 《阿娜尔罕》是北京电影制片厂与天山电影制片厂（原新疆电影制片厂）于1961年联合摄制的电影，于1962年在全国放映。常寿春所引用的是其中的插曲歌词。

击炮也给扣了，炮弹有10发一箱的，6发一箱的，写着“美式蒋制60炮弹，近射程94公尺，远射程110公尺”，引信也在箱里搁着。这一看，（大家）可不干喽！大家伙凑钱，给中央发了1000多字的加急电报，说他们“镇压革命群众，是彻头彻尾的反革命行动，是可忍孰不可忍”。给他们吓坏了，说：“哎哟！这群北京人怎么这么厉害，动不动就告中央啦！”其实中央当时都乱了，哪儿有工夫给我们回电呢！“乱石岗子——自己坟头都顾不过来”呢。当时北京人还有带照相机的，把炮弹、汽车都照了相，洗好了，还让古美山签字，都邮到中央去了。其实人家古美山挺好的，那天晚上直嚷：“同志们，这是误会呀！我们是一场演习，不是来抓你们的！民兵同志，听我指挥，不要开枪！不许开枪！”他急得两头说。

苏：民兵也确实没开枪？

常：没有。他们也没办法，汽车也没法开了，后来就走回去了。走24公里哪！不是开玩笑的，夜里冷着呢！

我们这胜利也好景不长，上头说炮都让北京青年没收了，这哪儿行啊！立即就来了一份油印材料：“开除古美山党籍，撤销工程大队党支部书记职务，其所有手写材料一律无效。”大伙儿就闹起来了，从那天起，再也不上班了。上班就是到工地玩儿去。那儿也没东西，漫山遍野都是沙包，还有红柳、梭子柴。梭子柴还不让我们动，“什么不许动啊！全给它点喽！”连扁担，带铁锹把儿、筐子全扔进去，都点了。还去河里头舀冰去，干吗呀？一人多高的柴堆点好了，把冰“一！二！三！”往里扔。那火也大啊，“轰！”就起个大蘑菇云，“噢噢噢好！毛主席万岁！放原子弹喽！”［笑］

后来觉得这样没人管也不行，得，咱们回北京得了。1月23号，开始整体行动，排着队，打着旗子：“回北京！不干了！”［笑］结果刚走到尉犁县孔雀河大桥，就让新派来的武装连队给截了。这次可开枪了。

苏：有伤亡吗？

常：有，打死两个，重伤一个，轻伤两个。七“点儿”上有人就被打死了，我是九“点儿”的。当时我们都管驻扎地叫“点儿”，那儿没有城镇，都是荒野，按“点儿”叫好叫。我们“点儿”有个叫曹老蔫儿的，胳膊给打了一大豁口子，都没模样了。（武装连队）还讹他，说他最坏，这样不就没责任了嘛。工程医院有个大夫看着不像样，赶紧给打的止血针，救过来了。曹老蔫儿后来也被抓走了。

苏：那您呢？

常：我没事，我在连队里没动弹，就没去。［笑］他们问我了，我说我不去，要走我单走，我不跟你们一块。

苏：您是当时猜到了会出事吗？

常：没有。我是算计了这些人太多，走不出去。拉着车，车上还装着面粉、两片冻猪肉、几棵白菜、盐、锅，扛着被卧……要知道，就由尉犁县这么走，得翻过天山，一直到吐鲁番，才能上火车，这好几百人能走过去吗？半道上不得冻死在那儿啊！我一问，还有好些人一分钱都没有，到时候花谁的钱啊！

苏：您比较高明。

常：没走就对了。很少一部分人没走，走的人全被抓起来了，被集中起来实行军管了，强制劳动，背靠背交代问题，全体揭发。我们没走的人没什么事，是“真正的革命群众”。［笑］3月份的时候，又把我们清洗一批。突然有一天下午，来人问暴动时有没有人是出谋划策的、鼓动的，也得抓走。一个连队抓走了二三十人。5月7号，（上头）宣布我们是表现最好的，调动到一个好地儿——工三师二十三团，“路上是苦一点，希望你们能经受住考验”，警告我们今后再也别闹了。后来工二师被划成农二师，一划“农字儿”就麻烦了，就得种地了。

5月13号，我们正式开拔。来的都是载重汽车，一人弄个行李卷，就跟装猪似的，都上去了。新疆那暄土都能没脚面！个个是灰头土脸。第一天到策大雅兵站住宿，我还写了一首诗：“漫卷轻尘过库山，初逢疏雨浥浓颜。胡杨郁郁撑青伞，雪岭巍巍戴素冠。陌上黄牛寻细草，枝头葵鸟唱清闲。喜看维女翩跹舞，击鼓欢歌夕照间。”到了兵站里头，来了好多维吾尔族少女，跟我们要毛主席像章，在那儿又唱歌又跳舞，联欢开了。大家挺高兴，吃得也不错，还不要钱，因为怕我们跑啊。

车差不多一天开200多公里，就进兵站休息了。第二天到新和县，第三天到阿克苏，第五天到三岔口，第六天到西克尔水库，第七天到英吉沙，走了8天，到泽普县[①]。苦得很！都是搓板儿路，就是戈壁滩上跑，到处是石头，人受不得。

泽普县的情况大不一样，真好，不像那种“红柳沙丘”似的了。那儿有村，到处都是杏树、果木树，非常漂亮。有上海“支边”青年，他们5月进新疆，比我们来得早了3个月。维吾尔族人穷着呢！没有鞋穿，多少天也不洗脸，女的连衣裙脏得都发亮，头发都粘到一块了。但甭管怎么样，就算不错了，能看着人了。

到那儿也是什么都没有，房子没有，桌子没有，椅子没有，铺板也没有，好在是有树。一片荒凉，一切都自己做。汽车就给拉来了一两个桌子，只有会计可以坐，因为会计要写账簿，钱你也不能搁到地上，得搁抽屉里头。剩下的（家具）就都自己做。我到新疆可不是去了就当老师，我当过木工。上维吾尔族人那儿去买树，完了自己拉大锯、开板子，找会做的人做。谁会做啊？没有一个人会弄这事，一码儿齐，谁都不会。拉这个锯也不会拉，两人拉，老打架。你往这头拽，他往那头拽，拽拽拽，拽歪了，怎么都拉不回去。跑线了，那板子就废了。而且一跑线的话，那锯扭着劲呢！劲头大多了，拉不动了。我说你那边弄坏了，你说我这边弄坏了，两人就会骂起来，着急了，甚至打起来，你讹我我讹你。我在那儿看着，发现就是那线放得不对，放歪了，就走不了平行。我给放线，慢慢拉。［比画］大锯那么大呢！俩人一拉，“侉”“侉”……“哎哟！这行啊！”大伙儿说：“得了，就是你的了！”

---

① 泽普县隶属于新疆喀什地区，位于新疆西南部，昆仑山北麓，喀喇昆仑山东侧，塔克拉玛干沙漠的西缘。是南疆的交通枢纽，交通业比较发达。

我就带了14个人，7盘锯，把连队里所有的铺板，所有的办公桌，一切用木头做的用具，都重新弄了。我们那时间什么都没有，就只有帐篷，锅也是由别处拉来的。［比画］那么大的铁锅，烧开水也是它，做饭也是它，底下烧柴火，那么熬过来的。拉大锯拉了有一年多，活儿太多。劳动也得有工具啊！说买菜，拿什么拉去？自行车骑不动，没道儿，怎么骑啊？就做单轮车，还做200辆双轮车，就干这个。

拉大锯[1]

紧接着，“文化大革命”就深入了。1969年，我就到“清理阶级队伍”工作组，那是（享有）至高无上权力的地方。要挖出深藏的“反革命分子”“军、政、警、宪、特”，对每个人都要彻查，你是不是特务，是不是反革命，是不是地主；你是逃亡地主还是逃亡富农，是有害分子还是什么……反正主要就是查这个，绝不是查你好。不是让你说你是不是共产党员，说你是不是劳动模范。不太问家里，就是问你本人。我还不错哪！由工作组调到查账组，没干活儿，就“天之骄子”了。就凭我这破出身，在那儿还清人家队呢，不把我清了就不错了！就仗着那

① 《北京旧影》，第181张。

时间我干活儿还可以，命也好，这么着。

查账完了以后，“三反”运动结束了，就落实毛主席指示——“五七道路”①。各个单位都得成立大型基地，学大庆嘛，把家属全部都安置起来，自力更生。没有猪，养猪；没有牛，养牛；没有豆腐，自己磨；没有酱油，自己制；没有酒，自己烧。整个搞起来，这叫“五七道路”。妇女也不要在家里吃闲饭，成立托儿所，成立各种服务性的东西。再不行，埋电线杆子去、运电线杆子去、刨那坑去，就干这个，都算“五七道路”。这样，我们那儿就大搞副业。

当时供应是很困难的，除了粮食以外，几乎什么都没有。调我当副业班的大班长，我这班大，一个班当时将近60个人吧，我接手的时候是58个人。我都管什么呢？我跟你说说啊：理发、缝纫，这是主要的两项；再有的话，伙房、马号，马号就是养马的，养羊的羊圈、养鸭子的、养猪的、造酒的、造酱油的……一大摊儿这么多，都归我管。

苏：真有意思，这50多个人能干这么多事呢？

常：那当然了，而且这50多个人呢，都不是精壮劳力，精壮劳力是不能让你干这个的。

苏：那干吗，种地？

常：不是种地，因为我们是工程部队，有好些其他的工程呢。那时候修东岸大渠叶尔羌河饮水工程，是一个大型水利工程，供下游大约5个县的农业用水，精壮劳力都在现场工地干活儿呢！我就是在家里头管这个副业班。

苏：有点儿像搞后勤的。

常：对了，就是这么个意思，但是不管做熟了。反正我这就是供

① 毛泽东在1966年5月7日发出一个指示：“人民解放军应该是一个大学校。这个大学校，要学政治，学军事，学文化，又能从事农副业生产，又能办一些中小工厂，生产自己需要的若干产品和与国家等价交换的产品。这个大学校，又能从事群众工作，参加工厂、农村的社会主义教育运动。社会主义教育运动完了，随时都有群众工作可做，使军民永远打成一片。又要随时参加批判资产阶级的文化大革命斗争。这样，军学、军农、军工、军民这几项都可以兼起来。”随后各部队便据此开展了一系列活动，即常寿春所说的“五七道路”。

应好了，你们拿走，做熟了吃去。

苏：那当时您应该也算精壮劳动力吧。

常：但是我是头儿，我得管啊，他们别人管不了啊。

苏：那您还是有能力，能管理。

常：对了。我会造酒，我会做酱油。当时我们住在泽普县，泽普县食品厂、造酒厂的酒造不过我。

苏：为什么啊？为什么您会造酒呢？

常：这就凭技术了，我就造得好。实际上酒是微生物的制品，通过酒的菌生产出来的酒。我这个酒的菌种是哪里的？是中国科学院微生物研究所寄给我的。

苏：他们怎么还能给您寄这菌种？

常：对，当时就有，他们有这项营业的。当然也是因为我有个同学在那儿，通过他的关系，给我寄了三种菌种。一种是乌沙米曲霉[①]，一种是黄曲霉，还有一个就是做酒的酵母。寄来了以后，我在那儿扩大培养，这就凭我自己的聪明了。我没学过这些，就在泽普县那个新华书店，买了一本书叫《微生物酶制剂》，看了一下，“哦！原来造酒就是这么回事，我会了”。就这么歪打正着，一下就弄起来了。当地土法生产，他哪儿有我这东西！虽然我这儿没有任何洋设备，但是我这套东西理论上却是洋的啊。所以泽普县造酒厂的酒，不论从质量上，还是出酒率上都远远不及我。我当时在师里头是很有名的，师长都坐着吉普车上我这儿来打酒来。七几年的时候，不要说新疆，北京也没有酒，买酒也非常困难，就我们那儿，绝对有纯粮食酒。我就做酒，做酱油。

苏：您怎么会做酱油的？

常：酱油怎么会？学啊！那很简单的事。做酱油也是通过发酵，

---

① 乌沙米曲霉，又名“宇佐美曲霉”，是黑曲霉群中的一种，曲霉属真菌中的一个常见种。米曲霉是一类产复合酶的菌株，除产蛋白酶外，还可产淀粉酶、糖化酶、纤维素酶、植酸酶等。

它的菌是另外一种黄曲霉，用黄豆把它发起来，发起来以后，要把它进行60度糖化，要经过这么一个过程。这个过程就是用温度把蛋白质分解出来，这样出来的东西就能做酱油了。

苏：做酱油是您跟当地人学的，还是自己看书琢磨会的？

常：我在当地学过，我到泽普县酱油厂实习过三天。他们老让我挑水，抓我当壮劳力使唤。我看了一下，我说我会了，就跑回去了。哎！回去一做就行了。我在那儿用现在的话说，就是一炮走红了，在团里也好，在师里也好，都挂了名号，说："那北京小伙子！可以。"总体来说，这样对我是好的。

那时间我能有点牛气，为什么？我虽然是搞一个连队的副业，但就这五十几号人，却几乎供应了半个团的吃。我们一个连队有200多口猪呢！按当时来说，一口猪就算150斤出栏，大部分都200斤出栏，那多少肉啊！我们一点问题没有。当时在泽普县那儿，一部分人调走了，剩下的只有五连、工二队、十连、团部，只有这四个单位在那儿。200口猪，平均一个单位50口猪，那怎么吃得了啊！我在那儿是权威人士，而且是最受欢迎的人士。为什么呢？那阵儿在吃上非常困难，自然我这名望就大。要过十月一，9月25号就开会，指导员问我："常寿春，咱们这次能出多少猪肉？能有多少猪？"我说："您要多少？这样吧！30口猪够不够？""要不了那么多，这时候出30口，咱春节怎么办？""春节60口，没问题！""咱们连队能吃那么多吗？""这算什么啊，您要真要50口猪，立时我就给您派出来。"我就敢张这嘴！我那口气大得很！指导员赶紧说："就这二三十口猪吧，不能都宰了，咱们树大招风，明儿都上咱这儿要来，咱给不起。"

紧接着，南疆铁路上马，我们就上铁路了。建设兵团就那样，今天干这样，明天就扔了，反正是公家的事。修南疆铁路，家属就去不了了，所有的家属走"五七道路"，留下整个一个基地。我们团长叫陈晓亮，说："北京小伙子给我留下，别人都上铁路，他不能去，给我上焉耆基地，好好搞副业！"焉耆基地是块大盐碱滩，给了我们将近一万亩地。那边有一湖，有名的博斯腾湖①，最宽的地方80公里呢！对面望不见边，哎哟！那湖真漂亮！那时候我们就住在湖边上。

常寿春在新疆摘棉花（常寿春提供）

那时间情况又有变。在那儿种不出来什么，而且就那么一台拖拉机，谁都玩不转。我是正牌儿学农机的，我是高才生啊！拖拉机算什么啊！我说我能弄。这么着，基地主任晏凤翔，是北空转业的，对我特别好。连长找他说："拖拉机弄不转，找常寿春去，他是你们连的，你交给他就完了。"这么着，我开了五年链轨拖拉机，东方红–75，一开开五年。后来拖拉机就多了，铁道兵给了我们些拖拉机，都运到这儿了。成立了机务排，给我安个差事，当机务技术员。

① 博斯腾湖，古称西海，位于新疆焉耆盆地东南部，介于和硕、博湖两县之间。湖面海拔1048米，东西长55千米，南北宽25千米，平均水深8.4米，分大湖和16个小湖群，面积980平方千米，蓄水量可达80亿立方米，是新疆也是中国内陆最大的淡水湖，同时也是开都河的尾闾、孔雀河的河源。博斯腾湖是新疆最大的渔业基地，又是我国四大芦苇生产基地之一，苇林中还大量放养珍贵毛皮动物——麝鼠，经济价值很高。湖区风光瑰丽，集大漠与水乡景色于一体，距南疆重镇库尔勒市只有60多千米，已成为旅游开发的重点地区。

机务技术员的椅子还没坐热呢，“四人帮”被打倒了，“文化大革命”基本上也被否定了，开始大办教育了。那时候有好大一批人都是从北空转业的，我给他们讲农机理论课，从发动机讲起，讲拖拉机的构造和工作原理。

苏：北空？

常：北京空军的。那时间拖拉机很少，开拖拉机好像比开飞机还神圣。那是天之骄子啊！

苏：东北那儿不是有康拜因嘛。

常：康拜因您也知道，联合收割机。我对康拜因蛮通，因为我学农机的，而且我知道的型号非常多，苏联的是科特，或者C4，还有西德的克拉斯。

苏：黑龙江佳木斯有农机厂。

常：对，佳木斯，东北那儿出的长白山牌拖拉机不错呢！都是吉林那块儿出的。这你现在让我讲，我也是头头是道，听课这些人多少也是懂机械的，一听（就知道你）讲得了讲不了，都说这小子还真行。

我们家谁都没逃过教育上的事。本来我并不愿意教书，这教育上的事情我是歪打正着。当时是三个地儿，让我挑一个地儿。我这辈子，你别笑话啊，我干的活儿挺杂的。我们是按军队编制的，有调我到我们团机运公司的，还有让我当统计员的，我们团的政治处主任晏主任调我到学校教书去。我哪儿是正牌儿啊？我是师范学校毕业的吗？我并不太情愿。我是学机械的，我跑学校教什么书？再一个，我一瞧，学校那儿净是团长的媳妇啊，营长的媳妇啊，我是谁媳妇啊！是不是啊？人都是当官的，我什么都不是，教书也不是我强项。后来死调，说学校缺人。得，去，别驳人面子。“牵着不走，打着倒退”，那更麻烦，我就教书去了。

到那儿教文科。去了半年后就教高中，带毕业班。那毕业班也给我捧场，一瞧录取率还挺高！不光看总分，还得看单科啊，高考成绩在那儿摆着，我教的历史成绩上等。这么着，从1980年教到1985年，中间还换了点儿活儿，完了以后就调教导处。

定：您教书效果肯定好，您那么能说，口才好。

常：到教导处呢，我倒活了。因为我擅长这方面的事，我毕竟是北京正牌儿学校的。别看我是学生，可是北京的学校如何运转，我都记在脑子里，他们根本就不懂。比如说吧，原来的教导处，给学生一个处分，要贴一布告，不会贴、不会写。我说，这有什么难的！写布告："为布告示，查三年（1）班学生谁谁谁，在期中考试当中什么什么作弊，经校务会研究给予警告处分，此布，校长谁谁谁"，完了，多简单。发榜怎么弄？我说你们没见过榜，就索性弄一个过去的榜吧！让你们瞧瞧："正取多少名，公布于左"，这章盖到哪儿，骑年盖月怎么弄，都这么正规。

也该着我走运，我在教导处开始只是教务员，就等于打杂，但什么运作的话都是我这儿说，我的威望也在那儿摆着呢："问老常就可以，别问老秦了。"那秦主任糊涂，他老犯错，结果他自己甩手不干了，留一空缺。他刚走，我这儿也没提升呢，工一师来检查学校档案。工一师下辖八个团，还有师部直属，一共十个团级单位，每个单位都有学校，一个团有一个中心学校，我在团中心学校。档案都放在教导处，一评比，我是全师第一。不但第一，而且还召开现场会，说，"你们看看人家教导处搞的"。一问是谁搞的，说是常寿春搞的。工一师刚走了没一个月，给我的任命下来了，教导处主任。

教导主任我干了七八年。在学校里头，我有优点：一呢，我比较敬业，也比较正统。我在什么上头绝对是一本正经，按部就班。再有呢，我毕竟是北京去的学生，从小受到的教育比较正规。尤其我小学那个学校非常正规，可以说是国家重点小学。当时那个学校你知道怎么建立的吗？咱扯得远点儿哈，那是庚子赔款，美国人退回的钱建的。

苏：噢，那跟清华一个待遇。

常： 对呀，只不过一个建的是小学，一个建的是清华大学。所以那个学校设备设施特别好，而且它那个地儿也特别好，利用的是顺天府的后花园、后配府和跑马场，非常大。现在是国家重点中学——分司厅中学，门口挂着有大金属牌子。从来别的学校没那么挂过牌子，就它那儿挂着。不要小看解放前，解放前北京学校的教育是很正规的，比解放后似乎还更正统、更正规，它方方面面都有一定的要求。不像解放后，有的地儿就放松了，有的地儿要求很严格。

基于如此，我把我原来经历的这些，融合到我后来学校的工作里头去。所以我要求学生也是严格的、正规的。我拿出的东西在工一师那儿都说："哟！你看人家搞的！"搞什么像什么，这是我的一个长处。

苏： 所以我觉得您当年在新疆也是风云人物。

常： 谈不上风云人物，我呢，就算一个幸运的人。不管怎么样，干什么还行，还说得过去。我跟你明说，我这个人没有真才实学，但是我有我的长处，有点儿小聪明。跟得紧，见什么风插什么旗子，这点儿还干得来。"文化大革命"有一阵儿学毛主席诗词，那些"革命战士""革命派"也都诗啊词啊，实际上他们都不懂，诗词实际上要求很严。

苏： 格律啊。

常： 对，有个格律问题，虽然都是七个字一句押韵，但讲究仄平，有的人作的诗格律就不对。那时间我没事就钻一钻，看一看。［指书架］你看这《全唐诗》《唐宋全诗》，我这儿全齐了，我是比较喜好的。

苏： 我特别佩服您能出口成章。

常： 因为那时间生活在"文化大革命"时代呢，讲究贴墙报，搞政治宣传。宣传也不是空洞的、干巴巴的文章，有时候也要写一点诗词这类的东西啊。全国都讲究，那就看谁写的好了。当然这与我后来教书也有关系。

苏： 大字报是吧？

常： 对，大字报是一种类型，叫作"革命大批判"，攻击性强。

大字报是你给我提意见我给你提意见，这类的多，歌颂的少，不像墙报。我那阵儿主管过俱乐部，就是专门搞宣传的，看谁出的板报好。

苏：您字儿写得也好。

常：凑合吧，写点儿毛笔字还凑合。所以就当时来说，随便举个例子，中国共产党第九次全国代表大会召开，在“文化大革命”时代，没有比那再大的一件事。为什么？一、这次大会是毛泽东发动“文化大革命”后召开的一次重要的全党的会议。在这次大会上呢，有几大决定，第一，决定把刘少奇永远开除出党，宣布他是“叛徒”“内奸”……

苏：“工贼”。

常：这你都知道是吧。再一个事情，公布了新的党章，把林彪写入党纲之内，确定他为毛泽东的接班人。这件事情还是了不得，没有比这事情轰动再大的了。

苏：林副统帅永远健康。[笑]

常：对啊，那怎么宣传这九大啊？你光凭文章不行，那就看谁的才华谁的笔法了。我就写一首《满江红》，到现在这首词我还能背得下来：

> 一代豪英，抽天剑，风云叱咤。喜今日，鲲鹏缚就，苍龙擒罢。工农掌印红旗盛，帝修复辟黄粱化。同从容，挥笔写春秋，开九大。
>
> 不平坦，四十八，多少次，危一发。幸革命轮舵，英明掌驾。延水波涛连四海，井冈星火燎天下。看明天，人类新蓝图，主席画。

这首《满江红》，一般的人他写不出来。“一代豪英，抽天剑，风云叱咤”，歌颂毛主席的无产阶级司令部呢；“喜今日，鲲鹏缚就，苍龙擒罢”[①]，因为毛泽东诗词里有“今日长缨在手，何时缚住苍龙”，有的时候还得用他的一些意思。

苏：那个时候都讲究这样。

---

① 据常寿春讲，这里的“鲲鹏”和“苍龙”泛指国民党反动派。

常：我写的这些东西也等于给我的生活道路进行了铺垫，比如这个《满江红》，一直登在《军垦战报》上。这写得确实漂亮，一般人写不了啊，不行再写两首啊，比如说，歌颂京剧样板戏：

奋臂挥刀斩豺狼，满城争唱《沙家浜》。
阳澄湖畔斗争史，京剧舞台革命章。
阿庆嫂，郭建光，英雄群像永难忘。
普罗文艺新花放，俏艳朝阳分外香。

这是歌颂样板戏的一首《鹧鸪天》。再比如说，南京长江大桥通车，是“文化大革命”中的一件大事，我写一首：

大雁空愁一水遥，千年啼叫只牢骚。
谁持彩练穿南北，顿压长江万里涛。
旗似海，笑如潮，东坡起舞看今朝。
念奴旧调休重唱，浪漫挥毫写巨桥。

先用一个“大雁”，大雁觉得飞那个长江都费劲，我们却盖了一座大桥过去了。“谁持彩练穿南北，顿压长江万里涛。”

苏：您这文采在当时也是出名的。

常：对，所以这样的话，反正有什么事你就往上写吧。当时有人需要这个东西，比如团里的宣教科，他往上头要报啊：“你们搞什么宣传啦？”

苏：政绩。

常：对，“你有什么政绩啊？”他很需要，有的时候就来跟我说：“你看看，咱们这东岸大渠修好了，您能不能再给写首诗啊？投个稿，给我们写个文章，要写点儿有魄力的啊！文采上婉约派的可不行。”他还能说出“婉约派”呢！我说可以吧，写一首：

荒滩谁道自消磨，今日愚公奋铁戈。
行挽昆仑千岭雪，立截戈壁百川河。
红心化作奔流水，壮志谱成跃进歌。
来年喜庆栽秧日，茫茫瀚海泛清波。

庆祝东岸大渠通水，就寄出去了。这样的话，人家就："教书没问题！"这么着，把我架到学校了。

苏：突然想到有个事没问您，您是党员吗？

常：是。

苏：什么时候入的？

常：1988年的3月4号。

苏：那个时候您已经在教书了，当了教导主任吗？

常：没有，当教务员了。

苏：您当了教务员后就不教书了是吧？

常：有时候我还代课，但是代课时候就不那么多了。说老实话，那时候老师来去增减也很频繁，有人不甘心就走了。

苏：不是固定的任课教师，是代课。

常：对，急了就补。我主要教两门，一个历史、一个语文。主要是历史，语文我也教过两年，正牌儿的语文教师、班主任。

苏：也培养了不少学生。

常：就是，我在那儿也是20多年的教师，毕竟还是有点儿学生。教历史主要是教高中文科班，这跟你一说就通了，分文理科嘛。一开始我也是费劲啊，不会教啊，但是很快我也就适应了，摸着门儿了，好像一通百通、触类旁通，这就好办了。所以我教着书，学生说常老师确实是有两下子，真行。另外，学生挺捧场的，我教书不死板。

苏：听您讲话有意思，教书一定也很有意思。

常：对了。我教书学生不犯困，不会在底下做作业。因为我这俩孩子就都是在我们学校，都是我教的，都知道，说：“我爸爸教书，班里头同学都有精神。”

苏：您哪年被提拔成副校长的？

常：是1994年，主管教学的副校长。

苏：那离您回来也没两年了。

常：1998年回来的。我提前退休的，就为回北京。我在那儿说什么都不干了，就是想回北京。北京报户口非常难啊，你不回去的话，万一要有变动怎么办？

苏：那时候就是想着肯定得回来？

常：对，坚决回北京。

苏：也有回来的机会了？是政策松动了吗？这事感觉很难啊！

常：是，政策多少有点儿松动了。我的最大理由是什么呢？我们俩都是北京的。

苏：跑了挺长时间吧？

常：跑了两年。1996年就开始跑，只是跑得不那么勤。1997年就跑得勤了，那边儿上着班，这边儿跑着户口，就没怎么上班了，北京新疆、新疆北京地跑。①

苏：学校领导也不说什么？

常：那，跟我关系好得很：“去去去，去吧！没事没事！”

苏：也没挽留？

常：没挽留。关系都挺好的，留不住。我跟他说：“您啊，就当我是一碗水，您给倒地下得了。您也甭捧了，捧不起来了。”基本上，学校的运转我都拿得起来，你不能不服气。另外我补台补得好，我有点多面手，在什么上头我都行，哪怕别人有点失误了，我能给找补回来。我们学校支部书记姓沈叫沈平，上海人，女的。她说：“老常啊，他这补台补得真棒！有点儿什么事都是他给遮过去。”他们挺佩服这样的。

① 通过侧面了解，当时在北京跑户口的“支边青年”不在少数，但并非所有人都成功了。

实际上，话说回来，我啊！小聪明，无大才。这绝对说的是真话，不能胡扯八拉，得实事求是地评价自己，我认为这才是真的呢，对不对？要细问："你原来学什么的？""开拖拉机。""开拖拉机你开学校去啦！"一句话就把我说到那儿了，是不是啊？瞎吹什么？外行就是外行。教书是教了，凭得什么？就凭自己小聪明教的。后来当主任也好，当校长也好，都是。当校长的话，你得有恩，你得有威，当教导主任也是那么回事情。我们那俩孩子经常说："我爸爸搁那儿一站就管用，学生立时就不吭气了。"叽里呱啦叽里呱啦，校长说："别说啦，开会啦！"没用。我说："同学们，安静啊！"立时就安静了，我就有这权威。我就这成绩。

常寿春一家四口在新疆（1990年摄，常寿春提供）

4. 返回北京

定：您是哪年回来的？

常：我是1997年的年底。我在新疆待了32年。

定：嗬！您是在那儿结婚的还是在北京结婚的？

常：在北京结婚的。后来看回来无望，就把她（王彩莲）接过去

常寿春与王彩莲（苏柏玉摄于2017年）

了。1975年接过去的，1997年回来的，她在新疆待了22年。

定：真不容易，你们这一家人。您在新疆的学校是在石河子还是？

常：在石河子市，石河子市兵团五建中学。在那儿就是混饭吃，您别笑话，跟你们这博士没法比，哈哈。

定：不是不是，石河子我去过。

常：您去过啊？

定：那城市特新特漂亮，就是没有乌鲁木齐那么有味道。那地方好像永远就是个农场中心似的，那感觉。

常：对，它有点城乡接合部那劲头似的。现在弄得挺漂亮的，非常漂亮。去年1月份我带她（王彩莲）回去过一次。

定：那么多年啊！半辈子都在那儿了。

常：啊！我们那是……真是……把青春献那儿了。没把子孙献那儿就算不错。

定：孩子都跟着回来了？

常：都回来了。

定： 那是够不简单的。

常： 啊，非常不简单。我找了两年多啊！我跟您说，我能够办回北京来，这已经，应当是“世界第一奇迹”了。一家子，能够由新疆回来，在北京西城区落户！连西城区信访办公室主任都说：“你谁呀？您一家子，您落户西城区，你想什么呢你！”

定： 那您怎么就办成了？

常： 啊？找啊！当初我是北京的啊！我提前退休的，就为回北京，在那儿说什么都不干了。

定： 您能知道上哪儿找去，就够了不起的。

常： 哟！我不怕您笑话，我也不是省油的灯！［众人笑］嘿嘿嘿，国务院、中共中央办公厅、国务院政治部……我跟您说说地儿都在哪儿，要不您都不知道。

定： 您这是专业上访户了。

常： 当时来说就是专业户，“刁民”。

定： 要是现在就不让您这么访。

常： 中共中央办公厅，北皇城根7号；国务院政治部，灵境胡同12号，这都是“保密”的；［众人笑］中国共产党北京市委员会，台基厂4号。不信您问去，准是这号。国务院，府右街27号。哈哈，您查去，准对。我几乎哪儿都去了。那个，北京市公安局，东交民巷甲38号，后门。

定： 那儿我知道，我去过。我办护照没少往那儿跑。

常： 是不是？甲38号，原来在那儿。西城区那就甭说了，都去了。

定： 啊，还真就让您给跑下来了。

常： 另外，说老实话，一个是各方面跑；另外一个方面呢，也托了人，没有人也不行。

定： 那当然，没有人您就真成流民了。

常： 对了。你托了人，一瞧：“啊哟！你认识谁谁，你怎么认识他？”立时说话就不一样了，“来来来，坐坐坐坐，哎！你这事这样啊，这么办不行，这样，你听我说，记一下，记住了没有？记住了，好好好。”［众人笑］这立时态度就不一样了，什么什么都不一样了。那要真是不认识人，真不一样。简单这么说，人哪，心要好，要办好事。千万不要办坏事，真到裉节儿上[①]，你要是办过好事……

定：就有人帮您，对，您说得没错。那您这房子，是原来的，还是后来您要回来的，还是……

常：这儿啊？这是后来买的啊。十八万五买的，就买了这么一块地儿，外头还一小厨房。我在丰台区还有一个农家小院，这是我回北京的成绩。我还不是就这么一间这。［环视房间］

［在什刹海边儿散步］

苏：秋天来这什刹海多舒服啊！

常：啊！秋水共长天一色。

苏：您从新疆回来，是不是就想着一定得住什刹海附近。

常：对，主要就是想住这头。那时能从新疆回来就很满足啦！有一个自己的房，能有个地儿住着，就不错啦，知足吧！岂不知，人心很难满足，往往后来还有“还不抵怎么着呢”这种想法。不过好些人说我：“哟！怎么住这么好的地儿呀！”可不是嘛，有几个人能住这儿呀？你知道这里头住的是谁吗？这是徐向前的宅子。［指高墙上的铁丝网］跟监狱似的。

苏：可不是嘛，看这墙上。

常：我那阵儿蒙谁来着，告诉他说这是看守所，“是吗！看守所搁这儿来啦！”［笑］后来想半天，说，“你蒙我呢吧！”解放前，这是一块开阔地，里头有一个小的假山似的，都是松树，往前能看到李广桥，李广桥就是现在的柳荫街，站在李广桥能看到现在的广化寺，广化寺现在头里也盖上房，遮上啦！你看徐向前这房子多大啊！

---

① 裉节儿上，北京土语，指事情关键之处。

定：您回来的时候什么都没有了吧？

常：平地抠饼。

定：您原来家里什么都没留下？

常：那头，全卖了。

定：您那哥哥也什么没留下，您也什么没留下？

常：什么都没留下。

定：您弟弟妹妹留了点什么没有？

常：原来家里东西？——也什么都没留下。

苏：您回北京之后干什么工作了吗？

常：回北京之后啊，哎哟，这说说也无所谓，我自己努力了是不是？回来以后我卖衣服。

苏：在哪儿呀？

常：早市呀。那时间北京有好些早市，九几年的时候。比如说，月坛有早市，就是儿童医院对面儿那儿；白塔寺那儿有早市；太平桥大街，那儿有一个什么寺，不是能仁寺，离历代帝王庙挺近的，中间儿南北的一条街，这边儿叫赵登禹路，那边儿叫太平桥大街，一进太平桥大街那口儿，有一条胡同，是个庙名儿，叫什么寺啊，就在胡同口那儿，也是早市。我主要就在太平桥那儿摆的时间最长，卖中老年服装；在月坛，就是养马营那个早市也卖过；还一个，就是咱们门口这儿，我也摆过摊儿，这儿也有早市。

苏：现在还有吗？

常：早就取消了，2000年取消的，好些早市都勒令取缔了。

苏：那也没卖两年。

常：我一共也就卖了两年，后来取缔了，也就不卖了。我也是没有做好劳逸结合，青松恨不高千尺。回来后，太努力了，太累了，就病了。心脏不好，后来基本上就没干什么了。还有一个客观原因，为什么就干这么两年就不干了呢？2001年8月2号，我老伴儿脑出血，病了，病得非常重，已经报病危了。她为什么现在能够这样？就因为发现及时、治疗及时、抢救及时，所以没落下大的残疾。要不然的话，很可能这时候人就不在了，要不然就坐轮椅了。脑出血昏迷了好些天呢！在和平门那个北京急救中心。

苏：哎哟！……那您孩子怎么样？

常：我儿子属大龙，1976年生的，今年39了。女儿属马的，37。我们回北京的时候他们还在上学，很快他们就回来了。我儿子1998年回北京，国家分配大学生的最末一批。

苏：他在哪儿上的大学？

常：石河子大学。

苏：分配到哪儿了啊？

常：一开始分配到中国科学院食品研究所。

苏：上完就直接分配到北京啦？

常：［笑］我迁回北京啦！档案调回来了。

苏：那真棒！女儿那阵儿在上大学？

常：女儿没有，女儿高中毕业就回来了，后来在北京这儿上的工商专科，现在又进修了一个本科。

苏：那他们现在都做什么工作？

常：我儿子是北京城乡贸易集团基建部的部长，还行，他混得还算不错，已经混到挣年薪了。女儿在雍和大厦，私企，做大物业，她现在凑合吧，当个经理助理，行了，女孩子嘛。

苏：女婿是干吗的呀？

常：［笑］有个任志强知道吗？雷人雷语，有名的房地产土豪，在全国不是挺有名的嘛，“穷人买不起楼，买不起就是买不起嘛，还单给你们预备。”就是他说的嘛。好家伙！舆论大哗嘛。我女婿就在他手底下干着呢。

苏：您儿女对家里头这些事，北京的民俗之类的，感兴趣吗？

常：不感多大兴趣，也不反对。毕竟他们的生活跟我们不一样，经历不一样，兴趣爱好就不一样了。我从那个时代过来的，喜欢听大

常寿春、王彩莲夫妇在2011年社区主办的金婚庆典上[①]

鼓，就现在也放CD片子。他们就：“哎哟！这么难听！你们那时候就听这个啊！”

三、北京的民俗民生

【访谈者按】常氏兄弟口述是一部与“北京口述历史”丛书第二辑有重要联系，却又很不同的书。从创作的手法来讲，第二辑用的是广角镜头，旨在将北京的内城、外城和城郊尽量囊入景中，以展现近百年来老北京人的生活和变迁。然而，群像式的描述往往不够细致，想要更加深入地观察历史，还需要将镜头拉到更加微观的层次，本部分口述就是对远景进行局部放大之后所见到的内容。

2015年10月15日，我们与常寿春先生一道从他的住所步行到银锭桥边的烤肉季，途中提到他住的院子。其实此前我们在网上看到过一篇

① 北京市西城区委什刹海街道工委、北京市西城区人民政府什刹海街道办事处：《什刹海》2011年总第4期，第46页。

《什刹海地区民间的“文化使者”》[①]，其中就写道：“常寿春先生住在原德胜桥清真寺内，本是宗教场所，只因政策调整，道场变成了居民院落。”所以谈话就从这里开始。

常：我们那院就是一清真寺。

定：嗯，你们那院就是一伊斯兰教清真寺。上回我一个学生，他们家是北京的回族，他带我来看过，那都很多年前了。

常：我们在西城区档案局查过档案。这个清真寺是1947年盖的，当时那个人姓王，第一代。

定：那个清真寺后来就没了？

常：清真寺就给没收了，改成街道工厂。这个房产是1958年没收的，“大跃进”嘛！“兴无灭资”“坚决做革命左派”，破除一切封建迷信，所有的宗教（庙产）全部没收，14间以上的资产全都没收。那街道工厂毫无意义，轧（指制作）烟囱，什么铁簸箕、铁皮炉子，就生产点儿这东西，高能耗、低产出、高污染。1960年养不起了，“下马”，又改。

定：那个清真寺后来就不了了之了？

常：这不是后来又还给伊斯兰嘛。伊斯兰等于接一包袱，房还给人家，你得把这房客也清了啊！要老命了，房租你收不上来。一间房一个月房租几十块钱，一年三四百块钱，还收不了那么多呢！一年收一二百块钱。

定：还不够费劲的呢。

常：你给人修一窗户钱还得一二百啊。万一塌了，坏了，砸了人了，又得防火，又得保温吧，又这个又那个的，现在要求特别严。人家伊斯兰就弃管，不要了。这房交给谁谁都不要，什刹海管理处他们都找过我，问我怎么回事，我说人家弃管了。

① “渌水庭院的博客”，http：//blog.sina.com.cn/lushuitingyuan（2014-02-25）。

我在这儿待着还不错，我也应当知足。什刹海办事处啊，管理处啊，不管开个什么会，我还能算一号。有点什么事他们还能问我，征求我意见。

定： 我发现你们家人脑子都好使。听说您是什刹海这一带的专家。

常： 哎哟，不敢当，那可不敢当，那可能是人家的谬奖了，哈哈哈哈。

定： 是不是您这边儿了解的东西也挺多的。

常： 嗯，反正知道一些吧。我知道的东西呢，都是我亲身经历的，因为我有好的记忆力。有的人家在这儿住了没多少日子，甚至是解放后才搬来的、外地来到北京的，你让他说，他能说什么？

定： 有人他也不留心。

常： 再一个，我原来家庭的条件在那儿摆着呢，那时间，能够接触到各个方面的民俗。一个普通人家过日子，买棵白菜剁吧剁吧，吃饺

同游什刹海地区（左：常寿春，右：定宜庄，苏柏玉摄于2015年）

子就算过年了，你让他说什么呀，什么他也说不出来，是不是啊？

定：是。

常：昨天说相声，有人就问：什么是“大双包小双包”，我说“大双包小双包”是蜡。

定：可是您哥哥写得多，您写得少。

常：因为人不跟我约稿我不写，我懒着哪！我也不知道我应该写什么，都是人家说，能不能写个什么，我说好好，写写写，拣我知道的说呗。比如《北中轴线上的两家电影院》，那一个是我们家的事，一个是我知道的事。我爸爸开的电影院我怎么不知道呢？钟楼底下原来是电影院。我写了点儿东西，都给人家了，也不知道人家用了还是没用。有的呢，就融到别人的文章里头去了，也有这种情况。

定：人家也没说是您写的。

常：反正我这儿提供了也就提供了，无所谓。《单弦》那篇是怎么回事？是我参加了什刹海这边一个大型的歌剧，他们设计这么一个场面，想用京韵大鼓或者单弦之类的表现老北京的声音，必须要写什么风筝啊，毛猴啊，鬃人啊，还要像那个小彩舞唱京韵大鼓[①]似的，把那么个意思表现出来。我说我给你们写个单弦吧，这样呢，根据他的要求写的。写完他演啦！演了也没告诉我，也没找我，我说你倒让我看看去呀！嗨！他说忘了。

定：这些人是真够呛。

常：还是他自己提起来的，那回他又来这儿了，北京电视台来采访，办事处的也来了。他（办事处的人）说：“哎哟常老师，你甭介绍，我们都熟，我们演出还跟他约稿了哪！”我说：“演了吗？”“演啦！”我说演了你怎么不告诉我啊？他说：“嗨，忘了，我一忙就忘了。”

---

① 京韵大鼓，中国北方曲艺曲种之一。由河北省沧州、河间一带流行的木板大鼓发展而来，主要流行于河北和东北、华东的部分地区。小彩舞是骆玉笙（1914—2002）的艺名，骆玉笙演唱了70余年京韵大鼓，特色是字正腔圆、声音甜美、委婉抒情、韵味醇厚。

苏：给稿费了吗？

常：没有没有。

苏：太过分了！

定：那他们找您采访都不给您劳务费？

常：嗨，有些时候就那么回事。有时候给个100块钱200块钱的，有时候给登了，给一本杂志，或者"得，再给两本吧！""再给五本吧，您爱给谁给谁吧！"这种情况也有。

定：他们那是剥削您的劳动，您就不在乎？您不在乎，下次他还这样。

常：反正基本上就是这么个情况。我不在乎什么钱不钱的，我在乎什么呢？有时候我说的是东，他给我写的连西都出来了，这个是要命的。他全改了，他想当然地在那儿那么改。这不行啊！我说的这个是历史的史实啊！说难听点儿你给我丑化了！等于是我在这儿胡说八道呢，经不起推敲。要真懂的，一瞧，你这说什么哪！我说这不是我说的啊，你怎么给我改啦！

定：这是太过分了。

常：里头好些地方这种错讹，或者主要都是年轻人干的。

定：年轻人也应该学点规矩呀。

常：他没有这个方面的常识，就给弄错了，错了怎么办？错就错了呗。

定：完了说是您说错的。

常：倒也不严重，就那么回事。《什刹海》里头有采访我的，我一看他记的都不对，我说我的天哪！［拿《什刹海》杂志］里头好些错，说炉子都是自己弄个破油桶做的[①]。哪儿啊！那是他们想象的！谁会做啊！那会儿就是像现在工具这么全的时候，也不敢说人人都会做这炉子啊。当时咱们工业不发达，只能利用旧东西改造。现在是用大铁

① 胡小景：《四月天　晒煤炉》，载《什刹海》2011年第1期，第50页。

皮，裁完用卷板机卷、电钻打眼儿，完了铆或者焊。那时候哪儿有啊！都是用大的汽油桶，切成一块块儿做的炉盘，再拿一个榔头、一个冲子，底下弄一漏盘儿，或者螺丝母，上头是空的，一打，“咚”，出一个圆眼儿，搁一铆钉铆上；炉口、炉条、炉篦子都是铸铁的。德胜门大街那儿就有翻砂的，很小的翻砂炉，铸点儿炉口、炉条、拔火罐儿、饼铛、铁锅啊；是这样做的煤球炉子。并不是说老百姓自己做。

定：现在啊，好多东西被人编得根本就没谱儿，年轻人以为就是那样的。

常：尤其那电视剧。我说要照那样，一个礼拜就把日本人打出去了。

定：抗日神剧，编剧的人脑子都不动。所以我为什么要做这个工作呢？就是希望老人们，把当年北京城到底是什么样子……

常：对，我也是，我总是想要把当初什么样，原原本本的，告诉后人。当初就是这样，是我经历过的，这用不着我在里头做什么加工。

定：当时我们的生活是什么样子，并不是现在年轻人想象的那样，咱们得留下。不留下，这什刹海过几天，我看都该成了卖南方臭豆腐的了。烟袋斜街那边，那都快变成台湾街了，哪儿还有老北京味儿啊。

常：啊，就是啊，这所谓什刹海文化呢，档次很低。那阵儿春节有个座谈会，高巍先生（也参加了），我说别的我不提，就提一下什刹海，这文化档次太低。

定：对，这我特同意。

常：不要说别的，我就说一对联儿，那对联儿哪儿像什刹海文化啊？丢人哪！

定：哪个对联儿啊？

常：就这个，就说西沿河边这儿，您听听，您会乐的。上联：“明月杨柳招进宝”，下联：“晓露浮云映入家”。我的天！［众人笑］这家要倒大霉了！上联是风马牛不相及，还“明月杨柳招进宝”。

定：［笑］谁给他编的？

常：不知道啊，下联是“晓露浮云映入家”，一个晓露一个浮云，这都是晒一会儿就干、风一吹就散的，还“映入家”，这家不得倒大霉啦！这怎么能够挂到门口？还有这位，什么：“门外鸟啼花落，阁内饭熟菜香”，这也算一副对联儿。都花落了，你还说什么啊！那“鸟啼”，我差点儿没给读成“乌啼”，哈哈哈，［众人笑］我说哪怕你是“门外鸟啼花艳”，气氛还能衬起点儿来。

定：他不会啊！

常：这还不如那个“白狗身上肿”[①]呢！［众人笑］您看那杭州岳庙，那对联儿：“正邪自古同冰炭，毁誉于今判伪真。”这也是新对联儿呀！重修岳庙的时候，中国书法研究社社长沙孟海写的。你看人家那词儿是什么词儿，咱们怎么就什么“晓露浮云映入家”？上联我看还有点“杨柳岸晓风残月”的劲头。

1. 我家的日子

（1）我们是满族人

① 旗人的规矩

苏：您家里面满族风俗是不是还保留得比较多？

常：有。满族人刚入关的时候无非是一种游牧性的，不会很讲究，只有上层的一些个人讲究，真正的普通人没什么讲究。但逐渐地，毕竟变成一个统治民族了，慢慢就高档了。就好像解放军进到北京，原来他们都是陕北农村的，土得很哪！到了北京，不是电视里头演嘛，抽烟袋还对着电灯去找（火）去。到了南京总统府，把灯泡摘走了，告诉说路上好点烟用嘛，后来给他们都追回来没收了。这还是比较大型的严肃的（节目），可能真有其事。不管怎么样，现在官员吃的喝的用的远远不是当年的那个情况，你看，何等豪华啊！

① 出自一首很有名的打油诗。全文为：“江上一笼统，井上黑窟窿。黄狗身上白，白狗身上肿。”（见［明］杨慎《升庵外集》）相传为唐代张打油所创。所用都是俚语，不拘平仄韵律，且颇为诙谐。后人将这类诗歌称为“打油诗”。

苏：［笑］也是敢拍。

常：满族人啊，早上起来，打扫庭除这一套，倒是整规矩的。第一收拾屋子，知道鸡毛掸子吗？把高处的东西都掸了，什么胆瓶啊，架儿案啊，都不擦，就是掸。因为这些东西不脏，也不是用来摆饭的。扫地是肯定得干的，然后刷茶碗，坐水沏茶，这是每天的功课。收拾完了，喝茶吃点心。吃，得应时当令，讲究节气。那时候不讲究吃油饼儿喝老豆腐啊，那档次低。当然后来穷了也那样了。［笑］

我们那时间规矩也大，放学了，到爷爷奶奶那儿鞠躬去。这必须得先是他们。然后再往下，按着辈排，到八奶奶那儿就："bāi！"，［笑］管她叫"bāi！"，她"哎！"还答应得挺好，高兴着呢！有时候她接我们一块回来，就不叫了，如果她不接，我们就叫"bāi！"，这随便就看出规矩来了。

说站在门槛子上，这不行。说坐在门槛上吃饭、坐在台阶儿上吃饭，那是绝对不允许的。吃饭就得坐好了，筷子得放得好好的，盆儿碗儿那什么上都是规规矩矩的，很讲究，而且都得放一致的。比如，吃炸酱面是最简单的了，中间一碗炸酱，醋瓶子蒜罐子不许往上摆。醋得倒出来，醋是醋碗，酱是酱碗。作料盘都得一边大，一个样的，一水儿的，放好了。筷子放齐了，人坐好喽。不能说把面条端上来，大伙儿捞吧！那是不允许的。外头捞吧捞吧，端进来，全摆好了，再吃。吃不言睡不语，不要唠唠叨叨，我们小孩说一两句，倒是不管，说多了就不行了。我奶奶有时候管得也挺严的。尤其像我这没心少肺的，有时候也不招待见。那时候生活也苦了，我记得在鼓楼大街那儿，我这一边吃，嘴里还嚼着呢，一边就说："妈妈，咱们晚上吃什么？"我奶奶说："你先把这口咽喽！"［众人笑］不爱听了，怎么？中午还没吃完呢！还晚上吃什么。说明管得还是非常严的，不允许中午饭没吃完呢，先问晚上吃什么。那时候还不是肚子亏、馋，所以想晚上吃什么好一点的，是那个意思。规矩大，说话，必须说"您"；给人倒茶，放茶壶，不能茶壶嘴儿冲着人家。茶壶嘴儿冲里而不冲外，如果里边还坐着人，那也绝对不允许冲，就冲着你自己，这是必须这样的。

定：这个我小时候家里都教过，拿剪子，[比画]不能拿剪子尖给人家，拿剪子要这么拿[比画]，把剪子把儿递给人家，刀把儿也是倒着的，连我们家都教这个。

常：刀递给人家的话呢，必须手捏着刀背。你又不能攥着刀刃那头，你也不能这样攥着刀尖那头。是横着这样的[比画]，把儿递给人家，很有讲究，都是这样的。

定：其实这都是对的。

常：不允许端着碗满世界转，门儿都没有！吃饭就得桌上，绝对在桌上吃饭。就是穷到连饭桌都那么回事了，也是在桌上吃。不允许说坐在门槛上就吃了，说上院子拿一板凳，自己吃去，不行的。仍然那个旗人的架子没倒。

定：旗人的规矩还在。

常：实际上，旗人的规矩很多。但是，我认为一个人应当有一定的规矩，如果什么规矩都没有，这就不成方圆了。

定：也得有一个对别人的尊重，对吧？

常：要不然你一点条理性都没有，弄得乱七八糟，那怎么能行呢。

定：胡来，现在。

常：所以到现在，我们吃饭，还是愿意把它摆好了，不能随随便便就瞎放。我们家的碗，虽然是很糙的瓷碗，但是都用一样的，不能乱七八糟，摆得跟古玩铺似的，没有成对儿的，不能这样。

还有，我们家从来不逛天桥。天桥那地儿是下九流[1]待的，不是正经人待的地方，都不能去。

苏：逛也不能逛？

---

① 过去民间把江湖人物划分为上九流、下九流。上九流为和尚、道士、画工、郎中、风水先生、算命先生、私塾先生、药铺；下九流为优伶、婢女、娼妓、乞丐、恶棍、剃头师傅、当铺、灶头厨师、澡堂、木匠。基本上，下九流是指没有当时意义上“正当工作”的一些人。

常：不能逛，那里头胡说八道，说的都是脏话、荤话，学不了好。我第一次到天桥是1953年的“六一”儿童节，那时候坐电车不花钱，我们几个人去动物园玩儿去，在西直门上车，一路到的天桥。

定：少先队，儿童节。

常：到那儿以后没的玩儿，天桥什么都没有。再小的时候绝对没去过。过去咱们北京市说是要发展天桥文化，建设天桥文化区；以永定门起始，到珠市口，再由珠市口，一直往东，要盖9个还是13个剧院哪！我一看这个排场有点儿太大了，这是什么呀！估计又是拍脑门儿定的。这不是我胡乱听，报纸我还留着呢。

定：这事我想起来了，后来真开了一点工，您那时候去没去过珠市口？我倒是去了一趟。

常：好像去过，后来就“下马”了。我认为天桥文化不是北京的重点。我小时候，家里头管教比较严，是不许去天桥的，说明天桥不登大雅之堂。虽然那里很有名望，外地人来了，逛逛天桥，看一看，那可以。但是要说它代表老北京的文化，我不同意。

定：我也不同意，那太贬低咱们北京文化了。

②家人的打扮

常：咱们再从衣食住行几方面说吧！原来呢，（满汉）穿衣服不一样，满族人穿长袍马褂，女的梳两把儿头。

苏：民国还这样吗？

常：不，民国时候没有梳两把儿头的了。

苏：满汉是不是就分不太出来了？

常：逐渐就满汉同化了，满族人不吃香了，自动就放弃了。清末时候，街上梳两把儿头就很少了。

苏：特别好奇您奶奶那时候的装束是什么样的。

常：我奶奶那时候年轻，梳着大两把儿头照的相有好多呢！可惜“文化大革命”的时候把照片都烧掉了。到民国时候服装就不一样了，新发明的，［比画］这儿大宽袖口，短一点，这儿镶的绦子边儿；这地儿是元宝领，大领，新式服装。你看宋庆龄那相片，“五四运动”游行时女学生的照片，满族人也开始穿得半汉化的，就合并了。旗袍也逐渐变成西式、欧式的，过去旗袍不能掐腰儿，哪儿有像现在，收收收。那时候旗袍是直筒下来，没有说还带三围的。

我奶奶冬天是穿长的驼绒大棉袄。出门有斗篷，黑缎子狐脊的。夏天穿夏布大褂，短的，大襟儿，一身白，脚底总是黑缎子鞋，那很讲究，一般人穿不起。夏布是一种麻，凉快。我妈的斗篷质量就差了，也是黑缎子，但是“烙铁印儿”，一块块拼的。我妈还有洋式的长毛绒大衣，带手揣子，手揣子下头还有个包，有拉锁，里头搁点钱、化妆品，很时髦的东西。夏天我妈在家里穿竹布大褂，月白色的；出门就是绸子旗袍，还有绲缎旗袍，绣的大枫叶，绛紫色；还有湖绉的墨绿色旗袍、白缎子暗绣旗袍。

我爷爷在家里头穿什么？银鼠的皮坎肩儿，正中间吊白羊脂玉的胡儿梳，上边还带珊瑚。冬天多少讲究一点，长皮袄，大襟儿，外面是宝蓝缎子，带万字儿的川绣。最高级的羊皮袄是“口皮鹰爪”，里头的羊毛俗称“萝卜丝儿”，就一寸那么长，像擦的萝卜丝儿那么细，毛贴着里头穿，外头是缎子面儿。再有就是“小麦穗儿”“大麦穗儿”，此外还有寒羊、滩羊、胎羊的。胎羊是在母羊怀胎的时候，就把小羊拿出来，那个皮很薄，毛很短。家里都有，我都见过。再往下说就不够品了，就是普通皮袄。老羊皮是拉骆驼那劳动人民穿的。我爷爷再穿就是水獭领子礼服呢大衣，里头是“二毛剪茬”的。夏天穿串绸的衣服，有米色的，也有浅灰色的。

我父亲穿得洋气，夏天是巴拿马草帽，串绸的大褂，底下西服裤子，尖皮鞋。［比画］有的时候这儿带个银表链儿怀表，手上戴金戒指，俩。有的时候穿中式的，对襟儿纽襻儿，脚底是礼服呢皮底皮鞋，白丝线袜子，戴着墨镜。冷天是礼帽，水獭领子青呢子大衣，里头是西服，毛料儿的，裤线倍儿挺！脚底下皮鞋。我父亲几乎没穿过棉鞋，他是现代派。反正出门就坐车，无所谓。有时候这儿还插一管钢笔，或者是一个徽章［比画］，但我父亲很少戴徽章。

1950年，我们搬到顺城街的时候，我奶奶穿的是蓝布大褂，长袖，大襟儿，到脚面上头一点，那是岁数比较大的旗人女性穿着，街上很随便就看着了。我爷爷夏天穿漂白布的中式对褂，脚底是千层底儿便鞋。冬天穿的是宝蓝的大皮袄，里子是“大麦穗儿”的。派出所有个警察叫孟昭君，还跟我爷爷说：“哟！老大爷！您这大皮袄真不错！”［笑］其实那都是卖剩下的。那时候还有缎子棉袄、棉裤。鞋是大云字头的“老头乐”，还有“毡趿拉”，就是毡鞋。北京有没有穿“乌拉”[①]的？有。什刹海这边儿打冰，那时间没有雨鞋，就穿“皮乌拉”，里头絮的是稻草，底下是毡垫儿，开冰用，湿了也不怕。我母亲穿的是花布旗袍，短袖高领，白底小碎花，到磕膝盖这儿；但那也不是当时做的，也是四几年做的了。我父亲当时还能穿夹克，羊皮里儿，小皮领；底下是棉毛裤，西服裤子。到1951年就不行了，他折进去了。［笑］

我最心疼的是什么呢？那时间还没有我哥哥呢，就是我爸、我妈、我爷爷、我奶奶四口在旧鼓楼大街院子里照的一张相片。民国十八年（1929），院子里铺了家里头最好的一条大地毯，是大龙的，上头摆了四把椅子，人坐在那儿，中间是我爷爷我奶奶，我奶奶这边是我妈，我爷爷那头是我爸。这张照片是地安门大街那儿光丽照相馆的前身给照的。

定：什么照相馆？

常：光丽照相馆。光明的“光”，美丽的“丽”，光丽照相馆。那个相片那么大［比画］，上头还带热压的花儿，非常清楚。我妈穿的是白缎子旗袍，底下是肉色丝线袜子，皮底的白色缎子绣花鞋。我奶奶呢，穿的是一件大团绣，万字不到头的银灰色旗袍。我爷爷我爸爸戴的都是礼帽，我爷爷穿的是黑马褂，水獭领礼服呢大衣。我父亲那时候穿

---

① 据常先生解释，“乌拉”是东北的一种鞋，用牛皮制成，里面放入乌拉草，保暖抗寒的效果很好。

的，好像外头还是马褂，下面是驼绒袍。我最欣赏这张照片，从新疆回来，问："妈妈咱那照片呢？"我妈说给烧了，我说："唉，您怎么把这个给烧了？"她说："那大龙指不定要了咱命呢！"当时的照片也没有底版。

定：那太可惜了。

③"老米"与年夜饭

常："老米"我还吃过哪！按说我这岁数，一听这就是要瞎编了，但我呢，还真是吃过。

定：是你们家留的？

常：这不是我们家留的，是荣四爷给我爷爷的，我们尝了尝。这是1950年春天的事，我爷爷病了。

定：他们家留了多少年的"老米"？

常：哎哟！人家毕竟是内务府的继四爷啊！他给拿来的，跟我爷爷说："就最后这么点了，您不是念叨嘛，您尝尝吧！"

定：那您爷爷原来是吃过的？

常：哟！那时候家里都是"老米"饭啊！没有白米啊。我爷爷还是想吃，就念叨，想。荣四爷拿来不多，可能也就有四五斤，［比画］跟一枕头似的，里头有这么高，提溜着，给拿来了。一簸呢，里头有好些虫子皮，但是没有虫，我还记得挺清楚呢！那色（shǎi）儿是黄色儿的，那味儿啊，像串了烟的米饭，像咱们焖饭没焖好，底下煳了，串烟了，但是带有一股霉味儿。

定：他们怎么都爱吃这玩意儿啊？

常：过去讲究这个啊！"老米""老米"，就是多少年的陈米，拿出来，才吃，说那个是补人的。过去的贡米，发的都是那米，没有新米，不像现在，说是新米上市了。

定：八旗人丁都是吃"老米"。我听说"老米"都是发霉的，仓底儿的，他们还喜欢。

常：这倒不是发霉了，就是搁陈了。

定：那他们为什么喜欢吃这个啊？

常：这挺有讲究的。一呢，证明国家富裕。这是皇上给的禄米，证明国家有的是米，多少年的陈米，给你们吃。而且，除了有皇上的恩泽雨露以外，这个米还养人，据传是这么说，谁知道啊！咱也不会把那米都搁20年再吃，谁也不会这样。那个米搁得太陈了，带着发霉了的那股味儿。还有，怎么煮，似乎都不烂糊，也不是夹生。那时间，吃米饭都喜欢暄腾的，他这个不暄腾，而且有股味儿，色儿是黄的。有什么优点？一点优点也没有。我不爱吃，另外也不给我们吃多少，就给尝尝。想吃也不会给吃，那是给我爷爷拿的。我爷爷说好，我说不好。

定：您爷爷吃？

常：吃。但我看得出来也不行，就跟我是北京人现在喝豆汁儿一样。我喝一小碗就行了，让我喝三碗，门儿都没有，喝不下去了。原来行，在新疆待了好几十年，不行了，不好喝。

再跟您说说我们满族人过年，三十儿晚上的必上凉菜：豆酱、鸡冻、鱼冻、肉冻。豆酱是拿猪脚，加上青豆、黄豆、胡萝卜丁，还加上水疙瘩丁、豆腐干儿煮，最后放凉了，定了。大部分北京人，满族人过年都做这个。还必须得有的：肉丝儿炒酱瓜。酱瓜不是黄瓜，是专门的一种腌瓜，里头必须得有嫩姜的姜丝儿、炒瘦肉丝儿。其余还有什么酱肉啊，熟食啊，海蜇啊，想上都可以上，但不是必需的了。

甜菜：炒红果拌白菜心儿。炒红果很贵，只能在比较高档的干果铺买到，普通地儿没有。或者是金糕拌梨丝儿，外加绵白糖；金糕是一种高档的山楂糕，鸭梨刮皮去核儿，切成细丝儿。这是爽口菜。

1947年春节，我们家里炒的热菜：木须肉，熘肝尖，烩虾仁。那时候不太讲究吃带皮的虾，就是吃鲜虾仁。再有就是四喜丸子，没有四喜丸子就是吃肉丝儿炒蒜黄。当时不要和今天比，哪儿有反季节的东西呀！另外就是一个红焖肘子、一个红烧鲤鱼，基本上这就是年夜饭。我爷爷不喝酒，我奶奶、我爸爸喝酒，喝的就是烧酒，普通的二锅头，都是在酒铺零打的酒。当时我们家就仨孩子，我爸爸还拿筷子给蘸一下

（酒）：“来，张嘴！压压馋虫！”一人点一下，取个吉利，“平安长久（尝酒）”嘛。

等到子时，也就是午夜了，到院子里接财神，烧香上供磕头，这一大套。完了以后，吃素馅儿饺子。初一这一天，全家必吃素，不杀生，积德行善。

定：北京的满族是讲究过年吃素的，可是好多都是讲究三十儿晚上吃素，你们家是初一吃？

常：我们初一吃一天素，三十儿晚上呢，吃一顿素饺子。

定：对、对、对，都吃素饺子。

常：初一吃一天素，甭管吃什么，不能动荤，刀、剪子什么都不能动。

定：这是满人的习惯？

常：对，满族的风俗，必须这样。

定：三十儿的素饺子是不是特别讲究？做起来挺麻烦的？

常：对，把胡萝卜、木耳、口蘑、炸豆腐丁，或者是炸面筋丁，都给搁上。主要是口蘑、木耳之类的东西在里头。原来我们家有厨子，我隐隐约约记得，他个子高高的，大国字脸，一个山东人，长的粗眉毛，说话瓮声瓮气的，不让我们上厨房看去。那个道理很简单，怕碰着烫着。你整着油呢，点到脸上，少爷的脸完了，那还待不待？甭干了！他是真喊，真往出撵：“滚！”我们都怕他。可越不让看，越想去瞧。我们小时候也没的玩儿，逗狗啊，逗猫啊，老想偷点吃的，给狗弄点儿、给猫弄点儿，并不是真馋，去偷嘴。

（2）家里的供神

①接财神，送财神

常：我们家，每年三十儿早上接财神，初二早上起送财神，然后去财神庙。

苏：那个时候的财神像，是不是都是人家送来的？

常：只有财神是送的，其他没有送的。大年三十儿的早晨开始，穷人家的小孩，不知道从哪地儿趸来财神像，挨家儿去送。在门口嚷：“送财神爷来啦！”这就赶紧去接财神，“噔噔噔”跑出去，不问钱多少，比如现在的钱，给10块钱，实际他真正趸来才5毛，完全他就赚了。

苏：小时候我们家也接过。

常：就是这么个意思。有的家儿呢，穷，接不起那么多。穷人家小孩很多啊！后头还有来送的呢。有的家儿就不要了，说已经请啦。我们家不是，来多少接多少，有时候一天接十几份。十几份那钱也不少啊！人也一传十啊：“哎！那家给了20！”“噔噔蹬”又来了：“送财神爷来啦！”又给20。一天光接这个，也二三百块钱扔出去了。那时候有钱，不在乎，而且非常高兴：“哎哟！你瞧，今年送财神爷，给咱来了这么多份，今年好，今年吉祥！”

接财神的时候，烧香，拿香迎进来，进来后，专门有一个神祇夹子，那个夹子是用好木头专门做的，中间有个缝，往上一插。供是提前摆好了的，财神是吃荤的，一般是上大块儿的羊肉，或者上一羊腿，略微焯一下，半生半熟，再上一个整鱼。前面是五盘馒头，馒头都点着红点，喜庆。再就是点心类的东西，最外头是香炉蜡扦儿。另外要点着五盅酒，上供的话，最突出的就是有五碗酒，或者三碗。三碗还是五碗那是您的事，一般讲究点、大方点的是五碗。初二早上起来，要祭财神，烧香磕头。那天这个酒是点着了的，必须点。

定：是白酒吗？

常：白酒，要不然点不着啊！葡萄酒怎么点得着？全都点着了，点完就泼了。然后把老财神爷像、黄钱、元宝、千张拿到外头，加上松木枝、芝麻秸一块搁在钱粮盆里烧了，这就算送财神走了。为什么加这东西我也说不清，哪个正牌儿的宗教人也说不清，反正就是显得火势[①]吧，一烧噼啪噼啪响，挺火势的。芝麻秸就是收了芝麻……

① 火势，北京土语，意为“兴旺”。

定：什么芝麻节节高的那个东西。

常：对了。它是整的，因为芝麻不用轧场，一抖搂。松木枝，就是松树枝杈子，带着一枝儿一枝儿，这样的。一进腊月二十吧，就有人卖了，街上挑着挑儿，挑着架筐，吆喝：“松木枝芝麻秸噢！松木枝芝麻秸噢！”［仿声］

常：老财神爷是在天上嘛，接来请吃饭，上供，应当这么解释吧：“我们给您上了供品，求您保佑我们发财。”然后还得给老财神送回去，你不能留在家里，不让人家回天上。祭完之后吃馄饨，馄饨像元宝，又叫“元宝汤”。吃完出去坐车，去五显财神庙①。

松木枝、芝麻秸

---

① 五显财神庙，供奉五路财神。过年到财神庙祈福，是很多老北京人的一项重要活动。1928年，北平市寺庙登记时，该庙面积有7亩多，存房52间，神像、木雕8尊，泥塑53尊，还有其他法物。据常寿春口述，这五路财神原为5个劫富济贫的贼，此种传说多在北京百姓中口耳流传。但校勘史籍，其来历说法不一：《新搜神记》称为宋人萧永福之五子；《铸鼎余闻》称为南齐柴姓五兄弟；《清嘉录》则称五显神“姓顾，陈黄门侍郎野王之五子”；袁珂《中国神话传说词典》中说：“五显神盖即东岳泰山神之五子……五显庙初名‘五通’，故五显神即五通神”；《铸鼎余闻》又说：“五路神俗称财神，其实就是五祀门行中之行神，出门五路皆得财也”（参考陶真典主编：《武当神仙大观》，中国地图出版社2006年版，第152页）。郭则沄《洞灵小志·续志·补志》中则说：“京师有五显财神，曰胡、黄、白、柳、灰。胡为狐，黄为黄鼠狼，白为刺猬，柳为蛇，灰为鼠。其将得道，必先为人祛患治疾，以享受香火，盖以此积外功，且于人下拜时受其灵气。”（东方出版社2010年版，第376页）北京广外五显财神庙曾于1984年被公布为丰台区文物保护单位。但1987年修筑京石公路立交桥时被拆除。而今桥下辅路边两棵古槐树是庙中原物。原庙在立交桥西南部分，坐北朝南。有山门、戏台、前殿、后殿及东西配殿、耳房，建筑格局完整，现已不存。无法得知其间供奉的到底是何神佛。

咱们随便聊天，有一回过春节，有一个老头儿在电视上说他们家的上供。我一听，你们家那叫上供哪？老佛爷要是听了，非把你桌子掴了不可，根本就不懂。五堂供，是哪五堂？那不是随便上的。他说把过年的菜都拿出来，摆了一桌子，先单盛一盘供到佛爷那儿，这不是胡说了嘛！你供的什么佛啊？济公，还是谁啊？怎么能吃荤呢？是有吃荤的，像财神，可是给财神上，也不是胡上的。一般讲究整，都是整牲。什么叫整牲？就是整羊、整猪往上上。可是一般人哪儿有那条件啊，再说也没有那么大的供桌，往往都是上一只羊腿或是一块羊肉。猪肉呢，放一肘子就完了。不能放一猪腿，放一猪腿搁在那儿，那成什么样啊？

定：肘子是搁熟的还是搁生的？

常：半生不熟，羊肉必须要见一下热，往那儿一搁，就完了，不做全熟。

定：这是供给谁的？

常：这是供给财神的，而且过去供财神，一般还只上羊，而不愿意上猪。

定：那我问问您，这个财神好像是回回，是吗？

常：这个还真不知道。财神有好些说法，有五显财神。庙在哪儿？在广安门外头。那时候，我们年年去烧香。

定：您干吗专门去那个财神庙啊？

常：我们家里好像专门对它信奉。再一个，那个庙在北京最大。每年春节都有庙会，正月初二正式开始。那五显财神庙，据传说是有五个贼，但是他们劫富济贫，后来因为老办好事，就成仙了，成财神了，受到人家香火供奉。五显财神庙现在拆了，早就没了。我小时候反正年年去，有时候坐马车。昨天我一看新闻，习近平跟彭丽媛坐那马车，还想起我小时候到财神庙也坐马车。前面也是几个大马，都是枣红马，没有白马，白马不吉祥，戴着皮护眼，“嗒、嗒、嗒”。那时候是西洋式的马车，也挺好看的。满族人讲究排场，马车比汽车火势啊！

定：这段路还不近呢。

常：从旧鼓楼大街到广安门外头，也挺远的呢！五显财神庙都快到六里桥了。到那儿去就看出来了，满族人平时不会过，要排场。我爷爷换了好多零钱，干吗？打发要饭的。一到财神庙，那要饭的就多了。一瞧好嘛，这坐着马车来的，都是有钱的，两边儿围着要。堵着车窗户："老爷太太您发财！您恭喜啊！您赏个！"这个那个的要。一个个跟鬼似的，但是没有化装的，那真是要饭的。

我爷爷就穷大方了，显示有钱，"叭"，大皮包一拉开，好嘛！都是换的一码儿齐的钱，新的钱。当然搁现在也就是5毛钱一张的，不会说100块一沓儿。"哗啦——"，就一把扔了，这些人叽里咕噜，连摆摊儿的都抢。谁不抢啊？抢着是自己的。马车也走不了太快，慢慢往前走。我还记得，那赶马车的喊："瞧车！"净让瞧车。他脚底下也有两个脚铃铛，"咣当咣当咣当——"，叫叫道。待会儿，那要饭的又围上来了，围得更多！"哗——"又一把。那哪儿是什么去求财啊！纯粹散财去了。还不够打发要饭的呢！那要饭的就围着，一要，我爷爷就给。那回我爸爸都烦了，说："您干吗呢！招这么一群人，都走不了了。"我爷爷就："嗨！大过年的。"也是说这个家里，满族人当时这个生活习惯。

回来的时候，每个人插绒做的绒花，漂亮着呢！上头还带着小装饰。有的插头上，有的插在胸上。实际上那就是金纸做的，不是金箔。上头带字儿，就是"四季平安"啊，"福禄祯祥"啊，［比画］那么大的，上面都是蝙蝠，叫"带福还家"。有的时候，不见得买燕尾蝠，买个聚宝盆，［比画］有我手那么大。"招财进宝""四季发财""四季平安"，在那儿一插，嗬！你看多排场！在庙会买点儿吃的，买点儿东西，逛一逛看一看，一去就一天。

五显财神（清代纸马）

②钱粮盆

常：［校对常人春口述］这是钱粮盆，焚钱粮用的。

苏：是烧纸用的吗？

常：对，但是千万不能把现在死人烧的那个冥纸跟它相提并论。钱粮呢，有黄钱、元宝、千张，这三种东西合在一起的统称，叫"钱粮"，是供佛用的。黄钱什么样儿呢？是黄色儿的纸。

苏：是不是有点糙？

常：不，很细，因为它是供佛的纸，不是像后来的黄草纸那样，很像宣纸。

苏：多大大小？

常：黄钱啊［比画大概A4纸那么大］，有这么宽、有这么长，边儿上都带狗牙儿。里面的钱儿呢，也都是扎出来的，一个一个的。给佛爷烧的钱，扎得非常细，就好像咱们那个剪纸，剪得那么细。也是一串儿一串儿的。元宝呢，都这么大［比画］，有金元宝、银元宝两种，但金元宝的色儿呢，偏紫红色，它有一个明显的特征：中间有鼓出来的一个"佛"字儿，这才是给佛爷烧的。

苏：这是叠的还是做的？

常：做的，不是叠的，而且穿成串儿。买的就是一串儿，一串儿十个。还一种东西叫千张，这个无非就是把纸啊，这么着［比画］，这块儿不能铰透了，这块儿铰一点，这往这边儿铰，这往那边儿铰，再一抻，就跟拉花似的。究竟是代表什么说不通。供佛爷时候怎么供呢？［比画］这边儿有两个蜡扦儿——那个蜡扦儿很讲究，不管是珐琅的，还是金属铸的，都是非常重的——在蜡扦儿上挂着也行、拉着也行，千张垂到桌子底下，一边儿一溜儿。假如说，千张、黄钱和元宝，都分别列在两边儿，三种挂着。蜡扦儿上头有蜡，中间儿是香炉，前头有佛像。过年了，前头还有供，往往这些供品是给财神用的，或者给灶王爷用的。不管供几天，最后要送神。东西和佛像一块，拿到院子去烧。

苏：佛像也烧？

常：对、对、对，佛像也烧。给老佛爷送走啊，送天上去。由天上把财神接到家来了，上供。完了后，把这些东西都给了财神，送走。怎么送？就是烧。灶王爷也是。

苏：这钱粮盆多大？

常：大约这么大，［比画］外沿儿直径有80公分、高30公分，是一个铸铁的、扁的，没有过多的花纹儿。但有这么宽的边儿［比画］，有个沿儿，底下三个腿儿，呈虎爪状的。给佛爷用都得用三，不用四。用于焚化钱粮纸马。

苏：（上的）供烧吗？

常：供不烧，人就吃了。

苏：那平常这钱粮盆怎么收啊？

常：平时啊，就找一个干净地方，往往是搁在供佛的桌子底下，前头有帘儿挡着。这钱粮盆不是家家儿都有，过去有钱人家才买这个钱粮盆，一个大钱粮盆还挺贵的呢！再说小门小户买一个，搁哪儿啊？说得不好听，跟洗脚盆儿搁一块，那不是骂佛爷呢嘛！还不抵不弄呢。这只能给佛爷烧东西用，不能给死人烧东西，借用也是不允许的。穷家在地上就烧了，再穷，烧都烧不起了，根本不可能去买黄钱、千张、元宝、蜡。这是一大套东西呢，还有香。

苏：财神爷、灶王爷的画像要烧，那佛教的像用不用烧？

常：有的也烧，比如春节的时候，有个天界上帝十八佛，请那么一个像，一大张，上头好些佛爷。那到了正月基本完了的时候，放在钱粮盆里烧了。证明是请来的，然后送回去。

苏：一般来说都是画像是吧？

常：对，画像，买的。头腊月二十三，得去专门的香料铺买灶王爷像。有的家是常年供，有的是临时供，我们家是临时供。常年供，往往是在厨房的上头，有一小佛爷龛，在那儿供一灶王爷的画像。旁边儿还一副对联儿，上联儿写："上天言好事"，下联儿："回宫降吉祥"，横批："一家之主"。虔诚的，每天烧三炷香，就三炷，香论炷，不论根。一般都是初一、十五给烧，每天烧，穷家烧不起。我们家供财神，不供灶王。

初八顺星，专门有个星宿的像，"顺星马"，供一码儿齐的素馅儿元宵。当时有种半透明的棉纸，各种色儿，红的、黄的、蓝的、绿的，没有白的，捻出来点108盏灯花，蘸好了香油，放在"顺星马"前头，有个专门点灯花的镂空铁盘子，全点着。另外在厨房的灶台上、各屋的门槛上点一盏。一共120盏。

③ 偷大仙爷的供

苏：您家里给白衣大士上供吗？

常：没供。在理公会他们并不烧香念佛，可是我们家里头挂着有白衣大士的像。

苏：当时家里供这些像和佛，是单独有个屋子吗？

常：我们家有佛堂，专门的屋子。财神是在我们家客厅的里边，天天上香。有一个瓷香炉，很讲究，旁边儿有香筒啊，香罐儿啊，那么一大套。［比画］当时这边儿是客厅，中间有一隔扇，隔扇是大开的，那边儿也有架儿案，前头是供桌，后边是佛龛。佛龛里头供的是牌位，不是像，写的。

苏：写的是什么？

常：那看你供什么了。太多了，你信什么，里头写什么。写的是某某某之神位，比如玉皇大帝之神位。

苏：那您家供的是？

常：我们家里供的是大仙爷。［笑］

苏：我们家也供过，黄大仙吗？

常：可能是。我奶奶有一回病了，请了一个瞧香的来看。他说我们家里应当供这个大仙爷，我们这院子太大，光凭人镇不住，只有大仙爷才能够保平安。当然瞧香的一说，我们也得信，不能说请人来了，又不信，怎么说怎么是呗！那就供大仙爷吧，可能不光是大仙爷，还有二仙爷、三仙爷。

定：那个时候北京人都供什么蛇啊，狐狸啊，黄鼠狼啊。

常：那是大仙爷。

苏：您家供的这个大仙爷，是四大门[①]里的吗？

常：这个，我跟你说老实话，说不上来。你还真知道不少。

苏：我对这个还真挺好奇的，您还记得那神位怎么写的吗？

常：那个神位，里头叠的是一个这样的［比画］，拿黄表纸，用朱砂写的。写的就是大仙爷之神位，放到佛龛里头，这叫作“牌位”。写得很简单，没有什么特殊。［比画］这边儿是二仙爷，这边儿是三仙爷，天天烧香上供。平时是三炷香，初一、十五是整股香，过年过节，得上几堂供。

苏：还有其他供的神吗？

常：没有，就是这个。

苏：这个大仙爷没姓吗？我们家那边姓黄啊，柳啊，白啊……是有姓的那种。

---

① 所谓“四大门”，是对四种灵异动物，即狐狸（“胡门”）、黄鼠狼（“黄门”）、刺猬（“白门”）和蛇（“常门”）的总称，在华北地区广泛受到平民大众信仰。

常：给我印象好像没有，我也没太注意。但是我看过，知道里头很简单。

定：那它们怎么放？白衣大士像和大仙都放在佛堂里面吗？

常：放在佛堂。

定：是一个方向吗？

常：不是。从方向上说呢，不像伊斯兰教，那绝对是坐西朝东，绝对不能差了，因为麦加的方向在那儿呢，你冲别处磕头是不对的。按着理说，南海大士在南边，应该冲南磕头，但一般家里不讲究。因为有的时候你没法挂，南边是窗户，你能挂窗户上吗？大不尊敬了就。都是挂在正中的墙上，不管哪块儿，只要是正中——郑重，表示敬重，就对了，没有具体的特别要求。冲哪边儿没关系，一般都放在正墙上。

苏：就是说两个都在一面上？

常：对，为了郑重起见，虽然两个佛不是一样的。你看北海的庙，中间释迦牟尼，这边是药师佛，那边是弥勒佛，也是三个都排到一起，只不过是分点主次。说实在的，主要还是看你信奉哪个，信谁，就是以谁为主。

苏：上供也是一个供桌？

常：不，上供你就单供，给谁的就是谁的。这不能说，咱大家伙吃，吃大食堂，那是不行的，烧香也不能就烧一个。白衣大士，就是南海观音啊，前头有一个香炉；大仙爷前面，也有一个香炉。当时家里条件好，供桌就是俩。有的人家里，连一个桌子都没有，吃饭都没地儿吃，他还怎么弄啊？就在窗台上随便搁一碗，碗里抓一把炉灰，插点儿香，就完了。过去我们家上供，那五堂供就是五堂供：月饼、蜜供、芙蓉糕、萨其马、馒头，这都是死规定。芙蓉糕、萨其马不见得是死规定，但那是点心，一般上供都是素供，你就是财神爷，也不能随便都摆肉。

定：这五种点心都是用香油做的，不能用荤油做，是吧？

常：财神爷那块儿允许上荤，但是买来的供没有。你买不来那荤供，过年时没有自来白，都是素的。

定：这些点心都是买的，不是做的？

常：那时间要在点心铺定做，事先就得订，你不订，人家没有。那蜜供那么老高［比画］，跟个塔似的。底下那月饼那么大呢［比画］，往上，一个比一个小，七块一摞，上头一个大桃，插一供花，一堂是五摞，就在供桌上摆着。有一回，我那李连柯二大爷来了，孩子头儿，带着偷供去。我们偷，就只会整摞地搬，那立时就被发现了，根本就不行。我二大爷那是非常精明的啊！告诉："你们这偷供都不会偷，来，我带你们去偷供去。"月饼那摞，把第三个撤了，全撤第三个，这瞅不出来，平时谁数它啊！有一天，我爷爷烧香，站在那儿愣半天，"嗯？"然后说，"有高的，有高的！"［笑］我奶奶一看就说这是连柯领孩子干的。我们最欢迎这二大爷，他比我父亲还略大，那会儿，他才30出头岁数，还不到40呢！我二大爷经常在我家"住闲"，给他叫来，我爷爷不吭气，我奶奶骂一顿："你造罪不你！"他嘿嘿嘿就乐："什么造罪啊！老佛爷吃那么多还不撑坏了？咱们替老佛爷吃点儿，别撑着了。"［众人笑］就胡说八道。

定：什么是造罪？

常：造罪！不要造罪。

定：那些月饼好吃吗，也不好吃吧？

常：不太好吃，上面那个大面桃是我们最向往的，漂亮着呢！面做的，半拉红半拉粉，顶上还带绿叶，上头还插一大供花。我们老瞧着那个好，等到正月十五一撤供，正月十六以后，就给我们了。（那大桃）让天天烧香给熏的，带那种烟味儿，里头半生半熟，就扔到洋火上烤烤。"得，这给狗吃吧！"就扔到狗食盆子里泡一泡，狗也就吃了，倒是没糟践，反正我们是绝对没吃。里头东西并不见得多高档，但是那确实做得挺好。那蜜供做的都是塔，讲究几尺的，讲究尺寸。

定：那时候过的，跟现在好像真不是一种日子。

常：你要没经过这个，你说跟谁说去？根本你们家没上过供，打死他也没法说，是不是啊？他编，他编不出来。你看电视也好、看电影也好，你瞧瞧，他那根本就是胡弄的！导演根本也不知道什么，可不是摆布摆布，差不多就行了呗！什么都敢上。

当时呢，说句糙话，我们对大仙爷啊，不太感冒。人家都供释迦牟尼，都供老佛爷，哪儿有供大仙爷的？我们这群孩子就觉得这不正统。哪个庙是大仙爷庙啊？我们小孩背后也唠叨这个事。包括我那二大爷，为什么偷大仙爷的供啊？“那算什么老佛爷，还给它磕头？咱们吃吧！”还教我们怎么偷。

咱随便说个小笑话，有一回，我爷爷在外面买了一摞大排叉儿，［比画］那么大排叉儿！那还是解放前，我还小呢，刚记事，不知道

蜜供

他在哪儿买来的。我爷爷带回来，供到大仙爷那头。我二大爷一瞧："嘿！这家伙，要是卷点烙饼一吃，嘿！真香！"就在旁边念叨。我爷爷瞅他一眼，没理他。他回去就跟我们说："咱们把它吃了。"那怎么偷啊？他跟我哥哥说："一子[1]——我哥小名叫"一子"——把那猫给抱来。"我哥就把我奶奶的大猫抱来了，扔到那屋，再把那排叉儿拿嘴咬了半天，那是脆的，一咬就碎成渣了，就把那排叉儿拿走了好几个。再把那猫搁在供桌上按爪子印。那供桌漂亮着呢！确实是硬木的，上面多少有点尘土，一看都是梅花爪子印，把那门关上，就走了，讹上这猫了。

定：那么多花样。那猫就倒霉了？

常：那猫就倒霉了，但是也不会倒大霉。那回正好叫我奶奶看见了，我奶奶不知道我们偷了排叉儿啊！一进去，说："哎哟！这猫怎么在这屋呢？"一瞧，这桌上乱七八糟，肯定是猫给弄的。我奶奶爱猫，护着，把那猫一抱，连气都没吭，就出来了。这事就算过去了，但是我们小孩就不懂了，这回偷得挺好，下回还偷。也不想想，这猫不吃的东西，你讹猫讹不上啊！就偷苹果去了。那苹果上面都带有"福"字的，"卍"字的。哎！我们看了，太高级了！那时候没有反季节的东西，只有过年过节的时候才有，但五月节没有，那时候苹果不会下来。那苹果在北京贵得很，一般人家吃不起。供着这么五盘苹果，本来我二大爷教我们，一盘上头偷一个，底下不是摆着四个吗？你们弄仨啊！把后面那个偷了，瞧不见。到时候谁知道谁吃了，你们不认账就完了。我们胆小啊！偷不了那么多，干脆就偷两个算了，一人一个，还咬坏了一个。心说，还是讹猫最好了，把猫又按到那儿了，还按爪子印，把咬坏的那个也给扔那儿了。我爷爷一看："哎！这是谁干的！这猫怎么会在这儿？"一嚷嚷，我奶奶也来了："这怎么会是猫干的，猫不吃苹果啊！还吐得乱七八糟。"一看，还有手印呢，是不是孩子干的？到屋里一

① 常人春出生时，常晓茹51岁，遂为其起小名"五一"，简称"一子"。

瞧，苹果核儿还在那旮旯儿扔着呢！“这谁吃的苹果？谁吃的？”我哥哥不吭气。问我，我胆小啊！在炕上坐着呢，问我：“吃苹果了没有？”“吃了。”“谁给的？”“我哥哥给的。”抄起大棒子要打，没打，吓唬吓唬。

我那个二大爷什么都行，但初一我们家全吃素，他不吃。他来了不但偷供，还带偷礼的。

定：偷什么？

常：偷礼。一到腊月二十五，送礼的都来了。我爷爷在上屋，就是北屋客厅接。人不能空着手来啊！那时候家里头又有钱，也有点势力，人都求办事，送礼都挺隆重的，不会就提溜那么一点，往往都是大包小包，提溜好些。这个还没走呢，那个又来了，送礼的特别多。还有听差的送礼，本人不到，就拿一个名片，来了以后，往那儿一拜，搁下名片，撂下（礼物）就走。我们不会进门先数数，说都送什么了。我二大爷就说：“瞧瞧，又来了，瞧瞧那漂亮！”我们在哪儿呢？在西屋看着，不敢过去。那时候规矩大啊！来人的话我们绝对不能跑边上去，连那屋门都不让进，在那儿偷偷看着。待会儿，我爷爷我奶奶往出一送人，北屋就空了。二大爷说：“赶紧去！”就往北屋跑。也有偷错的，一看那盒子真漂亮，结果打开一瞧：“这什么东西？”［比画］巴掌这么大，跟胶似的，黄白色，前头都一个一个的支儿，乱七八糟的。我二大爷懂啊，说这是鱼翅，吃不得，白弄了。也不能送回去啊，都抠开了。怎么办？就搁在西屋那大樟木箱子后头。到二月，天热了，开始晾箱子了，（我奶奶）把箱子挪开：“啊？这什么呀！”一瞧，坏了。

定：多糟蹋东西啊！

常：那，糟践糟践了吧。

定：那多贵的东西啊！

常：偷错了，把鱼翅给偷来了，偷来了不能吃。到春天，有皮货必须得晾，不晾怕长虫、受潮、发霉。那时候衣裳毕竟多，四个大的樟木箱子，全搭出去，连箱子也一起晒。不晒，箱子是潮的，不行。也有的是空盒子，东西都给吃了，那盒子不敢扔啊！毕竟我们胆小，偷偷扔到箱子后面不就行了呗！反正也看不见，时间一长就给忘了。我奶奶最精，一瞧，甭说，又是连柯带孩子干的事，问："连柯哪儿去了？""连柯回清河了。"就算了，等五月节再说。

定：她估计就忘了。

常：五月节来了不忘，我奶奶记忆好得很：

"嘿，这回打算偷什么？"［众人笑］

"说什么呢？"

"说什么呢？我撕你嘴！偷什么了？你说偷什么了！你偷了没有？"

"没有！偷什么了？您瞧您这怎么了，这么冷，您看我刚进门。"

"刚进门？刚进门就得算这账，过年你偷东西了没有？"

"过年？过年哄孩子们玩呢！"

"哄孩子玩，偷什么了？"

"人给咱们拿来，不就是给咱们吃的嘛，孩子们都怪馋的，你们舍不得给，我可舍得给！"

定：够皮的哈。

常：待会儿，我奶奶急了，她就骂上了，一下子把那些东西都给扔了。那箱子后头潮啊！都发霉了，有的都长毛了，不能要了。她骂两句得了，也没事，骂完就完了呗。这就是小时候的生活吧，毕竟曾经有过那么一段繁荣，毕竟还有得偷。那时间真正哄我们玩的，就是这二大爷还行。［笑］你要说现在，不会出现这种笑话，到现在我也想着，挺有意思。

（3）消费与消遣

① 买什么都写折子

常：我哥哥这书里头[①]述说老北京的事，都是按照他想象的记的，都不对了。比如说冬天用煤，那时间我们家也曾经拿骆驼，（把煤）由

---

① 指常人春所著《老北京的风俗》一书。

门头沟给运过来。一个骆驼大约能驮400斤煤。那时候一来的话都是10个，10匹骆驼，来了以后……

苏：那么多煤，哪儿能放下啊？

常：那时间的院子，说实在的，能有我们这8个大，条件当然可以了，那点儿煤还搁不下吗？

苏：院子里就露天放煤？

常：不，我们后跨院儿里头单有个煤屋子，里头搁煤球。“硬煤”，就是块儿煤啊，北京叫“硬煤”，块儿煤不搁在里头，它不会粉，不怕下雨或下雪。一上冷，就“叫煤”。什么叫“叫煤”？就是到煤铺，订煤，（让煤铺）直接给送来。一般的话呢，冬天是2000斤煤球、2000斤块儿煤、500斤劈柴，这是一次“叫煤”。到过春节的时候，差多差少，再叫一次。我们排场比较大，不像过去的小人家，要100斤50斤煤球。50斤就是一筐，筐是标准筐，荆条编的。叫50斤的话，煤铺就不给送了。

定：我小的时候家里还“叫煤”，后来就不再叫了，不给送了，都得自己去拉去。

常：啊，不给送了，那时候商业服务就差了。买面也是，我们家买面，都是叫整袋的，让人往家里头给送。一般就是送4袋或5袋面粉，过年的时候不是。小时候我也记住了，腊月二十五、二十六，准来送。过年是10袋儿面粉、两包米，这一个正月，差不多就光啦！来一群人，你吃我吃大家吃，全吃了。平时都是“叫煤”，叫面粉，送油，送什么的。酱油都是送万寿山牌的，大瓶那么大［比画］，像现在那种玻璃瓶子，4斤装，我们一般是要4瓶子吧，由油盐店的小伙计儿专门给送来。油呢，有时候送10斤有时候送20斤，他们都给送。当时还不给钱，写折子。可能你没见过［对苏］，什么叫折子？折子有一个套儿，是硬纸做的，外头是布，很像一本小书。［比画］这么大，口袋书似的，正中间儿有红纸条儿，写这上头是什么什么的，像有的写公兴长油盐店，就知道这里头是跟油盐店那儿，油啊，醋啊，这类的账。那个里头呢，一折一折一折一折的，那叫折子。

苏：就在自己家放着吗？

常：买一次东西，他给你送来，你自己写，自己填，填完人家拿走，等于是个收据。到三节时间结账，什么叫三节？五月初一，八月初十，腊月二十；[①]准来结账。那时候也发愁啊！那时候来折子，一来一堆，那不是一个啊！米面庄的，来了。油盐店的，来了。点心铺的，来了。茶叶铺的，来了。香料铺的，来了。呀！这一大堆！要不我爷爷怎么把我大舅轰走了？有好些是他赊的，搁到一块，折子来了一瞧，怎么这么些钱啊！你们干吗啦！还有在外头胡赊账，人家就来结账。一瞧就不对了，说没买这东西啊！怎么乾泰隆布铺的也要账来了？“老爷子您瞧吧，这是您少爷弄的。”“啊？哪个少爷？”一瞧，我的天！后来怒了：“走吧走吧，你要这么弄的话，我非垮了不行。”他倒也不是说诈骗什么的，他有一大群人，伙吃伙喝，到哪个饭馆也记账，回来……

定：您说您那个舅舅，他那一大群人是干什么的？

常：都是公子哥儿啊，一伙人。他也做东，他也不是光傍大款呀！有时候也请大款啊，他还充大款呢！底下还有好些人呢！吃了喝了，这个就要命啦！一瞧，好嘛，鼓楼大街复全堂的账单来了。就在鼓楼把角儿，有个大的饭庄叫复全堂。还有一个大的叫庆和堂，在白米斜街口那儿。

定：那个我知道，比较有名。

常：我满月的时候就在复全堂办的。再有一个会贤堂，就在这前海北沿。地安门就这三大饭庄子。合义斋根本提不上名儿，只能算一个略微办得好一点的二荤铺，过去根本应（yìng）[②]不出来东西。可是后来逐渐火起来了，为什么呢？就是人穷了，不可能到复全堂、会贤堂

---

① “三节”一般指中国的三大节日，即夏历五月初五端午节、八月十五中秋节、正月初一春节，但结账的规矩是不能赶在节日时来，所以总要提前几日，便是常先生所说的五月初一、八月初十、腊月二十这几日了。

② 应，北京土语，“承应”之意。

办。连年战乱，物价也不是那么稳定了，人越来越穷，不像原来。原来那时间，我不是爱回忆嘛，两块钱一袋面，两块钱一桌席。哎呀！那日子多好过啊！［笑］

②过去的乐趣

常：那时候过年有意思，正月十五就逛灯去，看放花，看“火判儿”。地安门西大街那儿的城隍庙，有个“火判儿”，是一人多高的泥人儿，肚子是空的，里头放煤。所以眼睛也吐火，耳朵也吐火，肚脐眼儿也吐火，倍儿热乎。［笑］正月十五冷啊，好多人在那儿烤火。

看花一般是去前门大街、地安门大街。各个铺子都在比，什么“八角子”“铁统子”“炮打襄阳城”“花盆儿”“太平花”……比着放，这一晚上很热闹。“盒子”有六棱的、有圆的，像个大笼屉似的，直筒。一般是搭架子吊着，人拿一个大长鞭杆子枪，点那捻儿去，盖儿“哗啦”一下子就下来了，亮了。一层一层往下落，一层可能有半分钟吧。头一层是个对联儿，都是吉祥话。第二层是活的机关，“老太太纺线”，手还在那儿摇，你说怪不怪！第三层“天女散花”“八仙过海”……一般有五层，漂亮着呢！鼓楼头里有个燕京大药房，他们就放过，最末了儿还出了一副对联儿：“祝君健康平安。”后来老板上我们家，我父亲还说：“你那对联儿出得不好，要都健康了谁买你药啊。”［笑］

再有地安门大街吴肇祥茶叶庄也放过，我们家就是去他们那儿立折子，拿茶叶，三节算账。过年他们家卖炮仗，门口放“盒子”“花盆儿”“葡萄架”。“花盆儿”有架子，挺老高，上头都是花，捻儿一点，整个都亮了，中间还出花，还转，且不完呢！“葡萄架”很大，有咱们半间屋子这么大，没点的时候就是葡萄，一点葡萄都亮了，松鼠在上头“哧哧哧”地跑！一般就是我爸爸带着我们去，我奶奶没去过，就是看家。家里还有我舅爷亲戚们呢，忙着招呼、斗牌。

苏：我姥姥也会斗纸牌。

常：我小时候看会的，就在旁边看着，怎么呢？看谁赢，谁赢往谁跟前儿坐着等着，等着给钱。［笑］一种是小牌，黑色的，叫柳叶牌；一种是宽的，白色的，叫魏牌。打法一样，但里头的花儿不太一样。“条”不叫“条”，叫“梭”（suō）。“干吗哪？”“玩梭儿和呢！”这就是斗纸牌呢。

苏：我姥姥是文盲，不认字儿，但牌斗得特好。

常：老太太们精着哪！人家拿牌不像这么拶着［手指张开］，都是竖着、摞着的，露一花儿，就都会看。男的不玩儿这个，都打麻将，最多开四桌，16个人打牌。我也坐在炕上等着，玩儿那个筹码。过去有的筹码是骨头的、长条的、白的，还有化学的、红的绿的。

苏：化学的？

常：就是初级塑料，以前叫化学。比如牙刷那个把儿：“哎哟，你还用化学刷牙子把儿哪！”北京老太太管牙刷叫刷牙子。［笑］

那个日子似乎比现在过年好，乐趣多。再有就是我那二大爷带我们放炮仗，他能弄点儿让我们喜欢的事。

苏：过去电影业哪边发展比较好？南城吗？

常：南城没什么电影院。主要一个是西单、一个是东单，那一带电影院比较多。

苏：那边富户比较多，一些社会名流都在那儿住是吧？

常：对了。比较繁华的地区，人也比较集中，那是个聚处，就形成一种定式了。但即使这样，电影院经营也比较勉强，不能说多好，哪个电影院要说满场，那是很难的。

苏：那时候戏园子比较多吧。

常：对，过去老北京讲究听戏，不讲究看电影。我们家有钱的时候，曾经坐着大新汽车行的汽车到开明戏院听戏，那时候，一家子去，可了不得啦！坐在前面的包厢，包厢摆着桌子，上头摆着茶点，四周还有椅子。底下这么看［比画］，能达到这程度。一家子看电影，没有过。只有我母亲带着我哥哥、我姐姐，还有我，到隆福寺蟾宫电影院。

苏：是现在东四那个工人文化宫吗？

常：哎哟，现在叫什么我真不知道了，没到隆福寺那儿去。另外还到钟楼电影院、银光电影院看过。就是我那篇文章写的，姓苏的开的。那是日伪时期，1945年春天，我四周岁，刚刚记事，日本还没投降，要投降了。记忆里第一次看电影，刚开场我就睡着了。我隐隐乎乎记得是一个日本女的，和另外一个日本女的，抱着一个小孩，嘀里嘟噜说着日本话，不是华语，日语的，听不懂，那谁知道什么啊。当时我并不知道这是《铁窗红泪》，后来我父亲、我哥哥说这《铁窗红泪》实在是没意思，我就记住了。我五周岁时候，到蟾宫电影院看的《步步高升》，抗战后的国产片。

苏：那时候家里经常去看戏吗？

常：也不是经常去，毕竟在当时来说是高消费了。

苏：比看电影贵吗？

常：那时间也贵啊，尤其像我们家那个排场。汽车到家里来接，送到开明戏院去，汽车在门口等，听完了戏再给送回来。再有就是戏票钱，要的是包厢，我们家没坐过散座，全是包厢，这很排场。也不见得就在开明，像庆乐啊，广和啊，前门外头好些。

苏：那阵儿都看谁的戏？

常：在我的记忆里头啊，也是看什么马连良的、张君秋的，有这类的，以前的四小名旦，李世芳的。后来李世芳坐飞机失事了。

苏：20多岁就没了。

常：啊，李世芳去世之后，张君秋一下就上来了。李世芳、张君秋、毛世来、宋德珠，这是四小名旦。当然在我记忆里还是些老人了。

苏：日伪时期不是好些人都不唱了吗？

常：对，像梅兰芳、程砚秋都不唱了。梅兰芳好像不在北京，程砚秋隐居到香山，留胡子了，就是不唱。等我有记忆的时候，日本就投降了。

2.老北京的吃食

（1）“吃，得应时当令”

常：我们满族人比较讲究民俗，这对我的影响也比较深。比如说，什么时间吃什么、什么时间干什么，这很讲究的。满族人最起码在吃上是很讲究的，不是胡吃。不要说别的，就随便说一说点心吧。哪月有哪月的东西，不是胡吃的。

正月了，吃什么？正月里实际也有月饼，是上供用的。大块的自来红，香油做的，给老佛爷上供。绝对没有自来白，因为自来白是荤的，用大油做的，绝对不能给佛爷上供，但给祖先上供可以。再有蜜供，或者说南糖啊，糖瓜啊，这类的，也可以算到点心里边去，不过这很勉强。给佛爷上的供撤下来，就当点心吃。再来，就是元宵了。

二月二，吃太阳糕。藤萝花开了，吃藤萝饼；玫瑰花开了，吃玫瑰饼，这都是鲜花做的酥皮儿。五月节，有“五毒饼”，给老佛爷上供，也给自己吃，馅儿和皮儿跟月饼差不多，据说吃这个不受蝎子蜈蚣咬蜇。六月开始吃绿豆槽糕，块儿大，有枣泥、豆沙的馅儿，祛暑。中秋月饼，主要就三种：自来红、自来白、提浆月饼。也有翻毛月饼，还有广东月饼，那就比较宽泛了，甚至于有火腿馅儿，什么都出来了。

九月九，吃重阳花糕，个头比较大，挺漂亮，上头的花都是印的，不是模子弄的，里头有桂花，很暄腾。然后就是玉面蜂糕，白着呢！漂亮极了！专门用的是高级的大米面，白蜂蜜，不能带色儿。［对王彩莲］还记不记得咱们吃过？最后一次吃是七五年，在车上吃的，大姐给买的，一打开好些人围着看。这只有北京有，别地儿没有。

完了就应该上冬令的东西了：芙蓉糕，萨其马。因为什么？天凉了。天要热的话，萨其马就拿不起来了。芙蓉糕跟萨其马有点儿像，上头铺的是一层白糖似的东西。快过年的时候，蜜供就上来了。这都挨着排儿的，很讲究。当然有四时都可以吃的，像“大八件儿”[①]“小八件儿”[②]，这就不论了，应时当令的就是这些。

苏：昨天重阳节，我们都没意识到重阳要过节。

常：过去重阳节登高，赏菊花儿，吃烤肉。过去都是炙子烤肉，用柴火烧，但是柴火很讲究。

苏：松枝。

常：对了，要松枝的那个香味儿。那时候家里环境好，每到九月九，家里吃烤肉，就是拿那个钱粮盆，搁在一个大方的木桌子上，正合适。里头使的什么呢？使的松树的松木，专门儿再买一点松花儿，松树上开的那个小花儿。搁里头有那香味儿。

苏：北京的烤肉挺特殊的，和内蒙古的很不一样。像烤肉季的那种，之前就没吃过。

常：它是新式的，之前不是这样。过去我爷爷带着我上烤肉季吃饭，那都是炙子烤肉。破破烂烂的，大桌子，小板凳，烧着火，人都站着，一个脚踩板凳上。现在很可能是电烤的，因为现代化了，半烧半烤的。我小时候没有烤肉串儿这一说，就新疆那时候有，别处没有，后来慢慢就火了。

苏：那也没有女性来吃吧？

常：很少。有，也是男的带着来，弄完，给吃。过去很讲究，一般女的不到外边儿吃饭。现在讲究烧烤，过去不太讲究。北京毕竟是六朝金粉地，吃东西讲究应时当令，不是什么时候都吃烤肉。九月九，是

---

① 京式糕点的一种，具有重油、轻糖，酥松绵软，口味纯甜、纯咸等特点。采用山楂、玫瑰、青梅、白糖、豆沙、枣泥、椒盐、葡萄干等八种馅心，外裹以含食油的面，放在各种图案的印模里精心烤制而成。“大八件儿”包括象征幸福的福字饼、象征高官厚禄的太师饼、象征长寿的寿桃饼、方形带有“囍”字的喜字饼、象征财富的银锭饼、椒盐咸酥馅像一卷书的卷酥饼，也是椒盐咸酥馅谐音“吉庆有余”的鸡油饼，还有枣花饼。一般八件儿共一斤，多为馈赠亲友之用。

② “小八件儿”则是做成各种水果形状。有桃形，俗称“寿桃”；杏形，谐音“幸运”“幸福”；石榴形，寓意多子；苹果形，寓意“平安”；核桃形，寓意“和和美美”；柿子形，寓意“事事如意”；小橘子、枣方子等也各有寓意。一般八件儿共半斤。

正式吃烤肉的时候。要吃羊肉，爆、烤、涮。立秋的头一天，烤肉季正式的烤肉就下来了。夏天没有，也没人吃。谁大热天弄一炉子在那儿，好家伙！浑身冒汗，再来一桑拿天。一般吃爆（bāo）羊肉的多。

苏：“bāo”，是带汤的那种吗？

常：不是。就是用羊肉、大葱，在一个大的跟饼铛似的东西上爆。先用料酒把羊肉拌了，作料是好的酱油、葱。葱不是山东那个大硬葱。那个葱很嫩，就吃那火候，一扒拉，就出来了，这叫爆羊肉。那时间，北京这些馆子，像又一顺、东来顺，这都是著名的羊肉馆子。到立秋这一天，把大灶就亮在外头，切肉的案子也亮外头。几个大师傅，嗬！剃着光光的脑袋，大肚便便，切着羊肉。过去没有机器，都是手切那羊肉，给人看。爆羊肉那锅，门口一边一个，一对儿，中间是门，进去吃去，但在外头爆。干吗？无声的广告。北京讲究贴秋膘啊！立秋就得吃羊肉，吃爆羊肉多。九月九登高，吃重阳花糕，吃烤肉，喝菊花酒，赏菊花。北京的一大特色。

苏：涮羊肉呢？

常：涮羊肉得天冷了，或者在饭馆，或者在家里。往往一家子，冬天冷了，弄点儿羊肉、白菜、菜头、粉丝，蘸着那个调料，这是一般的吃法。那时候海鲜火锅几乎没有，有涮鱼片的、有涮鲜虾仁的，但别的没有。过去哪儿像现在似的，有这么多反季节的，各处来的海鲜。

苏：老北京伏天吃烧羊肉是怎么回事呢？

常：噢！有这道理。北京有几个专门卖熟食的老字号，猪肉就是天福号，牛羊肉就得上月盛斋。酱牛肉、酱羊肉、烧羊肉，还有酱的羊杂碎，这是专门有做的，当然做得最好的是月盛斋，在前门外。月盛斋的五香酱牛肉、烧羊肉好，现在做烧羊肉的很少很少。

苏：烧羊肉是怎么做的？

常：究竟怎么做的，我也很（hèn）说不出来。不过这种东西我知道，我们家里那时候很讲究，伏天不讲究吃芝麻酱面，那是穷家儿吃的，我们吃烧羊肉面。因为烧羊肉贵呀！一般穷人吃不起。现在酱牛肉也不便宜啊，98块钱一斤吧。比较有钱的人家讲究夏天吃烧羊肉面，面条是抻面。

苏：自己家能做抻面吗？

常：能做，过去一般家庭主妇都会做。就不会做也是半抻面，我给起的名儿。过去北京管它叫小刀面，面和成后，切成条，完后再抻，它不是那一下下拉出来的那拉面。那时候有钱人啊，谈不上最有钱的，实际上肚子也是很亏的，不太讲究说，今天咱们吃点儿素的，还是想吃肉。满族人很讲究吃得应时当令，什么节气吃什么，要不我怎么知道烧羊肉面呢。买烧羊肉，跟他要汤，他给。

苏：烧羊肉还有汤？

常：有汤，但它做出来是干的，像酱牛肉似的，不过味儿不一样。

苏：那是什么味儿呢？五香的？酱的卤的那种味儿吗？

常：对了，有那么一股味儿。但它做法和酱牛肉完全不一样。到那儿要汤，打一缸，当然你就要汤人家不给，你得买肉。人家知道，这肯定是吃烧羊肉面的。一般都是晚上，整条的大黄瓜，买那个比较嫩的草黄瓜，过水面，抻面，浇烧羊肉汤，带烧羊肉，那么着，吃。人说“头伏饺子二伏面”，吃什么面？烧羊肉面。没有吃什么炸酱面、打卤面、西红柿面的。

苏：北京这些羊哪儿来的？

常：张家口，就内蒙古那块儿。讲究是“西口大羊”，肥而不膻，肉嫩。

苏：那什么时候吃鸭子啊？还是一直都有？

常：鸭子这个东西啊，一般也是秋后。秋凉了，鸭子就肥了。过去没有填鸭，60天就出来了。春天是鸭子最瘦的时候，一般人不吃。过去北京烤鸭不叫烤鸭，叫烧鸭子，但是吃这个的人就更少一点。

苏：没有像羊肉似的，吃的人多。

常：没有。

苏：但是现在一说，都说北京烤鸭。

常：现在生产鸭子可以说是工厂化，工业化养殖了。

苏：以前这鸭子是哪儿产的？

常：以前主要是河北，白洋淀一带，北京并不产。

苏：那比如说，像潘家窑、护城河不都放鸭子嘛，还有颐和园那儿。

常：对。后来的话呢，毕竟靠外边来的成本高，所以就在护城河有了这种养鸭专业户。

苏：也是民国时候的事了，是吧？

常：对了，民国。

苏：清代没有是吧？

常：清代时候护城河是官河，不能随便。

苏：潘家窑呢？

常：潘家窑是可以养的，但它量毕竟是小啊。

苏：玉泉山那边儿呢？

常：玉泉山不能养，那是皇家御用的水源地，有养的得给斩了！

苏：那也是民国后，才在那边养的。

常：对了。这里头啊，现在有的人胡说八道的也有。本来没那么回事，他非说有那么回事，就在那儿自己瞎编杜撰。过去在北京吃烤鸭啊，极少数人。大部分人吃不起，或者也不怎么讲究吃这烤鸭。尤其到民国以后，满族人也不太行了，吃不来皇粮了。在这种情况下，往往吃比较实惠的东西多，比如肘子这类的，大鱼大肉，没有吃像现在新鲜的、爽口的、保健的、低脂肪的那个。[笑]

苏：满族人是不是挺讲究吃鹿肉的？

常：鹿肉毕竟贵，满族人主要吃猪肉。鹿肉啊，冬天吃，比羊肉好，火力大。

苏：《红楼梦》里有一段专门讲吃鹿肉。

常：对呀，下雪了，他们吃烤肉。“入世冷挑红雪去，离尘香割紫云来。”

苏：哇，这谁写的？

常：贾宝玉啊！他们很讲究赏菊花，赏梅花。找妙玉要那红梅花儿的时候写的嘛："酒未开樽句未裁，寻春问腊到蓬莱。不求大士瓶中露，为乞嫦娥槛外梅。入世冷挑红雪去，离尘香割紫云来。槎枒谁惜诗肩瘦，衣上犹沾佛院苔。"①对吧！哈哈，还能凑合背下来。

（2）老北京的饭馆和小吃

苏：您说现在哪儿有老北京的东西呢？我觉着哪儿都没有了。什刹海也好，南锣鼓巷也好，卖的东西全国哪儿都有。

常：有老北京之名而没老北京之实，表象东西多。豆汁儿也是、焦圈儿也是、炒肝儿也是，都不是过去那样。不要说别的，一样事情就能看出来：过去卖炒肝儿、爆肚的，那盘子都在开水锅里煮着。为什么？捞出来之后必须是烫的，手都不敢摸。尤其爆肚，一凉了，就跟吃板筋一样，可现在就是用凉盘子盛。

过去很多好的北京菜不做了，因为不卖钱。以前回民馆子有焦炒饹炸，我去望德楼问，没有；黄焖羊肉，没有。我就说怎么什么都没有啊！砂锅居，也是卖名儿的。春天，我们几个老哥们儿聚会，我说哎呀，这是砂锅居啊?! 当年我爷爷过生日，我们请砂锅居的厨子来家里做的饭，在旧鼓楼大街那个大院子，吃烧燎白煮，做24个小烧，请了点儿朋友亲戚。厨子头天就到了，炉子没法带着啊，一会儿，就在院里搭俩灶。哎哟！那套（手艺）不能不承认，毕竟专门干这个的，而且灶的火还好烧。

生日那天，有人还送我爷爷一只活的小鹿，这鹿在院里和家里养的大黑狗闹着玩儿，鹿在头里跑，看见大玻璃，以为是窟窿呢，一下撞进去了，我正在里头炕上睡觉呢，倒是正把我漏过去了，一点没踩着，旁边爪子印儿还有呢。后来说这不行，就把鹿送给井上三枝雄了。

定：我曾经做过一个勤行的口述。当时人家都是把厨子请到家里去，拿一头猪，得给做出多少样儿菜来。

---

① 出自《红楼梦》第五十回"芦雪庵争联即景诗　暖香坞雅制春灯谜"，诗名为《访妙玉乞红梅》。

常：要出一全猪来，整整一桌菜。过去这叫“跑大棚的”。自己没有字号，就是你们家办喜事，带着家伙、桌子椅子，盆儿盘儿碗儿你都甭管，他包他做。最起码的，做“猪八样儿”，这是最次的席，不算好的，后来算好席了。

苏：您家那24个小烧都什么菜啊？

常：都是砂锅居的专门的东西：虾米千儿、枣千儿、烧紫盖儿、烧鹿尾儿，我那天去问，都没有。我说这是你们传统啊，都没有啊！他还问我以前有啊？我说当然了！砂锅居以前叫和顺居。

苏：您说这个让我想起相声《报菜名》了，［笑］这也是满族的一些菜式吧？

常：对啊，真正说老北京的（饭馆）就是砂锅居了，它好多也是满族的菜式。过去开饭馆啊，那真是敬业精神，非常敬业。哪儿有说去菜市场，随便哪个便宜买哪个，反正你吃完，走了，活该，不会来了，蒙一回是一回。哪儿有那样的，过去很实在。

过去的早点分很多种，像面茶、老豆腐、炸丸子。豆腐脑是浇卤，老豆腐是浇芝麻酱、韭菜花、辣椒糊。老豆腐比豆腐脑档次略低一点，量略大一点。豆腐、丸子的质量都比现在好得多，味儿很正。也不像现在，丸子上一个个小粒儿跟渣子似的，口感很不好。做法也不一样，现在好多东西都是外地人做的，根本就不懂。我们对面儿有个早点铺，也是回民开的，炸丸子里面搁大葱叶子，哪儿有搁这个的！过去卤煮、丸子、豆腐，里头就是搁北京土产的花椒，略微搁两个大料瓣儿，然后搁芝麻酱，搁香菜，愿意吃醋的倒醋，这才是真正的做法，搁了其他就不行，就不对。还有就是大麦粥，杏仁茶，豆浆。

现在喝豆汁儿也不给那么多咸菜，不像过去。过去那豆汁儿一是熬得好，东西纯，再一个那咸菜是真给啊！现在就给那么几根。我的天！这叫豆汁儿啊！你真是卖豆汁儿的啊？还告诉说是老北京，你真是老北京，老北京那所有的排场你真拿得出来，才能称是老北京呢！就那么一碗豆汁儿，还乌拉巴涂的。那回她［王彩莲］也去了，正好1月，那冷！喝那豆汁儿直像喝刷家伙水呢！我实在不敢恭维。

定： 焦圈也做得不像个样子。

常： 那焦圈一咬，“咔”，哎哟！坏了，连牙床都嗑破了。什么焦圈啊？铁圈！

常： 你吃过麻豆腐吗？

苏： 吃过，在旁边儿的爆肚张吃过。

常： 觉得好吃吗？

苏： 刚吃不太习惯，现在还行。烤肉季做得好像更好吃点儿。

常： 这个东西应当用羊油去炒。把羊肉煸成肉末，煸脆了，然后搁上口感比较面的豆。过去冬天吃的时候，搁点儿青韭，现在北京没有了。这种韭菜细到什么程度呢？细挂面你见过吧，每根儿都长到那么细［比画］，黄绿色儿，底下是白的，韭菜味儿非常浓。把那个切成这么长的段［比画］，撒上。炸红辣椒段，摆几个，辣椒油，麻豆腐，这是正牌儿的炒法儿。

苏： 这个家里能做吗？

旧时挑担卖豆汁儿①

① 《北京旧影》，第153张。

常：能做，但我们家没做过。我也不太爱吃，已经不习惯了，新疆没有这个。

（3）老北京的点心

定：您写的这些东西我看了，挺有意思。我想问问，您说的那些吃的，我看着都怪馋的，真那么好吃吗？

常：我跟您说，还就是那么好吃。

定：后来就再没有那么好吃的东西了？

常：没有。

定：真的？

常：这是真的。

定：您说的那油酥火烧、奶油杏仁……

常：晁记油酥火烧分甜咸两种，哎哟，那做得就是漂亮！

定：比现在的东西好吃。

常：不是比现在好吃，而是好吃得不能说倍数，那要好吃得多！油酥火烧分几种，有甜的、有咸的。要吃的话，人给一瓷盘，拿小铲儿，［比画］“啪”一铲，“啪”一搁，拿那筷子往起一夹，再故意往那儿一蹾，“侉”一下，就全变成一圈一圈小细丝了，就到那程度！就那么酥！而且它不腻，入口即化。我这可能也写过，因为对这个我很有印象。小孩得这样吃［做出一手拿着饼，一手在嘴下面兜着的姿势］，不这么吃，“哗”，就得全掉地上，手里就剩一小块了。就酥到这程度！不知道是怎么弄的。那做得就是手艺，现在一般可做不出来。

平时，核桃酥吃得多一点，那质量、样式、味道和现在完全不一样。桃酥里是真的带核桃仁，要放在纸上，很快整个就油了。一种是桃形的；一种是蝙蝠形的，北京人叫“燕模虎”，意思一个是福，一个是寿。没有像现在似的，摊个饼，上头还裂了巴纹的。过去这样的也有，叫“疤瘌饼”，档次低多了。

过去铺子也不装点心匣子，都使蒲包——用草编的小筐，里面放的一包一包的点心，上面蒙上纸，纸上头放着红色的门票，印着“增庆斋饽饽铺，坐落在地安门大街路西××号”，时令糕点，往往还印着年月日，可以填；假如是我送给你的，还可以写上我的名字，你就知道这是谁给拿来的；外头用麻经儿或者是纸绳拴。有三斤的、四斤的、五斤的，再大的没有。

家里头有点心盒子，［比画］这么大，雕漆的，大漆的。也有的盒子可能是纸板做的，但外头也有金漆彩绘，八仙人儿啊，五福捧寿啊这类的图案。点心天天有，四时有。

苏：羡慕您小时候吃过那么多好吃的。我们这代孩子，照理说家庭条件也算不错，大都是独生子女，可小时候吃什么呀？五毛钱一块的代可可脂，那都不能算是巧克力。嚼起来像泡沫的蛋糕、糖精冰棍儿……能回忆起来的就这些。

常：我小时候吃的蛋糕都是中国造。也分好些种：油糕，盅儿糕，喇嘛糕。盅儿糕做得像小酒盅一样，是黄的，带有一种特殊的鸡蛋奶油味儿，很浓，现在达不到那个程度。还有一种，上面是平的，带有红戳儿，料跟盅儿糕一样，但叫喇嘛糕，因为喇嘛穿黄的。这是过去真正的满族点心，包括芙蓉糕、萨其马。油糕类似现在那种梅花状的、圆的小蛋糕，但做法大不一样。那个绝对是纯香油做的，该搁鸡蛋搁鸡蛋，该用最好的面用最好的面。

苏：那天我跟定老师去恭王府拍照，在门口的奶酪店吃双皮奶和杏仁豆腐，一点味儿都没有，特别差。

常：过去的杏仁豆腐，要是吃好的啊，去地安门大街公和魁冷饮店。那儿还批发冰棍儿，自己做冰激凌、杏仁豆腐、细的豌豆黄。

苏：好吃的杏仁豆腐是什么样儿啊？我就不爱吃，可能也没吃到好的。

常：用杏仁磨成的豆腐，那么个意思。里面搁的是奶，挺甜的，拿玻璃小碗装，纯是冷饮状。一吃，带有杏仁的香味儿才对，要是光是甜就不对了。过去真是拿杏仁做啊，现在恐怕是搁点儿香精，或者砸一苦杏仁搁进去，立时就是杏仁味儿了。

苏：现在好多店，还往里放一勺特廉价的桂花糖精。

常：杏仁豆腐还搁桂花吗？［惊讶］哎哟！这个是不是我小时候吃忘啦？过去不是这样的啊！因为我小时候吃过不止一回啊！我爷爷经常就："走！吃去！"我爷爷爱吃杏仁豆腐，我去那儿主要吃冰激凌，杏仁豆腐也要。晚半晌儿，逛大街，"走！凉快凉快去！"那时候家里也没有空调，公和魁凉快啊，上头有吊扇，吃着冷饮，这就算是消夏了。挺讲究的呢！白铜的勺，漂亮着呢！杏仁豆腐绝不会搁桂花，因为这两个不搭题。过去北海仿膳也卖这个，漪澜堂那儿摆了好多藤桌藤椅，上头搭着席棚子，这样不晒。

公和魁是比较大的卖冷饮的地方，也批发低档冰棍儿，但是必须要写上他用的水是煮开了，凉凉了，"熟水冰棍儿"。《坊间珍闻——什刹海访谈录》里头给我改了，写成"热水冰棍儿"[①]，哪儿有"热水冰棍儿"啊？这不胡说嘛！应当是"熟水冰棍儿"。怎么回事呢？在过去啊，北京卖一些非常低档的冰棍儿，就是拿自来水，甚至井水，搁点儿糖精、香精、食用颜料，放冷冻机里一冻。香蕉冰棍儿，黄色的；橘子冰棍儿，橘红色的。按现在这钱，就算5毛钱一根儿，甚至2毛钱一根儿，贵了人们买不起啊。"熟水冰棍儿"保证卫生清洁，吃了不会闹肚子。所以北京过去吆喝都是："熟水的冰棍儿——""熟水冰棍儿——"［仿声］。穷人家的小孩卖，推一小木车。车都是公和魁做的，拿白漆刷的，这样接收热量少点儿，双层，里头放着天然冰，有铁做的套，防止冰化了，再把木头沤糟了，正中间还有一个方的箱儿，里头搁冰棍儿，单还有一盖儿。车外头写着"公和魁"，等于给自己闯牌子呢！下面写着"熟水冰棍，清洁卫生"。小孩趸冰棍儿，把车子也拉走，要不家里哪儿有钱做这个车啊！别处很多批发的也这么做，像白塔寺对面锦什坊街，有个文发祥。有的还往往多写四个字："零整批发。"

---

① 西城区文物保护研究所、西城区文物保护协会编：《坊间珍闻——什刹海访谈录》，北京出版社2015年版，第365页。

（4）“河鲜儿”与京西稻

定：您讲的鸡头米，我都没吃过。

常：鸡头米这是我对它情有独钟的。

定：不仅是您，好多老北京都对它情有独钟。

常：鸡头米原来就产在什刹海前海。前海的东岸，全部都是鸡头地，它就专长这一样，别的它不长。

定：噢，就长这东西。

常：对啊，什刹海的荷地是私人的，杨家、景家，这好几家的啊。主要种什么啊？果藕[①]、鸡头，有一点菱角，其他没有，荷地种得一码儿齐。就在当时什刹海荷花市场，搭着大席棚子卖。

菱角在水上漂着，到时间，人划船也行，下水也行，去摘就行了。那菱角呢，长得呈放射状的，挺漂亮一花，跟那佛座莲似的，但是是紫叶。拿起来，在底下转着圈地结菱角，一摘就摘下来了。河菱角都这么大［比画］。再有就是这儿出的藕，因为它这儿有荷花嘛。主要卖莲蓬，过去一般是十个一捆，后来也有五个一捆的，怎么？人穷买不起啊，就拆把儿卖。

再说鸡头，鸡头长得跟荷叶差不多，不懂的以为是荷花呢！它不像荷叶荷花，都出在水面上，它不是，它直接趴在水面上，平浮在水面上。这个叶可不敢碰，两面带钩刺，很扎人。要不知道，过去一拿，“哎哟我的妈！”扎一下真疼。它浑身是刺，梗上也是刺。那鸡头叶子大的荷叶那么大［比画］，但鸡头长出来，是出水的，很像一个莲花骨朵，但是它绝对不是花。它只有那个花座、花芽，雪青色，很漂亮的。［比画］它这儿有一座，底下长一大刺包，都是刺，那刺有那么长［比画］，青黄绿色，越长越大，越长越长。能大到什么程度？像拳头那么大，但是圆的［比画］，就像一个梨状吧。把它打开，里头就是鸡头米了。但还不是咱们讲的鸡头米，因为它外头还有一层胞衣，那胞衣很像

① 果藕是一种白花藕，据说做果子干必须用白花藕，因其鲜脆。

葡萄皮，但比葡萄皮透明，还带七色光，很薄。把这个胞衣去掉以后就是鸡头米。实际上，外头还带有硬壳。硬壳如果老了，就是黑色的，壳硬，里头的仁儿倒是很饱满，可是不好吃了。为什么？有点面，有点硬，就不好吃了。已经成熟的叫“头仓”，那壳是圆的，跟小酸枣那么大。没成熟的，半熟不熟的是最高档的，叫“二仓米”。外头那壳比这黄色略浅，比那个要深［指屋内陈设］，可以用手撕开，不用拿锤子砸、拿牙嗑。二仓米还是半透明状，真好吃！里头特别筋道，带有特殊的一种香味儿，这个东西是很难形容的，非常好吃。

定：就那么吃，还是炒啊？

常：不，煮。绝对没有其他做法，只有煮。再嫩的呢，是三仓了，但似乎没这种称呼。那个不好吃，太小，一挤，“吱”一下，挤出的是水，乳状的东西。

定：没法吃了？

常：吃是可以吃，但是那个东西小，没成熟呢！最讲究、最好的是二仓米。头仓一般人不太买，小孩要，大人不吃。为什么？它不好吃了，面了，艮（gěn）了。现在好些人根本就没见过鸡头米。什刹海那儿产量并不多，那时候购买力低。鸡头熟了以后，人穿的都是一码儿齐的长裤子、长褂子，才能下去，要不然剐腿啊。拿长把的镰刀去割，不敢拿手去摘，扎得太厉害。割倒了以后，单有一个钩不钩、勺不勺的东西，往里搂，“呱唧”，搁在筐上了。等到二仓上头，也不能拿手去拿，也非常扎手。鸡头齐根儿弄下来，搁在席篓子里，挑着卖，吆喝：“老鸡头，才上河——老鸡头，才上河——”［仿声］。

定：才上什么？

常：“才上河”，就是刚从河里头捞上来的。就好像说，活秧老玉米，刚从玉米秆上掰下来的似的。因为活秧才好吃，死秧的就不好吃了，这都是在论的。“老鸡头，才上河——”［仿声］就在北城一带吆喝，南城听不到。这是什刹海带标志的：菱角、莲蓬、鸡头米，三大项。

定：这个莲蓬跟西郊海淀那边的有什么区别吗？

常：区别不大，只不过（这里）是当时下来了就卖，确实好吃。那时间有一种特别的敬业精神，人家不单是敬业，最主要就是自己的生意自己做，绝对是："莲蓬这时间最好吃，赶紧掐掉卖！"人家一吃："哟！这么香！"都来买来了。现在我们门口也有些卖莲蓬的，十块钱一把，一把有仨还是几个，我一瞧，这莲蓬，扔了都不要，怎么？自己就搁老了，去蒙外行去吧，是这样的。

定：那菱角是煮了卖。

常：老菱角煮，嫩菱角生吃。

定：怎么弄呢？

常：老菱角上河了，咱们不管它怎么摘回来的，不管它怎么长的了。老菱角皮发黑，一瞧就知道是老的，就煮了。卖的时候，他有一个弹簧的夹剪，［比画］那么一个弹簧刀似的东西，专门是为弄菱角设计的，一摁，一撒手，刀就出来了，他把那菱角往那一搁，"咔"，一弄，菱角就两半了。这样就把菱角里面的菱角米拿出来，就可以吃了。

鲜菱角可就不那么煮了，煮了就没鲜味儿了。鲜菱角就是鲜美，一吃，香、嫩、脆、甜全占，那确实，真好吃！菱角啊，两头带尖，那个尖很尖的，甚至于有的肚上还有两个小尖。他怕扎人，拿那个夹剪，"ker、ker、ker"，把尖都给铰掉，拿荷叶包着。不管什么，都是一码儿齐的拿荷叶包成那种菱角包，然后拿马莲系着。所以，那时间走在大街上，人一瞧提着这个，肯定是上什刹海玩去了，逛荷花市场去了。懂行的一瞧就知道："哟！买的不是菱角就是鸡头米，要不就是买的其他河鲜儿。"我小的时候经常来，我父亲没事带着我："走，逛什刹海。"荷花市场是阴历五月初一开市，七月十五收市，七月十六席棚子就都拆掉了，四九年是末一年，五〇年就没有了。

定：喜欢去吧？

常：那当然喜欢去，我们那时候懂什么，跟着去吃呗、买呗。大一点了，自己来。

定：真羡慕那些好吃的。

常： 原来什刹海有种东西叫作“冰碗儿”，很有名。应该是蜜桃刚出来的时候，用蜜桃和最上等的“旱三白”香瓜当底衬，上面是鲜核桃仁、鲜榛子仁、鲜杏仁、鲜菱角、鲜莲子，还有什刹海产的果藕，然后冰镇，再略撒点儿绵白糖，那是又鲜又嫩又香。每回是拿着荷叶，包一包。现在有人说得全煮熟了，那不胡说嘛！根本就不对！这是什刹海比较有特色的东西，你说什刹海要是把这些去掉了，荷花市场从哪哈儿起呢？

什刹海这儿虽然卖其他的，但那是海淀六郎庄运来的。

定： 六郎庄大米最好了。

常： 哎，对啊，那过去是贡米啊！

定： 我小时候劳动还上那儿去。现在平了，没了，盖楼了。

常： 哎呀，直像到了新疆了，成沙漠了。六郎庄那儿现在已经全吹了，一块稻田也没有了。给我的印象是什么呢？公社一成立，慢慢就不是原来的环境了，有些庄稼地也给改造了。本来那块儿，荷地是多的，稻田是多的。为什么我对那儿关注呢？因为我们家里头，那时间还希望那边儿能给点儿米吃。认得人的话，还能给弄。

定： 那儿的米好吃着呢！蒸出来有点发绿，清香清香的，可好吃了！

常： 对，带有一种特殊的香味儿，就煮出来那个米汤都有点儿发绿，那才是真正的京西稻呢。

定： 一个是它那儿水好，玉泉山的泉水，再一个是那儿昼夜温差特别大，京西稻的生长时间特别长。

常： 40年代我们家就吃两种米，一个是西贡米，大长粒儿的；再一个就是京西稻。什么小站稻，没那说儿。但1953年粮食统购统销后，城里根本就买不到了。

定： 我们家住在那附近，印象里1955年、1956年还能吃到，我奶奶跟他们换点儿。

常： 那是在附近，可能行。

定： 我们小时候，小站稻已经是平时能吃到的最好的了。后来用

粮本儿的时候，也买不到了。反正我是没口福，等我懂得吃好东西的时候，已经人民公社了。［笑］

常：一公社化，就集体生产了。因为是指令性的、计划性的生产，有的地儿就改造了。不让你生产这个，为什么呢？费工，产量低。再一个，上游公社把水截了，下游公社没水。人家说："我是公社！你能把我怎么样！"这一下就要老命了！［指王彩莲］他们那儿就这样，村里修一大水库，是她父亲设计的，现在成为历史陈迹在那儿搁着呢。怎么呢？没水！上游给截了。

定：这一个得花多少钱呀！

常：那个钱就白花了，那可是农民自己的钱啊！要不然怎么一天工分儿一毛五、两毛五的，钱都砸里头了，怎么分哪！分不出钱来了。

定：唉，是这样的。

常：所以直接就把大自然给破坏了。

定：人类的历史应当是延续性的，一断裂，损失特别大。

（5）城郊的"菜把式"

苏：您之前说过那个黑色的西瓜叫什么？

常："黑崩筋儿"，西瓜上头带点儿棱儿，比现在的略小，里头是黄瓤红子儿，非常香。

苏：现在还有吗？

常：没有了，现在就是有，也吃不出来那个香味儿了，为什么呢？一、反季节；二、使化肥了。过去纯粹是天然的，什么时间下就是什么时间下。提前一点出来的，那是加了风障。

苏：类似温室大棚吗？

常：过去没有大棚，只有阳畦风障之说。比如说，菠菜比较禁冻，秋天种，一冬天死不了，第二年春天就长起来了。想让它早点儿长出来，拿苇子在地的北边儿加一道风障。

苏：多高啊？

常：两米多高，整个一溜全是风障，向阳、挡风。还有一种叫阳畦，面积比较窄，畦埂打得比较高，而且多少有点儿斜面儿，不然南边的埂过高就会遮阴了，不利于向阳。晚上铺上蒲棒草做的帘子，后边也加上风障，这就是双重的了。一般是种韭菜，“野鸡脖儿”。很有名的，一般穷人吃不起。韭菜根儿秋天栽进去，上面铺上一层马粪，马粪本身是个热肥料，防止冻，等天暖和了，天天把草帘子打开，晒地，慢慢韭菜就鼓出紫色的小芽来了，有点儿嫩黄色，有点儿雪青色，就像野鸡脖子上漂亮的毛儿。出了芽之后再撒一层马粪，植物有向上性和向光性啊，再拱出来时再撒一层马粪，等长到一拃儿那么高就不让长了，要过季节了。把马粪一除，拿韭菜镰一割，绑一小捆儿［比画］。那很高贵！

苏：怎么吃啊？炒鸡蛋？

常：炒鸡蛋很少，因为这个档次太高。当时一般是炒鲜虾仁、对虾，或者包包子、饺子，当然这都是有钱人吃的，没钱别说。

苏：是啊，要包包子得买多少呀？一口一把就没了。

常：馅儿当然也是以肉为主，不会是一大盆子“野鸡脖儿”，就搁了半斤肉，哈哈哈，不会像现在似的，怕血脂高，少放点儿肉吧，哈哈。

后来也有“洞子活儿”，或者叫“洞子货”“暖洞子”。冬天里边儿生的火，因为要求房子温度很高，植物萌发温度是15度嘛。50公分厚的土墙，中间一格一格的，要不然中间跨度太大，就没法支撑了。向阳面也是斜的，上面是玻璃，可以打开，像窗户似的，当然这个东西还是很糙的哈。晚上还是一码儿齐的蒲帘子，早上太阳出来了再拿绳子卷起来。里头主要就是种黄瓜。

苏：您怎么知道这么详细呀？

常：什么我都注意看，也算优点吧！咱们什么都能聊上点儿。

苏：［笑］我想，您就是学农业的，可能也不知道以前人们种地怎么种。

常：农业大学里有作物栽培系、土壤化学系、植物保护系，但是我没学过。过去很讲究啊！比如，一般小黄瓜结的是弯的，那不成东西，上市以后不招人喜欢。怎么能让洞子里那黄瓜结好看喽？小黄瓜刚长出来的时候，拿线给花后边小心地系上，线垂下来后，拿黄土泥浆蘸一下，绝对不能多，多了，花掉下去，瓜就不能长了。过一两天再蘸一下，越蘸那个小黄土泥球越大，黄瓜也越长越大、越长越直，那个泥球最后能有这么大［比画］，相当于把黄瓜给坠上了。

苏：黄瓜需要架秧子吧？

常：对，所以洞子也很高，为了充分利用空间，里头有吊盆儿，种豌豆苗儿、青蒜、青韭。讲烤肉季那麻豆腐的时候，不是说到青韭嘛，就是“洞子货”，种得非常密，所以出来跟挂面那么细嘛。

苏：原来都在哪儿种啊？

常：城外头啊。

苏：您去看过是吗？

常：个别地儿看过。小时候上城外玩，只能在外头看，不能进去。外头那么老冷，给人家弄凉了还行？过去那“洞把式”“菜把式”种得棒着呢！农民确实有非常精明的。

苏：这些种菜的，城郊哪儿都有吗？还是说专门分布在什么方位？

常：四九城都有，东西南北都有，但是也分地儿，水能够上得来，地比较好，得方方面面条件都具备。

苏：是不是东边儿坟地比较多。

常：西北坟地多，北京城周围都是私人的坟地。

苏：菜园子跟坟地是怎么分布的啊？

常：有的菜地是单独的，有的坟地就被利用种菜了，坟头还留着。也有种老玉米、种麦子的，都看得见。小时候经常出去玩儿去啊，逮蛐蛐儿、逮蝈蝈儿去，所以对城外头很多事情都了解。像南郊呢，过去是皇上打猎的地方，有团河行宫①、旧宫，有鹿圈儿，皇家禁地。故

---

① 团河行宫位于大兴区西红门镇团河北村，距离南三环15公里，是清代皇帝前往南海子行猎时修建的四座行宫中最豪华的一座。南海子是元、明、清三代著名的皇家园囿，东西长17公里，南北宽12公里，总面积210平方公里。

事里的“黄三太打虎”[1]就在大红门嘛，团河宫还有乾隆的御笔诗，我打那儿过过一回。后来一度是酒厂，不让进去，现在是开放了，但也没特意去。现在和义农场西边儿，确实有一大片沼泽地，后来荒了，据说那儿主要是跑马的地儿。南边儿其他地儿就是种稻子的多一点，地下水离地表非常近。

苏：原来的北京城处处是活水啊。现在都填上，盖楼！地值钱，地下不值钱。

（6）为什么那么好吃

定：我有的时候看一些老北京人的回忆，说这好吃那好吃，真吃起来其实就那么回事。咱打一个比方，那天咱们一块去吃烤肉季，那羊肉当然也就还不错，但也一般。

常：那现在就算上品了，但是比起原来的仍然不能同日而语。

定：就从咱们那天那羊肉说，那没有原来的好吃是为什么？

常：其原因，也可能是感觉的问题。那时间，毕竟人吃东西吃得少，肚子素，所以吃什么都好吃。多少要有这么一点偏差，是不是啊？因为现在什么东西都有啦！再吃东西不香了，就好像过年都没意思了。还有，在当时来说，绝对纯天然，想不纯天然都不可能。

定：对，没钱弄那个。

常：没有，所以绝对是香得多。简单举个例子，我们从新疆回来以后，很长一段时间不适应。为什么呢？因为我们在新疆吃的菜全都是纯天然的，那香得厉害！到北京简直……哎哟，都后悔回来，这哪儿呀？非死在这儿不行！有点儿这劲头。

定：您说的这对，我都觉着新疆饭好吃，我到现在都喜欢上新疆吃饭去。

常：那儿的东西，不管是肉也好，菜也好，它真是天然，味儿特

---

① 这个故事出自清代公案小说《彭公案》第二十八回“招商店访得实信　劫圣驾打虎成名”，情节是康熙帝前往南苑行猎时，海户所饲之虎脱笼出逃，被黄三太以两镖射死。黄三太因护驾有功，获康熙御赐黄马褂一件。

定宜庄和常寿春在饭馆交谈（苏柏玉摄于2017年）

别浓、特别香，在北京吃不到。

再回来说饭馆的问题，现在的东西呢，原料已经改变了。咱们就先说油，过去，真正是用手工压榨的油来做菜。现在有吗？现在都是机器榨。过去很讲究啊！比如人家做点心，一码儿齐，都是搁香油做的，绝对不会搁色拉油、花生油或者其他的油，现在指不定什么就擱里头了，怎么能吃出原来的味道呢？

定：噢，原来点心都是用香油做。

常：对，绝对是香油，那一点不假。过去不管做什么，人家的敬业精神我始终怀念，我认为那时间人实在。

定：香油当然比色拉油什么的贵了。

常：对啊！人家选料非常精，恐怕摔了自己牌子。人有竞争意识，但是呢，也有商业道德。不像现在，只要卖出钱去，我管你死活哩！原料上不一样，再一个，做工上，现在已经失传了。这个失传的主要原因是什么呢？毁在解放后几次大的社会主义改造上。

定：没错。

常：实行统购统销，各种原料断了来路了。原来的原料跟现在的原料不一样了，它自然味道就不一样了。再一个，公私合营，使得所有的业主都丧失了对经营的兴趣，不再是给自己干了，是给国家干，干得再好，也是那么些钱。1958年“大跃进”，1966年“文化大革命”，资本家灰溜溜。老人都死了，新的“造反派”们也不学，谁都不再敬业了，谁都不再好好干了。反正油饼儿给你炸熟了就行了呗，我管它好吃难吃呢！

定：对、对、对，是。反正也没什么牌子的问题了。

常：根本就不再钻研技术，原来究竟怎么精工制作，已经失传。这又是一大问题。此外呢，后来就是我们的添加剂，在那儿胡扯八拉。不能说是后来人胡闹吧，可那时间我们也在胡来啊！1958年“大跃进”，《人民日报》上头登着瘦肉精、肥猪片，广告都可以看得见，那国营的啊！公开卖的啊！是不是？这是一种情况，危害健康的。咱们再说，这制作上也有问题啊，炸油饼儿，1斤油炸40斤油饼儿您见过吗？当时这就登在《人民日报》上啊！如果您不信，这资料咱们有，在丰台呢，明儿您要，我给您拿回来，我那儿有一摞。

定：您还留这个？

常：那不是，我特意在地坛书市买的。

定：您揭老底儿。［笑］

常：那不是，我不是为了揭这老底儿，那上头什么都有，可以看看过去是什么情况。

定：［笑］我开个玩笑。

常：1斤油炸40斤油饼儿，怎么炸？我是当事人，我也见过。拿一个锅，底下放上那么多水［比画］，上头搁上油，这样儿，在里头烧。油饼儿往里头一搁，“噔”，就沉底儿了，先煮。煮熟了，不就漂起来跟油接在一块了嘛。再拿个钩钩着，在那里头那么转［比画］，不转那就歪了。

定：那吃起来什么感觉啊！

常：就是煮油饼儿，蘸点儿油。

定：那什么味儿啊！我没吃过。［众人笑］

常：［笑］我吃过。当时可能肚子还算有油，所以，简直了，一吃：“我的妈！这是什么啊！”街上就这么卖，我不带胡说的，咱们说话要有根据，我从来不说无根据的话。

定：您说就这北京城里？我没吃过这种油饼儿。

常：就北京市啊，北京市就这么干过。

定：你们在城里头还能吃到油饼儿，我们在城外连油饼儿都吃不着。

常：就这样啊！这已经公私合营了，这谁的责任？统一的，胡来的。1斤油炸40斤油饼儿，《人民日报》宣传的。粮食定量了，山西太原人民日报社的员工粮食不够吃，怎么办？什么糖精啊，什么乱七八糟的都开始往里头搁了，这就刊载在1958年2月的报纸上。

定：这是告诉你经验。

常：对了，传授经验。上外头去买牲口油，代替食用油。

定：吃什么小球藻。

常：对！那是1961年，浮肿的人给那么一小包小球藻，绿色儿的，很像发霉了长的绿毛，粉状的那种东西。搁嘴里一倒，喝点儿水，咽了。说那个管用，是治那个什么的。

定：对、对、对，说那是高蛋白。

常：我没吃过，我见过，我经历过。

定：那个我都经历过。

常：1960年，说是自然灾害，实际上根本就不是自然灾害。刘少奇主席自己都承认："三分天灾，七分人祸。"国家出现空前的经济危机，猪肉都没有了啊！后来国家统一供应的猪肉，肉皮这么老厚［比画］，铺那儿跟汽车脚踏似的，皮比肉厚，拿什么生产啊！好些东西断档了，一个月买不上半斤猪肉，怎么做酱肘子啊？所以你看，我就随便这么一说，那小吃怎么还有原来的味道？技术失传，原料断绝，就这两大项就要老命了，没了。现在全是外地人在那儿干活儿，一部分原因就是再讲究也讲究不起来了，像我们原来这帮人，早已经都改造成为"无产阶级的核心力量"了，是"在无产阶级专政下的无产阶级核心力量"，不会再讲究了。你还吃什么啊！是不是啊？

苏：现在做服务业的都不是北京人了。

常： 百分之九十几都不是，甚至于北京人也有在那儿胡吹八说的，说他们家的老汤留了有几十年，将近百年了。我说他这叫胡说八道！你蒙谁你蒙不了我，你究竟如何过的这几关？第一，你过不去1960年这关。1960年，你们家的肉从哪儿来的？那时候公私合营了，你们家怎么留下肉汤了？我就不信，这经不起推敲，就是胡说。你要是说这是我们家家传的秘方，因为老人当时还在，告诉过我们如何配置这个香料，我们重新把这个捡起来了，这我信。说那个汤留了有将近百年了，骗谁呢！你没有经过那个社会，你不知道1960年挨饿的时候。不要说你们家里了，毛主席都吃不上肉！你那肉从哪儿来的？你还煮肉哪？你上哪儿买那些料去？早都公私合营了，全部统购统销，是不是啊？

定： 是，那时候要是有碗肉汤，大伙儿都疯了。

常： 就是啊，"四清"的时候我们到农村去体验生活，我们问那个人，为什么被专政了、为什么被抓起来，判了半年徒刑。（他说）因为破坏统购统销。问怎么破坏的，他说他们家过年把猪宰了。当时就是这种情况，如何说啊！

所以有的事情不要胡说。我哥哥的东西我看了下，他虽然有很多说得过激的地方，但我认为有的也说得对："不要搞伪民俗。"那意思就是，你别胡说。该说的说，不该说的经不起推敲的就别说了。他讲究真，他一再地说真，不能假，不能臆造，不能杜撰。

比如，有一个号称是民俗专家的人，说以前过年，上一个菜有讲儿，上一个菜有讲儿。我说那叫胡说！上鱼，这个确实，"富贵有余"，吉利，这是可以的。你说上个鸭子，是"春江水暖鸭先知"。我说你那是胡说八道！鸭子都死了，还"知"什么？"知"了该恨你了！再一个，北京有多少人家能上鸭子啊？要真是王府里头，人家给你做完了，也没有过多的讲究。有的是图吉利，鱼啊，四喜丸子啊，但样样都要有讲究，那是不可能的。你不能每上一样讲一样，每上一样讲一样，不能胡联系啊！

定： 我觉得您说到根儿上了。

常：过去，虽然没有什么科学根据，但人家就确实努力去做。比如说，暑伏[①]那天，所有的酱园子，做酱的、腌制酱菜的，全部要挑水，把所有的缸都刷得干干净净。全都储水，说用这天的水做出来的酱不长白、腌出的菜不长醭。这个按说，不可能那么灵验吧？但是说明人家那个敬业精神，对不对？人家就相信这个，所以那天，居然什么活儿都不干，把所有东西都刷干净了，储存那一天的水，用它来做酱。

定：还是有一定道理吧，千百年都是这么传下来的。

常：你要搁后来还行吗？我自来水有的是，我还挑什么水弄什么水啊！人家以前那是用自己的井水。

定：现在长了醭，捞出那醭接着卖。

常：不行，再搁点苯甲酸、防腐剂，完了呗！

定：所以很多好东西就这么毁了。

常：有的也就失传了。有一些技术方面的传统就断掉了，年轻人就不再真正努力地去学，差不多就行了，可不就这样嘛！尤其是"文化大革命"，反权威，反这个反那个，一切都否定了。再上来的年轻人，他哪儿有心去学这个干那个去？当时北京人，一般的市民啊，生活是很差的，不是很好。不是像我们现在，表现得那么优越，瞧不起外地人，好像过去我们那肚子里的大油都那么厚，哪儿有啊！也是薄薄的。有钱人家里头，是有一定的排场，但这种人太少。我们家家境还是比较好，知道的东西也比较多，这样就有所留恋。什么都不知道，那留恋什么啊！

苏：民国时候，干什么都有公会。

常：是啊，同行工艺的事情，谁敢不遵守啊！像卖茶叶的是"张一元"、卖酱菜的是"六必居"，此外还有"东天源""西天源"，还有地安门这儿俗称有个"大葫芦"，东西南北城有名的四大酱菜，各有各的特色，过去王府都上这儿来买来。哪怕一个再小的字号，做出来的

① 暑伏，有的地方也叫"数伏"，指北方进入夏天最热的时候。一般是从小暑开始，初伏、末伏为十天，中伏十天或二十天，共三伏，所以暑伏天又叫"三伏天"。

东西也是正宗的，毕竟他有敬业精神。

我很怀念什么？就是过去人家做的东西那么好、做得那么认真，卖东西的那个礼貌、那个服务热情，现在看不见了。你说别的都变了，你这个怎么能变呢？我不要求你别的，手艺你做不到了，这可以，油都变了，我们家又不是油厂。但是你的态度，你的脸怎么能也变了？你心怎么也变了？这就是我认为应当要问责了。

3. 北平城礼俗

【访谈者按】这部分访谈为我们从侧面理解常氏兄弟之所以成为民俗专家提供了一些帮助。在访问常人春时，我们心中的一个疑问是他为什么会对这些民俗感兴趣。在常寿春为我们描摹了北平城风貌之后，我们慢慢意识到，这些民俗、老礼儿是当时民众日常生活中司空见惯的，它们组成了北平意象的一部分。各种婚丧嫁娶、庙会街市的场景给那些在其中生活过的人留下了极大的视觉冲击和精神影响。常人春曾说，办丧事是为了活人，如果不办丧事，养儿育女又是为了什么？他的观念反映出许多仪式一方面是民众的精神寄托，一方面也发挥了维系街坊、市民感情的社会功能。北平意象中浓浓的人情味儿使常氏兄弟难以忘怀，没有见过、没有经历过当时的市井生活的人们是很难理解这些情感的。久而久之，他们成了“文物人”，所讲述的事也就成了“旧事”。

这些“旧事”对于常人春来说，固然是他晚年声名的来源，可实际上也是他精神上的重担，甚至于可说是他人生悲剧性的一个注脚。常人春对宗教仪轨、民间仪式很熟，但究其根本，他仍是个“外行”。他说“民间俗信不分佛道”“应白事不问信仰”，这些无疑都是对的，但如果怀着这些思想去当一个道士，自然不会为宗教界人士所容。直到今天，佛、道教的“学院派”与“世俗派”仍有很大冲突。所谓“内行看门道，外行看热闹”，风光体面、花团锦簇的盛景过后，又如何打扫人心的一地荒凉呢？如果他掌握了一些宗教的根本道理，理解了时代与社会的变迁，大概也就不会如此格格不入，只能埋首故纸堆不问世事了吧！

（1）“不是结婚的，就是出殡的”

苏：我看常人春先生《近世名人大出殡》那本书，感觉那时候北京不是结婚的就是出殡的。

常：那时间呢，北京毕竟是个大城市，这些个事情天天有。死一个人是不分节气的，也可能今天不顺意，忽然就过去了，尤其那会儿保健又没现在好。那时候一般都是死在家里头，家里头出殡发丧，由死了开始，埋了算完止。一办就是几天，穷人是3天。死了，烧倒头车，准备办丧事，然后接三，接三完第二天出殡，这算第四天了。有钱一点的，7天，烧头车、“一楼二库”，35天烧伞，60天烧船桥。死了一年，办周年，都办事，也都糊烧活儿。

苏：那时候人有点儿钱不都花到婚礼和葬礼上头了？

常：嗯。家境很穷的，平时穿得破破烂烂的，吃窝头熬白菜的人，家里要是老人死了，再穷，也得接三。接三请5个和尚，糊一个车，糊一个马，糊不起马的糊一驴，驴拉车，糊一轿车。接完三，把这车烧了，晚上还得放焰口。和尚念一晚上经，第二天出殡。出殡8个人抬，头里还得要有吹鼓手，这是穷的。

苏：那能付得起这钱吗？

常：付得起。那时候不像现在，300块钱一个钟头，那谁也付不起。那时间抬杠的，像现在这钱给50块，也就这样。10个人才500块钱，那还是给得起的。好一点的，接三请7个和尚。和尚论“钟”，不叫“个”。说“几钟和尚？”“七钟”“九钟”“十三钟”。十三钟和尚那就可以啦！“哎哟！十三钟和尚哪！确实有钱。”一般九钟就不错了，就是殷实人家了。糊那大马车，糊得好一点的，就是落地拉的车。什么叫落地拉车？纸糊的车在地上拉着走，一直拉到烧火场去，不能坏。但你要下大雨，满街是泥是水的，就麻烦了，只能扛着走了。晚半晌儿放焰口，焰口时间要是放得长，能放多半宿。那5个和尚，到晚上

11点钟就散了，给钱给得少。有的能放到天亮，4点了，天亮了才散。出殡好一点的，十六人的，或者二十四人杠，抬走，这就不错了。再有钱，三十二人杠，那就排场大多了！一般停7天，第八天出殡，3天接三烧车，7天送库，不但楼库，有金山、银山、尺头、桌子，一大套，甚至还烧四合房。这叫什么呢？叫送的阴宅。

苏：所以我觉得那个时代的人，婚丧嫁娶在生活中占了很大比重。

常：嗯嗯，过去娶媳妇呢，多少得选个黄道日子。但是死人没法选黄道日子，说死得选好天才死呢，不可能，是吧。所以出殡是经常能看见的。北京过去早上起来，天天吹吹打打的。有时一过过两三个，出殡的。然后人就讲了："哎哟！你看刚才那个，那家有钱，二十四人杠抬出去的。"就这样的。

苏：现在这些事情没有那么重大的仪式感了。

常：没有，现在一般人也弄不起了，也不允许，也不可能。没地儿找那么些人弄这事去，弄不成。比如说，糊很多楼库，你上哪儿烧去？哪儿都不许烧。刚烧完了，拘留了，［笑］这根本就不行。还说请和尚，哪儿有和尚啊？现在都那冒牌和尚，假的，根本不会念。

苏：也就这几十年，都没有了。

常：解放后，五几年，基本上都消灭掉了。也没有抬轿子的了。

苏：我姥姥是文盲，她以前总给我讲故事。说人要是浪费水，死了以后下地狱，自己得把这些脏水喝掉。我就问她："您在哪儿看的，都什么乱七八糟的！"她说就是在城隍庙，类似现在咱们东岳庙里头看的，当时都是壁画的形式。过去这些善恶有报的理念其实是很维持社会稳定的。

常：是啊，以前就讲究这些。人到死的时候要摔一个盆儿。这个盆中间儿有一个眼儿，为什么要有这个眼儿呢？据说人一生当中所浪费的水，将来死的时候到了阴间，这些水都给你留着呢，就让你喝了。这个盆儿就是拿到阴间喝水用的。中间有个眼儿，就扤不上多少水，就让你喝也喝不了多少。为什么有这个说法呢？就说人对这个水要珍惜。

苏：小时候我姥姥就讲这故事，还说，等我以后结婚了，我丈夫和我孩子的脏水都归我喝。我说我怎么那么惨呢！怎么男的不喝这脏水啊！

常：咱们就仍然说这死人了。过去条件不发达的时候，如果有一个女人因为生小孩死了，死的时候需要糊烧活儿，糊什么呢？必须要糊一水牛。其他都不糊也必须糊一水牛，这水牛就是替这女人喝脏水的。这样人就会有一种敬畏意识。

不能说这因果报应不对啊，封建啊，迷信啊。什么报应都没有的话，善无善报、恶无恶报，那人还能从善吗？还能做好事吗？过去不是瞎那什么的，都很讲究。虽然有人不信，但毕竟有一部分人信。这对于稳定社会秩序，维护公共道德，最起码有一定积极作用吧，绝对不能说是完全消极的吧。后来全给否定了，说没这么些说法，都是麻痹人的。哗！这也麻痹人那也麻痹人，什么事啊！

苏：我也查了一些关于宗教和慈善的史料，像东岳庙里面有的那个香会、行会，都是有行善性质的社会组织。可一形成组织，这就麻烦了，就该打压了。

常：对，绝对不能形成组织，哪怕就两个人，要形成一个组织都不行。

苏：三人就成“党”了。［笑］

（2）寺庙与庙会

常：广化寺原来庙规挺严的。说咱们都在里头消夏，下盘棋吧！下围棋可以，下象棋不行。

定：是吗？

常：那当然了！你在庙里头，车马炮就杀开了，不行。一般人很少懂这行的。

定：那是，我就不懂。

常：我听我父亲说的。

定：还有什么规矩？

常：必须吃素。你不能带进荤东西去。不能说，馋了，咱们买点酱牛肉带进去。那不就把师父得罪了！那不行的，看得很严。早上睡懒觉不行。你只是一个清客，来避暑歇凉的，一般被称为清客，既不是和尚，又什么也不是。早上一撞钟，该起床时必须得起来。晚上，人那儿都参禅打坐了，你这屋里就不能说话了。嘻嘻哈哈不行，当然也可以说点话，低声慢语。

定：不能大聊特聊。

常：晚上该关庙门了，门关了就不再开，要给截到外头，你就外头待着去吧。

定：别到外头逛街去。

常：那时候严得很。但是里头做的饭，可以和当时的真素斋、功德林比，做得就是漂亮，真棒！

定：他们自己和尚不吃这饭吧？

常：那都是由方丈去布置。像我父亲在那里头住的人，那都是给庙里捐过款的，等于避暑似的，可以小住几天。我父亲呢，在1946年的夏天，跟当时国民政府教育厅的一个检视，叫厉俊峰，在那儿住。厉俊峰是个多才多艺的人，当时有一定名望，能写能画，写一手好字，画一手国画。厉俊峰在那儿给我父亲画了一幅扇面。那个扇面是一个大大的月亮，一棵松树，两个蝙蝠。玉山方丈在这扇面上题了一首诗，是根据这画题的：“松隐黄昏下翠微，双双对舞月光辉。虽然不解禅中妙，多向僧房古刹飞。”这幅扇面我父亲一直保留着，也没装上扇骨，就直接给它搁到扇匣里头了。“文化大革命”的时候烧了。［笑］

定：都是施主，当然得好好伺候了。

常：那时候的化缘簿，［比画］那么大呢！我见过。外头呢，是黄绫子裱的，上面那么大的金字。写什么？“万善同归”。

定：广化寺当时在北京佛教界是地位比较高的吧？

常：嗯嗯，现在不也是北京佛教协会的所在地嘛。还有梵乐，现在也在那儿。

苏：门口还有要饭的。

常：有的是真要饭，有的就是骗钱。要真说是残疾的，要点儿钱应该给。有些一瞧就是骗人的。有个男的，瞅那样儿，多说有30岁，年轻力壮，穿一紫色僧衣，到处结缘：“您结个善缘吧！”初一、十五，早上起来，广化寺那儿开始有烧香的，门口卖香的、卖花的、算卦的、卖放生东西的，多了，跟集市似的。初一、十五我们都绕着走，都不从那儿走，碰到要饭的，烦得很，净是蒙人的。

苏：要说北京这些庙，是不是香火最旺的是雍和宫？

常：不见得。

定：广济寺是不是比较旺？

常：广济寺香火比较旺，广化寺也旺。雍和宫啊，每到正月三十、二月初一那儿是最旺。因为那儿“打鬼”[①]，雍和宫年年“打鬼”。

广化寺（苏柏玉摄于2015年）

① “打鬼”，蒙古语称“跳布扎”，学名为“金刚驱魔神舞”，是藏传佛教的一种宗教仪式，旨在驱除邪恶，祈愿天下太平，是雍和宫祈愿法会的一部分。法会为期八天，每年从正月二十四开始，一直持续到二月初一，其中“法舞”共跳三日。第一日为排练，第二日即正月三十，是正日子。第三日是法会最后一天，主要内容还有“绕寺”和诵经，又称“弥勒转寺日”，意为接未来佛弥勒到人间清邪除祟，使世间每个角落都平安祥和。雍和宫的这项活动曾经一度中断，1987年得以恢复，此后每年举行。

苏：怎么打啊？

常：那是藏族的一种宗教礼节，“打鬼”。

定：火神庙现在进得去吗？

常：进得去，随便参观。2008年，为庆祝奥运会，火神庙跟什刹海办事处要筹备一个什刹海文化展览。那时候庙里佛像什么都还没有呢！里头那住持姓金，还有个主任姓王。我还看了火神庙档案，有些是复印件。

雍和宫“打鬼”①

定：能随便看吗？

常：一般的人不接待。

定：档案有什么东西啊？

常：主要是它的历史。有些是原件，比如北京理发业公会在火神庙的有些证书啊，文件啊。原来在理公会，还有四民武术社②也在

---

① 《北京旧影》，第86张。

② 北京四民武术研究社，“四民”之意是指士、农、工、商。1900年由河北形意拳流派刘奇兰的弟子耿继善先生创建，社址位于地安门外西火神庙，以传授形意、八卦拳械为专长。

那儿。

定：为什么它那儿有那么多啊？

常：后来香火就不旺了，火神庙也没办法，为了维持生计，只好让庙产容纳一些个与宗教不相悖的。

定：这个理发公会主要是剃头的吗？

常：是啊。

定：他们还有公会？

常：解放前哪，为什么那时间商业秩序维持得非常好？他们同行都有公会。比如饭馆，有餐饮公会，那自律比现在好得多哟！现在良心大大的坏了！过去你敢！你把这里头都搁上添加剂了，这不是坏我们牌子嘛，我们所有卖烤肉的全完蛋了，谁敢啊！不要说别的，就说道教庙。烟袋斜街里还有个广福观，住持姓孟，叫孟广慧。田子久死了之后，孟广慧当了道教协会会长。他有个水会，干什么呢？救火的。人家都有人家的公益事业，不是像解放后宣传得那么狭窄：都是宣传封建迷信，一点好事不办，专门坑人蒙人欺负人。

剃头挑子[①]

① 《北京旧影》，第187张。

定：都得做善事。

常：那时候，地安门大街每个商铺门口都有个大缸，一半埋在地下。为什么？舀水好舀啊！你的缸要是弄那么老高，舀水时，得撅着屁股，脑袋扎到里头舀去，就不行了。［笑］那都设计好的，叫太平缸。这个水是救火用的，所有铺子门口都有，这叫同行公益。

定：不像现在，一着火，一条街连救火的设施都没有。理发公会……我记得过去剃头的都会正骨，您知道吗？

常：我知道。过去，把手戳了，找剃头的给捏捏，不要钱。

定：后来有些比较有名的正骨医师，都是从剃头的出来的。

常：听说是那么回事。过去学理发，学按摩。他不是整个身体按摩，是理发完了，他给你捏脑袋。我还让人捏过呢！捏完了以后，确实，嘿！俩眼睛特亮。

定：那是人家的手艺。

常：那时候行业自律很严格，什么人敢捣点儿鬼啊？做小买卖的。真正大字号，不敢。

定：那是砸自己牌子。

常：过去也有缺斤少两、投机倒把的人，但很少，都知道自己不能这么做，上天在看着呢。做买卖，这个尺、这个秤、这个斗，无一不带讲究，都在警示着，劝诫着人们一定不要亏心，要讲究仁义，要知耻（尺）。过去的尺没有刻度，上头都跟秤似的，用星标示，那都有代表，代表天上的星宿，都在衡量着自己的良心。为什么叫升？为什么叫斗？那都有讲究，"升"，一代表着你的生死，二代表你的升迁，不是随便起一名儿。中国没讲究的事很少，处处都在约束人。后来都没有了，这也跟商业性质改变有关系。

原来旧鼓楼大街有个清虚观，那儿是专门"敬惜字纸"的地方。过去有老头儿，每天很虔诚地拿一口袋，一个大竹夹子，看到道上有写了字的纸就捡起来，别的纸不捡。告诉说，这是我们中华民族传下来的字，绝对不能亵渎。然后放在专门的一个地儿，一年焚化一次。过去庙

烟袋斜街一景（苏柏玉摄于2015年）

里都有高的大铁炉，在那里烧，烧的时候还烧香还磕头，很虔诚。

苏：我看了您写的《忆白塔寺庙会》，非常详细，挺颠覆我以前的想象的。我一直觉得庙就是一个宗教场所，没想到可以卖东西，庙会就在庙里头办。

常：就在庙里头。白塔寺、隆福寺、土地庙、花市，都在庙里头。我接触这么多人，乃至八十几岁的人，都说不来详细的，只是泛泛一谈，包括常人春写的那些东西我也看了，他写得不细，草草潦潦地写。所以我希望这篇文章能够发表出来。庙会是什么样啊？让后人知道知道。这样我就满足了，说明我还没白活着。

《忆白塔寺庙会》（节选）

白塔寺地处阜成门内大街中段路北，东临马市桥（今赵登禹路），西靠宫门口，南对锦什坊街。当时马市桥已自成市场多年。清晨苏萝卜胡同一带是糖果、水果批发市场。上午礼路胡同西口往南一带是蔬菜、鱼肉、副食市场，下午估衣旧货小贩云集。往北可延伸到祖家街一带，是常年的闹市。从白塔寺到马市桥的一段街面，有大和堂、奇卉堂国药店、福聚来、天庆茶庄、玉明斋饽饽铺等大店铺。宫门口和锦什坊街虽然狭窄，但店铺鳞次栉比，米粮店、油盐店、羊肉床子、猪肉杠、绒线铺、南纸店、成衣铺、绱鞋铺、刻字铺、冥衣铺，五行八作全集于此。加之四周是大面积的平民居住区，所以白塔寺一带历来是繁华地区。

白塔寺庙会原为每月逢五、六两日开市。1955年土地庙庙会停办，花市庙会改为长期集市。白塔寺庙会改为每月逢三、四、五、六日开市。每逢开市，白塔寺门口东至马市桥、西到宫门口商贩就席地摆摊设点，他们的货物大都来自城郊，可谓应时当令。每年正、二月正是水果淡季。红肖梨、糖梨、荸荠、藕、心里美水萝卜就成了俏货。此外还有柿饼、大海菱角等。端午节时粽子、樱桃、桑葚、吉祥物小老虎、彩线粽子及农家编织品草帽、扇子、草提包等。中秋节时主要是兔儿爷和各种水果，如槟子、苹果、梨、秋果、脆柿子等。一些由农村赶庙会的卖高粱秆锅盖、鸡毛掸子、擀面杖、木梳之类的手工制品，还有小泥娃娃及秫秸秆制作的玩具，一二分钱一个。其中以“叫蝈蝈”最招人喜爱，一只用细篦秫秸瓤做的蝈蝈伏在纸做的叶子上，下面有两根一拃长的秫秸秆做托儿。制作简陋却形态逼真。只要用手来回拨动秫秸秆，就可以发出“唧唧”的叫声。它伴随着大风车、“扑扑腾儿”、空竹的响声，把春节的气氛烘托得更加浓烈。

庙内塔院前共有大殿三层，每层大殿前都有很宽阔的空地。大殿两侧与僧房之间亦有宽阔的通道。这样，庙会即依其建筑格局按行业形成较为固定的摊位。

第一座大殿系天王殿，前面的空地上是山货摊，这些货物主要来自京郊农村，几乎全系手工制作，有着浓重的乡土气息。主要有笼屉、水屉、面板、砧墩、搓衣板、擀面杖、袜板等木制品；有笤帚、炊帚、秫秸盖帘、柳条簸箕、柳条笸箩等草制品；有拔火罐、土簸箕、铁锅、饼铛、炉钩子、火筷子等铁制品；有绿釉瓦盆、黄釉缸盆、茶壶、茶碗、饭碗、菜碟及砂锅、砂盘子等陶瓷制品，真是应有尽有。这些货虽为常年大路货，但也有时会有年节的色彩。每年秋后农村人闲下来就开始扎笤帚、穿锅盖、刨掸子等，赶在年前上市。老北京过年有扫房的习俗，自然要买把笤帚、掸子什么的。……那时庙会上买瓷器，没有现时的瓦楞纸包装盒，即使买了一套茶具也只是用纸绳或麻经儿把碗一捆了事。如果只买几个茶碗，摊主就用麻经儿把碗把儿穿起来，让你提着走。

大殿的东西两侧向内延伸至塔院，全是设座营业的摊棚，彼此连接，形成一条布帐走廊。东侧主要经营一些手工制品，有绢花、绒花、木梳、发卡、绒线及骨制品。到50年代绒花绢花渐不流行，生意亦渐不红火。西侧主要有布匹、鞋面、毛巾、袜子及化妆品等。布匹全平放在案子上任人挑选。大多是当地土布和国产洋布，主色调是青蓝白，主要有大五幅白布、漂白布、青蓝阴丹士林、青蓝斜纹、海昌蓝布以及做被面用的鬼子红阳标、直贡呢、华丝革等。就其花色来说，一般只有丹凤朝阳、孔雀开屏、富贵牡丹的被面和雨过天晴的褥面而已。每逢入夏，在单调的白青蓝布以外，较大宗的是月白色的竹布，甚至有夏布出售。

……

每到初夏，在布摊和百货摊的空隙里还会增加冷布摊、香碱摊、蚊香摊，旧时，人们在夏天多用冷布糊窗以通风纳凉。所谓冷布，就是用棉线织成的窗纱，与现在的铁窗纱、尼龙窗纱相仿，大多为白色或浅粉色，档次较高的冷布有花纹图案。香碱系用纯碱加香料、颜料制成桃形或圆形的碱块，人们用它洗澡除却汗味，以防蚊虫叮咬。蚊香一般指用驱蚊草药制成像粗绳子一样的“火绳”，晚间在室内点燃，可以驱避蚊蝇。冷布、香碱、蚊香是当时人们夏天必备之物。

庙内第二座大殿即意珠心镜殿（大觉殿），第三座大殿为七佛宝殿，建筑宏伟，在两生殿前的须弥座上历来是民间曲艺的地方，从40年

白塔寺庙会景之一

白塔寺庙会景之二

代到50年代，主要有张秀峰、何阔群、杨树林、常荫泉等说书艺人在此献艺。

……

七佛宝殿后边即是塔院正门。自1950年起，该门一直关闭，不对游人开放。塔院门前多有一些无名艺人在此“画锅”说书，像《康小八》《康熙私访秘香居》等。听众不多，经常是一群孩子围观，等到敛钱时则一哄而散。

塔院西侧是一块较大的空地。50年代初“大妖怪”的滑稽二黄、马贵宝的摔跤、红艳娇的小戏等在此演出。

……

塔院西侧的空地上，还集中着庙会上的小吃摊，主要有茶汤、年糕、驴打滚、艾窝窝、豌豆黄、扒糕、凉粉、豆汁、灌肠、霜肠、卤丸子等，有一年四季不变的常年小吃，亦有应时当令的小吃。茶汤、年糕、扒糕、凉粉、豆汁等素食一般为回民经营，回民小吃一向以制作精细、口味醇正、清洁卫生而享誉京城。庙会上的回民小吃同样如此，他们以白布做棚，以蓝布围桌，上绣白色“清真回回”“年糕张”“茶汤王”等大字。

……

塔院后（北）边的空地上以卦摊为主，什么相面、测字、抽签、细批流年八字等等。这些先生都扮得古风古韵，道貌岸然，让人相信其定晓阴阳八卦，且博古通今。他们以云山雾罩海阔天空地谈古论今来招揽顾客，凭借积年经验察言观色，揣摩求卦人的心理，几乎百发百中。若逢年过节，这里还有套圈、打气枪、鸟儿开箱抓彩等摊子。

……

庙的后门元宝胡同是虫鸟市场，隶属白塔寺庙会。

……

1956年底，随着对资本主义工商业的改造，庙会的摊贩也成立合作组织进行了联营，行业人员进行了分流，马贵宝的摔跤合并到天桥保三跤场，部分跤师留下对小戏棚子演狮子舞、收票等。同类小吃摊进行了合并。到1957年底，塔院西侧只剩下炸糕一摊、江苏腰子饼一摊、霜肠一摊、豆汁一摊、灌肠一摊、炒扒糕一摊、小戏棚子一个、大妖怪唱戏一摊、出租小人书一摊。

1958年夏，北京评书界评出十部好书与十部坏书，庙会所说之书几乎全在坏书之列，说书艺人纷纷改说新书《林海雪原》《铁道游击队》等，殊不知一部书是经过艺人几十年乃至上百年的艺术加工才逐渐完美起来的。一朝改说新书，谈何容易！唱大鼓的没有唱词，只为照本宣科，味同嚼蜡，听者寥寥，已很难为继。后来有的说书艺人被动员调往福建或抚顺，这样说书从庙会消失了。

“大跃进”运动中，农村和城市成立了人民公社。社会结构发生了极大的变化。个人家庭手工制作被中止，赖以维持的手工艺原料来路断绝。人民公社集体生产的指令产品又使庙会的货源出现断档。加之粮油肉棉布的统购统销和按人定量的政策执行，庙会迅速萎缩，当1960年自然灾害到来之时，白塔寺已无法维持，只好关闭。

民国时白塔寺门前

（3）**解放前的医和药**

定：张子余的那些事您知道吗？他是哪个药店的？

常：长春堂[①]。张子余他在日本（统治）的时候做了一些伪事，有点汉奸嫌疑。日本人绑票，逼着他把前门箭楼买了，让他支援“大东亚圣战”。

定：他那么有钱？

常：有钱，张子余有钱。你想，他的买卖不是光一个长春堂药铺，卖那个避瘟散。长春寿棺材铺[②]、亿兆百货商店都是他的，他买卖挺多的，都是大字号，挺有钱。可以说是“南张北田”，南城张子余、北边田子久，那都是道教的老道。

苏：那个避瘟散是什么东西啊？

常：避瘟散是夏天防暑药，一个八卦形的铅铸小盒，很小，直径大概有1.5厘米，有4毫米高。上下盖儿，“叭”，一盖。盖儿是一个八卦，正中间一个太极图，里头是圆的，说明里头的东西就更小一点。避瘟散究竟怎么做，咱不清楚哈，是白色的、凉的、薄荷冰味儿。夏天抹在鼻子上，也可以擦太阳穴，主要是闻，说这个祛瘟气、防暑。长时间闻，是不是上瘾我就不知道了。

苏：那有点像鼻烟儿哈。

常：它和鼻烟儿区别又很大，它毕竟是一种药。现在卖鼻烟儿的很少了，原来新街口那儿还有一个，［起身拿鼻烟儿］来，你体验一下吧。

苏：我正好有个鼻孔不通气。［闻］

---

① 长春堂，北京著名老字号药店，清乾隆末年开业，原址在前门外长巷头条，解放后迁至前门大街。以自制销售闻药避瘟散闻名。1926年张子余任经理，开启了长春堂的鼎盛时期，避瘟散一度取代了独霸市场的日货“仁丹”“宝丹”。张子余先后在鲜鱼口一带开设了长春堂印刷厂、长春寿棺材铺、庆丰饭馆、油盐店、亿兆百货商店，又在东晓市开有东升木厂，在地安门开设了仁和堂药铺，连同外地分号，总共有八个商店。张子余由此被北京商界称为“四大巨子”之一。

② 许多文献中都将这一棺材铺称为“长春堂棺材铺”，经与常先生核实，该棺材铺就叫“长春寿”。

长春堂出品的避瘟散

常：这马上就通了。

苏：好神奇！真通啦！

常：神奇吧。［笑］对张子余呢，我只是道听途说了，因为这个人我没见过。要说他是心甘情愿去支援“大东亚圣战”，这个太牵强了。日本人纯粹是为了绑票，以这个名义，绑他的钱。让你支援“大东亚圣战”，也不白支援，就把前门箭楼给他了。就是前门大街对着的城门楼，现在保留的那个，后来又重新装修了一下。他也无可奈何，但是他毕竟有经济头脑，“卖给我了，好，卖就卖吧，那没办法。但是我不能把它糟践了”，就在那儿开茶馆。日本（统治）时期，那上头是茶馆。但是解放后，把这长春堂老道抓起来了，作为汉奸，因为他是敌伪时期道教协会的人。他是不是与华北自治（政府）这方面有点关系，我不敢说，但是他毕竟是有一定的倾向。不管怎么说，你支援了日本，毕竟买了前门楼子。“别人怎么都不捐款，就你捐呢？别人都绑不了票，怎么就绑了你呢？”给他抓起来了。但毕竟问题不太大，不是特别严重。所以后来，正好蒋介石当选大总统，特赦了一部分人，我听说他也就被放出来了。本来他也悬，弄不好就枪毙了。他是未决犯，估计他也有钱，也能在里边活动活动。那不就大而化小，小而化了了嘛。后来张子余死了，这事也就不提了。张子余在北京前门外头是挺有名的人。

定：他跟您父亲有联系吗？

常：联系不大。据我知道，我父亲见过他，但不是很亲密的人。跟田子久比较熟，因为地安门大街离我们家太近了。

正阳门（前门）城楼[①]

苏：我看文史资料，说张子余是靠卖闻药起家的，这个药的拥趸多是“理门”中人。

常：他这个药行销全国，据说啊，有可能是他，也有可能有别人，把里头弄成海洛因了，据说他是靠这个发的财。单闻药能卖多少

① 《北京旧影》，第1张。

呀？再说，北京过去专门有卖鼻烟儿的烟店。比较温和一点的鼻烟儿叫作“双熏万花露”，大部分人就闻这个。比较瘾大一点的，或者能闻得了的人的那个烟，不能开玩笑！我小时候不懂，给街上的小孩闻，一闻，他“哇”就哭了，哭得眼泪鼻涕都出来了，家长就出来骂我一顿。［笑］好家伙！那厉害得很！可受不了，不经过锻炼闻不了。就好比东北那关东烟，一抽呛得厉害，只有常抽的才能抽。还有外国来的洋烟，很多种的。

苏：说是避瘟散还跟仁丹竞争过？

常：对，仁丹是日本的，日本（统治的）时候很讲究，到处都贴着广告。

苏：它跟避瘟散是同一个市场吗？

常：仁丹祛暑、健胃。

苏：是吃的小丸粒儿那样的吧？不是闻药。

常：对，还有专属的那么点儿小盒，还有能挎着的，挺时髦，小孩看得还挺神圣。主要成分据说一个是儿茶，一个是薄荷冰。外头有一层包衣，过去是银色的，后来改成铁红色的。那时候祛暑的药不多，仁丹夏天用量挺多的，过去没有空调，也没有藿香正气水。药铺里有的祛暑药，像地安门大街仁医堂卖的万应锭，外头是黑的，但是带金，也是凉的。还有一种叫痧药，也是水丸儿，硬的，很小的那种，跟仁丹差不多大，不是蜜丸。小孩经常拿痧药蒙人去，碾成粉，告诉人家说：“你闻闻，香着呢！”这一闻，打嚏喷[①]得打几十个！［笑］最少得半个钟头才能止住。我就惹过这祸啊，［笑］下课给人闻，上课时候老师说：“这怎么打没完了！”［笑］我还记得那同学叫张希凯，说：“常寿春给了我点儿嚏喷药！”［笑］老师说：“你怎么净闹这出！净闹洋相！［笑］这课还上不上了！”

① 喷嚏。

日本宝丹广告（其疗效与避瘟散非常相似）[①]

① 《顺天时报》，光绪三十三年（1907）三月十六日，第一五五二号第六版。

苏：［笑］我看档案上讲，过去还发放暑药。

常：对了，过去发暑药、痧药，避瘟散也在发放之列。仁丹是后来的，日伪时候的。

苏：怎么发啊？是到固定地点领吗？

常：不、不、不，往往都是慈善性质的。街上摆一桌子就发，你来了就给，发完了就算，看缘分。“发放暑药，分文不取”，立个牌子。

苏：我看政府部门的报告里也有这些记载。

常：抗战胜利后，有些官方的（医疗）活动。一个是种牛痘，到一个地儿去种；同时在医院里也发放一些暑药，一般是天气特别热，或者有瘟疫的时候，给穷人发。但这种情况特别少，一般就是慈善事业给得多。有一个人说：“后门大街那儿发药啦！”就都去了。

苏：解放前的民众医疗是不是靠慈善事业比较多？

常：对，那时候有病就扛着，要不就到药铺买点中药。徐子才那人不错，他不可能是太监。[①]他上我们家来，我见过他，他跟我父亲关系不错，离我们家也近。徐子才在北城一带很有名，为什么呢？他是开银号的，平易银号的经理。就在地安门大街路东，开一个私人小银号，也存款，也可以贷款，存贷都办，不像过去钱庄。他做公益活动还算不错的。比如说谁家里死人了，没有棺材钱，但得发送啊，不能光给背出去啊，怎么办呢？哎！找他，当然不见得他本人出来接待，毕竟家里头有好多听差的，遇到这种情况，给写一条，到哪儿哪儿哪儿的棺材铺，领一个薄皮棺材，另外还给点钱。说有病了，不要紧，到火神庙瞧病去，到地安门指定药铺去抓药，抓药是打几折，七折或是八折，其他钱由他给。只要你去，就是打那么些折，也不管有钱没钱。那时候人也都

---

① 常人春在《地安门外火神庙》一文中提到，徐子才是地安门外大街平易银号经理，他与什刹海河池、冰窖东家白焕亭是田子久进行道务活动在经济上的坚强后盾。参见本书第64—68页的“定宜庄记”，其中还引张雪松所撰《北京火神庙住持田子久（存续）小考》：“常人春在《地安门外火神庙》中列举的所谓‘北京四子’，应该就是‘太监四子’，即徐子才、张子余、田子久和魏子丹。”但常寿春这里则认为，徐子才不可能是太监。

没钱，也不会为了这二折或者三折来坑他去。谁没事买药啊！还等他报销，是不是？开明资本家。

人们很少买西药，西药也不敢买，谁知道西药治什么的呀！小孩咳嗽了，就买点二母宁嗽，二母就是知母、贝母；老年人咳嗽，买点橘红丸。春天，孩子淋巴发炎了，去买个时疫清瘟丸，或者去买个紫金锭，拿醋研了，抹在脖子上，消炎。眼睛暴发火眼，肿了，到药铺买个眼药，问要瓜子儿的还是要棍儿的［比画形状］，也是拿醋研，然后抹。那时候经常有皮肤病，或者烫了，买一贴松香膏。这都是我的记忆。

苏：哇，您真有医学常识。

常：［笑］我姥爷毕竟是中医大夫，我母亲也懂一点，所以我们家对中药比较重视。而且家庭条件儿比较好，吃得起。有些家吃不起，咳嗽就咳嗽呗，不行就买一萝卜，熬点儿水喝，就不错啦！谁吃药啊。发烧了，喝点儿热水，拿被卧盖上，出出汗就好了，这就是当时的弄法。

苏：我们这代，生病了就来一针。

常：哎哟！那时候哪儿打得起呢。日本（统治）时期为了防止传染病，像虎列拉，就是霍乱，在街上截着人，查扎针票，没有票就打预防针。有人说这是“绝户针”，还有人说打了就死，谁信得过日本人哪！所以有的人就故意找熟人，弄点儿扎针票，也就是注射证，是一个小纸片儿，上头有姓名、年岁、打过什么针。传说挺邪乎，说有个拉洋车的，打完刚出去没几步，躺地上就死了，不知道真的假的。也许真的有过敏啊之类的原因，但也可能就是传说。就因为这个，弄得人们都怕打针。

（4）卖冰核儿的穷孩子

苏：那时候家里面看报纸吗？

常：看，但是说实在的，平均100家里不会有一份报纸。

苏：但我看民国时候的报纸特别多。

常：对啊，那时候私人报社很多啊。那时候新闻采访，也说点儿……不行就不行，也没什么。控制最严就是解放后，唱反调还行？

苏：那那么多份报纸没人看，是民众文化程度不够，还是什么原因啊？

常：那会儿人穷，上不起学。相当一部分人只能维持自己的吃饭生计，所以在文化上头不重视。好多小孩不上学，净在家里玩儿。

苏：那时候平民教育、贫民习艺所、免费教育、免费演讲什么的，去的人多吗？

常：不多。这种慈善性质的，毕竟很少很少。往往穷人家小孩，也不可能到那儿上学去。为什么？捡点儿煤核儿、捡点儿烂纸、捡点儿废铜烂铁卖去，维持这日子好活着。要不做点儿小买卖，送财神爷去，当然财神爷不会天天送，咱打个比方说，夏天卖冰核儿。

苏：冰核儿是什么？

常：天然冰，［比画］这么大一小块儿，弄一单轱辘小车儿，盖上块搪布[①]手巾。这么宽的［比画］土布，比较厚，盖上，防止它化。弄个小破筐儿，搁那里头，吆喝。穷小孩呢，夏天也想吃点儿冰棍儿，但那时候吃不起。比如现在一毛钱吧，给你一毛钱，买点冰核儿吃去吧。［比画］拿这么点儿小碗，卖冰核儿的拿那么一冰镩，铁的、方的、前头尖的，"咔咔咔咔"，一块一块的，有那么多吧［比画］，搁那碗里头，一毛钱。

苏：也没什么味儿吧？

常：没味儿啊，可那时候也是"哟！太高级了！"比现在吃一个蛋筒、吃一个冰激凌强多了，和路雪都没那个香。要不然，就是挎筐卖点儿豌豆，煮了卖。冬天卖花生，也不是卖大花生、好花生，卖那个瘪子。那绝对是穷人卖，穷人吃的东西。

苏："半空儿"。

常：对了，甚至不是"半空儿"，是"空儿"。里头一抠开就这

① 一种粗线织的稀疏的窄幅布。旧时用以做手巾。

么点儿［比画］，跟麦粒儿似的东西，那小花生仁。有的里头什么都没有，可便宜啊！穷小孩穿一破棉袄，戴着破帽子，流着鼻涕，冻的，搭个笸篓，吆喝［唱］：“空儿多给——”“空儿一大捧——”。就现在钱吧，给一毛钱，拿一捧［两手合拢成捧］，都是空的，轻着呢！他那一大筐啊，趸来也就现在两块钱吧，他能卖十块钱，赚八块钱。穷小孩吃不起别的啊，晚上天都黑了，说：“卖空儿来了，买一毛钱空儿吃吧！别闹了，别哭了。”这都是哄穷人小孩。夏天卖豌豆，冬天卖空儿，也有摆小摊儿的，抓点蜻蜓、粘点季鸟儿、抓点知了，在什刹海边儿上卖。搁现在没人买，那会儿就有人买。

苏：季鸟儿是什么？

常：蝉。大黑的，叫唤那个。卖那个。

苏：粘下来还叫唤吗？

常：不叫唤了。

苏：那是死了吗？

常：不不，死了没人要了。拿一个杨树叶或者什么叶，大树叶包上，裹上，中间儿系上，它就飞不了，也死不了。“会不会叫唤？”“会叫唤。”拿着攥手里，一摇晃，“日日日日”，就叫唤，可能害怕了。“你看会不会叫唤。”现在这钱吧，一块钱一个。有钱小孩，当然，说是有钱也没多少钱，他逮不着那季鸟儿啊，花一块钱也不在乎，买一个。

再一个，河边儿采点那个蒲棒，知道吗？

苏：蒲棒是什么？

常：菖蒲。一根儿圆圆的，跟筷子似的这么粗，长挺高的［比画］，上头结一个这么粗、这么长［比画］、黄色的一个棒，闻着还有清香味儿。那个东西等老了，一揪，就变成蒲公英似的了，毛就飞了，那是子儿。嫩的时候还有一个棒，挺好看的，还挺新鲜的。现在这钱吧，卖五毛钱一个，甚至卖一块。问：“五毛行不行？”“五毛也行。”

（5）黑社会的“文场”[1]

［在什刹海边散步，看路边卖的文身贴］

苏：以前的人文身吗？

常：以前要是文身的话，都找不到工作，那就完了。

苏：那种混社会的呢？

常：对！不是黑社会，也是有点儿玩闹的人有，正规的人绝对不会有。

苏：过去黑社会什么样？

常：黑社会往往跟官府都有勾结。

苏：您爷爷认识吗？

常：我估计多少可能会认识，但是跟他们不紧密。过去都有这社那社，公开地挑着牌子。现在结社是不允许的。这一群人都会点儿武功啊，会点儿什么。穿的衣服也都不一样，什么“十三太保”的纽襻儿，灯笼裤，脚底下双脸儿靸鞋，戴着礼帽，系着板带。胳膊上有文身。一般都是谁家死人的时候，到那儿去帮场子，怎么帮呢？挑着一对大灯笼，都是“气死风灯”[2]，上头写着堂号，什么什么社，后边儿有家伙点儿，有打单皮的、打镲的、打钹的、打鼓的。打单皮的是指挥的，围着单皮垂下来有一个帘儿，帘儿的前头也绣的堂号。那个钹和镲大！都那么大［比画］。捧场来了，这叫“文场”。

苏：捧场得给他钱吧？

常：不给。这全是客情儿，证明这家有势力啊！少说来几十人，多了上百人，他们分文不取，到这儿只是清茶一杯，绝对不吃饭。人们一瞧这家，晚半晌儿接三，“文场”走里了！［仿声］“Chuachua!

---

① “文场”，本是京剧演奏术语，是京剧乐队中除打击乐器之外的管弦乐器总称，也引申为黑道上的用语。有的民间教派会分出内家、外家，也叫文场、武场，文场往往领导武场，他们会编写一些诗歌，也可以将各种神灵拿来改编利用，由此形成不同教派内部的特殊文化。这里是用“文场”一词来讲述黑社会的本义。

② 旧时点的一种灯笼，纸很厚，很不容易被风刮灭，所以叫“气死风灯”。

Dong gu long gu dong gu dong！Da！Dong gu long gu dong gu dong！Da！Dong gu long gu dong gu dong！”“好家伙！”这主要是给助威来了。打的那个点儿很讲究，不是随随便便瞎打，声儿大得很，鼓也大、镲也大、钹也大，拿个大鞭子抽！但是他能打齐了，［仿声］“Jiòng gu jiòng gu！Gà gà！Jiòng gu jiòng gu！Gà gà！”还要起来，东西扔那么老高［比画］！走一街。

最怕的是什么呢？对面也来一份。这可能就要打架了。不知道是什么社的，跟这边对头了。“文打”的时候多，在街上就练上了，看哪头能把对方压下去，也没准儿真急了，就动手了，当时那社会！所以有好些大庙应佛事，和尚先问：“有‘文场’没有？”“没有。”那可以。先说头里，如果有“文场”，佛事不应。为什么呢？人家怕打起来，这叫什么啊！后头跟着和尚，人家不干。很多讲究哪！我小时候看多了，也挺热闹哈。［笑］夏天刚吃完晚饭，旧鼓楼大街南口就能看见。“带‘文场’的嘿！”“哎哟这边儿也有哎！”有的两家关系都不错，那怎么办呢？走到对头了，两边儿“丁零当啷”打一通，但不是叫阵，而是表示客气。打完了，由办丧事这家的主人，给对面鞠个躬，这就算完了。

苏：这些人天天都干吗呢？

常：他们玩儿闹。

苏：靠什么赚钱啊？

常：这帮子人也是依靠着有些买卖，但都不是正经的。比如说我是开车厂的，我是大爷，不干活儿，车都租出去了。有些人就跟我闹，让人看看我这排场。也可能是“脚行”的，知道什么是“脚行”吗？

苏：要保护费那种吗？

常：不是，“脚行”就是装卸工、搬运工，卖苦力。给人搬家的也叫“脚行”。扛大个儿，在码头上给人装货卸货，扛大麻包、扛整件儿，这也算。这是一种人。[1]

---

① 《城墙之外》中，开篇刘子扬先生的口述《那条进京的古粮道》讲述了他爷爷做“脚行”的故事，有兴趣的读者可以参看。定宜庄：《城墙之外》，北京出版社2017年版，第1—27页。

（6）**窑调，小曲儿和流行歌曲**

常：有人说《探清水河》这类的是窑调，其实不是。好些民间小曲儿无非就是讲个故事。这个事据说是发生在京西蓝靛厂，我给你唱两句吧！［唱］

> 桃叶儿那尖上尖，柳叶儿就遮满了天，在其位的这个明公，细听我来言哪。我表的一段的故事是多么地惨啊，在京西蓝靛厂，有一个宋老三咦嗨哟。提起那宋老三，两口子卖大烟，一辈子无有儿，生了个女婵娟哪。女儿呦，年长二八的一十六啊，名字儿叫大莲哎咦儿哟——身量儿也不高诶，大姐儿多么苗条，柳叶眉，那个杏核眼，配上那个杨柳腰诶，谁家的闺女她长得了这么好啊……

就这东西，它有什么啊！什么是窑调？咱们唱一小段，当然这都是前清民国过来的啊，绝对不是现在的。［唱］“今天晚上我不叫，你走吧哟！”“我瞅见了你我就懒得了走吧，我揪着你的胳臂我拉着你的手吧，搂你的腰儿我搂一搂啊，亲你的脖子我撇上一口吧，小心肝儿……”这是窑调！现在你能找一个人唱出来我见了鬼！［笑］这是不能登大雅之堂的。

苏：［笑］挺好玩儿的。

常：赶明儿等我上了八宝山也就没了。［笑］我觉得人什么都应该知道点儿，不能什么什么都混在一起，得分得开。不能说只有土匪唱《探清水河》。

过去这类的歌儿，哪儿还有啊！《百忍图》可能还有［唱］：

> 庄户人要忍，起早贪黑，草房子勤抹防被雨摧，地薄深耕多上粪，锄几遍，耪几回，不让荒草把它围，你要是懒了你能埋怨谁？

直到后来“文化大革命”，《箭杆河边》①里头还有这个调呢！［唱］

提起了困难，离不开穷，你看我混的这份儿德行。

这个调就是《百忍图》的那个［唱］：

买卖要买卖，和气生财……遇见那主顾笑颜开。这样的买卖怎能不发财？休发困哪莫发呆……

好些段呢，什么“学生要能忍”，皇上也有［唱］：

皇上要能够忍，乐而逍遥，万里那江山就坐得牢……

下边词儿我就不会了，因为这唱得少。

定：都没听过。

常：过去有好些这个调儿，要现在再找，很难找出来了。谱子究竟是几分之几，什么调啊，都不知道了。就这里边，［翻书，唱《五月的风》《疯狂世界》《夫妻相骂》《三轮车上的小姐》《可爱的早晨》《讨厌的早晨》等歌曲］这点儿歌我都会唱。家里头原来有留声机，美国大使馆朗德威给的，挺好的，要不我们怎么会唱那么多流行歌曲呢！那时候条件毕竟好，哪家有留声机啊！一百家一千家里也不敢说有一个。而且你还得买得起唱片，家里唱片那么一大摞［比画］，百代公

① 1964年，由北京电影制片厂出品的戏曲影片。导演为许珂、马尔路，编剧是毛秦稔。大意是1962年麦收时节，地主佟善田（佟大方饰）暗中散布谣言蒋介石要回来了，当时正值蒋介石叫嚣“反攻大陆”时期，谣言在部分落后社员心中引起波动。后经武装部部长、民兵队队长和群众查证，将佟善田逮捕，并且揭发了他在13年前杀害贫协主席佟大庆的罪行，由于罪恶滔天，人民公社召开批斗大会，使其受到了应有的制裁。

司的唱片有的是。后来让我给拿着唱针儿划着玩儿，顺着那纹儿磨，给弄坏了。还有一些个曲艺的，主要就各种大鼓，什么单弦啊，京韵大鼓啊，乐亭大鼓啊，西河大鼓啊，梅花大鼓啊……这类东西。家里还有收音机，我们天天听。

苏：我看档案里，确实有常人春先生说的那种情况，政府介入学校，限制学生们唱歌曲。

常：对，当时主要是一些流行歌曲，比如《三轮车上的小姐》《夫妻相骂》。学校里教一些电影插曲，像周璇演的《渔家女》[①]。政治歌曲也有，但很少，比如《服从我们领袖》，似乎是在歌颂蒋介石，但没提名字，它不像咱们歌颂毛主席似的。第一段［唱］：

> 服从我们领袖，前进勿退后，生活要新道德旧，注意谨遵守，民族唯一好救星，此外跟何求……

下面那句我忘了。第二段［唱］：

> 服从我们领袖，一直向前走，赴汤蹈火志不渝，唯瞻君马首，精诚团结去奋斗，敌忾共同仇，大家同心合力，共济在孤舟，服从我们唯一领袖，海涸与石枯，天长共地久，服从我们唯一领袖，服从我们领袖。

孙敬修在电台《儿童时间》教，小学里也教。

---

① 电影《渔家女》由中华电影联合股份有限公司于1943年出品。该片由卜万苍执导，周璇、顾也鲁等领衔主演。故事脱胎于1926年拍摄的无声片《玉洁冰清》。据男主演顾也鲁回忆，《渔家女》剧本系卜万苍请顾仲彝改编，把原来放高利贷的剥削者改为渔霸，以及琼珠痛骂渔霸“你们强占我家的东西，抢夺我家的房屋”，是对日本侵略者使中国人民家破人亡的影射。影片插曲《疯狂世界》的歌词实际上是对沦陷区的否定和控诉，这首歌常寿春先生在访谈中为我们演唱过。

《万里寻兄》本来是抗战时候一个电影，里头有一个插曲[1]［唱］：

从军伍，少小离家乡，念双亲，重返空凄凉，家成灰，亲墓生春草，我的妹，流落他方。

苏：这歌也不至于禁啊。

常：过去国民党的学校教育是非常正规的啊！可不是随随便便松松垮垮。我在学校里待了22年，由普通教师变成副校长，我在管理这个学校的时候，要求就很严格。因为我是从五区中心校出来的学生，那可是有名的，正规的学校啊！可以和现在的景山学校相比。

比如说毕业典礼，解放后没有毕业典礼，就跟没那么回事一样。解放前的毕业典礼，先是校长讲话，然后毕业生代表讲话，在校生讲话，然后唱《毕业歌》[2]《送别歌》，《送别歌》唱完，毕业生致答谢词，然后由校长公布毕业生名单。《毕业歌》不提了，基本上就是“同学们，大家起来”那个。《送别歌》一开始是唱李叔同那首“长亭外，古道边”[3]，后来不是这个，很少有人知道了，其实词儿和调儿都挺好

① 常寿春所演唱的这首歌曲出自电影《野草闲花》，1930年出品，是20世纪30年代初联华影业公司倡导的“复兴国片”运动中的代表作品之一，由孙瑜编导，阮玲玉和金焰主演。影片的主要情节是：一位音乐学院的毕业生黄云逃避包办婚姻来到乡下，结识了卖花女丽莲，发现其有歌唱天赋，便编写了歌剧《万里寻兄》教其演唱。演出成功后，丽莲一举成名，两人订立婚约，但却被黄云的父亲从中阻挠，最后黄云脱离了封建家庭，决心与丽莲共同去勇敢面对生活的风雨。这首歌曲是影片中男女主人公所表演歌剧中的唱段，由孙瑜作词，其三弟孙成璧作曲，名为《寻兄词》，共四段，由影片的主演阮玲玉和金焰两人合唱。这首歌被事先灌录成蜡盘唱片，在影片放映时配合画面现场放出，由此成为中国第一首电影插曲。这首插曲在影片中出现两次，且与故事情节紧密相连，增加了影片的感染力，再加上两位明星的演唱，很快便传遍学校和街头。

② 此歌作于1934年，田汉词、聂耳曲，齐唱，是电影《桃李劫》插曲。表达了一代青年“天下兴亡，匹夫有责”的爱国激情。随着影片公映，产生了巨大的影响，成为热血青年投身抗日救亡的进行曲。许多青年高唱《毕业歌》投笔从戎，奔赴抗日前线。

③ 李叔同的《送别》一歌至今仍脍炙人口，在20世纪初期，它是一首在中国各地新式学校广泛教授和传唱的“学堂乐歌”代表作。这些“学堂乐歌”多以简谱记谱，曲调来自日本以及欧洲、美国，由中国人以中文重新填词。倡导、推广者有沈心工、李叔同、曾志忞等启蒙音乐教育家们。

的［唱］：

熏风习习野荷香，离别本寻常。骊歌一曲送君去，愿君勿相忘。良师教训良友谊，千万言，一语详：此去各自努力，为国争荣光。

苏：那您在新疆搞这套吗？

常：搞，我搞毕业典礼，不管他们说什么。

苏：那您也教他们唱这个歌吗？

常：［笑］这个歌不教。

苏：我觉得挺有必要的，不能说是来就来了，走就走了。一个人应当对他的母校、他的故乡、他的城市有感情，这些感情有时候需要这些仪式性的东西。

常：对呀，毕业给我印象最深了。实际我在五区中心校才上到二年级，才两年的时间。毕业典礼确实是很悲壮的，等到唱《送别歌》的时候，好些女老师都哭了。现在哪儿有呀！就那么回事了。

（7）钱一天天地毛了

苏：以前的平民，他知道鲁迅啊，梁启超这些人吗？

常：不知道。可能还知道梁启超，因为他有一个变法，很有名。毕竟谭嗣同被砍在菜市口了，好些人知道。不会知道鲁迅的，平民毕竟不是文人。

苏：那平民对这些军阀还是比较熟悉的吧？

常：哎，就知道这些军阀。为什么呢？因为他们影响着北京的形势，甚至说左右吧。

苏：军阀干什么，平民都知道吗？

常：往往也是一知半解，道听途说的多。比较知道的像冯玉祥啊，吴佩孚啊，张作霖啊，这些。

苏：也没什么“誓死保卫吴佩孚”。［笑］

常：没有没有。那时候老百姓啊，很少像现在，在共产党教育下，有什么都能联想到一块。棒子面儿涨钱，也不是吴佩孚的毛病。他顶多骂粮食店掌柜的黑了心了："你不是东西！""你不得好死！"完了。他不会骂谁谁谁剥削啊，压迫啊，没这概念。就是那么回事，也没这概念。他认为就是你涨的。你打了我一巴掌，我就说你。实际上不是你打的，你背后的人指使的，但我从不追究背后。当时人并不是有什么事，就骂蒋介石。白菜涨钱了，骂蒋介石；烧饼涨钱了，骂蒋介石。过去哪儿有啊！没有。谁涨就说谁，都这样。

要没有日本人，我们家不至于萧条到这种程度，这是从大的环境说。从小处说，我们是"内耗"。日本人来了，把我们家弄垮了。日本人走了，我们家又缓了一下。1945年、1946年那时候家里有一段还算可以。四七年，一下子陡转直下，就不行了。

苏：为什么一下子就不行了？

常：我们家败了，也是环境使然，没办法。那时候一方面家里是坐吃山空，越来越没钱了；另一方面就是物价，通货膨胀太厉害了。今天有一万块钱，隔上一个礼拜，这一万块钱就值一千块钱了，钱毛得太厉害。关于花钱的问题，我说说我的记忆，那是绝对真实的，经得起推敲、经得起检查的。

我花过中国联合准备银行的伪币，日本（统治）时期的联币。总裁汪时璟当时就住地安门大街。联币在当时来说，通货膨胀不是很严重。日本人控制很严格，可有一套。他并不能允许这票不值钱了，什么都讲究配给。买盒火柴，那阵儿叫取灯儿，也按配给。跟解放后似的，什么都按购货本，什么都发票儿。联币没有大票面的，1块是黑的，5块、10块，10块是绿的，［比画］那么大，我们管它叫"大绿被卧"，再大的票儿也没见过。有硬币，也有纸币，1分的、5分的，上面是十七孔桥，雪青色的。1分钱可以买1个棒子面儿饼，枣饼。东西不贵，说明这币值还比较高。

到国民党时候就不行了。一开始花法币，1块的、5块的，紧接着10块的、50块的、100块的，都出来了。很快千块的，然后万块的。法币上头的人像是孙中山。花法币的同时，还有一种竖条的，咱们钱不都横条的吗，［比画］这是竖条的，叫“关金”，也是流通币，中央银行出的。和法币同时流通，币值几乎一样，没什么特殊，但竖条儿就叫“关金”。1万块钱一张是绿的，5000块钱一张好像是黑的。紧接着，这票子越花越大，甚至有10万、百万的票子。1948年10月底，百万的票子已经出来了，法币改成金圆券。怎么兑换呢？1：300万，300万法币兑换1块钱金圆券。金圆券上面是蒋介石照片，1块是蓝的、5块是草绿色的，一开始确实很值钱，但也毛得非常快，贬值非常快。等到冬天的时候，已经出现100块钱一张的了，是粉红色的。在北京（时称北平）就出到100，再大的钱我没见过，紧接着就解放了。

我记得最清楚，1948年的深秋，我和我表妹常瑛在鼓楼这儿买俩柿子，一人一个，花60万块钱，合金圆券两毛。结果没过几天，我上学去，家里给我金圆券1块，当时我非常高兴，结果就买了10块饼干，就这么大［比画］，在小摊儿上买的，极次极次的饼干，不可能跟现在同日而语。1948年的时候，1两金子值5亿法币，银号存款给的利息是多大？64分的利！你想想！如果当时通货膨胀不是达到这程度，能给64分的利吗？

苏：现在是不差不多有5分利？

常：哪儿有5分利呀！2.5，3就到头了，还是定期的。那时候活期利息都非常高，当然我那时候还弄不清是活期还是死期的，就是定期的，北京叫死期。64分利，可以想象。银行要赚钱，它不能赔啊，还要大赚。

苏：金圆券就能贬值到这种程度！那家里面赚钱的来源怎么样？

常：那时间已经不行了，来源就很困难了。仗着我爷爷卖古玩也好，给人打官司也好，或者给人办事，人家给点儿酬金，是这种情况。古玩已经就卖不出去了，乱世存黄金嘛，乱世时候谁买古玩哪，谁搞收藏啊？就赚不上钱了，几乎断档了。最繁荣的时候是1946年，抗战胜利了，转过年儿来古玩行一下儿就起来了，但紧接着急转直下。解放战争开始了，一打又三年，一直打到1949年。可以想见家里的收入情况，那时候就开始卖东西了，卖了不少。家里原来很富裕，卖出去也不显。

苏： 也没弄点儿金子哈。

常： 哎呀，我奶奶是很不会过日子、毫无心计的一个女人，生活能力、料理能力表现得很强，弄点儿什么都很像回事情，但持家上她不行。她是有今儿没明儿地那么过，并不知道我得存一部分。当时我爷爷没少挣钱啊！他有写日记的习惯，但是他日记写得隐晦，哪哪天进钱了，他不写进钱了，用红笔点了好多个红点儿在上头，今天去了哪哪儿地儿，都写上，也“噔噔噔”点好多红点儿，究竟多少钱？不知道，只有他知道。他死了，但日记还在啊。1952年、1953年左右，我一看他1946年的日记，到处排着都是红点儿，点得多钱数多，点得少钱数少，说明当时很好。如果会经营的话，哪怕你买一点银圆、买点儿金子存起来，应当有这个远见哪！

我们家里头最大的缺点是什么呢？对世界的、国内的形势茫无所知，一点也不关心。应该看得出来啊！东北都已经丢了，让解放军给占了，国民党已经溃退了。紧接着就是解放北平啊，淮海战役也打起来了，平津战役也打起来了。到那个时候家里并没有什么感觉，说：“呦！可了不得了，要打仗了！”还是怎么，根本就还是那么回事情。

苏： 是不是因为这几十年，军阀来来去去的，大家也已经疲惫了，觉得跟我们老百姓也没太大的关系。

常： 对了，是有这种关系。就是谁来了也得吃饭，谁来了也差不了，谁来了没准儿还能弄得更好呢，可能有这种想法。咱们就说得远一点，八国联军进北京，家里头也没受过多大的伤害，也没被抢也没被杀，房子也没被烧，平平安安算过来了，似乎也不要紧，外国人来了也不可怕。日本人来了，家里头也基本保了平安，毕竟日本人在市里头没怎么杀人，没听说把哪儿点火烧了，但杀人肯定是有的，什么敌对势力抓了就杀了，但没说到街上放枪又拿刺刀捅的，没有这种情况。他为了维护自己的统治，也有统治方法啊，不会自己跟自己过不去啊，倒不是对老百姓多么仁慈，这是两码事。家里也认为没什么事，可能共产党来了呢，也没什么事。就是这样，漠不关心。再有就是长期以来，对政治时事不通不懂、不闻不问。

苏：也没有来源吧，当时老百姓是不是也不知道这些事？

常：对，也不知道。不是什么盼着到延安啊，盼着毛主席来啊，那叫胡说。毛泽东长什么样根本就不知道。而且那时候国民党多少宣传一点，确实共产党一开始非常“左”啊！电影频道里面也专门承认了，东北那地儿实行了“流血斗争”“白骨斗争”“扫地出门”。很多错误啊！甚至东北农民进城抢去，把城市解放了，乡村农民也跟着进来了，到处乱抢。比如来了进屋［比画］，把我这儿抢了，把我那儿也抢了，瞅什么好拿什么，甚至把人也打了，再有重的可能就杀了，特别乱啊！不要说东北，现在不也承认解放石家庄的时候，把小商店也分了，什么都分了，都斗争了。工厂也全分了，机器全拆了，搬家去，一个齿轮儿、一根轴、一根棍儿的。后来发现这不行，刘少奇纠正的，说这样还了得。

地主也没少打死，山东老解放区斗争地主怎么斗啊？一般就打死了。我们那条街原来住的全是山东人，他们那儿解放得早，斗地主，把地主搁麻袋装着，吊到树上头，问他：“你看到蒋介石了没？看见看不见？”地主肯定说看不见啊！能看见吗？看不见再吊高点儿，还问，地主也不知道说什么了，急着说：“我看见了！”一撒手，一下子掉地下了。提起来再问，不吭气。不吭气再撒手，摔两三回摔死了。就这样整人家，并不是很有政策，而是想怎么着怎么着。一般实行“扫地出门”，跟苏联差不多。苏联没有地主，叫富农，富农所有财产全部没收，净出家门。后来不是好多富农跑到中国来嘛。流亡的白俄，北京也有，我见过很多。也不是特别多啊，反正有，在北京做小买卖，最差的买卖。东北有很多，做什么的都有，年轻一点漂亮一点的女的，做妓女、做歌女、做舞女、给人当保姆，也是做不长的事情。他们来到中国，不会说中国话能干什么啊？中国当时也很穷很落后。解放后，所有的白俄一律遣返了。

苏：遣返也没好。

常：也够呛。只不过多少生活上不会再给扫地出门了。

苏：也扫不出去了。

常：这说远了。我们家的这种情况，对形势茫无所知、一窍不通、盲目乐观，有时候也唉声叹气，但是束手无策，没有积极进取，这都是当时家里应当检讨、应当承认的。

苏：积极进取，能干什么呢？

常：做点儿生意也好，外头找个工作也好啊！那人家怎么活过来的？人家也没有那么多房，也没有那么多好家具，人家卖什么啦！我认为人想事情应该有比较正确的思维方式。我不像人家怨恨，说解放后怎么不行了，我可没这种想法，我把一些责任归在我们家里头。解放战争一打起来，那还什么律师？什么古玩？什么都完蛋！我们家就彻底垮台了。

我爷爷看着挺精明，但是后来似乎有点儿老年痴呆。实际并不是老年痴呆，而是面对着这整个形势，这么大的社会变革，跟不上形势，不会做了。他也曾经计划过，说怎么着，去干什么干什么，但净说没用的话。满族人习惯就是老说以前，不说以后。荣耀地话以前，就不知道耻辱以后，就要命了。坐吃山空。

4. 当北平变成北京

（1）百姓生活

常：解放后，人民币贬值也非常快，不要以为人民币一直很稳定。1949年来了以后，没有1块钱一张的票子，就5块、10块、20块、50块、100块。紧接着就涨起来了，一年之中，500块钱票子出来了。刚解放的时候，小摊儿上，10块钱的瓜子有这么多［双手呈捧状］，1949年11月底12月初，100块钱可以买这么多的花生米［双手呈捧状］，这就是当时的情况。很快就1000块钱一张了，50块钱就跟现在的分票儿似的，已经不能花了，100块钱相当于后来的1分。多少块钱一个烧饼呢？300块，200块钱一根油条。那时候早上起来，要能吃一烧饼夹油条，那就“哎！太高级了！”比现在吃肯德基高档多了！一般孩子吃不起，500块钱一套。那时候还不叫油条，北京叫“油鬼”，正名“油炸鬼”，是一个橄榄形的圈儿，炸得半焦半嫩，比焦圈儿大。北京老闹“鬼”，“鬼”一听“油炸鬼”都吓跑了，不闹了，就是这个传说。

穷家啊，早饭连个烧饼都买不起，就烤点儿窝头片儿。过去炉子不是烧煤球嘛，窝头切了片儿，贴在炉肚上，拿炒菜的铲子一铲，那面儿上黄着呢！我们家后来不行了，也烤过啊，哎呀，吃窝头片儿那香啊！要不就炉台上烤着白薯，当天剩的蒸白薯，晚上就搁上头，这样第二天吃的白薯不但是热的，而且水分蒸发了一部分，甜，咬起来还有点儿像牛筋儿似的。略微有点儿钱呢，烤馒头片儿吃。再没钱呢，什么片儿也没的吃，饿着。那要说有钱买套烧饼、“油炸鬼”，那就算家里不错呢！生活无忧。

钱就一直这么毛下来了。到1950年，10000块钱一张的票子就出来了。过年给压岁钱，给1000块钱。然后逐渐稳定下来，1951年物价就不太涨了，就稳定在千、百、万上了，没有说10万块钱一张票子了。但是说明一开始贬值很快啊！刚解放的时候，可是花5块钱买一张的票子。

1955年3月1号，实行新币，兑换率10000：1，10000块钱兑1块，100块钱兑1分，没有再低的币值了。1分钱是汽车；2分钱是飞机；5分钱是轮船；1毛钱是拖拉机；5毛钱是小丰满水电站[①]；1块钱是红色儿天安门；2块钱是蓝的，延安宝塔山；3块钱是绿的，井冈山大桥；5块钱一张是大团结，最高5块钱。这是第一版人民币[②]。

---

① 丰满水电站，位于吉林省吉林市境内的松花江上，1937年日本侵占东北时期开工兴建，是当时亚洲规模最大的水电站，1942年大坝蓄水，1943年5月29日首台机组投产发电。建成后把松花江拦腰截断，形成了松花湖。松花湖是当时全国最大的人工湖，现为东北地区最大的人工湖。从大坝发电后下来的水是热的，冬天江水不冻，在一定气压、温度、风向等条件作用下，江面升起的雾气遇冷在江畔的垂柳上凝成了罕见的雾凇景观。

② 常先生说到的这套实际上是第二套人民币。第一套人民币发行于1948年末，共12种面额，62种版别；其中1元券2种、5元券4种、10元券4种、20元券7种、50元券7种、100元券10种、200元券5种、500元券6种、1000元券6种、5000元券5种、10000元券4种、50000元券2种；在解放区通行。1955年，中国人民银行发行第二套人民币，情况与常先生所讲述的基本相符。

苏：您记性真好，时间记得太清楚了！

常：怎么呢？我1955年春天，3月1号，上东珠市口小学找我哥哥去。［笑］我哥哥是每个月1号发工资，他跟我母亲说这个月换新币，过去花万，现在花元了，你们要是想看，就让我弟弟——就是我，上学校找他去。因为他在那儿住宿，他不是每天都回家。3月1号那天不是礼拜六，也不是礼拜日，我晚上去的。在那儿一叫门，出来就是汪泽晨。我说："大爷您好。"他说："哎哟不敢当不敢当！你哥哥上外头吃饭去了，一会儿就回来。来！坐一会儿！"

苏：那阵儿人一个月发多少工资？

常：二三十块钱，挣少一点就是十几块钱。

苏：那阵儿二三十块钱是不是像现在四五千块钱？还是膨胀不少。

常：还是现在日子好过，很多工业品比过去便宜多了，那时候吃的东西相对来说是贵的。比如说我，一个月伙食钱12块，那时候我挣38块6毛钱，算不错的了。要去工厂当学徒工是18块，我比他们多1倍还多呢。

苏：38块钱能养家里三口人了，不过不算房租哈，那阵儿房租贵吗？

常：房租不贵。

苏：现在是房租贵，别的便宜。［笑］

常：啊。那时候你要想买辆自行车，得要攒上一两年才能买，苦攒。那时候多少钱一辆？160块到180块钱之间，一辆自行车，相当于5个月到6个月，半年的工资。

苏：还得是全攒下来。

常：对，一分钱都别花，就买自行车，得要半年。现在呢，200块钱就可以买，一个月买10辆没什么问题。

苏：解放后是不是有一阵儿挺流行穿"布拉吉"的？

常：我母亲没穿过。我们家庭那条件，还穿"布拉吉"哪！当然她岁数也在那儿呢，哪儿有40多岁穿“布拉吉”的。

苏：都是20多岁的人穿吗？

常：20多岁的人也很少穿。是到了六三年，学日本，开始穿连衣裙，铰披肩发，光脚穿拖鞋。从六四年开始，流行塑料凉鞋。六五年，街上几乎年轻人都穿塑料凉鞋，雨雪两用，三块多钱一双，就延续下来了。

苏：不分男女，都穿工作服的时代是“文革”时期吗？

常：就是六几年开始的。“文革”期间没人穿裙子，七〇年开始松动了点儿，有人开始穿了，但是不普遍，出身好一点的人穿，也没人管。但是“奇装异服”不行。

苏：什么叫“奇装异服”？

常：比如说瘦腿儿裤子，裤腿儿6寸的，而且扎双道儿，这种不行，叫“流氓裤”。

苏：我这牛仔裤算不？

常：你这绝对算瘦腿儿裤子了，那时间也绝对不允许，穿上就会被认为你这人不行。比如说咱俩打架了，到派出所，人家得先说你一顿，我一点事没有，就放出来了。

苏：哈哈哈。

常：如果是穿着与众不同的、样式比较新的、颜色比较艳的衣服，也算“奇装异服”。比如要是穿个方领口，可能单位领导就找你了：“明儿把你这衣服换一下啊，这很不严肃，露得太多。”但不一定批判你。女同志不能穿高跟鞋。甚至说一开始，女孩子梳小辫儿也不行，老太太梳纂儿不行，全剪发。1968年，周恩来接见红卫兵代表，有几个代表故意扎着小辫儿，那是带着政治任务的！说明我们不是全剪发了，必须得扎小辫儿给周总理看。周总理一看非常高兴，说：“这就对了嘛。”

后来什么烫“爆炸式”的头啊，穿喇叭裤、筒裤啊，就了不得了。喇叭裤不是最先在中国流行起来的，是咱们出口转内销的。“文革”后期，上海市服装厂有一批小喇叭口的裤子没出得去，就给北京市王府井百货大楼7万条，结果这7万条不到3天全卖出去了。当时的柜台不是非常大啊，可以想象这得拥挤到什么程度了。

苏：当时人们还有钱买裤子？

常：这裤子新鲜哪！而且是百货大楼买的，谁敢说我这是“封资修”？振振有词！腰杆儿硬！这一条裤子七八块钱吧，可能等于现在七八百块钱。我挺欣赏小喇叭口裤子，是挺好看的。

[在什刹海边散步]

常：去年九月九老人节，曲喜胜赞助10万，在孔乙己预备的饭，有个联欢会，老人们坐大游船里头，人家给划着，[指]这些就是他的船。

苏：他有多大岁数？

常：40多岁，就经营这什刹海游船。野鸭岛就是他着手建起来的，一直由他在管理。也在西城区政协任职，在这儿小有名望，开明人士吧。

苏：这还有人游泳呢！

常：啊，这块儿游野泳的人不少。

苏：这水也挺深吧？

常：中间比较深，横（hèng）有[①]两米多深吧。

苏：[指]那儿还有荷花哪。

常：这儿是后海，前海有荷花。原来前海比现在得大将近一倍呢！那边儿1950年给填了。原来中心大堤就是荷花市场那条街，你去过吧？中心大堤以西，满填上了，原来那水的一半，弄了一个什刹海游泳场。后来游泳池又给填了，就改成现在什刹海体校了。

苏：李连杰从那儿出来的。

---

① 横有，北京土话，即“约有”之义。

什刹海体校（苏柏玉摄于2019年）

常：啊，那时间游泳呢，很便宜，5分钱。游泳得有一健康证，一游泳证。先检查身体去，证明没有沙眼、没有特殊疾病、没有皮肤病。每年6月1号开始营业，有时候5月15号就开了，太早不行，太冷。

苏：户外的吗？

常：对啊，露天游泳池啊。分几个，有儿童的、练习的、深水区的，最高五米跳台，那时候没有十米跳台。十米跳台有几个说敢跳、能跳的啊。

苏：那阵儿是不是号召全民健身？

常：哟！最那什么的时候是1965年，毛主席畅游长江，全民学游泳。[①]像陶然亭公园、颐和园这些全都开放了，随便下。谁也不能管，而且必须要服务好。起码得席棚子吧，得有更衣室啊，要不然你怎么换衣服啊？衣服还得有存放处吧。

---

① 1964年6月16日，毛泽东、刘少奇及其他中央领导在北京十三陵水库游泳。毛泽东在当时与学生和战士们说："游泳是同大自然做斗争的一种运动，你们应当到大江大海中去锻炼。"由此开启了北京市民的游泳热潮。7月24日，北京市1800多名中学生横渡昆明湖；26日，1800多名大学生横渡十三陵水库。参考《当代北京大事记（一九四九—二〇〇三年）》，第194、196页。

苏： 都谁管啊？管理处吗？

常： 啊，各地儿都组织起来了，都临时性的。因为游泳只有一个季节，那时候没有冬泳。像陶然亭公园、龙潭湖公园，那水都抽干了。重新把湖底整个清一遍，底下全都垫上河光石，什么是河光石？就那么大［比画］的卵石，一码儿齐，垫个30公分到50公分厚吧，全都垫上了。保证脚不会陷到泥里头，水也不会越来越浑。要不那么多人都下去了，脚都蹬到泥里乱走，一会儿都成泥汤了。［笑］1965年，玉渊潭也是天然游泳场。

苏： 玉渊潭现在还有游泳的。

常： 还有，不过也是禁止游泳，这儿［指后海］也禁止游泳，也不许下，不过愣下也没人管。解放后，1953年，（城郊）周围大片的坟地全都给挖了，盖楼。西郊国家计划委员会，“四部一会”[①]，重工业部、煤炭工业部不都在三里河那儿。

苏： 离钓鱼台不远。

常： 对，我小时候，玉渊潭不叫玉渊潭，都称钓鱼台。那儿有棵大槐树，有个蓝底儿白字儿的牌子，写仨字儿：“望海楼”。说：“上哪儿啊？”“上望海楼！”不要票，随便逛，去的人也不是那么多。里头有土山、树林，中间是个大苇塘，水不多。是我们小孩的乐园，摸鱼、打鸟、游泳，［笑］经常上那儿去。1958年以后，改成了人工湖，开挖了一下，里头属于园林局管理了，一部分松树挪到天安门烈士纪念碑头里。钓鱼台有一道大堤，外头就是罗道庄，农业大学就在那儿。

（2）功不可没的事

苏： 您说解放后，在女性解放这方面是不是进步还挺大的？

常： 对，这是功不可没的。一、招工，女性也能进工厂了，开电

---

① “四部一会”指第一机械工业部、第二机械工业部、重工业部、财政部和国家计划委员会。其办公楼是新中国成立后首批建造的大规模政府工程之一，1955年竣工，建筑风格极具特色。

车、开飞机。过去女的哪儿有开电车的啊，北京第一批有十个。还有第一个女拖拉机手，梁军。

王： 我记得我上一、二年级的时候，小学课本里还有梁军呢。

常： 第一个女火车司机，田桂英。这我记得都非常清楚。有一本书叫《新中国的新妇女》①，记的大部分都是解放战争中立功的妇女，但也有治河女工程师钱正英，后来是水利部的部长。纺织女工郝建秀，全国劳动模范，后来的纺织工业部部长。

苏： 我小时候学过李素丽。

常： 她就太晚了，她是公共汽车公司的模范售票员，后来还建立了热线服务。这是80年代末90年代初的劳动模范。

以女拖拉机手梁军为原型的60年代钞票和70年代邮票

常： 解放后，打针就普及了。人民政府确实花了不少力气：打卡介苗，预防肺结核、麻疹、猩红热、白喉、伤寒、痢疾……一般就是这类的病。学生在学校里打，教育局和卫生局一块派些大夫来。我在学校，每个学期几乎都能赶上打针。校医那儿也预备点儿阿司匹林、止疼

① 该书由中华全国民主妇女联合会宣传教育部编，中华全国民主妇女联合会出版，新华书店1949年9月发行。

片儿、甘草片儿。现在不让吃了，把甘草片儿快说成像海洛因似的了。过去工厂里头咳嗽，不就吃甘草片儿嘛，还能吃什么。

苏：免费提供吗？

常：对，免费的。外伤给抹点儿“220”，就是红汞药水，日本名字叫“220”，还有龙胆紫，紫药水；内服的就是安乃近、阿司匹林、止疼片儿，太好的药没有。胃疼，给点儿氢氧化铝、水杨酸乳酸钙片；消化不良，给点酵母片。

苏：解放后看病贵吗？

常：生大病了当然要花钱呀！那是一分钱不报销的啊。我哥哥身体经常不好，动不动就自己给自己开方子，我就去给买。1953年开始，职工可以给报销了，那时候又叫工会医疗，只有工会会员可以享受。学苏联嘛，公家给报销一大部分，自己掏一小部分。后来批李立三，中华全国总工会主席，说他全盘学苏，冒进了，开支开不起。

苏：那这工会医疗坚持了吗？

常：坚持了，但后来收窄了。李立三提的（计划）非常大，还要给工人盖房。赫鲁晓夫执政的时候，不是“赫鲁晓夫楼”嘛，一人给一套房子。人家政绩不少！克里姆林宫开放，随便逛。

苏：解放后的医疗挺有意思的。内蒙古的少数民族历史调查口述，就讲了在当地建驱梅站的经过。梅毒得清了，小孩才能养得起来。①

常：对，解放后这方面做了很大工作，有梅毒的可以去卫生所免费治疗。以前旧社会遗留下来，好多男的女的就是有性病。梅毒还有遗传，这个遗传还挺新鲜，似乎传老大不传老二，这我能说得有鼻子有眼的。南顺城街28号，这家姓裴，爸爸就有梅毒，脸上全部溃烂，关节处有那么大大水疱［比画］，破了之后溃疡，流水儿，十个手指甲盖、脚

① 中央民族大学民族博物馆编：《中国少数民族社会历史调查（上）·访谈录》，学苑出版社2018年版。

指甲全都是黑的，变形得都拘挛起来了。后来给治好了，慢慢指甲也长出来了。他家二儿子没有，但大儿子、大闺女（行三）有。他媳妇估计也有，一生小孩，头发脱得光光的。

苏：那时候人们歧视吗？

常：我爸就说嘛："别跟他家孩子玩儿啊，说话行，站得远点儿，他摸的东西你可别摸，别带上咱们家玩儿来。"

苏：那时候得肺结核的人多吗？

常：对，人多，那阵儿全都打卡介苗，盘尼西林打不起。一个青霉素，一个链霉素，打个100针200针就绝对不用再打了。口服药是雷米封，美国药叫易提姆，基本上把肺结核消灭了。

苏：那时候还有什么病比较猖獗啊？

常：最主要就是痨病——肺结核，伤寒病。俗话说："老怕伤寒少怕痨。"中国的传染病都带号的，1号病是鼠疫，2号病是虎列拉。新疆发生过一次霍乱，六几年的时候。虎列拉抢救及时是可以治好的，主要症状就是脱水，上吐下泻。

（3）"全民跃进"

苏：前几天我去了嵩祝寺，离这儿不远，那儿一度被改建成电视机厂[①]，瞎弄，厂房建在这么好的城区里头。

常：当时我们国家的管理水平也是很低的。关键就是不虚心，应当看看外国如何进行工业化、社会管理、国家管理，结果就弄了很多这些个厂子。比如我这个院儿，1958年就是街道工厂，这屋就是财务科。生产什么？轧点烟囱，生产点铁皮柜子，黑铁皮，还不是白铁皮。

---

① 关于这个电视机厂及北京城区老建筑建厂的问题，我们也已经有相关的口述史及研究著作出版。见杨善华、阮丹青、定宜庄：《缝隙中的改革——黄宗汉与北京东风电视机厂的破冰之旅》，生活·读书·新知三联书店2014年版；定宜庄、阮丹青、杨原：《宣武区消失之前——黄宗汉口述》，北京出版社2014年版；定宜庄、阮丹青、杨善华：《大历史小人物：黄宗汉与东风电视厂改革》，牛津大学出版社2015年版。

1957年反右派，1958年“大跃进”，是一哄而起、一哄而散，提出了很多不切合实际的口号来。比如说：“苦干加实干，二十年进入共产主义。”就在《人民日报》登着。《人民日报》可相当于党的机关报。拍了一部电影叫《十三陵水库畅想曲》，展望20年后什么样。咱们说实在的，也不能光赖共产党，人的心计也不是那么好。你不说这样嘛，那咱们就哄！来吧！当时有个口号，叫“人人走出办公室，干部都种试验田”，动不动就“放卫星”。

1958年建设十三陵水库时拆除古建的场景[①]

苏：母猪上千斤。

常：对了，谁弄一高产就是“放卫星”，谁弄招儿就是“放卫星”。说：“我们支援农业，到了公社，跟农民一块深翻土地。过去定额一人一天半亩，今天我们一人三亩！放一个高产卫星！”他能完成吗？翻半亩，人都累得不像人了，走都走不动了，躺在地上不动弹，告

---

① 来源：新浪微博用户“看老照片”，2017年6月29日。

诉说有饭送来吧。就在那儿胡说八道。

咱们说明儿麦子1亩地5000斤，我说5000斤不行，得两万！你要说“打不了”可就大祸临头了！我是“跃进派”，你是“促退派”。我说今天三亩地翻完了，你说“不可能”。你就是“怀疑派”。而且报纸登了那么多了，像1斤油炸40斤油饼儿，［笑］我说：“根本就炸不出来。”那立时就是“怀疑派”啊！那时候弄虚作假，把屋子门都钉上，把一袋子粮食搁在窗户上头，顶着。告诉人说，这屋里头有30万斤。我当时弄完了，由里头跳出去，再拿十字木头板子钉上。外面儿只能看见那一袋粮食，其余都是空的，甚至于里面搁的是土。谁也不能说打开看，要打开看，立时就是“怀疑派”，你必须得说这就是30万斤粮食。还有“观潮派”，浪潮起来了不参加弄潮，就在旁边儿看笑话，甚至于冷嘲热讽，这么个意思。

苏：那时候人也不是兴高采烈地使劲干吧？

常：过去那人哟！假如说咱们一个办公室，条件很优越。到晚上5点钟，该下班了，一个办公室人谁也不敢走。为什么呢？大干社会主义！今天我要干24个小时！《人民日报》说20年进入共产主义，我要10年进入共产主义！我们现在一天等于20年！1958年就这么说啊！它的理论根据是什么呢？内蒙古包头有个缝纫机厂，有种配件叫作弹簧片儿，过去是拿手工抠，非常慢，一天一个人就生产十个八个的。因为它是个异形的弹簧片，要求精度比较高，差了搁不进去。后来就用冲床压，那很快就出来了，一天能生产多少万个，这样计算就是一天等于20年。从那儿起，要求我们国家的速度必须是一天等于20年。这就了不得了，你要上班也一天等于20年，就把人累死了。都不下班，提出口号：“早出工晚收工，月亮底下比英雄。”外面都贴上大标语，写在墙上：“乘东风驾火箭，生产跃进似闪电，动脑筋把计献，祖国明天是花园。”农村的口号：“抓晴天抢阴天，麻风细雨当好天。”“早起拾粪忙，日落粪满筐，大家齐动手，肥料有保障。”不管工人也好，农民也好，都拾粪去了。［笑］弄得乱七八糟，简直就是胡来了。

大炼钢铁，把马路边儿上，随便在哪儿就砌那么个炉子，［比画］像咱们床这么大，大方池子，砌高点儿。里头搁好些生铁炉条，底下搁上焦炭，弄个鼓风机，“轰轰轰”，这就吹。好多不知道哪儿捡来的破铜烂铁，什么都往上搁。底下有一个锅似的东西，用耐火土把它搪上，铁水就流到那里头了，出来就算炼钢了。我说的这还算不错呢！生铁翻砂，就是铸铁，人用那大钢筋。［比画］这头窝一环儿，在那儿钩着。因为它是泥沙俱下，不是说多干净，炉灰也在上面漂着，铁水在下头，比重不一样，得把上面乱七八糟的钩出来。它温度也不够，下来已经是半凝固状态了，弄来弄去，钩子也拉不动了，和铁水粘在一块了。那怎么办呢？就把这钩子也算成产量，称去吧！［笑］就这样干，街上哪哪儿都是，全民炼钢。没有耐火砖，就把马路上的砖全抠了，谁敢管?！管的话立时右派！破坏“大跃进”！那可是毛主席的指示，还了得了。

苏：毛主席也不下来看看，这么闹就能行?

常：上有所好，下必甚焉。昏昏然飘飘然，就是这么种状态。在农村，作物一般分三个成熟步骤：一、乳熟期；二、蜡熟期；三、成熟期。水稻在乳熟期时候拔，就变成瘪子了，不太行；到蜡熟期，里头已经硬了，就快变成粮食了，把稻子都拔了，把100亩的都堆到1亩里头。9月20号拔了，9月30号收割，硬说是1亩地打的。1亩地收割一礼拜，国庆节还不休息，“大跃进”啊，“放卫星”啊，要打多少万斤呢！你想，这100亩地的稻子搁在1亩地里头，湿湿拉拉的，都是大泥坨子，根本就没法堆。根儿得先放水洗，捋细了，不然搁不进去啊！插完了以后，上面再插好几层，告诉人说这是稻田。谁敢说个不字啊！1亩地面积有限，收割的时候人都在那儿围着，插不上手。你想要干个什么事，50人在那儿围着，恐怕只有七八个人能够得着，剩下人揸着两只手，等着，排着队。稻田里都是泥和水，大家都光着脚丫站里头，不管男的女的，谁也不敢说苦，谁也不敢说不行。那时候全民大办农业，甭管你是谁。你说：“我不是农民，我是人大博士生。”“博士生你也得站着去！”［笑］用镰刀收完，运走一称，好嘛！打两万多斤瘪子。［笑］

有的国营农场也这样干，这就是1958年的“大跃进”。要不然1960年怎么……

苏：自然灾害。

常：说是自然灾害！哪块儿受灾了？哪儿啊？现在为什么不肯公布，说是哪个省、哪个县颗粒无收？颗粒无收，买一个顶针儿也买不着啦？买一烟袋，也没有？什么都没啦！

苏：困难时期，饭馆是不是都关门了？

常：还开着，但是肉菜很少，熬点儿白菜还限量供应。

苏：那普通老百姓也不去吃吧？

常：吃不起啊！好不容易有个肉菜，告诉说是高级菜，5块钱一份。那时候学徒工一个月才赚18块啊，每个月吃3回，就甭活着了。熬白菜里头搁点儿粉条，3毛钱一碗，正常也就5分钱。但也有人买，为什么？饿啊！四两粮票买一份，米饭上头浇点儿白菜。饭馆里头也就这个，没别的。

六几年弄得不错，1963年开始，各行各业都在“大比武”。“一口清”“一抓准”“一刀准”，包馄饨一秒一个，北京文化宫还有这些表演哪。那时候人们总是“傻干”，你干仨我就想干四个，老想压你一头，互相都想把对方战胜了，拼命地干，累得够呛。“文化大革命”全把这些否定了，一切都否定了，这是最要命的。中国道德的衰落，就是从“文革”开始的。“文革”以前，绝大部分人是非常规矩、虔诚的，甚至有点儿教条、死板，但工作是兢兢业业、勤勤恳恳。

（4）不正常的政治生活

常：我们居委会有个人说，“文化大革命”刚开始的时候，由德胜门大街一直到我们门口这桥，沿路的大柳树上全挂着打死的猫，树都挂满了。

苏：干吗呀！

常：地主、资产阶级小姐才养猫呢！打死了还得示众，显示我们正式革命了！

苏：我的妈呀！这太恐怖了。

常：就是啊！这叫革命吗？这叫什么呀！当时啊，花鸟鱼虫、奇装异服这个那个，全都属于资产阶级享受的，全部铲除。

苏：那时候家里也不让养花了是吗？

常：谁敢养啊！养花？我的天哪！不要说别的，你那儿插一枝塑料花也不行！摆一花瓶也不行！桌上摆的最时髦的东西就是毛主席石膏像，一边摆着毛主席四卷，后头贴上一个"忠"字，"三忠于四无限"①："无限忠于伟大领袖毛主席，无限忠于伟大的毛泽东思想，无限忠于以毛主席为首的无产阶级革命司令部。"

苏：那阵儿人真那么忠心吗？

常：哎呀！要我说是装腔作势的豪言壮语。要不怎么后来立时就垮啦？现在怎么就都这样啦？我举人的例子，那时候父子俩、母女俩反目的一大批。师大女附中的学生，居然烧一锅开水，浇到校长头上，把人浇死了。这是革命吗？人性就到这种程度吗？

苏：人和人之间怎么那么大仇恨呢？

常：就是啊！你把那校长开除了也行啊！怎么能这样呢？

［停顿］

苏：解放后北京是不是好多外地来的盲流？

常：不多，来了就在火车站堵回去了。"文化大革命"混乱时期，来了一批串联的，很快都走了。北京控制非常严，我们从新疆回来探亲，都得有通行证。我们那个牌子还比较硬："中国人民解放军新疆生产建设兵团第多少多少团"通行证："兹有本部常寿春同志，经我部批准，自多少号到多少号，随身携带枪支……枪号……"没有枪就消

① "三忠于四无限"是"文化大革命"中的政治术语，强调对毛泽东的个人崇拜和对其思想的忠诚，在"文革"结束后遭到官方批判。"三忠于四无限"通常和"四个伟大"（伟大的导师，伟大的领袖，伟大的统帅，伟大的舵手）连用。"三忠于"分别为：忠于毛主席，忠于毛泽东思想，忠于毛主席的革命路线；"四无限"指：对毛主席要无限热爱，无限忠诚，无限敬仰，无限崇拜。

掉，“沿途军警，验证放行”。他们知青是公社给开证明，后来有的也不开了，知青太多了。回来就回来吧，反正也都认识。谁谁家大丫头回来了，谁谁家二小子回来了，要什么证明啊！不过派出所到时候就轰：“该走了啊！”管得严得很！

[苏讲到南来顺和吐鲁番饭店口述中一个盲流的故事①]

苏：感觉那个时候人也不干活儿，天天造反。

常：“文革”时候，比如说我拉起来一个造反派组织。实际上也没多少人，10个20个，或者百十来个，起个名叫“毛泽东思想战斗捍卫团”。你那儿成立一个“丛中笑战斗团”：“待到山花烂漫时，她在丛中笑。”他成立一个“从头越战斗队”。

苏：“雄关漫道真如铁，而今迈步从头越。”

常：对了，都有个说辞。我说我有“十大倡议”：一、我们要高举毛泽东思想伟大旗帜，拥护以毛主席为首的无产阶级司令部，坚决遵守毛主席的“最高指示”。二、“不忘阶级斗争”，向一切“阶级敌人”开火，向一切“阶级敌人专政”，把他们批倒批臭，再踏上一万只脚，让他们永世不得翻身。三、破除“四旧”，荡除旧社会遗留下来的一切污泥浊水。结果就把除了毛主席著作以外遗留下来的书全销毁了。

苏：搞这个“文化大革命”到底有啥意义啊！

常：归根结底就是毛主席和刘少奇出现重大分歧。我看没有其他原因，都是胡扯八拉、强拉硬拽的事。在“文化大革命”还没开始的时候，哎哟！那个阵势啊！不知道因为什么，怎么回事。各个大楼上、街上贴着大标语、大横幅，写的是什么呢？“誓死保卫毛主席”，“誓死保卫党中央”。在普通人看来是怎么回事情啊？毛主席怎么啦?！党中央怎么啦?！是不是有人要打倒他，还是要暗杀他啊？那马上就会这么想啊！到处都是这种标语。紧接着，传出很多谣言来，说贺龙要搞“二月兵变”，“文化大革命”还没开始呢，这消息就出来了。这还了得

① 参见杨原：《变迁中的北京“勤行”——陈连生口述》，北京出版社2020年版。

啊。说1966年2月就要兵变。

苏：谁要兵变，还能让这些百姓知道啊！

常：就是啊！正好1965年解放军大比武，各处都在军事演习。就说这是"二月兵变"在练兵，准备政变力量呢。"咦——"弄得很多人深信不疑啊！等到"文化大革命"刚一开始，好些谣言出来了，说王光美是双加料的"特务"，她是"梅花党"①的。

苏：什么叫梅花党？

常：说当时由美国、国民党联合组织的一个特务集团，这个集团非常隐秘，都是高层人士，叫"梅花党"。国民党时候，中国的国花是梅花。咱们（的军队）用的是五星，国民党军队用的是梅花，显见把这梅花一下就政治化了。后来全国好多的反动组织、地下组织都被挖出来啦，这可了得，开展"文化大革命"顺理成章地不就行了嘛，人家都深信不疑了。

［这里还讲到徐廷泽开着一架F-86，但被打断了，后来没接着讲。］②

"文化大革命"啊，好多人真是被弄疯了。教人怎么样说瞎话儿，教人怎么样嘴不对心，教人怎么整人来证明自己。一开始是"横扫一切牛鬼蛇神"，"揪党内走资本主义道路的当权派"，紧接着就是"两个继续"。打击面特别大，几乎无人幸免。不只自己，家里人有点问题也不行，像他爸爸甚至说亲戚是右派啊，资本家啊，解放前的公务员啊，统称

---

① 1966年秋，北京王府井大街上出现一张大字报，称1965年7月20日随丈夫李宗仁从美国回归祖国的郭德洁（已于1966年3月21日去世）是"美国中央情报局特务组织的负责人"，她这次回国，负有美国中情局的秘密使命，即以金质梅花形胸针作为接头标记，与潜伏在北京、广州、上海、南京等地的中情局特务进行联络。随着流言不断扩散，刘少奇的夫人王光美和中宣部部长陆定一（当时已被打倒）的夫人严慰冰等人也被牵扯进去。最后，成百上千的人被指为"梅花党"而横遭迫害。

② 徐廷泽（1928—2005），重庆市黔江区濯水人。1945年参加国民党政府陆军，1955年毕业于台湾空军官校。后任见习教官、飞行员。1963年6月1日，驾F-86型战斗机自台湾新竹飞抵福建龙田。该事迹被新华社、《人民日报》多方报道，称其"弃暗投明"，为起义人员。徐廷泽被我国国防部授予少校军衔，发给奖励2500两黄金。常寿春先生意在通过这个例子表现20世纪60年代政治形势的复杂性。这段访谈发生在我们去吃午餐的路上，讲到这里时正好到达目的地，所以就被打断了。

"历史反革命"吧！就是说，在之前的区政府看个大门也不行，那叫"狗腿子"。当时"地、富、反、坏、右"算"五类分子"。此外还有"军、政、警、宪、特"是专政对象："军"，国民党军连长以上，一律专政；"政"，保长以上；"警"，警长；"宪"，宪兵；"特"，特务。"文化大革命"北京赶出去好多人哪！"地、富、反、坏、右"，"军、政、警、宪、特"，全部都赶出啊！还有好多自杀的，武斗死的。

"文化大革命"是一个大的说法，实际上，在大的运动里面有若干阶段性的运动。今天清查"5·16"，明天反"二月逆流"，后天又"打倒王关戚""批林批孔""一打三反"……不给人喘息或者反思的时间，运动是一个接一个，每一个都造就了一批政治投机分子，他们没有任何功绩，就是凭一些毫无人性的做法，扶摇直上。这导致很多人的信念崩溃了，金字塔倒塌了。

（5）"三大领袖"逝世以后

常：我妹夫是工程兵[①]，后来留到北京了。

苏：我父亲也是工程兵，他们连修地铁一号线，他是卫生员。

常：哟！那他没留在北京呀？

苏：没有，具体什么原因我也不清楚。他后来转业去的内蒙古，但在北京的经历对他影响很大。在我小的时候，他就给我讲过"三大领袖"逝世时候的事。据说唐山大地震那时候北京也晃得很厉害，他是他们宿舍第四个跑出来的。

常：对，北京也有塌房的地儿，房屋倒了。当时他们这些工程兵也不见得愿意留在北京，那时候北京不像现在似的，就业面儿这么宽。他们很可能就是转业当个铁道工人，搁到建筑工地上。我妹夫就是转到北京

① 工程兵是指担负军事工程保障任务的专业兵种。我国的基本建设工程兵是保留时间最短的兵种。1966年8月1日开始组建，16年间，先后担负了国家大中型建设项目和单项工程132项。1982年，中国人民解放军进行第七次大裁军，为适应国家经济体制改革和军队精简整编的需要，国务院、中央军委于同年8月做出了《关于撤销基建工程兵的决定》，基建工程兵大部按系统对口集体转业到国务院各有关部委、北京市和其他省、市、自治区。1983年11月，基建工程兵领导机构被撤销。

市机械施工第五处，到那儿就是开汽车、拉渣土的司机，这工作好吗？不高尚吧！但是在1976年来说，这个工作还算不错的。全国2000万上山下乡知青哪！无法安排就业。像你这么大的女孩子都干吗呢？穿着很破旧的工作服，修脸盆，拿那个烙铁在火里头烧，烧完蘸点镪水、蘸点焊锡，往上焊，把漏洞给补上。天天就干这活儿，一个月开多少钱？16块钱。

苏：噢！那我就理解我爸为什么去内蒙古这么偏远的地方了。

常：他是不是结婚了？

苏：没有，他就是为了逃婚才出来当兵的。

常：啊，结婚的一律回去，是不能留在北京的。再有可能，就是他考虑到在北京方方面面的事情是很难的。首先，住集体宿舍，没家没业，房子什么的都没有。我接触过部分这样的人，他们心理很复杂："回家去，我是转业军人，我是党员，我出身也好——我贫下中农！"这在当时可是响当当、硬邦邦的啊！回去就能在县城弄个好好的工作，当个小国之星，在北京只能大锅要饭。［笑］

苏：［笑］对对，您说这个我就理解了。我一直很纳闷，北京这么好，为什么我爸要去内蒙古。

常：那时间北京并不好啊！连我从新疆回来都不太羡慕北京，北京这是什么啊！

苏：80年代的时候吗？

常：70年代末啊，北京仍然是华而不实，表面的东西太多了，真正的东西什么都没有。

苏：表面的东西是什么？

常：比如说，咱们这个街道开会，告诉说成立"社会主义大院儿"。内容是什么呢？没有！比如我们这院子叫"光明大院儿"，隔壁叫"新生大院儿"，那个叫"团结大院儿""和平大院儿"。这里头有什么实质啊？没有！整天就瞎搞这个。

苏：北京总说的"大院子弟"，跟这个大院儿有什么关系吗？

常：不、不、不，那个是指军队大院儿。哎哟！那就高人一等了！城里的军队大院儿很少，这个我也接触过的，不见得在石景山。在复兴门外，军事博物馆附近，什么五棵松啊，公主坟儿啊，这一带都是军人的宿舍，往往都是些军官的住宅。这里头出来的叫“大院里的孩子”，他们爸爸都是当官的。你看过《血色浪漫》没有？

苏：没有。

常：像里头周晓白啊，钟跃民啊，他们的父亲都是军长啊，师长啊。大院儿里出来的，行政的少，军队的多。

苏：那这个“光明大院儿”“新生大院儿”？

常：这就没有任何实质，说得难听点儿，这就是普普通通最底层的老百姓，不知道为什么，一哄而起。时间是1974年开始，到1976年结束。没有任何活动，也说不出来这是什么，就是折腾人，让你安生不了。今天在家待着好好的，让你开会去，成立“社会主义大院儿”。门口还贴了好些标语、好些对联儿：“听毛主席话，跟共产党走”，横批“新生大院”。我说这也不好听啊，像劳改释放的。［笑］

苏：［笑］对呀。我其实有件事一直很好奇：“三大领袖”逝世的时候，北京人到底是什么样的心情。

常：12月16号，康生死。他是以整人起家，“文化大革命”的干将。紧接着，1月8号，周总理就没了，把康生盖过去了，老百姓自发地就给周总理送葬。上头不许去，硬去。说实在的，“文化大革命”不得人心，群众已经离心离德。当时也是谣言风起。

苏：吉林那边天降陨石。

常：对呀，1976年是“天塌地陷”啊！陨石落下来500多块，整个下了一场流星雨。“地陷”就是唐山大地震，7月28号，夜里3点多少分，波及北京、天津。7月6号，朱德没了。9月9号，毛泽东没了。

苏：朱德没的时候有什么活动吗？

常：朱德没的时候很低调。“文化大革命”的时候我看了“北航红旗”“清华井冈山”这类组织[①]出来的小报，上头写的“老混蛋朱

① “文革”期间的红卫兵“造反派”组织。

德”“大军阀朱德”，这绝对不会错。朱德几乎像刘少奇似的，被揪出来打倒啊！他什么都灰溜溜的，靠边儿站。

苏：毛主席死的时候呢？北京人到底是什么心态呢？

常：如果说真心话啊，周恩来威望那个高啊！

苏：我听我爸讲，好像也是这么个意思。毛主席逝世的时候是不是全城禁酒来着？

常：对。

苏：他们也没当回事，我爸跟战友还喝。

常：“文化大革命”搞来搞去，把人搞疲了，厌倦了。被冲击的那么多家庭，哪个人愿意上山下乡？是子女愿意去，还是父母愿意去啊？就这一项，可以说是得罪了天下人。

苏：那农村对上山下乡什么态度啊？

常：农村也不高兴啊！比如咱们有一块地，两个人种也是打1000斤，就是10个人种，还是1000斤，增产也就增个十斤八斤的，但却10个人吃饭来了，咱们能高兴吗？那纯粹是来转嫁负担来了。这群孩子惹也惹不得——偷鸡摸狗、打架，把农村里头带歪了、带坏了的事也不少呀。固然说是播撒了一些文明的种子、科学的种子，但这些种子能不能发芽、发了什么芽，是很值得商榷的呀！《历史转折中的邓小平》[①]里不也说了嘛：我们花了300个亿，买了三个“不乐意”——贫下中农不乐意、家长不乐意、学生本人不乐意。

苏：上哪儿花300个亿啊？

常：知青有安家费啊，再有各地还多少给农村点儿补贴。有的还不是农村，是组织生产建设兵团，黑龙江、云南、宁夏、内蒙古，那真是在那儿盖房建设啊！得要投资吧。结果最后，全解散了。

苏：这些生产建设兵团给当地带来多大的影响呢？

---

① 2014年为纪念邓小平诞辰110周年在中央电视台一套黄金档首播的重大革命历史题材连续剧。

常： 我只是说我自己的看法啊。如果从积极的一方面说，确实在当地做了一些工作。但这个贡献和当时的国家发展、经济状况很不相称，得不偿失，而且耽误了一代人哪！谁接受谁的教育啊？先进的接受落后的教育？

苏： 您这么说，我就理解当时人们对毛主席的想法了。

常： 周总理逝世后，拍了一个纪录片，拍得非常好，看得出来民心民意。刘少奇平反后，也拍了一个纪录片，叫《刘少奇主席永远活在我们心中》。这两部纪录片哪部都拍得特别好。

苏： 毛主席纪念堂您去过吗？

常： 毛主席纪念堂那个地方，很早就留出来了。原来那个地儿叫“中华门”，最早叫“大清门”，1952年拆掉了，1951年还在，这两年的国庆节晚上我都到那儿玩儿去了。看放花去，解放军在那儿放烟火。那个地方后来一直空着，有可能是一直预留出来了。

苏： 像红场似的。

常： 对，跟列宁墓似的。后来我在新疆，听说要盖纪念堂，我说我早就给相好了，就是那块地，绝对在那儿，果然就在那儿盖的。盖好以后我没去。

苏： 我爸爸当兵的时候，还偷着看《红楼梦》《西游记》什么的。

常： 到了1976年，各处都松动了，小道消息不断传播。毛泽东在1971年“林彪事件”以后，也做了好多让步。批判性地看《红楼梦》，这是他提倡的，谁也不敢管。什么“家大业大”，“从《红楼梦》看现在苏修帝国主义的窘境”，但谁能把看书联系到这上头去？它联系得上吗？就跟那个张贤亮似的，你知道这个人吗？

苏： 不知道。

常： 他是个西部小说作家，写了本《男人的一半是女人》[1]，里面

---

① 《男人的一半是女人》，最早载于《收获》1985年第5期。此书涉及了许多“文革”时期的“禁区”与敏感问题。作者张贤亮（1936—2014），江苏省盱眙人，作家，著有《灵与肉》等。

说的不见得是真事，但暴露了一些思想。他这个小说里有个情节，是连队里有一个家属问："哟！怎么又批宋江啦？宋江咋啦？他是干什么的啊？"有个北京人叫黑子，说："宋江你都不知道！宋江是党中央的副主席，犯修正主义错误啦！"[①]［笑］当时大环境批判宋江[②]。你说你批判宋江干什么？这是一个历史小说人物啊！当时我们国家已经出现一种非常不正常的政治生活了，你有时间干点别的不行？我看《红楼梦》写得挺好，里头诗词确实漂亮，我就看了看这个，把诗词背下来，就算看完了。菊花诗我现在还会背九首，三首不会了。

苏：我小时候看《红楼梦》，把诗词全都跳过去了。

常：你不太喜欢诗词是吧？

苏：比较关注小说情节，也缺少诗词鉴赏能力。

常：不是，与年岁小、不爱好有关系。再一个，里头典故也不太通，不知道什么意思。

苏：对，找不到趣味。

常：我头一次看《红楼梦》，"萧疏篱畔科头坐，清冷香中抱膝吟"[③]。"科头坐"[④]是什么意思啊？后来知道了，就是没戴帽子，光着脑袋坐那儿的意思。当时看不懂，把意思看拧了的也有，好些还有些

---

① 常先生的记忆与小说有些出入，原文是："宋江是党中央的副主席，他的错误跟你们家'哑巴'一样：一天到晚不说话！"据王蒙、王元化总主编：《中国新文学大系（1976—2000·第十集·中篇小说卷二）》，上海文艺出版社2009年版，第422页。

② "文革"后期，经毛泽东倡议，全国掀起了批判宋江的热潮，甚至有大量相关的学术论文在核心期刊发表，如庞安福：《批判宋江的反动的组织路线》，载《河北师范大学学报》（哲学社会科学版）1975年第5期，第40—41页；郑松生：《必须彻底批判投降派宋江》，载《福建师范大学学报》（哲学社会科学版）1976年第1期，第85—91页。

③ 出自《红楼梦》第三十八回"林潇湘魁夺菊花诗　薛蘅芜讽和螃蟹咏"，诗名《对菊》，全文如下："别圃移来贵比金，一丛浅淡一丛深。萧疏篱畔科头坐，清冷香中抱膝吟。数去更无君傲世，看来惟有我知音。秋光荏苒休辜负，相对原宜惜寸阴。"常寿春对这首诗的印象很深刻，曾经在常人春的《国花少主诗词》中，旁批了其中的另外两句"数去更无君傲世，看来惟有我知音"。

④ 不戴帽子叫"科头"。这里用来说不拘礼法的样子，与下句中"傲世"关合，取意于唐代诗人王维《与卢员外象过崔处士兴宗林亭》诗："科头箕踞（随意张开两腿坐着）长松下，白眼看他世上人。"

宗教的意味在里头。《红楼梦》里好些诗写得真好。像林黛玉写的那些，当然那都是曹雪芹自己作的，说是林黛玉写的，有的诗确实漂亮。

苏：我看到您在常人春先生的诗集上做的批注，有一个是“只有这首合律”。[笑]

常：对，其实他不懂，其实他都不对。词也有律，不是应了那个格就对了。

附　录

一、常氏家庭大事记

1883年，常晓茹出生。

1887年，常晓茹之妻马秀琴出生。

[1900年八国联军入京时，常晓茹居住在阜成门里北顺城街。清宣统年间，常晓茹在行伍任下级军官，结婚时间不明。]

1907年，阎广仁出生。

[1912年，民国肇兴。]

1912年，阎宝贞出生。

1913年，常子光出生。

[1920年，直皖战争爆发。1924年，第二次直奉战争结束，奉系军阀上台，与常家有较多来往的汤玉麟因战功出任热河都统。常晓茹应在此时衔张作霖督战队副司令长官（虚衔），具体时间不详，业余倒卖古玩瓷器。这一年，常晓茹还认识了阎广仁，并认其为义子（改姓常，下称常友恒）。]

1926年，常晓茹任京兆全区侦缉处处长，常子光与阎宝贞结婚，常家此时居住在钟楼湾胡同。

[1927年，张作霖成为国家元首。1928年，张作霖身亡，东北易帜，南京国民政府开始对北平施加影响；汤玉麟升任东北政务委员会委员、热河省政府主席。]

1929年，常家搬入旧鼓楼大街117号，常友恒也在此院居住；常子光在钟楼开设电影院，一年后停业。

[1930年，阎锡山、冯玉祥、李宗仁等人联合反对蒋介石南京政

府，中原大战爆发。战争期间，汪精卫在北平召开国民党中央党部扩大会议，议决成立“国民政府”，选举阎锡山为主席，阎、冯、李、汪等七人为委员。不过张学良随即表示支持蒋介石，于9月23日进驻北平。]

1933年，常人春出生。

[1933年，张学良下野，奉系军阀的影响力日渐式微。]

1937年，常春贵出生。

[1937年7月，北平沦陷。]

1941年，常寿春出生。

[这年前后，常晓茹登报与常友恒断绝关系，但常友恒仍在常家居住。]

1944年，常友恒搬出常家。

[1945年，北平解放，常人春进入私立崇实小学学习。1946—1947年，常友恒曾打过小鼓，走街串巷收买旧货；常子光在地安门大街投资了个小烟摊儿，还卖了一夏天针织背心。]

1947年，常子光当了三个月内五区第八保保长；常人春在郎家胡同小学读高小，组建“国花社”；常寿春进入分司厅小学学习。

1948年，常家搬入鼓楼东大街81—84号；常人春组建“儿童教育馆”；常春明出生。

1950年，常家搬入南顺城街24号；常人春在鼓楼短暂工作过一段时间；常寿春转学到大水车胡同小学；常玉春出生。

1951年，常子光被判刑劳改。

1952年，常晓茹去世。常人春进入东八角小学任教，后转至东珠市口小学。

1953年，常子光出狱，进入清河建筑基本工程处工作。

1954年，常子光进入八宝山砂石厂工作；常友恒以“常荫泉”之名开始说书。

1955年，“胡风事件”肇起，常人春初次入狱。

1956年，常子光回家，当了一名普通的瓦工。

1958年，全国各地陆续成立城市人民公社，阎宝贞进入丰盛绝缘材料厂剥云母片；6月，常人春被判刑12年。

1959—1960年，阎宝贞进入改组后的丰盛民用五金厂工作。

1960年，困难时期。马秀琴去世；常子光被收容至良乡电梯厂；常友恒在辽宁、门头沟等地区往来说书，同时“投机倒把”，养家糊口；常人春被送到黑龙江兴凯湖农场劳改。

1962年，常寿春考入北京农学院。

1963年，常友恒因私开证明，私制“北京西四区文化馆”公章，被收容至北苑农场。

1964年，阎宝贞被工厂遣散，开始从街道缝纫组拿手工活计回家做，一直做到80年代初。

1964年，常友恒离开北苑农场，回瓦窑村居住，帮助当地人民公社贩卖盗挖出来的唐朝古迹文物。

1965年，常友恒在瓦窑村养兔。

1966年，常寿春被分配到新疆生产建设兵团。

1967年，常子光被收容至天津茶淀清河农场；常友恒被下放到农村，迁户至延庆县三司。

1968年，常春明被下放到内蒙古武川县上秃亥公社东方子大队团结小队插队。

1969年，常玉春被分配到内蒙古生产建设兵团一师一团。

1970年，常家搬入南顺城街86号。

1972年，常寿春与王彩莲结婚。

1976年，常子光进入丰盛医院当维修工；常春明、常玉春回京。

1980年，常家搬入南顺城街125号的自建房中；常友恒由延庆回城，居住在瓦窑村，因生活无着，卖艺要饭。

1982年，常子光患病，停止工作。

1983年，常友恒去世。

1985年，常人春回京，曾在中国文化书院讲课。

1990年，常子光去世。

1996年，阎宝贞去世；常人春在白云观短暂地当过一段时间道士。

1997年，常寿春回京。

2001年，常寿春搬至后海西沿居住。

2013年，常春贵去世。

2015年，常人春去世。

二、常人春、常寿春自选代表作

常人春著作

1.《老北京风情记趣》，北京出版社1993年版。

2.《老北京的风俗》，北京燕山出版社1996年版，北京出版社2019年版。

3.《近世名人大出殡》，北京燕山出版社1997年版。

4.《红白喜事——旧京婚丧礼俗》，北京燕山出版社1993、1998年版。

5.《老北京的穿戴》，北京燕山出版社1999、2007年版。

6.《老北京的民俗行业》，学苑出版社2002、2008年版。

7.《国花夕拾》（常人春先生自选集），自印本。

8.《国花少主诗词》，自印本。

常寿春著作（均未经正式发表）

1.《忆白塔寺庙会》

2.《忆旧荷花市场》

3.《北中轴线上的两家电影院》

4.《1948年冬的什刹海和广化寺》

5.《虫趣》

6.《说胡同》（相声）

出版说明

北京口述历史，按照口述史的学术规范，让北京人自己说话，讲述他们在这座城市所经历的生活、感受，以及对祖先的记忆，大量涉及北京土语与儿化音等问题。为表现访谈者与受访者的语气、神情与言外之意，引导广大读者进入真实的交流情境，本丛书对访谈不完全进行现代汉语的规范化处理。

提请读者特别注意。

北京出版社